"十四五"教育部高等学校
电子商务类教学指导委员会规划教材

电子商务数据分析理论与实践

Theory and Practice of Electronic Commerce Data Analysis

王丹丹　谢 博　主 编
邹益民　隋东旭　副主编

电子工业出版社
Publishing House of Electronics Industry
北京·BEIJING

内 容 简 介

电子商务数据分析作为电商体系中重要的一环，成为电子商务发展的强大动力。本书共9章，内容分别为电商数据分析概述、电商数据的采集与预处理、市场数据与竞争数据分析、商品数据分析、流量与转化数据分析、电商采购与销售数据分析、库存数据分析、客户画像分析和电商数据可视化。

本书内容系统、全面，不仅可以作为高等学校电子商务专业和其他相关专业的"电子商务数据分析理论与实践"课程的教材，也可以作为电商从业人员系统了解电商数据分析的参考书。

未经许可，不得以任何方式复制或抄袭本书之部分或全部内容。
版权所有，侵权必究。

图书在版编目（CIP）数据

电子商务数据分析理论与实践 / 王丹丹，谢博主编. —北京：电子工业出版社，2022.9
ISBN 978-7-121-44242-1

Ⅰ.①电… Ⅱ.①王… ②谢… Ⅲ.①电子商务－数据处理－高等学校－教材 Ⅳ.①F713.36②TP274

中国版本图书馆 CIP 数据核字（2022）第 165760 号

责任编辑：卢小雷　　文字编辑：韩玉宏
印　　刷：三河市华成印务有限公司
装　　订：三河市华成印务有限公司
出版发行：电子工业出版社
　　　　　北京市海淀区万寿路 173 信箱　邮编：100036
开　　本：787×1 092　1/16　印张：16.75　字数：428.8 千字
版　　次：2022 年 9 月第 1 版
印　　次：2024 年 2 月第 3 次印刷
定　　价：68.00 元

凡所购买电子工业出版社图书有缺损问题，请向购买书店调换。若书店售缺，请与本社发行部联系，联系及邮购电话：（010）88254888，88258888。
质量投诉请发邮件至 zlts@phei.com.cn，盗版侵权举报请发邮件至 dbqq@phei.com.cn。
本书咨询联系方式：（010）88254199，sjb@phei.com.cn。

前言

数字经济浪潮席卷全球，大数据、云计算、移动互联网、物联网、人工智能、区块链等数字技术迅猛发展，逐渐成为当下主流元素。高新技术的发展掀起了一场产业革命，推动传统企业创新商业模式。目前，大量企业引入大数据分析技术，数据量呈指数级增长，数据成为社会经济活动的重要依托，其应用于生产生活的各个方面。在此背景下，随着电商行业发展日趋成熟，大数据电商也逐渐成为行业热词，数据化运营将成为未来的发展趋势。在电商的一片"红海"战场中，想要脱颖而出，离不开数据思维方式的指导。

此外，数字技术的发展也推动着高等教育改革，新型经济发展模式对商科人才提出了新的需求。植根于移动互联网发展，以大数据、云计算等新技术为抓手的"新商科"人才培养理念呼声越来越高。作为传统商科学科重组交叉的产物，"新商科"将新技术、新理念、新模式、新方法融入商科课程，提供综合性、跨学科教育。从人才培养体系来看，"新商科"意味着打造应对商业4.0时代新的商业核心课程，推动传统商科进行数字化转型。商业4.0时代是新技术下的消费模式创新和商业工具变革。

本书作为"新商科"数字化转型系列教材之一，通过"理论+案例+实训"的模式，将大数据分析与可视化技术及电子商务行业进行深度融合，重在提升学生从事电子商务相关工作的综合素质，培养其利用内外部数据进行运营管理、创新优化、分析决策等的综合能力。

本书共9章，分别为：第1章电商数据分析概述，包括电商数据分析认知、电商数据分析模型、电商数据分析方法与工具；第2章电商数据的采集与预处理，包括电商数据的采集、电商数据的预处理；第3章市场数据与竞争数据分析，包括市场数据分析、竞争数据分析；第4章商品数据分析，包括商品数据分析概述、商品需求与定价分析、商品利润与商品生命周期分析；第5章流量与转化数据分析，包括流量数据分析、转化数据分析；第6章电商采购与销售数据分析，包括电商采购数据分析、销售数据分析；第7章库存数据分析，包括电商库存概述、电商库存数据；第8章客户画像分析，包括客户画像分析概述、客户特征与购买行为分析；第9章电商数据可视化，包括电商数据可视化概述、电商数据报告。

本书主要特点如下。

1. 采用"理论+案例+实训"的写作结构，在阐述理论知识的同时，结合大量案例，再配套相关实训，帮助学生进一步理解相关知识点，巩固所学，通过实训教学提高学生的实践能力。

2. 可读性强。本书涉及的实操性内容比较多，可以帮助学生快速明白电商数据分析的相关知识，书中涉及的理论知识深入浅出，具有很强的可读性。

3．配套资源丰富，方便教学。本书提供电子课件、电子教案、期末试卷及答案、微课教学视频、课程标准等配套教学资源。读者可以登录华信教育资源网（http://www.hxedu.com.cn）获取。

本书由王丹丹和谢博担任主编，邹益民和隋东旭担任副主编，邹益民负责全书的整体构思、章节设计、编写统筹与安排等工作。编者们均有非常扎实的理论基础知识和丰富的教学经验。

本书系 2021 年度河南省新文科研究与改革实践项目"地方普通本科院校文科专业改造提升改革与实践——以电子商务国家一流本科专业为例"，以及 2021 年度河南科技大学高等教育教学改革研究与实践项目"《电子商务数据分析理论与实务》立体化教材建设研究与实践"（项目号：2021BK036）的研究成果之一。

本书在编写过程中参阅了大量的资料，同时也借鉴了国内外专家学者的研究成果，有些资料几经转载，未能找到原作者，因此未能一一列出，在此表示真挚的谢意。鉴于编者水平有限，书中难免有疏漏与不妥之处，敬请广大读者不吝赐教，以便再版时及时更正。

编　者

目 录

第1章 电商数据分析概述 ... 1
1.1 电商数据分析认知 ... 2
1.1.1 电商数据分析的概念 ... 2
1.1.2 电商数据分析的流程 ... 2
1.1.3 电商数据分析的作用 ... 5
1.2 电商数据分析模型 ... 6
1.2.1 用于战略分析的 SWOT 模型 ... 6
1.2.2 用于环境分析的 PEST 模型 ... 7
1.2.3 用于思路分析的 5W2H 模型 ... 8
1.2.4 用于问题分析的逻辑树模型 ... 9
1.2.5 用于流程分析的漏斗图模型 ... 10
1.3 电商数据分析方法与工具 ... 11
1.3.1 电商数据分析方法 ... 11
1.3.2 电商数据分析工具 ... 17

第2章 电商数据的采集与预处理 ... 22
2.1 电商数据的采集 ... 23
2.1.1 电商数据采集的概念 ... 23
2.1.2 电商数据采集的方法 ... 23
【案例分析】电商数据采集 ... 32
【案例背景】 ... 32
【案例分析过程】 ... 33
【案例总结与应用】 ... 37
【拓展实训】采集电商平台数据 ... 38
2.2 电商数据的预处理 ... 39
2.2.1 数据质量 ... 39
2.2.2 数据清洗 ... 40
2.2.3 数据的集成、转换与消减 ... 59
【案例分析】电商数据预处理 ... 64
【案例背景】 ... 64
【案例分析过程】 ... 64
【案例总结与应用】 ... 67
【拓展实训】数据预处理辅助分析 ... 67

第3章 市场数据与竞争数据分析 ... 69

3.1 市场数据分析 ... 70
3.1.1 市场数据分析的概念 ... 70
3.1.2 市场数据分析的内容与指标 ... 70
3.1.3 市场数据分析的方法 ... 77

3.2 竞争数据分析 ... 78
3.2.1 竞争数据分析的概念 ... 78
3.2.2 竞争数据分析的内容与维度 ... 79
3.2.3 竞争数据的获取与分析方法 ... 82

【案例分析】女装行业市场数据分析 ... 83
【案例背景】 ... 83
【案例分析过程】 ... 84
【案例总结与应用】 ... 89

【拓展实训】利用对比分析了解市场发展趋势 ... 91

第4章 商品数据分析 ... 92

4.1 商品数据分析概述 ... 93
4.1.1 商品数据分析的概念 ... 93
4.1.2 商品数据分析的内容与指标 ... 93

4.2 商品需求与定价分析 ... 94
4.2.1 商品需求分析的内容与流程 ... 94
4.2.2 商品定价的影响因素与策略 ... 96
4.2.3 商品组合的基础知识与常用方法 ... 101
4.2.4 商品组合的优化原则与营销策略 ... 103

4.3 商品利润与商品生命周期分析 ... 105
4.3.1 商品的成本 ... 105
4.3.2 商品利润预测的方法与流程 ... 106
4.3.3 商品各生命周期的营销策略 ... 108

【案例分析】天猫商品购物篮分析 ... 111
【案例背景】 ... 111
【案例分析过程】 ... 112
【案例总结与应用】 ... 118

【拓展实训】商品购买关联分析 ... 119

第5章 流量与转化数据分析 ... 120

5.1 流量数据分析 ... 121
5.1.1 流量的来源 ... 121
5.1.2 流量的趋势 ... 124
5.1.3 流量质量评估与价值计算 ... 125

5.2 转化数据分析 ... 126
5.2.1 转化率概述 ... 126

5.2.2　成交转化漏斗模型的操作步骤 ··················127
　　　5.2.3　转化的路径 ··················129
　　　5.2.4　转化率分析的指标 ··················130
　　　5.2.5　影响转化率的因素 ··················133
　【案例分析】淘宝葡萄酒卖家转化率影响因素挖掘 ··················138
　　【案例背景】 ··················138
　　【案例分析过程】 ··················138
　　【案例总结与应用】 ··················148
　【拓展实训】会员聚类分析提升转化率 ··················148

第6章　电商采购与销售数据分析 ··················150

　6.1　电商采购数据分析 ··················151
　　　6.1.1　电商采购概述 ··················151
　　　6.1.2　电商采购的模式、流程及管理系统 ··················154
　　　6.1.3　采购成本数据分析 ··················157
　【案例分析】卖家采购方案的制定 ··················157
　　【案例背景】 ··················157
　　【案例分析过程】 ··················158
　　【案例总结与应用】 ··················164
　【拓展实训】利用决策树制定原材料采购方案 ··················166
　6.2　销售数据分析 ··················167
　　　6.2.1　交易数据分析 ··················167
　　　6.2.2　店铺运营数据分析 ··················168
　【案例分析】某天猫店铺销售额预测 ··················172
　　【案例背景】 ··················172
　　【案例分析过程】 ··················173
　　【案例总结与应用】 ··················177
　【拓展实训】利用时间序列预测销售额 ··················180

第7章　库存数据分析 ··················182

　7.1　电商库存概述 ··················183
　　　7.1.1　电商库存的相关概念 ··················183
　　　7.1.2　电商库存的分类 ··················184
　　　7.1.3　电商库存的管理方式 ··················185
　　　7.1.4　电商库存的管理策略与指标 ··················189
　7.2　电商库存数据 ··················191
　　　7.2.1　库存数据分析指标 ··················191
　　　7.2.2　库存预测的方法 ··················192
　【案例分析】电商企业库存需求预测 ··················193
　　【案例背景】 ··················193
　　【案例分析过程】 ··················193

【案例总结与应用】 ··· 200
　　【拓展实训】电商企业库存需求预测 ··· 203
第 8 章　客户画像分析 ··· 204
　8.1　客户画像分析概述 ··· 205
　　8.1.1　客户画像的概念 ··· 205
　　8.1.2　客户画像分析的流程 ··· 206
　　8.1.3　客户画像分析的指标 ··· 207
　8.2　客户特征与购买行为分析 ··· 210
　　8.2.1　客户特征分析的概念 ··· 210
　　8.2.2　客户特征分析的内容 ··· 210
　　8.2.3　客户购买行为分析的概念 ··· 212
　　8.2.4　客户购买行为分析的内容与流程 ··· 212
　　【案例分析】淘宝卖家数据分析案例 ··· 214
　　　【案例背景】 ··· 214
　　　【案例分析过程】 ··· 214
　　　【案例总结与应用】 ··· 221
　　【拓展实训】RFM 分析与精准客户营销 ··· 223
第 9 章　电商数据可视化 ··· 224
　9.1　电商数据可视化概述 ··· 225
　　9.1.1　电商数据可视化图表 ··· 225
　　9.1.2　电商数据可视化报表 ··· 239
　9.2　电商数据报告 ··· 250
　　9.2.1　电商数据商业报告 ·· 250
　　9.2.2　电商数据分析报告 ·· 252
　　【拓展实训】某淘宝卖家的商业数据分析报告 ····································· 256
参考文献 ··· 257

第1章
电商数据分析概述

【学习目标】
- 了解电商数据分析的概念;
- 掌握电商数据分析的流程;
- 了解电商数据分析的工具。

【学习重点、难点】

学习重点:
- 电商数据分析的作用;
- 电商数据分析的流程;
- 电商数据分析的工具。

学习难点:
- 电商数据分析的模型;
- 电商数据分析的方法。

1.1 电商数据分析认知

1.1.1 电商数据分析的概念

数据分析是指用适当的统计分析方法对收集的大量一手资料进行详细研究和概括总结,以最大限度地开发数据资源,发挥数据的作用,提取有用的信息并形成结论的过程。用一句话概括,数据分析就是将数据转变为有效信息的过程。

电子商务(以下简称电商)数据分析就是通过数据分析得到有助于电商发展的相关资料。例如,淘宝卖家通过数据分析,将各种指标定性、定量地分析出来,将整个店铺的运营建立在科学分析的基础之上,从而为决策者提供准确的参考依据。

1.1.2 电商数据分析的流程

电商数据分析的流程大致包含 8 个部分,如图 1-1 所示。

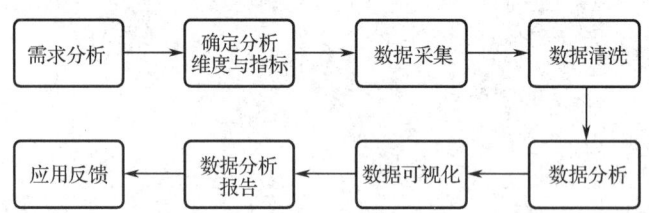

图 1-1 电商数据分析的流程

1. 需求分析

需求分析包括收集需求、分析需求、明确需求 3 部分。日常运营过程中的需求主要来源于运营部门在日常经营中发现的问题。可以借助思维导图来整理收集的信息,推荐使用 5W2H 分析法,即谁(Who)、何处(Where)、何时(When)、是什么(What)、为什么要做(Why)、怎么做(How)、多少(How much),如图 1-2 所示。

具体内容如下。

① Who:谁。由谁来做?
② Where:何处。在哪里做?
③ When:何时。什么时间做?什么时机最适宜?
④ What:是什么。目的是什么?做什么工作?
⑤ Why:为什么要做。可不可以不做?有没有替代方案?
⑥ How:怎么做。如何提高效率?如何实施?方法是什么?
⑦ How much:多少。做到什么程度?数量如何?质量如何?费用产出如何?

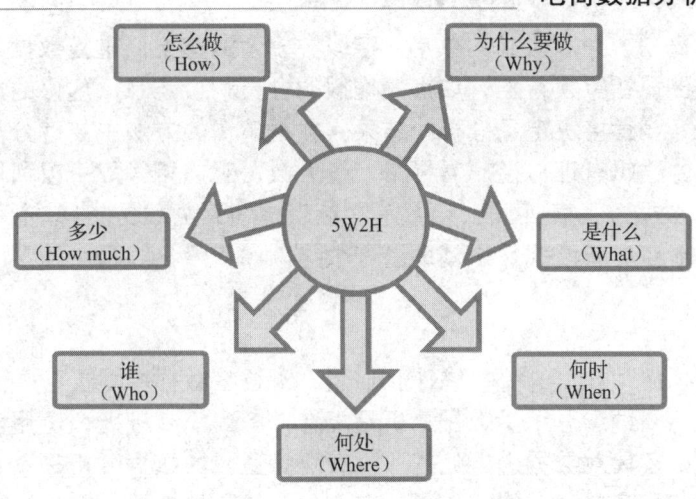

图 1-2　5W2H 分析法

2. 确定分析维度与指标

分析需求之后，须进一步明确数据分析的目标及达到这个目标要用到哪些数据，即确定需求分析的维度与指标。

维度指的是事物或现象的某种特征，如性别、地区、时间等。其中，时间是一种最常用的维度，通过时间对比，可以判断事物发展的好坏。例如，店铺粉丝数量比上个月增长 10%，比去年同期增长 20%。时间对比也称为纵向对比。与纵向对比相对应的是横向对比，如不同省份的商家数量、销售额的比较，不同公司、不同部门之间的比较。

指标是用于衡量事物发展程度的单位或方法，如粉丝数、销售额、销量、转化率、好评率、重复购买率和退换货率等。在电商领域通常利用以上几个关键指标来衡量店铺业务运营情况的好坏。

3. 数据采集

在数据采集阶段要尽量获得完整、真实、准确的数据。数据采集方式大致分为两种，一种是借助代码手动采集，如借助 Power BI、Excel、Python 等数据分析或编程工具手动采集。手动采集数据通常要求用户有一定的数据分析或编程基础。另一种是借助第三方公司开发的数据采集工具进行采集，常见的数据采集工具有八爪鱼、火车头等。该方式通过一些基本字段或规则的设置即可实现数据的采集，这类工具对用户的数据分析或编程能力要求不高，但能够获取的数据有限，许多信息无法采集，并且有些功能需要付费才能使用。

4. 数据清洗

采集的数据一般不能直接使用，因为可能会有一部分"脏数据"，如果不处理，将影响分析的结果。因此，在数据分析前须检查数据，对"脏数据"进行清洗。数据清洗是指对获取的数据进行预处理，使之成为能够进一步分析的标准格式的数据。需要进行数据清洗的数据包括非标准格式的数据、不符合业务逻辑的数据两大类。非标准格式的数据如文本格式的日期、文本格式的数字、字段中多余的空格、重复数据等。不符合业务逻辑的数据一般出现在零售行业，如大量虚假的会员购买记录、虚假的点击量等。

数据清洗的好坏直接决定了分析的结果。数据清洗的方法主要有分类、排序和做表格等；数据清洗的逻辑有理口径、看异常、查大数、观趋势等。可以利用 Excel 中的分列、删除重复值、数据透视表、图表、函数等功能来辅助清洗数据。当然也可以使用 Python 等编程语言或其他商务智能软件来辅助清洗数据。

5. 数据分析

数据分析不只是对数据的简单统计和描述，更是在数据中发现问题的本质，然后针对确定的问题进行归纳和总结。数据分析是指在业务逻辑基础上，运用简单有效的分析方法和合理的分析工具对数据进行处理。没有业务逻辑的数据分析是不会产生任何使用价值的。对数据分析师来说，熟悉业务、有业务背景非常重要。数据分析方法简单有效就可以，以"实用"为最高准则，本书会详细讲解一些常用的数据分析方法。对工具熟练掌握的程度决定了分析的质量，对数据分析师来说，工具在精而不在多。真正的数据分析师一定是熟练掌握数据分析工具同时对业务的了解程度也足够深的人。常用的数据分析方法有以下几种。

① 趋势分析：将实际达到的结果与不同时期报表中同类指标的历史数据进行比较，从而确定变化趋势和变化规律。具体的分析方法包括定比和环比两种。定比是以某一时期为基数，其他各期均与该期的基数进行比较；环比是以上一时期为基数，将下一时期与上一时期的基数进行比较。

② 对比分析：把两个相互联系的指标数据进行比较，从数量上展示和说明研究对象规模的大小、水平的高低、速度的快慢及各种关系是否协调。在对比分析中，选择合适的标准是十分关键的步骤，只有标准合适，才能做出客观的评价，否则可能得出错误的结论。

③ 关联分析：如果两个或多个事物之间存在一定的关联，其中一个事物就能够通过其他事物进行预测。关联分析的目的是挖掘隐藏在数据之间的关系。

④ 因果分析：对引起某一现象的原因进行分析，主要解决"为什么要做"的问题。在研究对象的先行情况时，把作为原因的现象与其他现象区别开来；在研究对象的后行情况时，把作为结果的现象与其他现象区别开来。

6. 数据可视化

数据可视化是将分析结果用简单且视觉效果好的方式展示出来，一般运用文字、图表等方式进行展示。Word、Excel、PPT 等都可以作为数据可视化工具。社会已经进入了速读时代，好的可视化图表可以自己说话，大大节约人们思考的时间。用简单的方式传递最准确的信息，让图表自己说话，这就是数据可视化的作用。但是，在数据可视化过程中需要注意以下几点。

① 数据图表的主要作用是传递信息，不要用它们来炫技，不要过分追求图表的漂亮。很多人在做图表时喜欢各种花哨的表达，或者在 PPT 中设置过多动画效果等，这些其实

都会产生负面影响。

② 不要试图在一张图表中表达所有的信息，否则会导致图表内容太多、太乱。图表要清晰明了，让人一眼就能看明白其表达的内容。

③ 数据可视化是以业务逻辑为主线将图表串起来的，不要随意堆砌图表。

7. 数据分析报告

数据分析报告是数据分析师的产品，写数据分析报告就如同写议论文，要有三要素：论点、论据和论证。数据分析报告必须有明确的论点、严谨的论证过程和令人信服的论据。虽然在数据分析报告中不一定要将三者都呈现出来，但论点是一定要有的。在写数据分析报告之前，一定要弄清楚是在向谁做数据分析报告，对象不同，关注点自然不一样。如同考试一样，在写数据分析报告之前，一定要注意仔细审题，尤其注意以下问题。

① 不要试图面面俱到，把所有内容都介绍一遍，一定要有侧重点，可以聚焦在关键业务上或受众的关注重点上。

② 不能写成记叙文，要写成议论文，要有论点、论据和论证。记叙文是叙事，而议论文是有观点的、有力量的。此外，同一个主题下的论点不能太多，最好不超过 3 个。论点要清晰明了，不能冗余，更不能写成流水账。

③ 需要有逻辑性。一是数据分析报告各部分内容之间的逻辑性，二是某一部分内容自身的逻辑性。前者可以利用业务间的逻辑来串联，后者一般遵从发现问题、解读问题和解决问题的逻辑。

④ 数据分析报告要有很强的可读性，尽量图表化。

⑤ 做数据分析是一个"良心工程"，不要回避"不良结论"。

⑥ 数据分析报告中务必注明数据来源、数据单位、特殊指标的计算方法等，专业性强的术语尽量少用或不用。

8. 应用反馈

数据分析报告不是数据化运营的终点，而是另一个起点。数据化运营的目的是应用，没有应用的流程是不完整的。应用就是将数据分析过程中发现的问题、机会等分解到各业务单元，通过数据监控、关键指标预警和对趋势进行合理判断等来指导各部门提高业务水平。

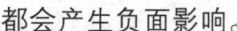

1.1.3　电商数据分析的作用

电商数据分析为决策者在运营过程中进行决策提供了依据，其作用体现在以下 3 个方面。

① 分析现状，呈现企业现阶段整体运营情况和各项业务的构成情况，包括业务的发展与变动情况。

② 剖析原因，发现导致企业存在问题的原因并制定相应的解决方案。

③ 预测判断，做出企业未来发展趋势的预测，为企业制订运营计划提供参考。

1.2 电商数据分析模型

1.2.1 用于战略分析的 SWOT 模型

SWOT 模型是一种战略分析方法，它通过分析企业的优势、劣势、机会和威胁，结合内外部竞争环境和竞争条件下的态势分析，为企业制定战略提供参考。S（Strength）代表优势，W（Weakness）代表劣势，O（Opportunity）代表机会，T（Treat）代表威胁，其中，S、W 是内部因素，O、T 是外部因素。内部因素分析可以从企业的优劣势展开，外部因素分析可以从宏观环境、行业环境、竞争环境着手，如图 1-3 所示。

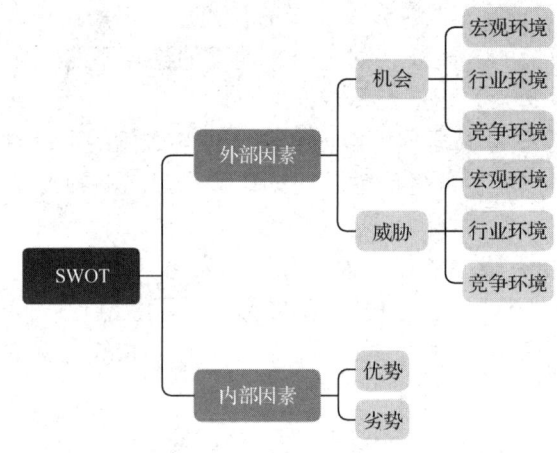

图 1-3　SWOT 分析法

1. 内部因素分析

内部因素分析包含优势分析和劣势分析，通过分析企业内部的管理、团队、产品和市场营销情况，可以了解企业内部的具体情况，更好地解读数据中蕴藏的信息。某电商企业的内部因素分析如表 1-1 所示。

表 1-1　某电商企业的内部因素分析

优　　势	劣　　势
● 企业开发能力强 ● 服务消费者能力强 ● 能够把控品质 ● 企业财务状况良好	● 企业管理方面有待完善 ● 库存分析能力不强，经常断货 ● 企业内部人员互相竞争 ● 企业定位不准确 ● 开发新消费者能力弱

2. 外部因素分析

外部因素分析包含机会分析和威胁分析,分析企业的外部环境、政策和竞争对手,了解企业的外部情况,可以更充分地了解企业的情况。某电商企业的外部因素分析如表 1-2 所示。

表 1-2 某电商企业的外部因素分析

机 会	威 胁
● 市场标杆很少,定位明确的企业很少 ● 市场需求不断增长 ● 普遍不重视客户体验 ● 个性化	● 竞争激烈 ● 产品同质化严重 ● 盗图现象严重 ● 大商家陆续入驻平台

3. 基于内外部因素分析的应对策略

当企业的优势遇到机会时,应当采取发展的策略;当企业的优势遇到威胁时,应当采取拓展的策略;当企业的劣势遇到机会时,应当采取争取的策略;当企业的劣势遇到威胁时,应当采取保守的策略。某电商企业的内外部因素策略分析如表 1-3 所示。

表 1-3 某电商企业的内外部因素策略分析

	优 势	劣 势
	SO(发展)	WO(争取)
机会	1. 结合市场情况,在自身开发能力的基础上,明确企业的定位,增加消费者黏性,提高重复购买率 2. 提升消费者体验 3. 开发更多新品,迎合市场需求	1. 提升企业的内部管理能力 2. 合理利用 ERP 软件进行库存管理,提高管理效率 3. 设置良性竞争机制 4. 精准定位消费人群 5. 制定推广方案,挖掘更多新客户
	ST(拓展)	WT(保守)
威胁	1. 提升企业的口碑 2. 开发团队把控市场需求的走向,避免产品同质化 3. 精准定位消费人群	1. 保持企业的独特风格,不受外界影响 2. 加强客户关系管理

1.2.2 用于环境分析的 PEST 模型

PEST 模型一般用于宏观环境分析,通过分析 4 类外部环境——政治环境(Political,P)、经济环境(Economic,E)、社会环境(Social,S)、技术环境(Technological,T)来把握整体宏观环境,评估对企业业务的影响,为企业制定战略规划提供依据。在进行 PEST 分析时,应根据不同的行业和企业分析不同的内容。

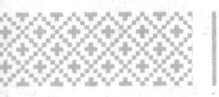

1. 政治环境

政治环境包括国家的社会制度、执政党的性质、政府的政策与法令等。政治环境对行业和企业的影响巨大。政策颁布后，相关产业一般会受到非常大的影响，而且这种影响通常都是断崖式的。政策一旦有变化，企业的业务就得随之变化。国家政策支持的业务要大力开展，国家政策不允许涉猎的业务要坚决抵制。因此，很多商业人士都会关注新闻联播，关注各种时事，有些受政策影响大的行业（如互联网医疗）还会有专门的人来研究国家领导人的讲话，研究政策对行业的影响，为高层领导做决策提供方向性指导。作为数据分析人员，除了实时关注相关信息，还可以向专门做宏观环境影响分析的同事了解情况，或者多与领导沟通了解政策、法令的变化情况。

2. 经济环境

经济环境分为宏观环境和微观环境两个方面。宏观环境主要指国民收入、国民生产总值等关键因素的变化情况，通过分析宏观环境，可以了解国民经济发展水平和国民经济发展速度。微观环境一般指目标群体的收入、消费、储蓄等情况。例如，如果同一行业的所有企业同时表现出营收下降的趋势，企业内部各个业务线、各个团队无论处于何种进度，营收都处于下滑状态，这很有可能是经济环境带来的经济下滑。这时可以看国内生产总值（Gross Domestic Product，GDP）的走势，是不是和企业、行业的营收走势一致。平时也可以观察GDP和营收的走势是否相符。如果GDP一直上涨，而企业营收一直下滑，那就需要找出问题点，为决策提供依据。

3. 社会环境

社会环境包括一个国家或地区居民的文化水平、宗教信仰、风俗习惯、价值观念、审美观点等。文化水平会影响人们的需求层次；宗教信仰和风俗习惯会禁止或抵制某些活动的进行；价值观念会影响人们对组织目标、组织活动及组织本身的认可；审美观点则会影响人们对组织活动内容、活动方式及活动成果的态度。

4. 技术环境

技术环境指新技术、新工艺在某些方面的应用。技术环境主要影响渠道和资源的智能整合。企业需要通过新技术的变革来评估成本，选取合适的技术来控制成本。以渠道为例，企业原来只能通过实体店销售物品，其发展受到地理位置和资源的限制，而现在网店的流行大大减少了实体店的房租、水电支出，使经营者可以把钱花在更需要的地方。

1.2.3 用于思路分析的 5W2H 模型

5W2H模型是第二次世界大战期间美国陆军兵器修理部首创的。它简单、方便，易于理解，富有启发意义，广泛应用于企业管理和技术活动，对执行决策非常有帮助，也有助于减少考虑问题时的疏漏。

例如，你想分析企业的客户画像，但逻辑思维很混乱，不知道如何分析，那就可以采用5W2H模型来理清思路。具体而言，5W2H模型主要包括以下内容。

① When：何时。例如，消费者一般什么时候购物？他们的最佳购物时间是上午、下午、晚上还是凌晨？他们多久购买一次？每个月的哪一天购买量最多？这与当天发工资是否有关系？

② Where：何地。例如，消费者分布在哪里？广州？杭州？各省情况如何？各市情况如何？

③ Who：何人。例如，消费者是什么样的？年龄多大？是男是女？消费水平如何？工作职务如何？有什么特点？例如，企业职员在晚上11点以后购物比较少，上午10点左右是他们购物的高峰期；学生的购物高峰期大部分是晚上11点以后，上午11点以前购物比较少。

④ What：何事。例如，企业为消费者提供了什么？是否满足了消费者的需求？

⑤ Why：何因。造成这个结果的原因是什么？例如，产品在东北地区卖得好，在其他地区卖得差，那么就要分析造成这个结果的原因是什么。

⑥ How：如何做。例如，消费者是先将商品加入购物车还是直接付款？他们是喜欢用花呗还是信用卡？他们喜欢购买打折的商品吗？要根据这些特点做有针对性的营销方案。

⑦ How much：何价。例如，消费者的消费水平如何？他们每个月能承受多少购物花费？他们喜欢购买什么价位的商品？购买的数量是多少？一个月会购买几次？

1.2.4 用于问题分析的逻辑树模型

逻辑树又称问题树、演绎树或分解树等，逻辑树模型是数据分析中最常用的一种模型。它将问题的所有子问题分层罗列，从顶层开始，逐步向下扩展，把一个已知问题当成树干，然后考虑这个问题和哪些子问题或子任务有关。每想到一点，就给这个问题（也就是树干）加一个"树枝"，并标明这个"树枝"代表什么问题。一个大"树枝"上还可以有小"树枝"，以此类推，找出问题的所有关联项。逻辑树的主要作用是帮助理清思路，不做重复和无关的思考。

举个例子。要诊断店铺问题所在，可以把销售额当成树干，根据电商万能公式"销售额=访客数×转化率×客单价"，首先在树干上加上3个大树枝——访客数、转化率和客单价。其次，考虑与访客数、转化率、客单价有关的子问题（小树枝）。例如，访客数与展现量和点击率有关；转化率与详情页、竞争环境、款式、销量、价格、售后服务、评价、卖家服务评级系统（Detail Seller Rating，DSR）评分、买家秀、客服技巧、促销活动、拍摄水平有关。再次，继续考虑这些子问题与哪些问题有关，把想到的问题进一步发展成下一级树枝。以此类推，罗列出所有问题后就可以开始分析了。具体步骤如下。

第一步：确定问题和目标。明确解决什么问题。例如，在上面的案例中明确目前要解决销售额的问题。只有知道了目标，才能确定树干。

第二步：分析各种可能性。根据目标和问题采用鱼骨分析法分析各种可能性，找出影响这个问题的因素有哪些。

第三步：验证可能性。在分析了这些可能性之后，需要验证问题是不是出现在这个环节。例如，知道了目前影响销售额的因素有访客数、转化率、客单价，接下来就要验证到底问题出在哪个环节，是访客数不够还是转化率太低？是客单价太低还是每个环节都有问题？总之，要制定验证方案。

第四步：确定问题。在验证这些可能性之后，会得出一些结论，这些结论就是要确定的问题。例如，已经知道了影响店铺销售额的原因是访客数不够，那么访客数就是根本问题。

第五步：从根本问题开始，循环第二～四步。因为一开始找到的是重要问题，所以接下来需要分析影响重要问题的各种因素，再有针对性地验证各种可能性，确定问题。例如，已经确定了影响店铺销售额的因素是访客数，接下来就以访客数为重要问题，分析出影响它的因素是展现量和点击率，然后验证可性能：到底是展现量不够还是点击率太低？确定之后再回到第二步，以此类推。

第六步：制定解决措施。当验证完所有问题，找到真正细分的问题之后，就要制定解决这个问题的措施和方案。

利用逻辑树模型可以进行非常有效的数据分析，能寻找问题并保证解决问题过程的完整性。通过把问题细分，让分析者思路更加清晰，更加有方向感。但是，使用逻辑树模型时，有时可能会因为分析者专业知识不够或经验不足而遗漏相关问题，这是该模型的缺点。例如，影响展现量的因素有很多，但是因为分析者对这方面不是很了解，可能就会遗漏一些因素。而在很多时候，真正影响店铺销售额的恰恰就是这些被遗漏的因素。因此，使用逻辑树模型时，不但要求使用者具备较强的专业能力，同时还要求使用者足够细心，考虑周到。

1.2.5 用于流程分析的漏斗图模型

漏斗图模型适用于流程规范且环节多的业务。例如，消费者从访问店铺，到将商品加入购物车，到提交订单，再到收货后评价，这个流程比较规范，而且环节比较多，所以分析消费者购物环节时，一般使用漏斗图模型。通过漏斗图模型，可以很直观地看到每个环节的情况，如转化情况、流失情况等。该方法有助于实现以下目的。

1. 快速发现问题，及时调整问题

漏斗图是业务流程最直观的一种表现形式，可以快速发现流程中存在的问题。例如，在漏斗图中发现从下单到支付这个过程中的支付转化率比较低，很多消费者在这一环节流失，那就要想办法做好这一环节，了解为什么消费者下单了最后却不支付。是否可以通过催付的方式提高支付转化率？是否可以通过给这些消费者派发定向优惠券提高其支付转化率？

2. 把问题具体化、细化

很多时候，虽然知道有问题，却不知道问题具体出在哪个环节，特别是对于环节比

较多的业务。例如,明明知道转化率比较低,很多消费者进入店铺之后都没有成交,没有带来价值,但就是不知道问题具体出在哪个环节,此时漏斗图就可以发挥作用了,因为它能让你清楚、直观地看到每个环节的具体情况。例如,发现消费者进入店铺之后加购率特别低,下单率更低,问题可能出现在商品款式或详情页上,如商品的款式或详情页的内容没有吸引力。但如果前面的环节都特别好,最后一个环节出现了问题:大部分消费者都下单了,就是不支付,这可能就不是款式的问题了,而应该考虑是不是因为商品价格太高、竞争对手优势更大、卖点不突出、营销没有紧迫感,或者消费者不能使用信用卡和花呗支付。

3. 在营销推广中提高流量的价值和转化率

漏斗图可以让使用者直观地看到问题出在哪个环节,从而通过优化业务流程提高访客购买率,进而提高访客价值,避免广告费的浪费。

1.3 电商数据分析方法与工具

1.3.1 电商数据分析方法

数据分析方法是指在分析时具体采用的方法。常见的电商数据分析方法有对比分析法、拆分法、分组分析法、结构分析法、平均分析法、矩阵关联分析法等。

1. 对比分析法

对比分析法也称比较分析法,指把客观事物加以比较,认识事物的本质和规律并做出正确的评价。对比分析法通常把两个相互联系的指标数据进行比较,从数量上展示和说明研究对象的规模大小、水平高低、速度快慢,以及各种关系是否协调。在对比分析中,选择合适的对比标准十分关键,这决定了能否做出客观的评价,不合适的对比标准可能会得出错误的结论。可以选择不同的维度进行对比分析,常用维度有以下几个。

1)时间维度

时间维度可选择不同时间的指标数据进行对比。根据选择的时间标准不同,对比可分为同比和环比。同比是指将本期数据与去年同期数据进行对比,如将今年1季度的数据与去年1季度对比。同比数据消除了季节变动带来的影响。环比是指将本期数据与上一期数据进行对比,以表明现象逐期发展速度,如将本年4季度的数据与3季度对比、将3季度的数据与2季度对比等。

2)空间维度

空间维度可选择不同的空间指标数据进行对比。例如,可以与同级部门、单位、地区对比,也可以与行业内的标杆企业、竞争对手或行业平均水平对比等。

3）计划目标标准维度

计划目标标准维度可选择实际完成值与目标、计划进度进行对比。这类对比在实际应用中是非常普遍的，如企业本季度完成的业绩与目标业绩对比、实际销售情况与计划销售情况对比等。

4）经验标准与理论标准维度

经验标准维度是通过对大量历史资料的归纳得到的标准，理论标准维度则是根据已知理论经过推理得到的标准，如衡量生活质量的恩格尔系数等。

2. 拆分法

拆分法是将某个问题拆解成若干个子问题，通过研究若干子问题从而找到问题的症结并解决问题。例如，在研究销售额下降的原因时，可以将销售额拆分成转化率、客单价和访客数这3个子问题，再分别拆分这3个子问题，如将访客数拆分为付费访客数和免费访客数，进一步剖析问题，直到找到问题根源，如图1-4所示。

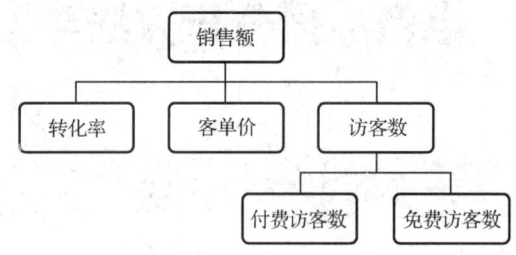

图1-4 拆分法的应用

拆分法可分为完全拆分法和重点拆分法。完全拆分法也称等额拆分法，是将父问题100%进行拆解，拆解出来的子问题的和或集合（算法）可100%解释父问题。例如，销售额=访客数×转化率×客单价，等式两边完全相等。重点拆分法也称非等额拆分法，它只拆分出问题的重点，子问题只解释父问题的80%左右。例如，要做好一家网店，必须做好点击率、转化率和退款率这3个环节，但这3个环节并不是网店运营的全部。有时面对一些复杂的问题，需要抓住重要环节，采用重点拆分法。

3. 分组分析法

分组分析法是一种重要的数据分析方法，它根据数据分析对象的特征，按照一定的标志，把数据分析对象划分为不同的部分或类型来研究，揭示其内在的联系和规律。

分组的目的是便于对比，将总体中具有不同性质的对象进行区分，将性质相同的对象进行合并，保持各组内对象属性的一致性、组与组之间对象属性的差异性，以便进一步运用各种数据分析方法来解构对象内在的数量关系。因此，分组分析法必须与对比分析法结合使用。

根据分组标志的不同，可以使用不同的分组分析法。常用的分组标志有属性标志和数量标志。

1）属性标志分组分析法

属性标志分组分析法是指按分析数据中的属性标志来分组，分析社会经济现象的各种类型和特征，从而找出客观事物的规律。属性标志所代表的数据不能进行运算，只能用于说明事物的性质、特征，如姓名、性别、所在部门、文化程度等标志。按属性标志分组一般较简单，分组标志一旦确定，组数、组名、组与组之间的界限也就确定了。例如，人口按性别分为男、女两组，具体每个人应该分在哪一组，一目了然。

统计分类是相对复杂的属性标志分组分析法，需要根据数据分析的目的，统一规定分类标准和分类目录。例如，反映国民经济结构的国家工业部门分类，先把工业分为采掘业和制造业两大部分，然后各部分下又分为大类、中类、小类3个层次。

2）数量标志分组分析法

数量标志分组分析法是指选择数量标志作为分组依据，将数据总体划分为若干个性质不同的部分，分析数据的分布特征和内部联系。数量标志所代表的数据能够进行加、减、乘、除运算，说明事物的数量特征，如人的年龄、工资水平、企业资产等。根据分组数量特征不同，可将数量标志分组划分为单项式分组和组距式分组。

（1）单项式分组

单项式分组一般适用于数据值不多、变动范围较小的离散型数据。每个标志值就是一个组，有多少个标志值就分成多少个组，如按产品产量、技术级别、员工工龄等标志分组。

（2）组距式分组

组距式分组是指在数据值变化幅度较大的情况下，将数据总体划分为若干个区间，每个区间作为一组，组内数据性质相同，组与组之间性质相异。

组距式分组的关键在于确定组数与组距。在数据分组中，各组之间的取值界限称为组限。一个组的最小值称为下限，最大值称为上限；上限与下限的差值称为组距；上限值与下限值的平均数称为组中值，它是一组变量值的代表值。组距式分组的步骤如下。

第一步：确定组数。组数可以由数据分析师决定，具体可根据数据本身的特点（数据大小）来确定。由于分组的目的之一是观察数据分布的特征，因此确定的组数应适中。如果组数太少，数据的分布就会过于集中；组数太多，数据的分布就会过于分散。两者都不便于观察数据分布的特征和规律。

第二步：确定组距。组距可根据全部数据的最大值和最小值及所分的组数来确定，组距=（最大值−最小值）/组数。

第三步：根据组距大小对数据进行分组整理，划归至相应组内。分好组后，就可以进行相应信息的分组汇总分析，从而对比各组之间的差异及各组与总体之间的差异。

单项式分组和组距式分组都属于等距分组，当然也可以进行不等距分组。采用等距分组还是不等距分组，取决于分析对象的性质特点。在各单位数据变动比较均匀的情况下，适合采用等距分组；在各单位数据变动很不均匀的情况下，适合采用不等距分组，此时，不等距分组更能体现现象的本质特征。

4. 结构分析法

结构分析法是对分析研究的总体内各部分与总体进行对比的分析方法。总体内的各部分占总体的比例属于相对指标，一般某部分所占比例越大，说明其重要程度越高，对总体的影响越大。例如，对国民经济的构成进行分析，可以得到生产、流通、分配和使用各环节占国民经济的比重或各部门的贡献比重，揭示各部分之间的相互联系和变化规律。结构相对指标（比例）的计算公式为：

$$结构相对指标（比例）=总体某部分的数值/总体总量×100\%$$

结构分析法的优点是简单实用，在实际的企业运营分析中，市场占有率是结构分析法的一个非常典型的应用。市场占有率的计算公式为：

$$市场占有率=（某种商品销售量/该种商品市场销售总量）×100\%$$

市场占有率是分析企业在行业中竞争状况的重要指标，也是衡量企业运营状况的综合经济指标。市场占有率高，表明企业运营状况好，竞争能力强，在市场上占据有利地位；反之，则表明企业运营状况差，竞争能力弱，在市场上处于不利地位。

所以，评价一个企业运营状况是否良好，不仅需要了解客户数量、收入等绝对数值指标是否增长，还要了解其在行业中的比重是否维持稳定或增长。如果在行业中的比重下降，就说明竞争对手增长更快，相比较而言，企业就是在退步。对此，企业要提高警惕，出台相应的改进措施。

5. 平均分析法

平均分析法运用计算平均数的方法来反映总体在一定时间、地点条件下某一数量特征的一般水平。平均指标可用于同一现象在不同地区、不同部门或单位间的对比，还可用于同一现象在不同时间的对比。平均分析法的主要作用有两个。

① 利用平均指标对比同类现象在不同地区、不同行业、不同类型单位等之间的差异，比用总量指标对比更具说服力。

② 利用平均指标对比某些现象在不同历史时期的变化，更能说明其发展趋势和规律。平均指标有算术平均数、调和平均数、几何平均数、众数和中位数等，其中最常用的是算术平均数，也就是日常所说的平均数或平均值。其计算公式为：

$$算术平均数=总体各单位数值的总和/总体单位个数$$

算术平均数是非常重要的基础性指标。平均数是综合指标，它的特点是将总体内各单位的数量差异抽象化，只能代表总体的一般水平，掩盖了平均数背后各单位的差异。

6. 矩阵关联分析法

矩阵关联分析法是将事物（如产品、服务等）的两个重要属性（指标）作为分析的依据，进行分类关联分析，以解决问题的一种分析方法，也称为矩阵分析法。

以属性 A 为横轴，以属性 B 为纵轴，形成一个坐标系，在两个坐标轴上分别按某一标准（可取平均值、经验值、行业水平等）进行刻度划分，构成 4 个象限，将要分析的每个事物对应投射至这 4 个象限内，进行交叉分类分析，直观地将两个属性的关联性表现出来，进而分析每个事物在这两个属性上的表现。因此，矩阵关联分析法也称象限图分析法。第 1 象限（高度关注区）属于重要性高、满意度也高的象限；第 2 象限（优先改进区）属于重要性高但满意度低的象限；第 3 象限（无关紧要区）属于重要性低、满意度也低的象限；第 4 象限（维持优势区）属于重要性低、满意度高的象限，如图 1-5 所示。

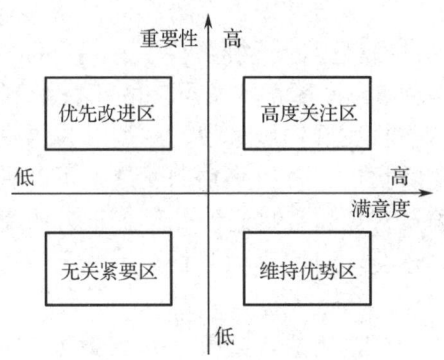

图 1-5　矩阵关联分析法的应用

矩阵关联分析法在解决问题和分配资源时可为决策者提供重要参考依据，该方法先解决主要矛盾，再解决次要矛盾，有利于提高工作效率，并将资源分配到最能产生绩效的部门、工作中，有利于管理决策者进行资源优化配置。

矩阵关联分析法非常直观清晰，使用简便，在营销管理活动中应用广泛，对销售管理起到指导、促进、提高的作用，并且在战略定位、市场定位、产品定位、用户细分、满意度研究等方面也有较多应用。

7. 聚类分析法

聚类分析是指将物理对象或抽象对象进行集合分组，形成由类似的对象组成的多个类的分析过程。聚类分析的目标是在相似的基础上收集数据来分类。聚类源于数学、计算机科学、统计学、生物学和经济学等领域。在不同的应用领域，很多聚类技术都得到了发展，这些技术被用于描述数据，衡量不同源数据之间的相似性，并把源数据分到不同簇中。

聚类分析是一种探索性分析，在分类的过程中人们不必事先给出一个分类的标准，聚类分析能够从样本数据出发自动进行分类。根据聚类分析使用的方法不同，常常会得到不同的结论。不同研究者对同一组数据进行聚类分析，所得到的聚类数未必一致。

聚类常常与分类一起讨论，两者的不同之处在于分类算法对划分成哪几种类别是已知的，而聚类算法对所要求划分的类是未知的，事先只知道划分类的数量。聚类是将数据分类到不同的类或簇的过程。同一个簇中的对象有很大的相似性，不同簇之间的对象有很大的相异性。

从统计学的观点看，聚类分析是通过数据建模简化数据的一种方法。传统的统计聚类分析方法包括系统聚类法、分解法、加入法、动态聚类法、有序样品聚类法、有重叠聚类法和模糊聚类法等。采用 K-均值、K-中心点等算法的聚类分析工具已被加入许多著名的统计分析软件中，如 SPSS、SAS 等。

从实际应用的角度看，聚类分析是数据挖掘的主要任务之一。聚类分析能够作为一个独立的工具获得数据的分布状况，观察每一簇数据的特征，集中对特定的聚簇集合做进一步分析。聚类分析还可以作为其他算法（如分类和定性归纳算法）预处理的步骤。

8. 时间序列分析法

时间序列是按时间顺序进行排列的一组数字序列。时间序列分析法应用数理统计方法对相关数列进行处理，以预测未来事物的发展。时间序列分析法是一种定量预测方法，它的基本原理为：一是承认事物发展的延续性，应用过去的数据就能推测事物的发展趋势；二是考虑到事物发展的随机性，任何事物的发展都可能受偶然因素的影响，为此要利用统计分析中的加权平均法对历史数据进行处理。该方法简单易行，便于掌握，但准确性差，一般只适用于短期预测。时间序列分析法一般反映3种实际变化规律：趋势变化、周期性变化、随机性变化。

一个时间序列通常由4个要素组成：趋势、季节变动、循环波动和不规则波动。趋势是时间序列在一段较长时期内呈现出来的持续向上或持续向下的变动状况。季节变动是时间序列在一年内重复出现的周期性波动。它是受气候条件、生产条件、节假日或人们的风俗习惯等各种因素影响的结果。循环波动是时间序列呈现出的非固定长度的周期性变动。循环波动的周期可能会持续一段时间，但与趋势不同，它不朝着单一方向持续变动，而是涨落相同的交替波动。不规则波动是时间序列中除去趋势、季节变动和循环波动之后的随机波动。不规则波动通常夹杂在时间序列中，致使时间序列产生一种波浪形或振荡式的变动。不含有随机波动的序列称为平稳序列。

9. 回归分析法

回归分析法是研究一个随机变量（Y）对另一个变量（X）或一组变量（X_1，X_2，…，X_n）的相依关系的统计分析方法，其应用十分广泛。按照涉及的自变量多少，可分为一元回归分析法和多元回归分析法；按照自变量和因变量之间的关系类型，可分为线性回归分析法和非线性回归分析法。

通俗地讲，回归分析法就是将几个自变量加、减、乘、除后得出因变量。例如，想知道活动覆盖率、产品价格、客户薪资水平、客户活跃度等指标与购买量存在何种关系，就可以运用回归分析法，把这些指标及购买量的数据输入系统，运算后即可分别得出这些指标与购买量存在何种关系的结论，并通过进一步运算得出相应的购买量。

回归分析可以对一元线性或多元线性问题进行预测，也可以预测某些可以转化为线性问题的非线性问题的未来发展趋势。一般线性回归分析有5个步骤：根据预测对象确定自变量和因变量；制作散点图，确定回归模型类型；估计参数，建立回归模型；检验回归模型；利用回归模型进行预测。利用回归分析法进行预测时，常用的是一元线性回归，又称简单线性回归。

10. 相关分析法

相关关系是一种非确定性关系，具有随机性，因为影响现象发生变化的因素不止一个，并且总是围绕某些数值的平均数上下波动。例如，用 X 和 Y 分别记录一个人的身高和体重或访客数和成交量，此时 X 与 Y 显然有关系，但这种关系的程度并不确定，这就是相关关系。

相关分析法是研究两个或两个以上随机变量之间相互依存关系的方向和密切程度的方法。利用 Excel 数据工具库中的相关分析，能找出变量之间的相关系数。

相关分析中最常用的是直线相关，其中的相关系数是反映变量之间线性关系的强弱程度的指标，一般用 r 表示。当 $-1 \leqslant r < 0$ 时，线性负相关；当 $1 \geqslant r > 0$ 时，线性正相关；当 $r=0$ 时，变量之间无线性关系。

1.3.2　电商数据分析工具

1. 电商数据分析工具分类

电商数据分析工具很多，大致分为以下 5 类。

1）数据思路类工具
常用工具：思维导图（MindManager）、XMind、FreeMind、Visio。
作用：数据分析思路的拓展和管理，便于记忆和组织思路。
应用：项目分析思路、工作规划、头脑风暴、创意。

2）数据存储与提取工具
常用数据存储工具：Access、MySQL、SQL Server、Oracle、DB2、Sybase。
常用数据提取工具：数据库工具、Navicat（SQL 客户端）、Excel、数据分析与挖掘工具的数据接口。

（1）Access
Access 是 Office 办公软件的基本组件之一，是微软发布的关系型数据库。
适用对象：个人及小规模数据库。
优点：与 Office 产品结合好，可界面化操作。
缺点：数据文件大小不能突破 2GB，结构化查询语言（JETSQL）能力有限，不适合大型数据库的应用。

（2）MySQL
MySQL 是世界级开源数据库，属于 Oracle 的关系型数据库。
适用对象：中小型企业及部分大型企业。
优点：体积小，速度快，成本低，开放源码，应用广泛。
缺点：相比大型付费工具，其稳定性和商业支持不足，缺乏存储程序等。

（3）SQL Server
SQL Server 是由微软开发的关系型数据库。
适用对象：大、中型企业。
优点：与微软产品线结合紧密，支持大多数功能，界面友好，易于操作，具有丰富的接口，伸缩性好。
缺点：只支持 Windows 系统，多用户时性能受限，图形界面执行效率低。

（4）Oracle

Oracle 是世界级数据库解决方案，属于关系型数据库。

适用对象：大型企业。

优点：兼容性好，支持多平台，效率高，稳定性强，可连接性广泛。

缺点：功能复杂，多用户时性能受限，图形界面执行效率低。

3）数据分析与挖掘工具

入门基本工具：Excel（函数、数据分析模块）。

专业应用工具：SPSS、Clementine、SAS。

"骨灰级"工具：Python、R。

作用：通过模型挖掘数据关系和深层数据价值。

应用：数据项目的核心阶段，用于数据挖掘。

（1）Excel

Excel 是 Office 办公软件的基本组件之一，自带函数功能和数据分析模块。

适用对象：入门数据分析师、经验丰富的 VBA 工程师。

优点：基本工具，使用广泛，模块简单。

缺点：功能简单，适用场景较少。

（2）SPSS

SPSS 是数据统计和分析的主要工具之一。

适用对象：从事数据统计和基本挖掘的数据分析师。

优点：基本数据统计和处理功能强大，可用模型较多，可与 Clementine 结合使用。

缺点：数据挖掘的流程控制较弱。

（3）Clementine

Clementine 是专业的数据挖掘工具。

适用对象：数据挖掘工程师、高级分析师。

优点：丰富的数据挖掘模型和场景控制，自定义功能，可与 SPSS 结合。

缺点：功能略显复杂，需要丰富的实践经验。

（4）SAS

SAS 是专业的数据挖掘工具。

适用对象：数据挖掘工程师、高级分析师。

优点：丰富的数据挖掘模型和场景控制，平台化，EM 模块整合。

缺点：学习难度大。

（5）R

R 是免费、开源的专业数据统计、分析、挖掘和展现工具。

适用对象：程序员、数据挖掘工程师。

优点：免费、开源、功能丰富、应用广泛。

缺点：学习难度大，需要编程能力。

（6）Python

Python 是免费、开源的编程语言，可应用于数据计算方向。

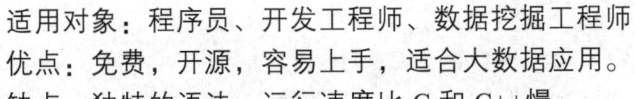

适用对象：程序员、开发工程师、数据挖掘工程师。

优点：免费，开源，容易上手，适合大数据应用。

缺点：独特的语法，运行速度比 C 和 C++ 慢。

4）数据可视化工具

入门展示工具：Excel（PowerPivot）、PPT。

专业可视化工具：Tableau、Power BI。

其他工具：GoogleChart。

作用：展现数据结果。

应用：数据项目结尾阶段，通过数据展现来提高沟通效果。

（1）Tableau

Tableau 是付费的商业可视化工具。

适用对象：图形可视化人群、分析师、BI 人员。

优点：接口较为丰富，界面美观，操作相对简单。

缺点：侧重于可视化，缺少深入挖掘的功能。

（2）Power BI

Power BI 是微软推出的一款交互式报表工具，能够把静态数据报表转换为效果酷炫的可视化报表，还能够根据筛选条件，动态筛选数据，对数据进行不同层面和维度的分析。Power BI 本质上是一款数据分析工具，可实现数据分析的所有流程，包括数据采集、清洗、建模和可视化。其作用是用数据驱动业务，帮助企业做出正确的决策。

适用对象：图形可视化人群、分析师、BI 人员。

优点：操作简单，可视化图形丰富，有免费版本。

缺点：安装步骤烦琐，只支持 Windows 系统。

5）商业智能类工具

常用工具：微软商业智能、IBMCognos、OracleBIEE、SAP、Informatica、Microstrategy、SAS。

作用：数据综合处理和应用。

应用：数据工作的整个流程，尤其是智能应用。

（1）微软商业智能（SQL Server 系列）

SQL Server 系列产品组成如下。

① SSIS：集成服务，包括 ETL 及整体 BI 的调度。

② SSAS：分析服务，包括 Cube、OLAP 和数据挖掘。

③ SSRS：报表服务，包括订阅和发布等功能。

另外，通过 Excel、SharePoint 可进行数据门户和集成展示；通过 Performance Server 可进行绩效管理。

（2）IBMCognos

IBMCognos 是世界级商用 BI 解决方案之一，具有广泛的易用性、稳定性、完整性。IBMCognos 产品组成如下。

① Powerplay Transformation Server：数据连接、调度、ETL。
② Powerplay Enterprise Server：第三方集成、OLAP、数据门户。
③ ReportNet Server：数据展现和详细定义。
④ Access Manager：安全管理模块。
⑤ Powerplay Client：ES 的客户端，OLAP 报表制作工具。

（3）OracleBIEE

OracleBIEE 的数据模型也是世界级商用 BI 解决方案之一。该模型结构如下。
① 物理层：用于定义和连接各类异构数据源。
② 逻辑层：定义逻辑模型与物理模型之间的映射关系。
③ 展现层：前端展现和应用。

2. 网站分析常用工具

1）AdobeAnalytics

AdobeAnalytics 是一种行业领先的解决方案，用于收集、整理、分析和报告关于客户所做的一切。

Analytics 可以整合所有营销数据，为用户提供个性化体验，帮助用户更明智地使用广告费用并利用内容实现盈利；可以获取专为移动营销人员设计的仪表板和报告，并将应用程序数据与更广泛的营销指标整合起来。随着 Web 分析需求的增长，还可以将 Analytics 与全方位客户视图、强大的预测模型和跨渠道属性相结合。

2）Webtrekk

Webtrekk 是一家以原始数据为基础，提供网站分析工具和服务的公司。Webtrekk 可以提供从实时分析、社交媒体分析、App 应用追踪到线下电视广告效果追踪的全套分析工具和服务。其主要特点如下。

（1）实时：提供插件处理并展示实时数据。
（2）原始数据：所有分析过程均基于原始数据。
（3）快速：提供预设置和缓存功能，提高使用工具的效率。

3）GoogleAnalytics

GoogleAnalytics 是 Google 的一款免费网站分析工具，其功能非常强大，只要在网站的页面上加入一段代码，就可以提供丰富详尽的图表式报告，提高网站的投资回报率、转换率，在网上获取更多收益。

GoogleAnalytics 可对整个网站的访问者进行跟踪,并能持续跟踪营销广告系列效果。无论是电子邮件广告系列，还是任何其他广告计划，都可以利用该工具了解哪些关键词真正起作用、哪些广告词最有效、访问者在转换过程中从何处退出。

4）IBMCoremetrics

IBMCoremetrics 网站分析和营销优化工具能帮助营销人员全面掌握网站访客的情况及客户的行为，并可以提供一套综合、全面的网站会话指标，帮助用户衡量其在线营销方案的效果，了解社交媒体战略对业务的影响，并自动实现交叉销售和追加销售。此外，网络行为分析洞察服务能够捕获访客在各个营销触点及渠道中的数字化轨迹，营销人员只需点击数次，便可获得深入的洞察信息并制定个性化的营销方案。

IBMCoremetrics 数字营销优化方案能够将从客户档案和网站分析报告中获取的数据和洞察无缝整合到应用中，然后通过网络、社交和移动渠道轻松地展示广告、执行搜索活动、发送电子邮件及提供个性化建议等。

总体来说，电商数据分析工具五花八门，企业可根据自己的需求选择合适的工具，具体如下。

- 第一阶段（基础）：很多电商企业的数据都多、杂、乱，一些经营多年的电商企业甚至有超过 10 万张历史数据表格，无法对庞大的历史数据进行分析，企业需要解决数据的统一管理及分析问题。在这个阶段，可选用 Excel 和 MySQL，这两种数据分析工具在国内企业的使用率和普及率相对较高，Excel 可解决分析层和应用层的问题，MySQL 可解决大数据量的存储和计算问题。
- 第二阶段（基础）：企业已经实现了统一管理和分析数据，但随着数据量和数据应用能力的提升，原有的 Excel 已经满足不了大数据量下进行多表建模联合分析的需求，刷新一张分析模型文件所需时间太长。此时需要使用 BI 产品满足复杂的业务建模需求，可选用微软的 Power BI。部分企业在这个阶段会有专业统计方法和数据挖掘的需求，可选择 SPSS，更易于掌握。SPSS 有两个工具，一是用于统计分析的 Statistics，二是用于商业数据分析与挖掘的 Modeler。
- 第三阶段（进阶）：企业属于数据驱动型企业，数据应用需要渗透到生产、流通、销售和管理等各个环节。随着数据种类越来越复杂，原有的数据采集、清洗及算法应用的效率已满足不了需求，需要运用 IT 技术和算法解决商业问题，真正将数据转变成生产力，此时，可以在应用非常广泛的编程语言 R 和 Python 之间做选择。
- 第四阶段（进阶）：企业已经是深度的数据驱动型企业，只有少数龙头企业能进入这个阶段，它们通过技术手段极大地提高了工作效率和商业收益，转型智慧商业领域，运用大数据和人工智能升级改造所有环节。在这个阶段，企业需要应用大数据框架（如 hadoop）来解决并发问题，需要应用人工智能框架（如 TensorFlow）来解决应用问题。

第 2 章
电商数据的采集与预处理

【学习目标】
- 了解数据采集的概念；
- 掌握数据采集的方法；
- 掌握数据清洗的方法。

【学习重点、难点】

学习重点：
- 电商数据质量；
- 电商数据清洗。

学习难点：
- 电商数据集成、转换与消减；
- 电商数据采集实战。

第2章 电商数据的采集与预处理

2.1 电商数据的采集

2.1.1 电商数据采集的概念

数据采集就是收集符合数据挖掘研究要求的原始数据。原始数据是研究者拿到的一手或二手数据。数据采集既可以从现有、可用的无尽数据中收集提取想要的二手数据，也可以经过问卷调查、采访、沟通等方式获得一手数据。无论用哪种方法，得到数据的过程都可以叫作数据采集。

电商数据采集是指由预先设计的采集平台与系统程序自动采集电商平台上的数据。电商数据伴随消费者和企业的行为实时产生，广泛分布于电商平台、社交媒体、智能终端、企业内部系统和其他第三方服务平台。数据类型多种多样，既包含企业产品信息与交易信息，也包含消费者基本信息、交易信息、评论信息、行为信息、社交信息和地理位置信息等。在大数据环境下，电商平台中的数据是公开、共享的，但数据间的各种信息传输和分析需要有一个采集整理的过程。

2.1.2 电商数据采集的方法

常见的数据采集方式大致可分为两种，一种是利用 Power BI、Excel 等数据分析工具，借助代码或网页源码手动采集。采集时，常常会涉及一些函数或命令的调用，要求用户具备一定的数据分析或编程基础。

另一种是借助第三方公司开发的数据采集工具（如八爪鱼、火车头等）进行采集。这类工具一般不要求用户有较强的数据分析或编程能力，只需要在采集前进行一些基本字段或规则的设置即可。该方式的局限性在于，能够获取的数据有限，许多信息无法采集，并且有些功能需要付费使用。下面介绍几种常见的数据采集方法。

1. 网页源码采集

要了解网页源码采集，首先需要了解网页的基本结构。

有一个比喻：HTML 相当于人的骨骼，决定了网页的大体框架结构；CSS 相当于人的皮肤，决定了网页看起来的风格样式；JavaScript 相当于人的肌肉，使网页能够响应用户的操作，实现各种活动。

如果把一个网站比喻成一座房子，一个个网页就相当于一个个房间。HTML 相当于房子的房梁、墙壁、地基等基本框架，决定房子的结构。CSS 相当于房子的墙面粉刷、油漆、壁画等元素，决定房子的风格是欧式的、田园风的还是复古的。JavaScript 相当于房子里安装的空调、冰箱、防盗门等可操作、可控制的电器，决定了房子的高级功能。这里主要介绍 HTML 源码解析与网络抓包。

1）HTML

超文本标记语言（Hyper Text Markup Language，HTML）是一种简单标记语言，用于创建可从一个平台移植到另一个平台的超文本文档，经常用于创建 Web 页面。

HTML 是一种标识性语言，包括一系列标签，通过这些标签可以将网络上的文档格式统一，使分散的互联网资源连接成为一个逻辑整体。HTML 文本是由 HTML 命令组成的描述性文本，HTML 命令可以说明文字、图形、动画、声音、表格、链接等。超文本是一种组织信息的方式，它通过超链接方法将文本中的文字、图表与其他信息资源相关联。这些相互关联的信息资源可能在同一文本中，也可能是其他文件，还可能是地理位置相距遥远的某台计算机上的文件。这种组织信息的方式将分布在不同位置的信息资源随机连接，为人们查找和检索信息提供了便利。

HTML 是网页制作的基础，静态网页是以 HTML 为基础制作的网页，早期的网页都是直接用 HTML 代码编写的。现在有很多智能化的网页制作软件（如 FrontPage、Dreamweaver 等），通常不需要人工写代码，而是自动生成网页。尽管不需要人工写代码，但了解 HTML 代码依然非常重要。HTML 网页结构通常包括头部和主体两大部分。头部描述浏览器所需的信息，主体包含所要说明的具体内容。

HTML 文件是带有格式标识符和超文本链接的内嵌代码的 ASCII 文本文件。HTML 结构可以被多种网页浏览器读取，产生网页，传递各类资讯。从本质上说，互联网是一个由一系列传输协议和各类文档组成的集合，HTML 文件只是其中的一种。这些 HTML 文件存储、分布于世界各地的服务器硬盘上，通过传输协议，用户可以远程获取这些文件所传达的信息。

2）URL

统一资源定位符（Uniform/Universal Resource Locator，URL）是用于完整地描述互联网上网页和其他资源地址的一种标识方法。互联网上的每个文件都有其对应的唯一 URL。

URL 由 3 部分组成，即资源类型、存放资源的主机域名和资源文件名；也可认为由 4 部分组成，即协议、主机、端口和路径。

URL 的一般语法格式如下（带方括号的内容为可选项）。

scheme://host[:port#]/path/.../[?query-string][#anchor]

- scheme 处为协议（如 http、https、ftp）；
- host 处为服务器的 IP 地址或域名；
- port#处为服务器的端口（如果走协议默认端口，则默认端口 80）；
- path 处为访问资源的路径；
- query-string 处为参数，是发送给 HTTP 服务器的数据；
- anchor 处为锚（跳转到网页的指定锚点位置）。

例如，淘宝链接"https://s.taobao.com/search?q=玻璃胶"。其中，https 是传输协议，s.taobao.com 是服务器域名，search 是访问资源的路径，"q=玻璃胶"是参数，如果有多个参数，则用&连接。

3）HTML 源码解析

打开一个网页（如淘宝网），在页面空白处单击鼠标右键，在弹出的菜单中选择"查看网页源代码"选项（不同的浏览器对该选项的表述可能有所不同，如 IE 浏览器将该选项描述为"查看源"，但功能相同），如图 2-1 所示。

图 2-1　查看网页源代码

HTML 详情如图 2-2 所示，左侧实线框中是 HTML 的行号，右侧是 HTML 代码。

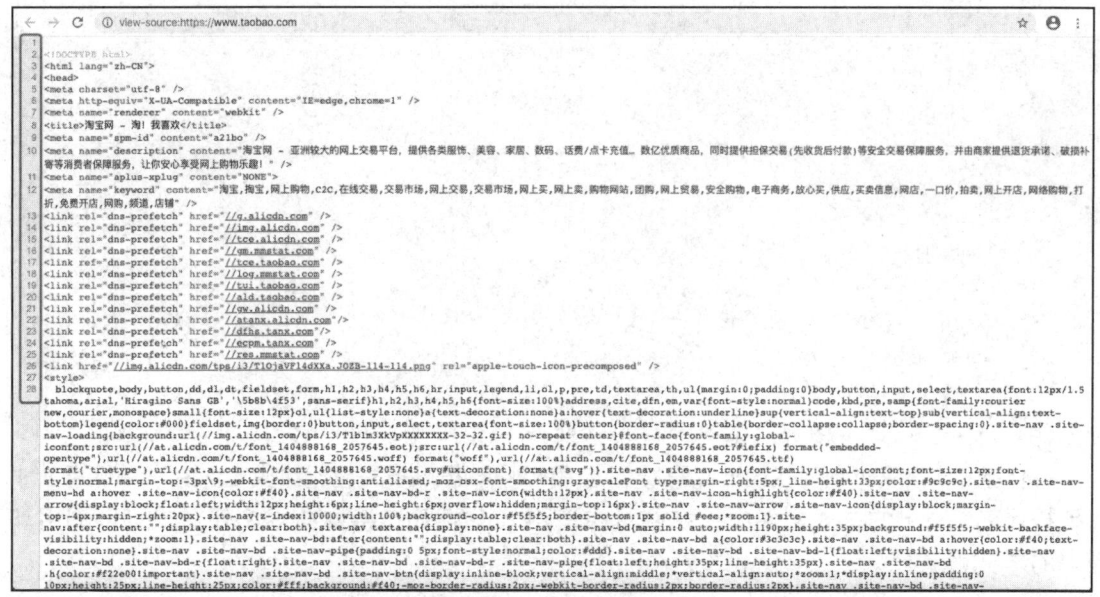

图 2-2　HTML 详情

按住 Ctrl+F 组合键调出搜索框，根据前端页面的目标信息进行搜索。例如，复制图 2-1 中任一商品的标题或部分关键词，将其粘贴到调出的搜索框内，系统会自动搜索。找到目标信息则说明数据在 HTML 中，此数据称为静态数据，如图 2-3 所示。

电子商务数据分析理论与实践

图 2-3　目标信息搜索

4）CSS

HTML 只是设定了一个网页的基本结构，还未生成美观和丰富的网页，这部分功能是通过 CSS 的层叠样式表来实现的。CSS 代码示例如下。

```
.ClassHead-wrap a {
    display: inline-block;
    float: left;
    padding: 0px 20px;
    _padding: 0px 15px;
    line-height: 33px;
    height: 33px;
    cursor: pointer;
    color: #0474c8;
    border-width: 2px 1px 0px 1px;
    border-color: #fff;
    border-style: solid;
}
```

但是，一般不会把 CSS 代码直接写在页面中，程序员一般会把 CSS 统一写好后，放到扩展名为 .css 的样式文件中，在网页中使用 link 标签连接到样式文件，就可以调用其中的样式库了。

5）JavaScript

JavaScript 是目前很常见的一种语言，简称 JS，用户在网页中看到的一些动态的内容或交互性功能（如单击后出现某种效果、自动滑动的图片等），都是通过 JS 实现的。

JS 通常被单独放在扩展名为 .js 的文件中，在网页中通过<script src=""></script>标签调用。

6）网络抓包

浏览器分析 Response（响应）中的 HTML，其中引用了很多文件，如 Images 文件、CSS 文件、JS 文件。浏览器会自动再次发送 Request（请求）获取图片、CSS 文件或 JS 文件，当所有文件都下载成功后，网页会根据 HTML 语法结构将文件完整地显示出来。需要注意的是，这些文件不会在网页源代码中呈现。

打开淘宝网首页，在任意空白处单击鼠标右键，在弹出的快捷菜单中选择"审查元素"选项（有的浏览器将该选项命名为"检查元素"，也可以直接按 F12 键），进入开发者模式，打开"Network"选项卡，如图 2-4 所示。

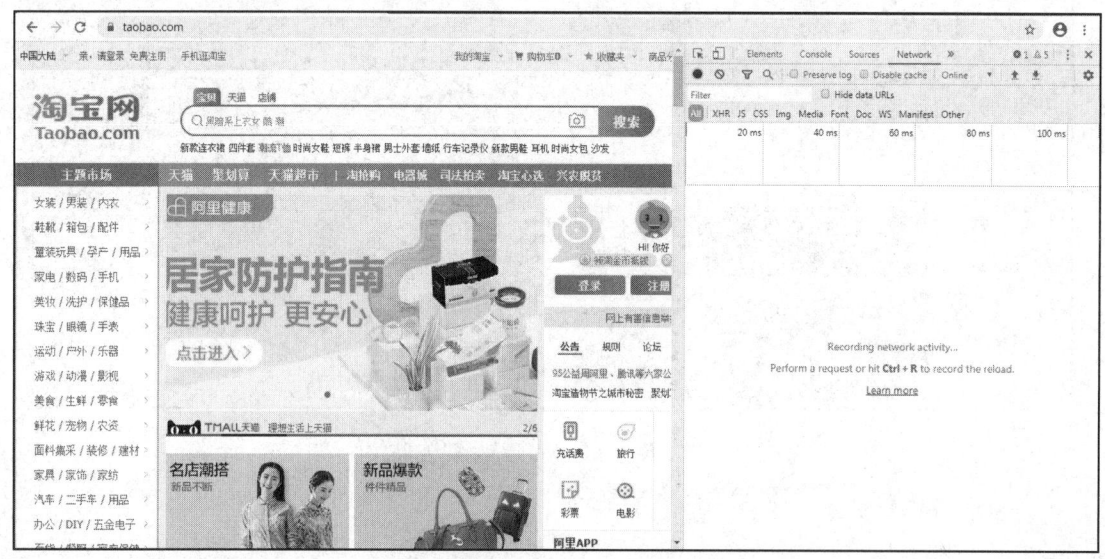

图 2-4　开发者模式

在图 2-4 中的任意空白处单击鼠标右键，在弹出的快捷菜单中选择"刷新"选项（也可按 F5 键），可以获取许多文件，如图 2-5 所示，这个过程称为抓包。

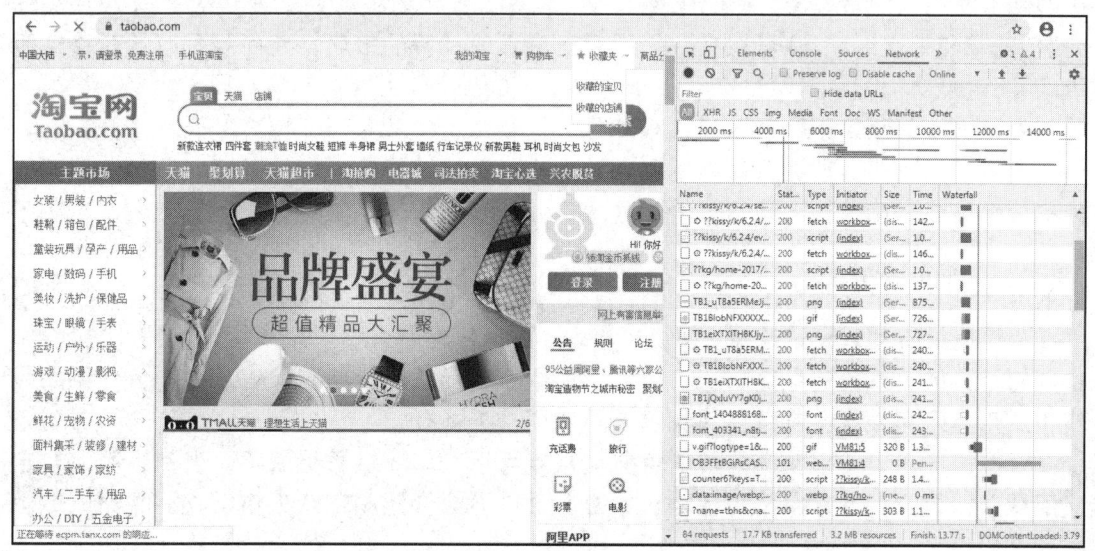

图 2-5　抓包

在淘宝网首页的"搜索"框中输入"羽绒服",系统会自动推荐关键词,与HTML源码解析时搜索的信息不同,这些关键词并不是静态的(图2-6中两个实线框中的内容是相同的),因为系统并不知道用户会搜索什么词,所以无法提前将源代码埋在HTML中。通过动态交互的方式,用户产生了操作,系统从服务器中获取了对应的数据包,使用开发者模式可以观察这些数据包,如图2-6所示。

图2-6 抓取关键词搜索结果

2. Power BI 采集

Power BI 是微软旗下的一款商业智能软件,它包含桌面版、网页版和移动版。Power BI 的主要功能由桌面版承载,开发人员可利用桌面版将数据和报表发布到网页或手机端。网页版可以对报表进行在线编辑,因此,当用户外出时,只要记住账号和密码并连接网络,就可以编辑报表,轻松应对各种突发状况。移动版需要安装 Power BI 应用程序(支持安卓和苹果系统),可以在应用程序上查看设计好的报表,桌面版可以针对移动版重新设计报表样式。

Power BI 采集属于数据源码采集。

前面介绍的两种数据采集方法需要手动收集数据,耗费大量的时间和精力,使用软件构建采集脚本则可极大地降低时间成本。

3. 八爪鱼采集

八爪鱼是一款数据采集器,使用简单,可以从任何网页精确采集用户所需要的数据,生成自定义的、规整的数据格式。以下以爬取京东商城的一些商品信息为例,介绍如何使用八爪鱼采集数据。八爪鱼采集器首页如图2-7所示。

一般情况下,新手使用内置的免费模板就可以实现一键数据采集,当然也可以自定义配置,以更灵活地采集网页数据。本章实训部分会介绍利用八爪鱼采集器采集电商数据的完整流程。

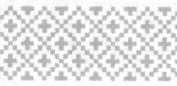

图2-7　八爪鱼采集器首页

4. 编程语言采集

除了前面的几种采集方式，很多编程语言也可以用来采集数据，如 Python、R 语言等，使用编程语言采集数据需要采集者具备一定的语言基础。下面以 Python 为例，介绍编程语言在数据采集中的应用。

Python 作为一种跨平台计算机程序设计语言，是一种结合了解释性、编译性、互动性的面向对象的高层次脚本语言，同时也是入门简单、通俗易懂的编程语言，在网络爬虫、数据清洗、数据储存等领域都有突出表现。

1）网络爬虫

网络爬虫是指从各种网页上采集所需要的信息，爬虫的目标对象十分丰富，文字、图片、视频等任何结构化和非结构化的数据都可以爬取。可以用 Python 写一段代码，让它像小蜘蛛一样，自动在互联网这张大蜘蛛网上爬行，去抓取自己的猎物（数据）。Python 在爬虫领域的表现特别突出，生态极其丰富。

2）数据清洗

在抓取来的数据中经常会出现格式不同、异常值、缺失值等问题。这时需要处理它们，这一步称为"数据清洗"，它是数据分析中占比最大的一部分，80%的工作基本都耗在这里。

Python 可以高效地处理多维数据，兼容性强，在数据清洗方面能力突出，能一举解决数据多、乱、杂的问题，降低时间成本。

3）数据储存

爬取完数据并进行清洗之后，需要将数据储存起来，可以选择文本文件格式保存（如 csv），也可以选择存入数据库（如 MySQL）。

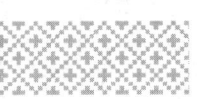

5. 系统日志采集

很多互联网企业都有海量数据采集工具用于系统日志采集,如 Facebook 公司的 Scribe、Hadoop 平台的 Chukwa、Cloudera 公司的 Flume 等。这些工具均采用分布式架构,能满足每秒数百兆字节的日志数据采集和传输需求。

1) Scribe

Scribe 是 Facebook 公司开源的日志收集系统,在公司内部已经得到广泛应用。Scribe 可以从各种日志源上收集日志,存储到网络文件系统(Network File System,NFS)、分布式文件系统等中央存储系统中,以便进行集中统计与分析处理。Scribe 为日志的"分布式收集,统一处理"提供了一个可扩展的高容错方案。

(1) 代理(ScribeAgent)

ScribeAgent 实际上是一个 ThriftClient,也是向 Scribe 发送数据的唯一方法。Scribe 内部定义了一个 Thrift 接口,用户使用该接口将数据发送给不同的对象。ScribeAgent 发送的每条数据记录都包含一个种类和一条信息。

(2) 收集器(Scribe Collector)

Scribe Collector 接收 ThriftAgent 发送的数据,它从各种数据源收集数据,并将数据放到一个共享队列中,然后推送给后端的中央存储系统。当中央存储系统出现故障时,Scribe Collector 可以暂时把日志写到本地文件中,待中央存储系统恢复运行后,Scribe Collector 再把本地日志续传到中央存储系统中。Scribe Collector 在处理数据时根据种类将不同主题的数据存储到不同的目录中,以便分别进行处理。

(3) 中央存储系统(Scribe Store)

中央存储系统实际上就是 Scribe 中的 store,当前 Scribe 支持的 store 类型非常多,包括 file、buffer 等。

2) Chukwa

Chukwa 提供了一种对大数据量日志类数据进行采集、存储、分析和展示的全套解决方案和框架。在数据生命周期的各个阶段,Chukwa 能够提供近乎完美的解决方案。Chukwa 可用于监控大规模(2000 个以上节点,每天产生的数据量在 TB 级别)Hadoop 集群的整体运行情况,并对它们的日志进行分析。Chukwa 的组成如下。

(1) 适配器(Chukwa Adapter)

适配器是直接采集数据的接口和工具。每种类型的数据对应一个适配器,同时用户也可以自己实现一个适配器来满足需求。

(2) 代理(Chukwa Agent)

代理可以为适配器提供各种服务,包括启动和关闭适配器,将适配器收集的数据通过 HTTP 传递给收集器,并定期记录适配器的状态,以便适配器出现故障后能迅速恢复。一个代理可以管理多个适配器。

(3) 收集器(Chukwa Collector)

收集器负责对多个数据源发来的数据进行合并,并定时写入集群。Hadoop 集群擅长处理少量的大文件，处理大量小文件不是它的强项。针对这一点，收集器可以先将数据进行部分合并，再写入集群，防止大量小文件的写入。

（4）多路分配器（Chukwa Demux）

多路分配器利用 MapReduce 对数据进行分类、排序和去重。

（5）存储系统

Chukwa 采用 HDFS 作为存储系统。HDFS 设计的初衷是支持大文件存储和小并发、高速写的应用场景，而日志系统的特点恰好相反，它需要支持高并发、低速写和大量小文件的存储，因此 Chukwa 框架使用多个部件，使 HDFS 满足日志系统的需求。

（6）数据展示

Chukwa 不是一个实时错误监控系统，它分析的数据是分钟级别的，能够展示集群中作业运行的时间、占用的 CPU 及故障节点等整个集群的性能变化，帮助集群管理者监控和解决问题。

3）Flume

Flume 是一款开源、高可靠、高扩展、容易管理、支持客户扩展的数据采集系统，依赖 Java 运行环境。Flume 最初由 Cloudera 公司的工程师设计，是一个用于合并日志数据的系统，后来逐渐用于处理流数据事件。Flume 被设计成一个分布式的管道架构，可以看作在数据源和目的地之间有一个代理的网络，支持数据路由。每个代理都由 Source、Channel 和 Sink 组成。

（1）Source

Source 负责接收输入数据，并将数据写入管道。Flume 的 Source 支持 HTTP、JMS、RPC、NetCat、Exec、Spooling Directory。其中 Spooling Directory 支持监视一个目录或文件，解析其中新生成的事件。

（2）Channel

Channel 负责存储、缓存从 Source 到 Sink 的中间数据。可使用不同的配置来做 Channel，如内存、文件、JDBC 等。如使用内存，虽然性能高但不持久，有可能丢数据；如使用文件，则更可靠，但性能不如内存。

（3）Sink

Sink 负责从管道中读出数据并发给下一个代理或最终的目的地，Sink 支持的目的地种类包括 HDFS、HBase、Solr、ElasticSearch、File、Logger 等。

毋庸置疑，在流式数据处理场景中，Flume 绝对是开源产品的不二选择。其架构 Source、Channel、Sink 分别负责从上游服务端获取数据、暂存数据、解析并发送数据到下游。Flume 以灵活的扩展性和强大的容错处理能力著称，非常适合在大数据量的情况下做数据解析、中转及上下游适配的工作。

但 Flume 也有一些缺陷，如解析与发送都耦合在 Sink 模块中，用户在编写 Sink 插件时不得不编写解析的逻辑，无法复用一些常规的解析方式；依赖 JVM 运行环境，作为服务端程序可以接受，但是部署和运行一个数据收集客户端程序时则变得相对笨重；Flume 的配置融合了 Channel 部分，基本配置并不简单，用户需要掌握较多的前置知识。

6. API 采集

利用网站自身提供的应用程序编程接口（Application Programming Interface，API）实现网络数据采集，即调用网站 API，可以很好地解决数据针对性的问题。

越来越多的社会化媒体网站推出了开放平台，提供了丰富的 API，如推特、新浪微博等。这些平台中包含许多关于"电子商务""跨境电子商务"的话题和评论、图片等，允许用户申请平台数据的采集权限并提供相应的 API 接口来采集数据。

调用网站 API 主要有开放认证协议和调用开源 API 两种方式。

1）开放认证协议

开放认证（OAuth）协议不需要提供用户名和密码即可获取用户数据，它给第三方应用程序提供了一个令牌，这个令牌授权对应的特定网站（如社交网站），并且第三方应用程序只能在令牌规定的时间内访问特定的资源。为了降低 OAuth 协议的复杂性，OAuth 协议 2.0 出台。OAuth 协议 2.0 更加关注客户端开发者的简易性，为手机应用程序、桌面应用程序和网页应用程序提供了专门的认证流程。目前，各大社交网站如脸书、推特、新浪微博等都提供 OAuth 协议 2.0 认证支持。

在已获授权的情况下，第三方应用程序可通过这些 API 直接调取网络数据。通过 API 获取的网络数据通常以 JSON 或 XML 格式呈现，具有清晰的数据结构，非常便于通过程序直接进行数据抽取。

2）调用开源 API

开源 API 是网站自身提供的接口，可以自由地通过该接口来调用该网站指定的数据。调用开源 API 方法如下。

（1）如果发送 get 请求，则创建 HttpGet 对象；同样，如果发送 post 请求，则创建 HttpPost 对象。

（2）发送参数。可调用 HttpGet、HttpPost 共同的 setParams()方法来添加请求参数；HttpPost 对象也可调用 setEntity()方法来设置请求参数。

（3）调用 HttpClient 对象的 excute()发送请求，执行该方法会返回一个 HttpResponse。调用 HttpResponse 的 getAllHeaders()、getHearders（Stringname）等方法可获取服务器的响应头部信息。调用 getEntity()方法可获取 HttpEntity 对象，该对象包装了服务器的相应内容。

【案例分析】电商数据采集

【案例背景】

从传统零售业到百货商店、超级市场、连锁商店，再到由网络技术打造的网店，零售业经历了一系列革新。随着互联网信息技术的快速发展，电商网络形态的零售类业务逐渐成为商务贸易活动的主流。同时，商家通过数据化技术进行店铺运营已经成为一种趋势。在这一系列技术升级和服务升级的背后，不变的核心是更好地服务消费者，回归零售的本质。

电商，顾名思义，是以电子媒介为载体的商务活动。广义的电商，是指所有以互联网为媒介的商业行为。电商作为一种新兴产业模式，不仅提高了消费者的购买力，还节省了消费者与企业交易的时间和空间成本，大大提高了交易效率。区别于传统交易模式，在电商产品与服务的交易中，从客户订购商品、客户付款下单到交货都可以在极短的时间内完成，同时在整个交易过程中，议价、下单、物流、支付等信息都有数据记录，消费者可以实时追踪商品发货状态和运输状态。当今社会，数据的价值不言而喻。对电商来说，数据分析更是意义重大，它能帮助电商企业理清各方面的运营思路，不至于"盲人摸象"。电商企业除了关注商品的整体数据，更要关注各种数据所反映的问题，数据分析是一项战略性投资。这里的数据包含多个方面，包括电商行业的整体数据、网站运营数据、用户数据、各种转化率数据、广告投放数据等。

在"互联网+"时代背景下，新一代互联网技术在电商中得到广泛应用。无线互联网功能不断完善，电商行业发展迅猛，大批优秀电商平台的服务功能完成了向移动端的移植，行业竞争越来越激烈。对电商企业来说，要想在一片红海的市场中脱颖而出，就必须具有数据思维。

【案例分析过程】

1. 案例分析思路

首先要明确数据分析需求，即明确亟待解决的问题是什么。例如，现在亟待解决的问题是找到企业这个月销售额下降的原因。

确定问题之后开始分析，销售额=客单价×转化率×访客数，因此，需要采集企业这个月及之前几个月的客单价、转化率和访客数数据。

确定了要采集的数据之后，接下来要选择相应的数据采集方法，有些数据可以在"生意参谋"平台上获取，有些竞争对手的数据可能需要利用第三方采集工具采集。

确定采集方法后，制定具体的数据采集方案，接下来就可以按照方案实施数据采集了。

2. 识别数据分析需求

识别数据分析需求可以为收集数据、分析数据提供清晰的目标，它是确保数据分析过程有效的首要条件。开始数据分析之前，应冷静思考在数据分析过程中想获得什么。例如，是想更精确地确定网店的客户群，还是想扩大网店的客户群？是为了评估产品改版后的效果是否比之前有所提升，找到产品迭代的方向，还是为了科学排班以改善闲时浪费人力、忙时缺少人手的情况？明确通过数据分析要获得什么及数据分析的目标是什么至关重要。

明确数据分析目标后，需要确定应该收集哪些数据。例如，某工厂想对某产品进行更新迭代，准备通过消费者对该类产品的评价数据进行舆情分析，得到消费者在售前或售后比较关注的产品属性或服务等，根据舆情对产品进行更新迭代，以更好地提升转化率。对此，数据采集人员需要采集各电商平台上该类产品中销量排名靠前的几款的评价，为后续分析做好数据准备。

3. 总体与样本

要进行数据分析，首先需要统计数据。统计的基本思想是从总体中抽出一部分个体（总体的样本），根据样本的性质来估计和推测总体的性质，这就需要弄清总体、个体、样本、样本容量这4个基本概念。

① 总体：所研究的全部个体（数据）的集合。
② 个体：总体中的每个考察对象。
③ 样本：研究中实际观测或调查的一部分个体。
④ 样本容量：样本中个体的数目。

例如，为了研究某中学三年级学生的身高情况，从全年级学生中抽取了60名学生的身高。那么，本例中的总体是指该中学三年级全体学生的身高；个体是指该中学三年级每名学生的身高；样本是指被抽取的60名学生的身高；样本容量是60。

在本例中，常见的误区是把总体看成该中学三年级全体学生，把样本看成60名学生。这是不正确的。应当注意区分具体对象和对象的数量指标，我们要研究的不是这些对象本身，而是它们的某个指标，因此，本例中的总体应该是该中学三年级全体学生的身高，而不是全体学生；样本指的是被抽取的60名学生的身高，而不是60名学生。

总体是一个确定的数字集合，而样本可以有许多。从总体中取出的一部分个体叫作总体的一个样本，如果从总体中取出另一部分个体，那就构成了另一个样本。即使每次抽取的样本数量一样，每次抽取的情况也不会相同。因此，样本中的数据都是变量，这些变量的特点只有在一次具体的抽取完成之后才能知道。

研究电商行业大数据的基本思想也是如此，就商品数据来说，每个商品都有多种不同的属性。通常先对数据整体进行抽样采集，获取具有代表性的、能够尽可能代表整体趋势的数据，再选择不同的属性特点作为研究对象，分析不同的趋势特征。

通过数据分析揭示变化趋势时，数据量越大越好。对于任何类型的统计分析，都是样本量越大，得到的结果越精确。例如，要想预测公司未来一个月的销售趋势，那么仅追踪公司一周的销售数据很难看出未来发展趋势，3个月的数据会好一些，6个月的数据更佳。即使无法确定寻找的是什么，也要确保收集的数据所包含的信息尽可能详尽和精确。试着弄清楚获得所需最优数据的途径，然后开始收集。

4. 八爪鱼采集数据

本案例主要介绍如何用八爪鱼数据采集器采集电商平台的数据。一般来说，新手使用内置的免费模板就可以实现一键数据采集，当然也可以自定义配置以更灵活地采集网页数据。本案例要采集京东平台上热销手机数据，因此在"热门采集模板"中选择"京东"选项，如图2-8所示。

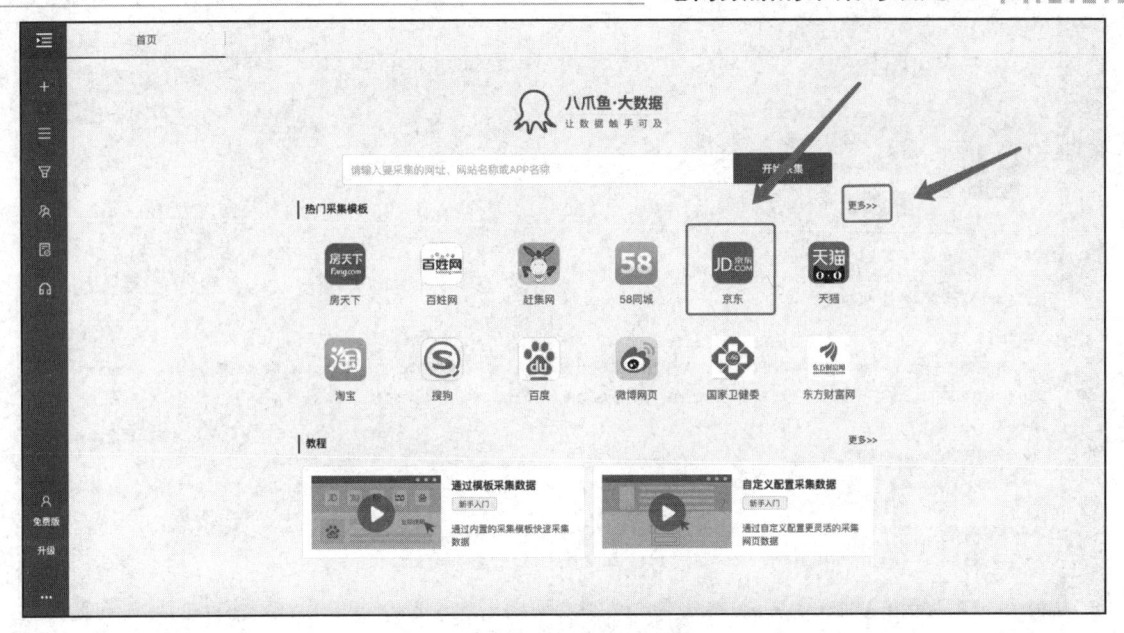

图 2-8 选择要采集的平台

打开京东模板后,可以看到不同类型的采集模板,如"京东-商品搜索-建议本地采集""京东商品评论""京东商品详情采集"等,如图 2-9 所示。根据需要选择对应的模板进行数据采集。本案例中选择的是"京东-商品搜索-建议本地采集"模板。

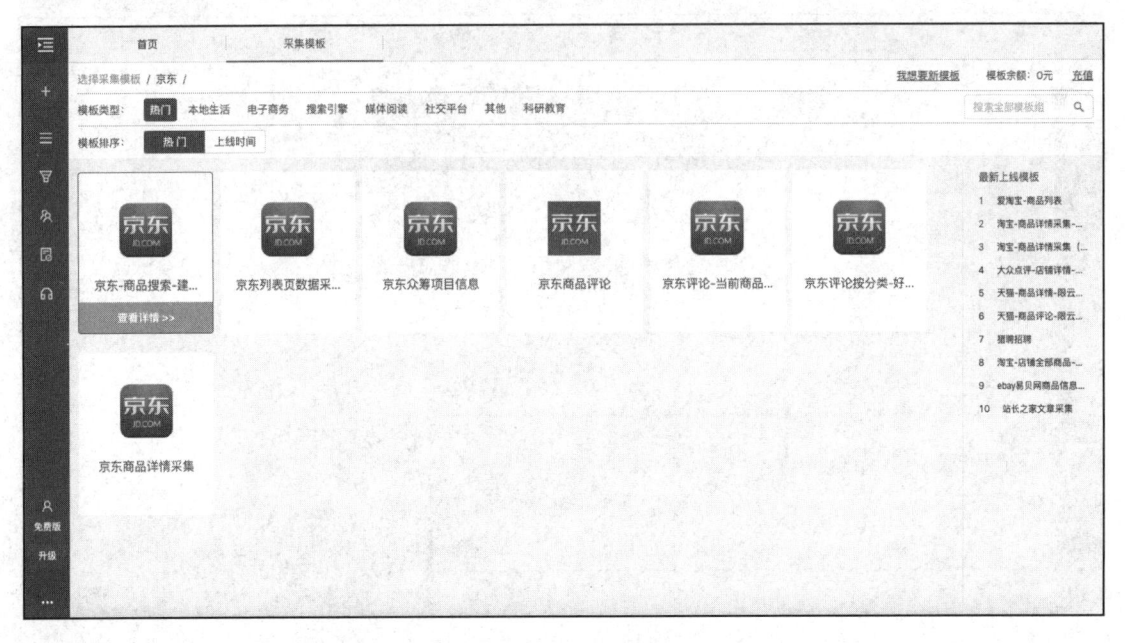

图 2-9 选择采集模板

单击模板,进入模板详情页面,仔细查看模板介绍和使用方法,如图 2-10 所示。

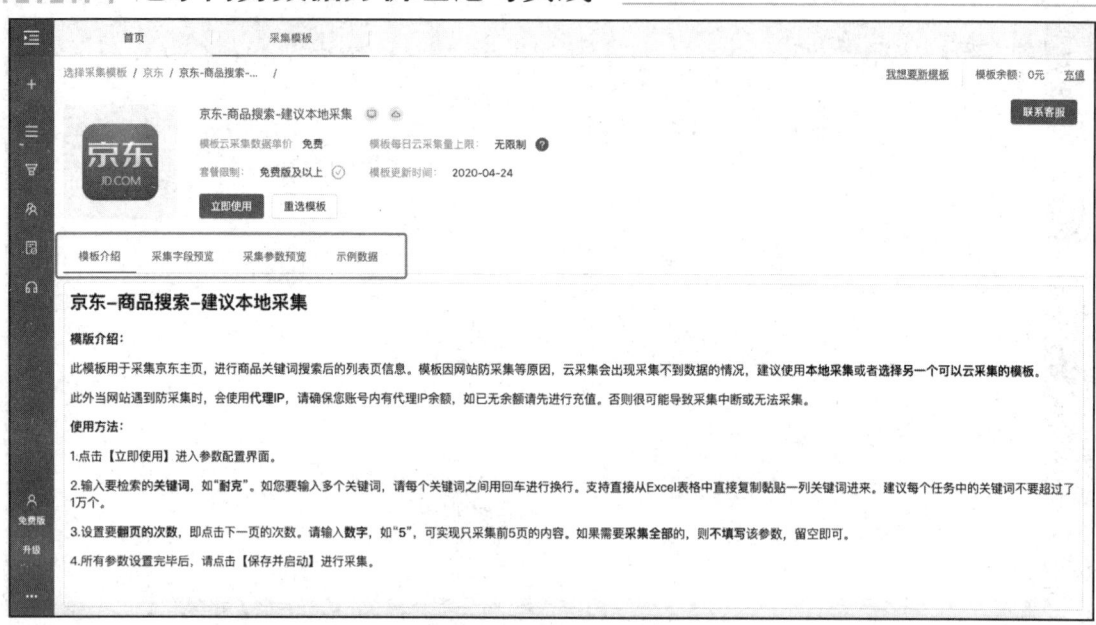

图 2-10　查看模板介绍

单击"立即使用"按钮，开始使用模板下载数据。首先进行参数配置，主要配置"搜索关键词"和"页数"两个参数，关键词可以设置多个，一行一个，按 Enter 键换行，本案例中采集的是手机的搜索数据，采集 20 页，如图 2-11 所示。

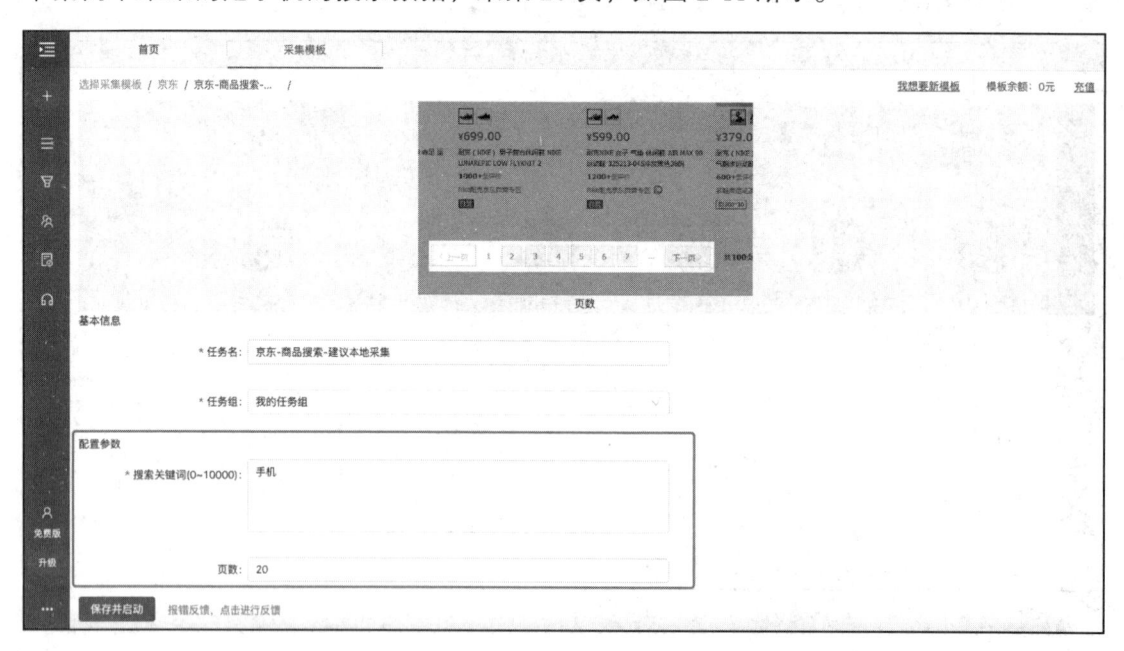

图 2-11　配置参数

单击"保存并启动"按钮，系统会自动采集数据，如图 2-12 所示。

采集完成之后，按照提示将数据导出即可，可选择导出方式，或者将数据导出到数据库，如图 2-13 所示。

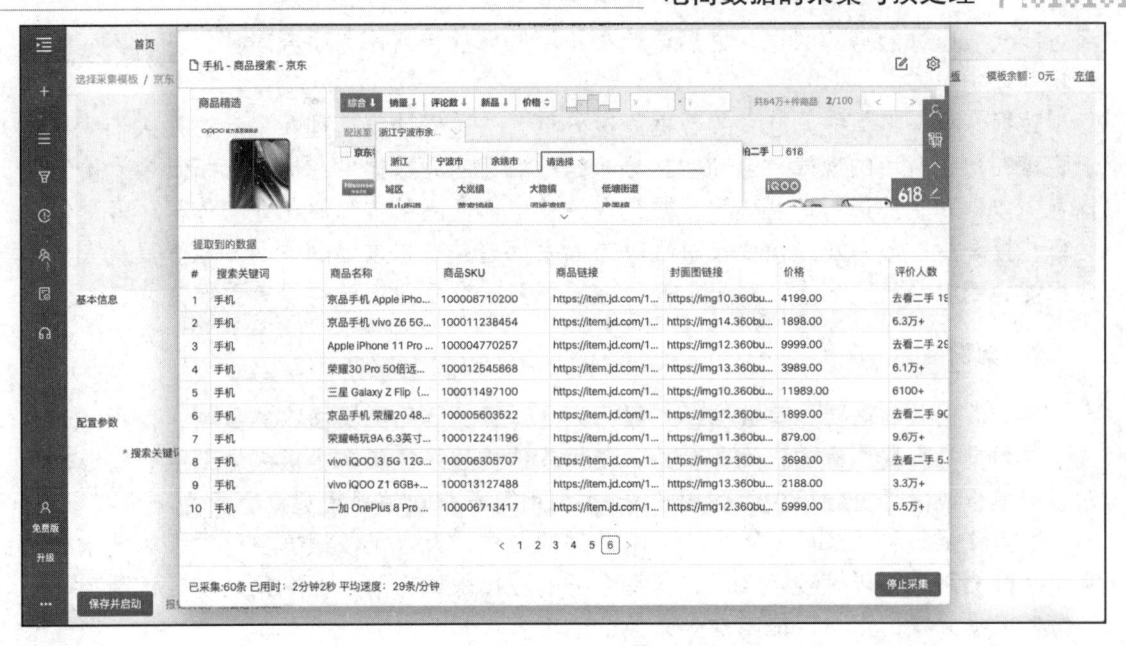

图 2-12　数据采集

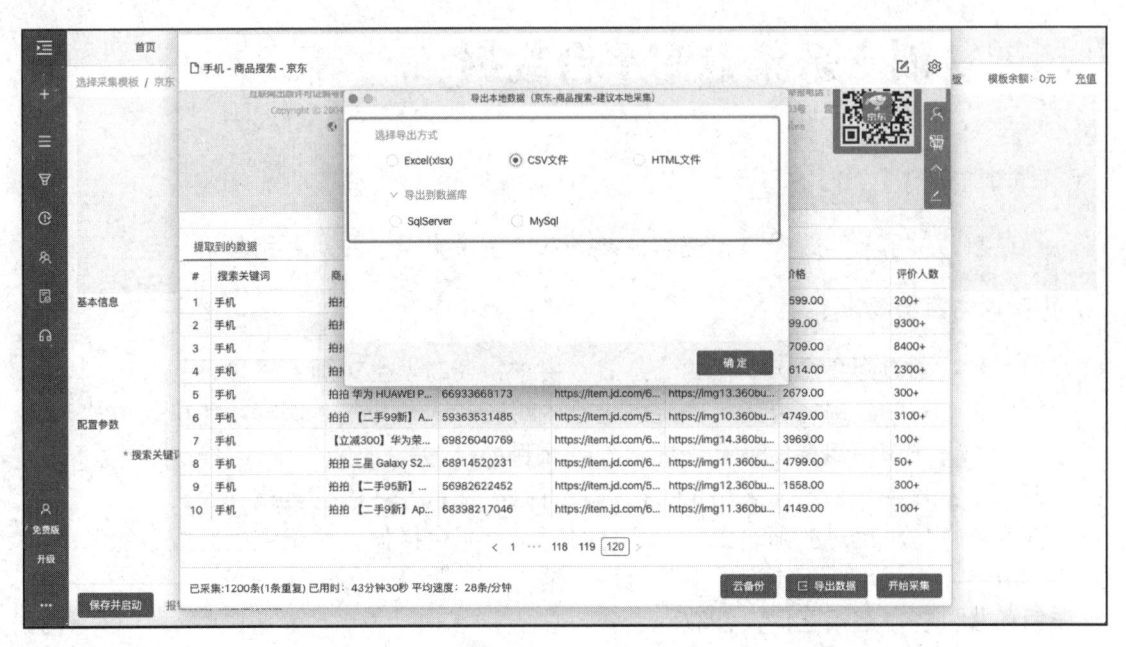

图 2-13　导出数据

【案例总结与应用】

1. 案例总结

研究电商行业大数据时，通常需要对数据整体进行抽样采集，获取具有代表性的、尽可能代表整体趋势的数据。之后再选择不同的属性特点作为研究对象，分析不同的趋势特征。

数据分析是将单纯无意义的数据通过分析方法进行抽象处理，只有这样人们才能看出隐藏在数据背后的规律。电商数据分析是从海量的大数据中挖掘并分析其中有价值的信息，以帮助企业进行运营决策。数据在优化电商产品结构、改善业务流程、促进信息共享、提高生产效率及加快变革进程等方面发挥着越来越重要的作用。培养具有大数据分析能力的电商行业人才，对于电商行业发展及电商企业运营均具有重要意义。

2. 案例应用

分析数据之前需要先有数据，一般可以通过数据产品和页面收集数据，使用手动方式收集数据将耗费大量的时间和精力，使用软件构建采集脚本可极大地节约时间成本。对没有编程或大数据分析技能的用户来说，利用第三方软件采集数据不失为一个好方法。

本章介绍了利用八爪鱼采集器采集数据的方法，大家可以根据自己的采集技术掌握水平、数据采集需求等实际情况来选择合适的数据采集方法，在采集之前应该制定一个详细的数据采集方案，以提高数据采集的效率。

【拓展实训】采集电商平台数据

【实训目的】

通过教师讲解与实践操作，使学生熟悉八爪鱼采集器，并能利用其进行数据采集。

【实训内容与要求】

第一步：由教师介绍实训目的、方式、要求，调动学生实训的积极性。

第二步：对学生进行分组，确定各小组的组长和人员分工，明确小组学习方式，制订小组计划，了解小组要做什么、要达到什么目的。

第三步：教师介绍数据采集相关知识及讨论的话题，并进行实战操作。

第四步：各小组对教师布置的问题进行讨论和平台操作，并记录小组成员的发言。

第五步：根据小组讨论记录撰写讨论小结。

第六步：各小组相互评议，教师点评、总结。

【实训成果与检测】

成果要求：

（1）提交平台操作和案例讨论记录：按 3~5 名学生一组进行分组，各组设组长 1 名、记录员 1 名，每组必须有小组讨论、工作分工的详细记录，作为成绩考核依据。

（2）能够在规定的时间内完成相关讨论，利用小组合作方式撰写文字小结。

评价标准：

（1）上课时与教师积极配合，积极思考、发言。

（2）认真阅读案例，积极参加小组讨论，分析问题时思路开阔；案例分析基本完整，能结合所学理论知识解答问题。

（3）小组成员积极参与小组活动，分工合作较好。

【思考与练习】

（1）数据采集的基本流程和常见的数据采集方式有哪些？

（2）利用八爪鱼采集器采集任意3款热销手机的商品评论数据。

2.2　电商数据的预处理

数据预处理主要包括数据清洗（Data Cleaning）、数据集成（Data Integration）、数据转换（Data Transformation）和数据消减（Data Reduction）。在学习数据预处理之前，首先要了解一个概念——数据质量。

2.2.1　数据质量

数据是组织最具价值的资产之一。数据质量与企业的业务绩效之间存在着直接联系，高质量的数据可以使企业保持竞争力并在经济动荡时立于不败之地。

1. 数据质量的定义

数据质量是指在业务环境下数据符合用户的使用目的及满足业务场景具体需求的程度。

2. 数据质量的基本要素

数据质量的基本要素包括以下几个。

1）数据一致性

在数据集合中，每条信息都不包含语义错误或相互矛盾的数据。例如，数据（公司="先导"，国码="86"，区号="10"，城市="上海"）包含一致性错误，因为"10"是北京区号而非上海区号。

2）数据精确性

在数据集合中，每个数据都能准确地表述现实世界中的实体。例如，某城市人口数量为4 130 465人，而数据库中记载为400万人。从宏观来看，该信息是合理的，但不精确。

3）数据完整性

在数据集合中，有足够的数据来回答各种查询，并支持各种计算。例如，某医疗数据库中的数据一致且精确，但遗失了某些患者的既往病史，存在不完整性，可能会导致不正确的诊断，甚至造成严重的医疗事故。

4）数据时效性

在数据集合中，每条数据都实时更新，确保不过时。例如，某数据库中的用户地址在2021年是正确的，但在2022年未必正确，因为这个数据已过时。

5）实体同一性

同一实体的标识在所有数据集合中必须相同且数据必须一致。例如，企业的市场、销售和服务部门可能维护各自的数据库，如果这些数据库中的同一个实体没有相同的标识或数据不一致，将存在大量具有差异的重复数据，导致实体表达混乱。

3. 数据质量问题分类

可以根据数据源的多少和所属层次（定义层和实例层）将常见的数据质量问题分为4类。

1）单数据源定义层

例如，违背字段约束条件（如日期出现9月31日），字段属性依赖冲突（如两条记录描述同一个人的某个属性，但数值不一致），违反唯一性（同一个主键ID出现了多次），等等。

2）单数据源实例层

例如，单个属性值含有过多信息，拼写错误，存在空白值，存在噪声数据，数据重复，数据过时，等等。

3）多数据源定义层

例如，同一个实体有不同的称呼（如custom_id、custom_num），同一种属性有不同的定义（如字段长度定义不一致、字段类型不一致），等等。

4）多数据源实例层

例如，数据的维度、粒度不一致（如有的按GB记录存储量，有的按TB记录存储量；有的按照年度统计，有的按照月份统计），数据重复，拼写错误，等等。

除此之外，在数据处理过程中产生的"二次数据"，也会出现噪声、重复或错误的情况。数据的调整和清洗涉及格式、测量单位和数据的标准化与归一化，以致对实验结果产生比较大的影响。通常这类问题可以归结为不确定性。不确定性有两个内涵，一是各数据点自身存在的不确定性，二是数据点属性值的不确定性。前者可用概率描述；后者有多种描述方式，如描述属性值的概率密度函数、以方差为代表的统计值等。

2.2.2 数据清洗

在介绍数据清洗之前，首先了解一下数据类型。数据类型是数据一致性检查的基本项，在严谨的数据清洗过程中，每列（字段）都需要指定数据类型，否则在后续的分析过程中有可能因数据类型不符合算法要求而出错。

在 Excel 的许多场景应用中都无须指定数据类型，但在 Power Query 中必须指定数据类型。可以在 Power Query 编辑器【转换】选项卡中修改数据类型，也可以选中全部数据，单击"检测数据类型"按钮，如图 2-14 所示。

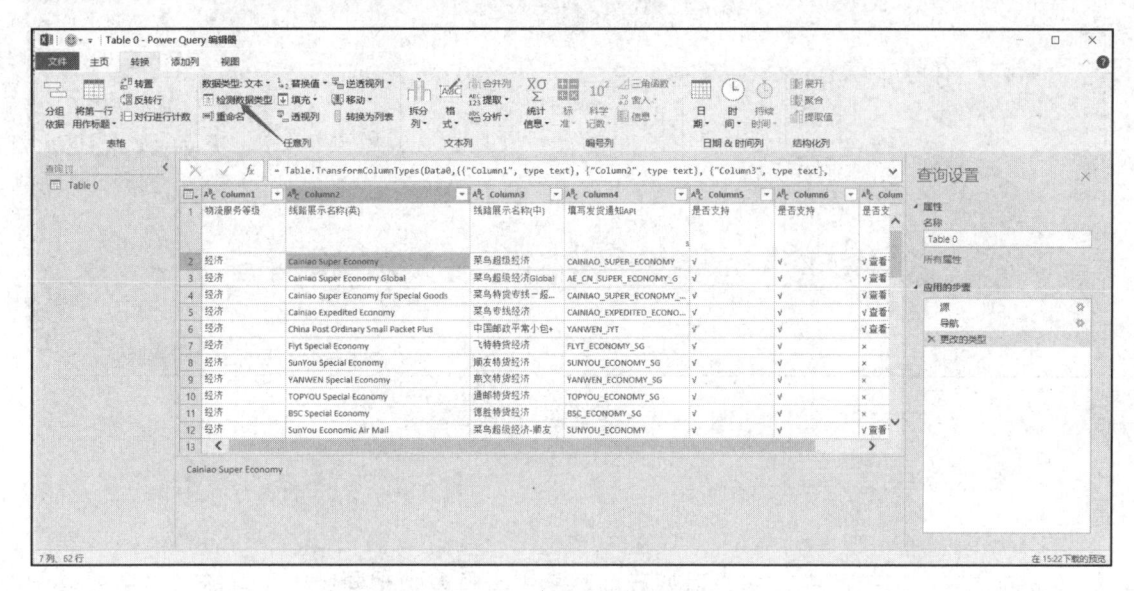

图 2-14 检测数据类型

常见的数据类型及示例如表 2-1 所示。

表 2-1 常见的数据类型及示例

数 据 类 型	示　　例
整数	0，1，-1
小数	0.2，1.2，-1.2
时间	#time（09，15，00）
文本	"hello"
逻辑	True，False
二进制	#binary（"AQID"）

下面介绍如何利用 Excel 进行一些常见的数据清洗操作。

1. 缺失值与异常值处理

缺失值和异常值处理有两种方法。一是删除法，删除缺失或异常数据的记录，使用此方法的前提条件是删除记录不会对数据分析的结果产生影响。二是插补法，当删除整条记录对分析结果有严重影响时，根据实际情况可用 0 插补也可以用均值插补。

在 Power Query 编辑器中选择"开始|替换值"菜单命令，替换缺失值或异常值，如图 2-15 所示。

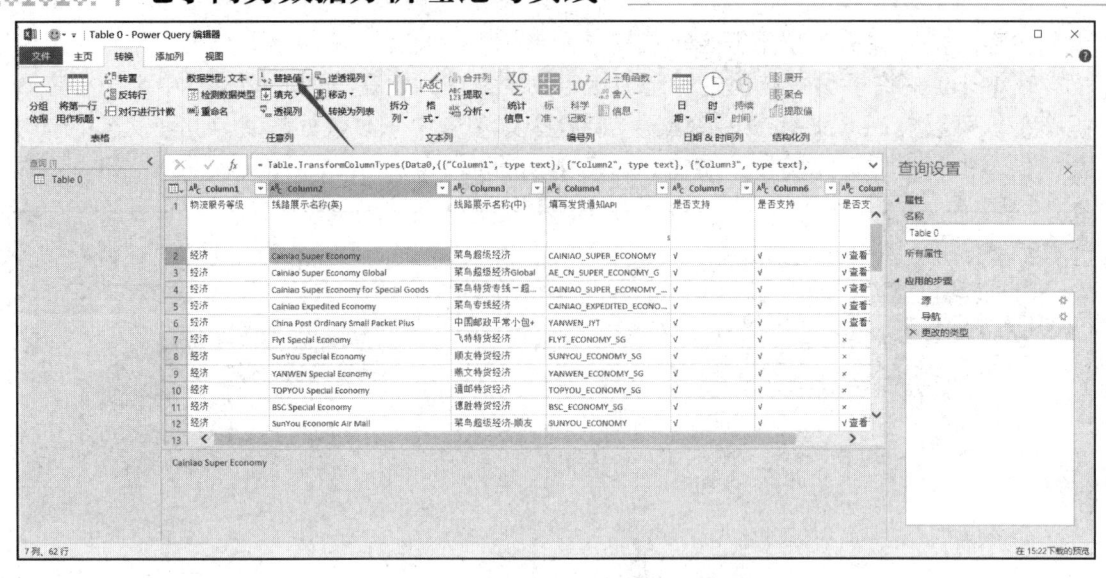

图 2-15 替换缺失值或异常值

2. 数据合并

1）纵向合并

纵向合并在数据库中也称为追加查询，常用于将多张相同结构字段的表格合并成一张表格的场景。

例如，现有 100 家门店的销售数据，分别存放在 100 个文件中，将 100 家门店的销售数据合并成一张表，步骤如下。

① 在 Excel 中选择"数据|获取数据|自文件|从文件夹"菜单命令，如图 2-16 所示。

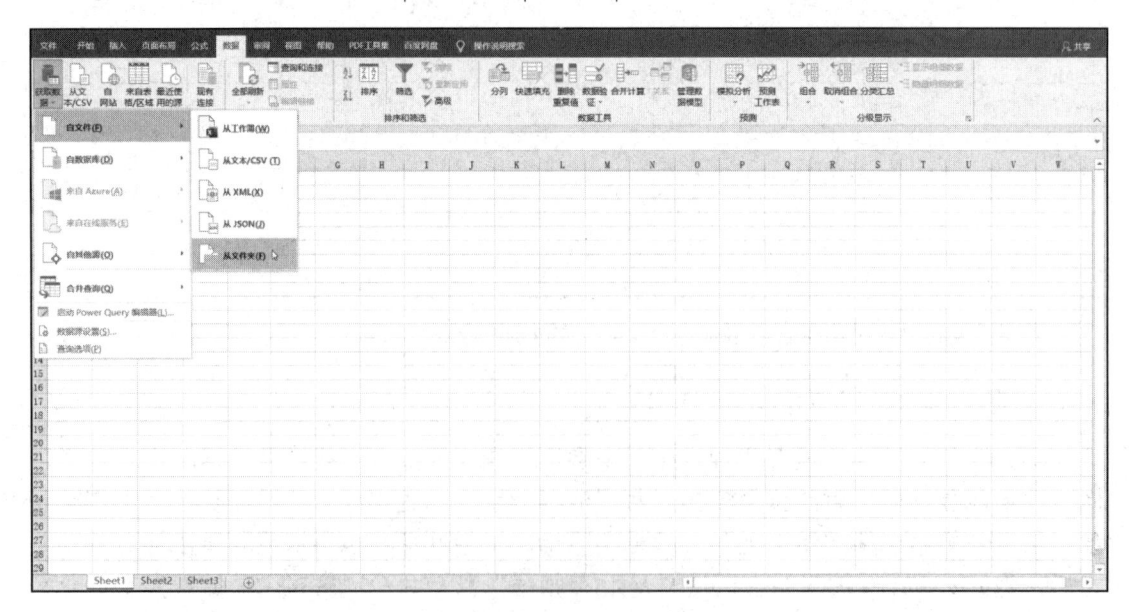

图 2-16 从文件夹中获取数据 1

② 在弹出的"浏览"对话框中，选择文件夹路径，并选中要导入的数据，然后单击"打开"按钮，如图 2-17 所示。

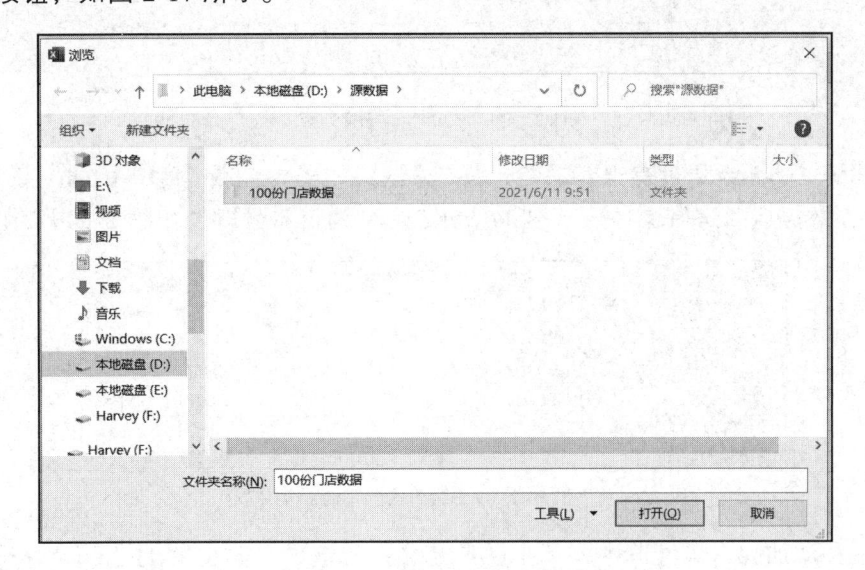

图 2-17　从文件夹获取数据 2

③ 导入数据，单击"组合"下拉按钮，如图 2-18 所示。在打开的下拉列表中选择"合并并转换数据"选项，如图 2-19 所示。

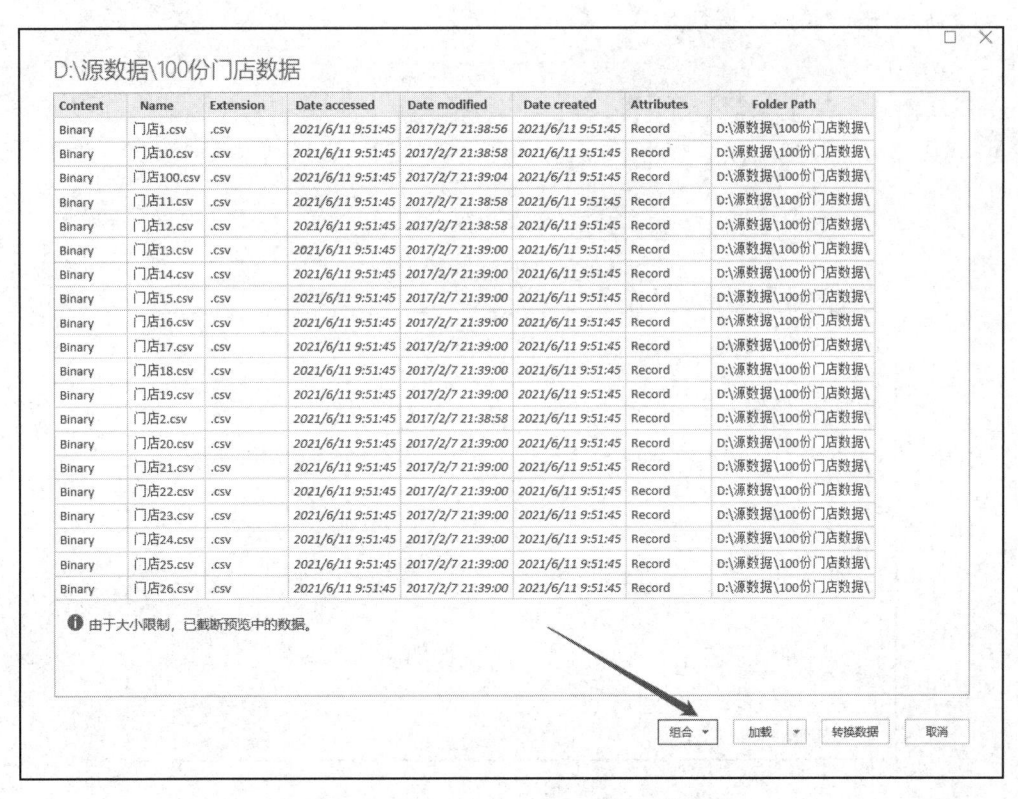

图 2-18　单击"组合"按钮

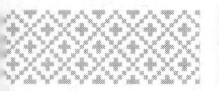

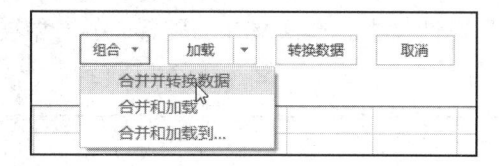

图 2-19　合并并转换数据

④ 部分 Excel 版本没有组合功能，需要进入编辑器中编辑。每个 Binary 都是一个二进制文件，数据以二进制文件形式被 Power Query 编辑器读取，如图 2-20 所示。

图 2-20　使用 Power Query 编辑器读取数据

⑤ 在"添加列"选项卡中，单击"自定义列"选项，如图 2-21 所示。打开"自定义列"对话框，在"自定义列公式"文本框中输入"Csv.Document([Content]，[Encoding=936])"，将二进制文件转换成表格。其中，Csv.Document 的含义是将二进制文件转换成 CSV 格式的表格。[Encoding=936]的含义是指定中文编码为 GBK，如图 2-22 所示。然后单击"确定"按钮。

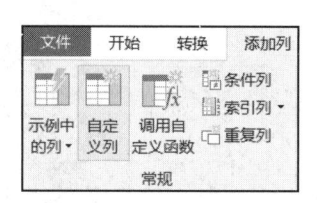

图 2-21　添加自定义列

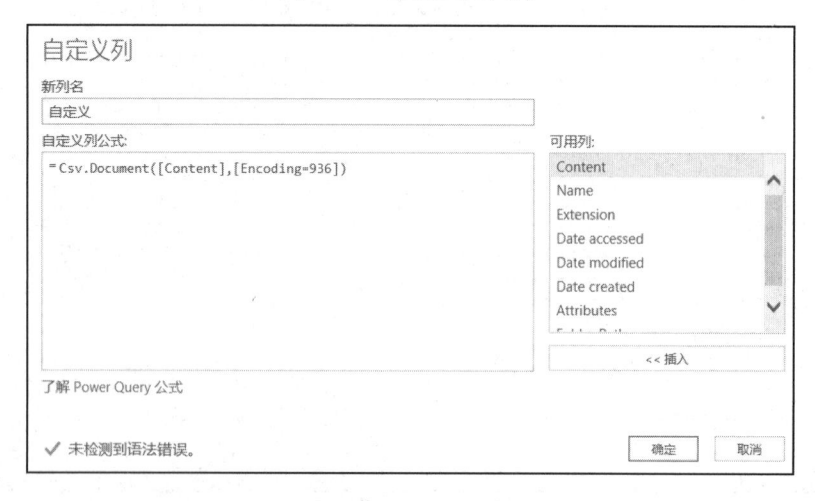

图 2-22　输入公式

⑥ 选中"展开"单选按钮,在选区中取消勾选"使用原始列名作为前缀"复选框,如图 2-23 所示。

图 2-23　展开

展开后字段名称如图 2-24 所示。选择"开始|将第一行用作标题"菜单命令,第一行的记录会转变成字段名(标题),如图 2-25 所示。

Column1	Column2	Column3
日期	门店编号	销售额
10/1/2021	101	38021
10/2/2021	101	44640
10/3/2021	101	40812
10/4/2021	101	34104
10/5/2021	101	52136

图 2-24　展开后字段名称

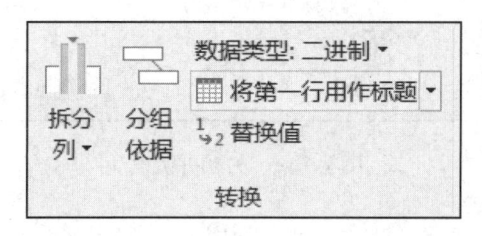

图 2-25　将第一行用作标题

由于每个文件都有字段名称,因此需要将多余的名称过滤掉,对"日期"进行筛选,将"日期"过滤掉,如图 2-26 所示。

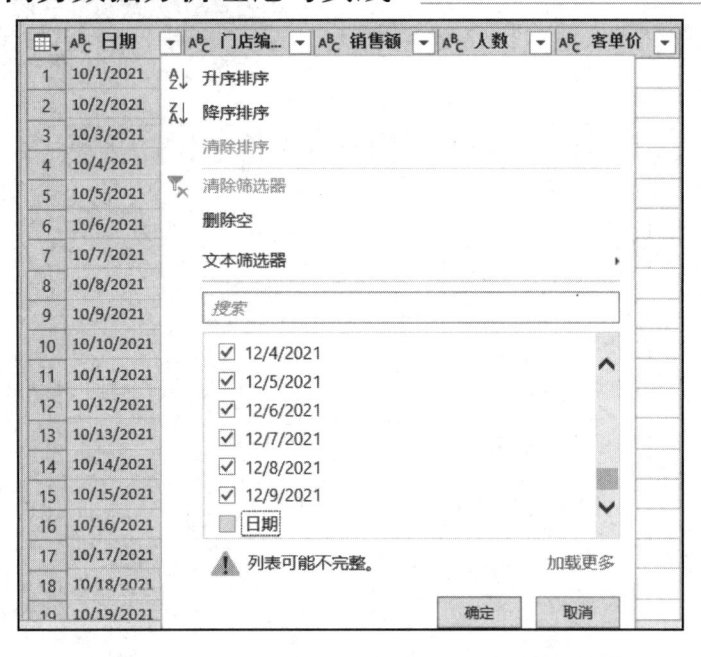

图 2-26 过滤"日期"

完成以上操作之后，在"开始"选项卡中单击"关闭并上载"选项，如图 2-27 所示。将数据导入 Excel，可以观察合并后的数据结果，如图 2-28 所示。

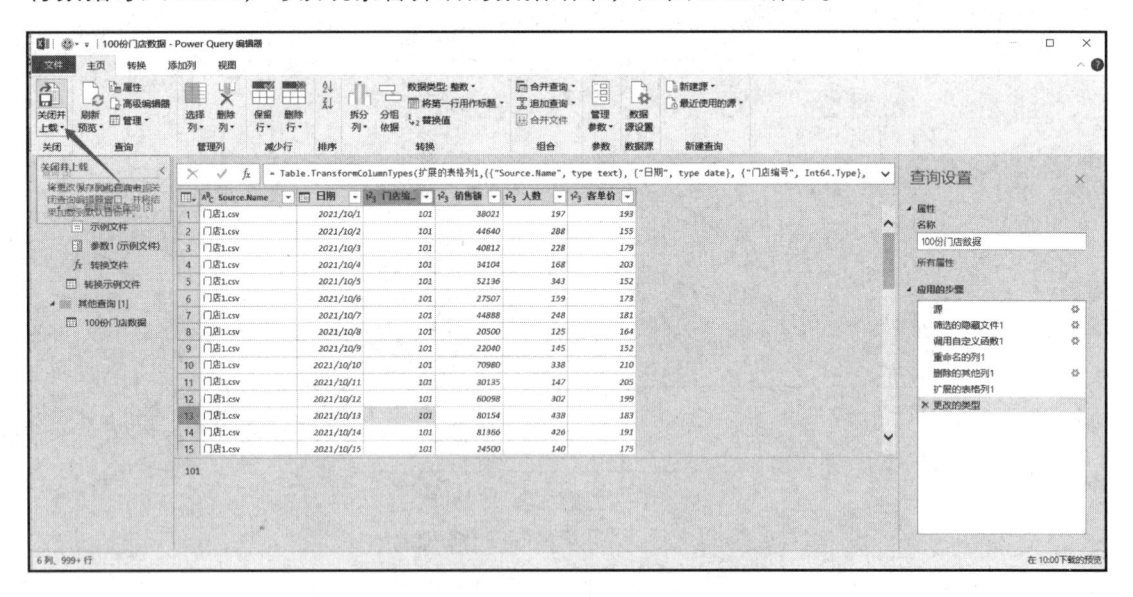

图 2-27 关闭并上载

2）横向合并

横向合并在数据库中称为合并查询，合并查询分为左外部、右外部、完全外部、内部、左反和右反 6 种连接方式。

如图 2-29 和 2-30 所示分别为左外部连接示意和右外部连接示意。

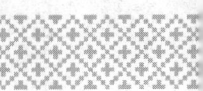

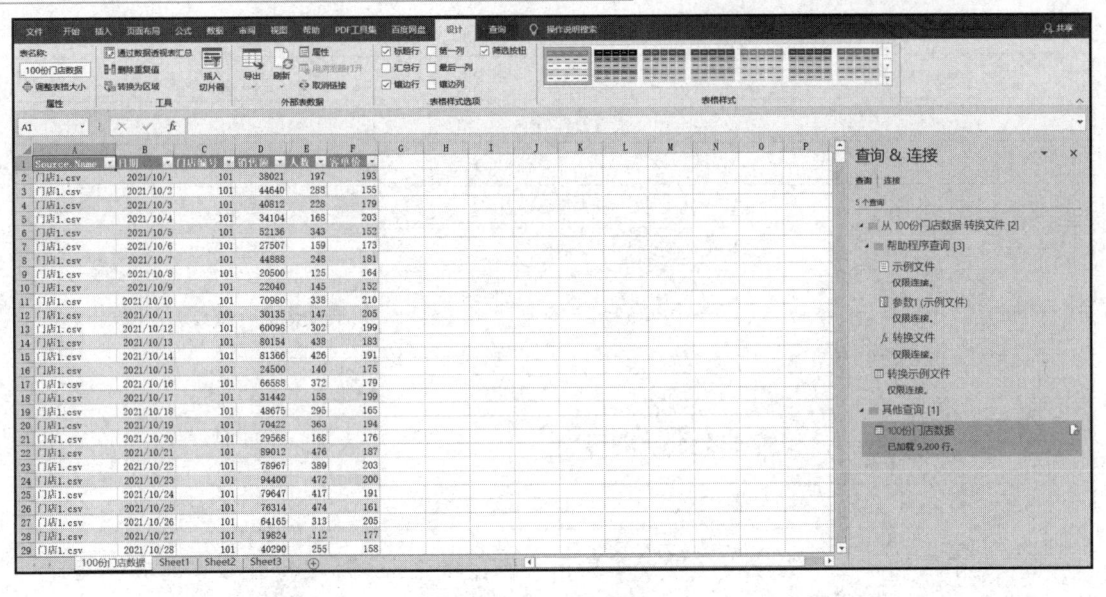

图 2-28 合并结果

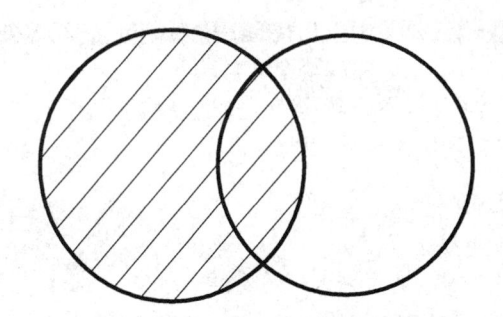

图 2-29 左外部联接示意

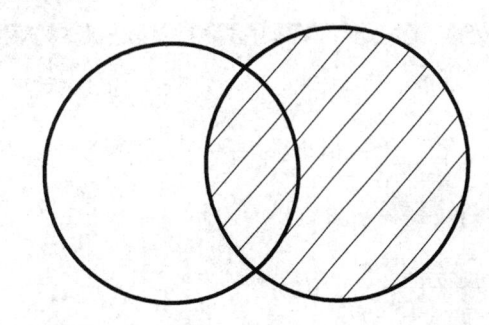

图 2-30 右外部联接示意

例 2-1：现有两张表，分别是学生基本信息表和学生成绩表，如表 2-2 和表 2-3 所示。若分析班级不同性别的学生成绩的差异，需要将两张表进行合并。步骤如下。

表 2-2 学生基本信息表

姓　名	性　别	年　龄
张三	男	15
李四	女	15
王五	男	16
赵六	女	15

表 2-3 学生成绩表

姓　名	学　科	成绩（分）
张三	语文	88
张三	数学	93

续表

姓　名	学　科	成绩（分）
张三	英语	78
李四	语文	85
李四	数学	82
李四	英语	79
王五	语文	90
王五	数学	88
王五	英语	86
赵六	语文	82
赵六	数学	94
赵六	英语	85

① 选中表格，在"数据"选项卡中单击"来自表格/区域"（一些版本的表述是"从表格"）按钮，分别将两张表格导入 Power Query 编辑器，如图 2-31 所示。

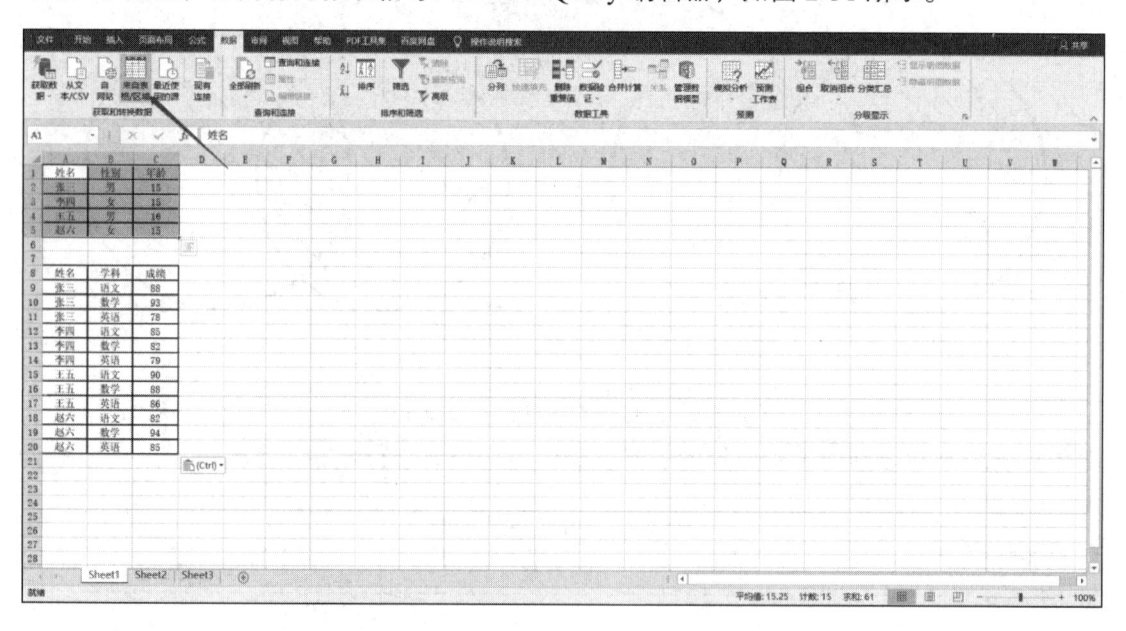

图 2-31　将表格导入 Power Query 编辑器

② 在 Power Query 编辑器中，单击"主页"选项卡，然后单击"合并查询"按钮，如图 2-32 所示。打开"合并"对话框，在"表 1"和"表 2"选区分别选中"姓名"字段，在"联接种类"下拉列表中选择"左外部"（第一个中的所有行，第二个中的匹配行）"选项，如图 2-33 所示。然后单击"确定"按钮。

③ 合并后展开表，由于信息表中已经有"姓名"字段，因此取消勾选"姓名"复选框，并取消勾选"使用原始列名作为前缀"复选框，如图 2-34 所示。

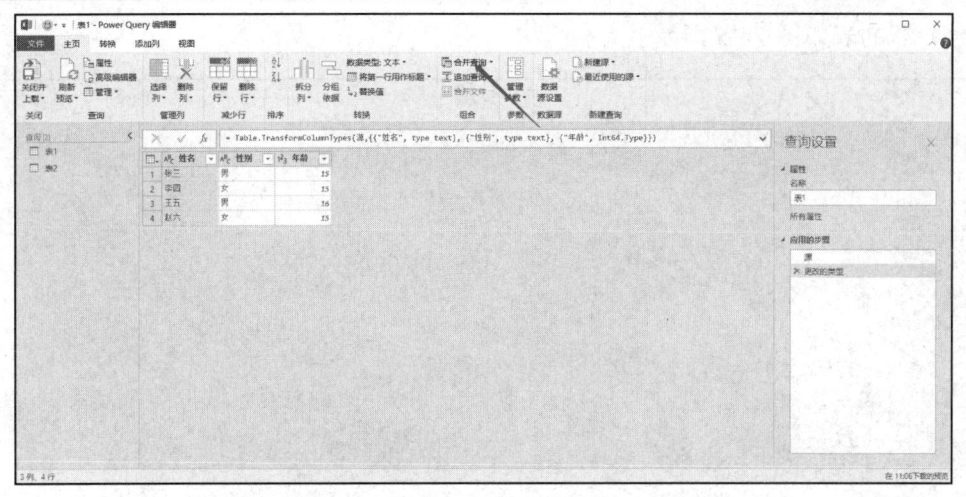

图 2-32 合并查询

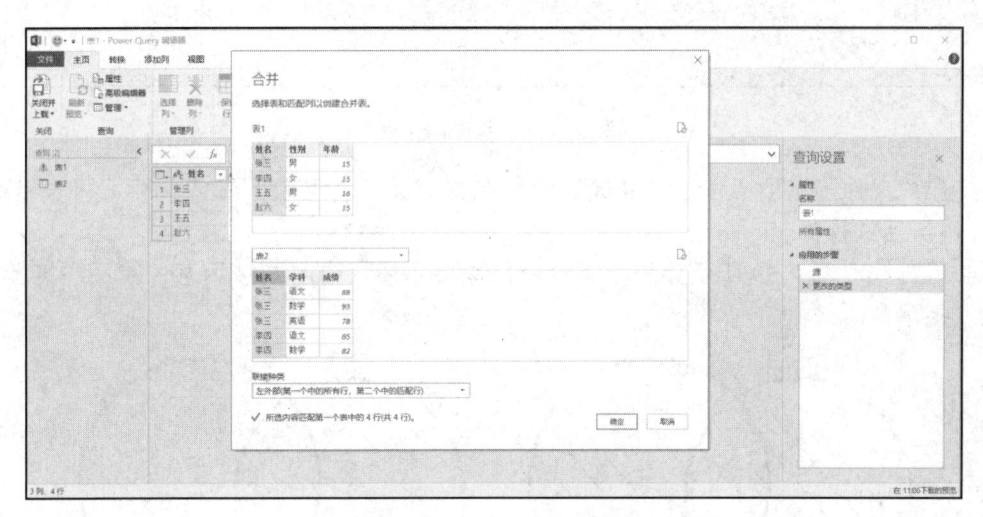

图 2-33 进行合并设置

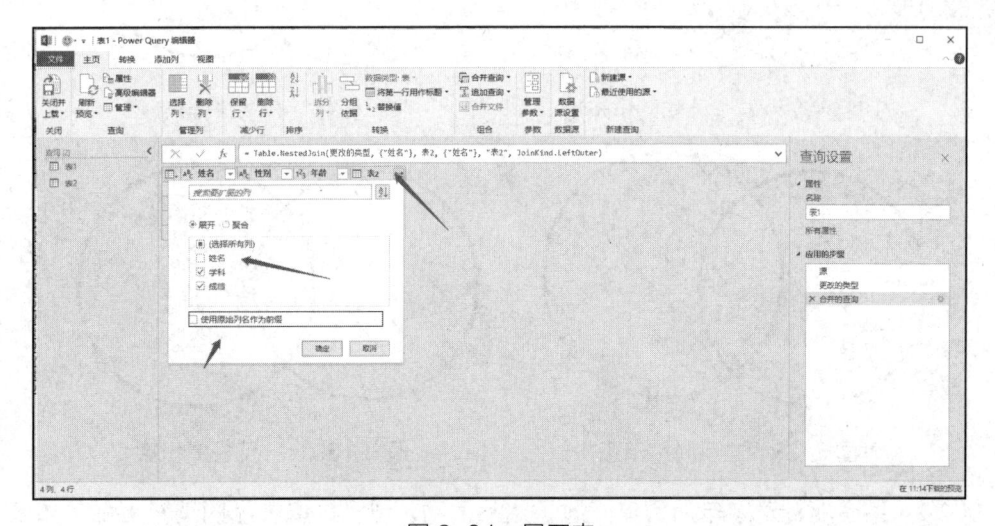

图 2-34 展开表

合并后的表如图 2-35 所示。

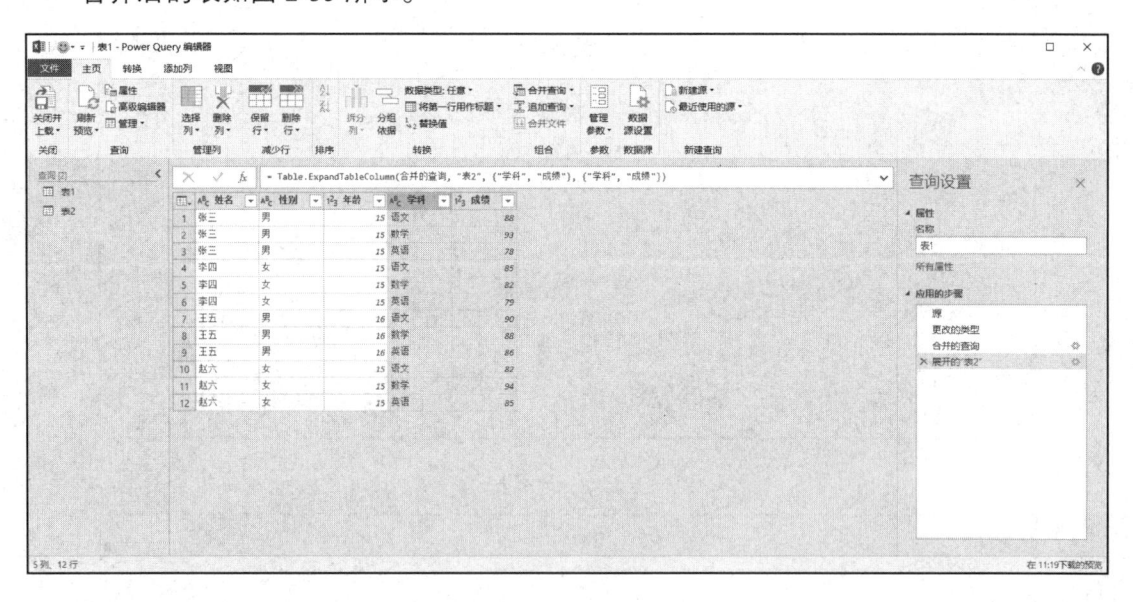

图 2-35　合并后的表

打开"文件"选项卡，在"关闭"组中单击"关闭并上载"按钮，即可将表格导入 Excel 进行后续操作。

如图 2-36～图 2-39 所示分别为完全外部联接示意、内部联接示意、左反联接示意、右反联接示意。

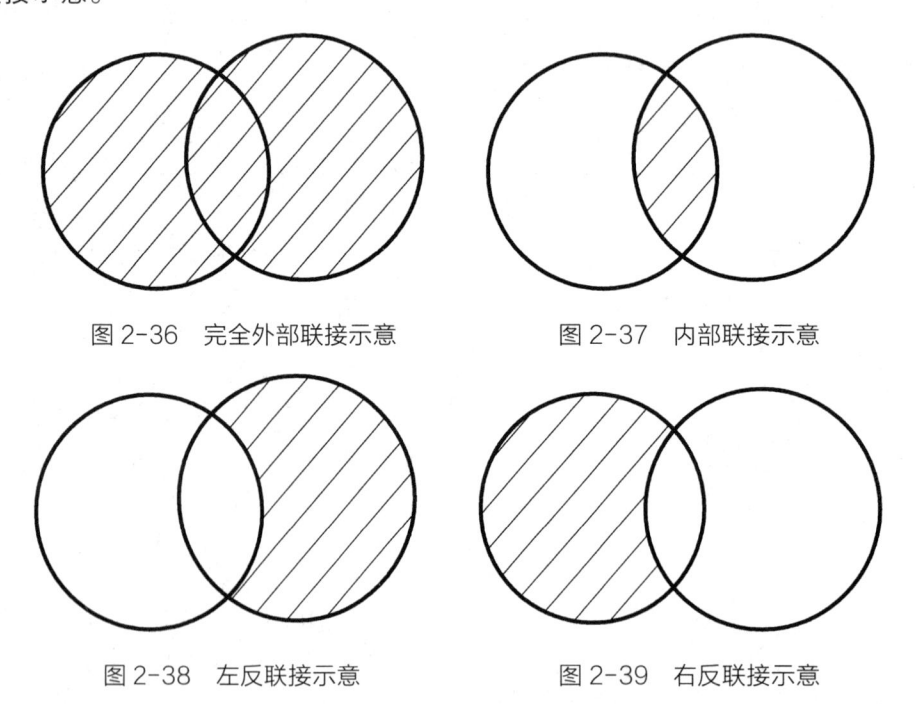

图 2-36　完全外部联接示意　　　　图 2-37　内部联接示意

图 2-38　左反联接示意　　　　图 2-39　右反联接示意

例 2-2：某企业针对老年消费者开展了赠品活动，现已领取礼品的消费者名单如表 2-4

所示，需要排查未领礼品的人员名单，如表 2-5 所示是所有消费者名单。

表 2-4 已领取礼品的消费者名单

已领取礼品消费者名单
张三
李四
王五
赵六

表 2-5 所有消费者名单

所有消费者名单
张三
李四
王五
赵六
钱七
孙八

前几步与例 2-1 相同，不同的是"合并"这一步，本例中"联接种类"下拉列表中选择"左反（仅限第一个中的行）"选项，如图 2-40 所示。合并后，就可以找到没有领取礼品的人员名单，表中的空行可以直接删除。最后在"开始"选项卡中单击"关闭并上载"按钮，将数据导入 Excel，即可得到消费者名单。

图 2-40 左反联接示意图

3. 数据分组

数据分组是指从某个维度将数据以某种算术方法（求和、计数等）进行统计汇总。

例 2-3：某班学生各个学科的成绩如表 2-6 所示，老师想统计该班学生各个学科的平均分。操作步骤如下。

表 2-6　某班学生成绩表

姓　名	学　科	成绩（分）
张三	语文	88
张三	数学	93
张三	英语	78
李四	语文	85
李四	数学	82
李四	英语	79
王五	语文	90
王五	数学	88
王五	英语	86
赵六	语文	82
赵六	数学	94
赵六	英语	85

① 选中"学生成绩表"，在"数据"选项卡中单击"来自表格/区域"（一些版本的表述是"从表格"）按钮，将表格导入 Power Query 编辑器，如图 2-41 所示。

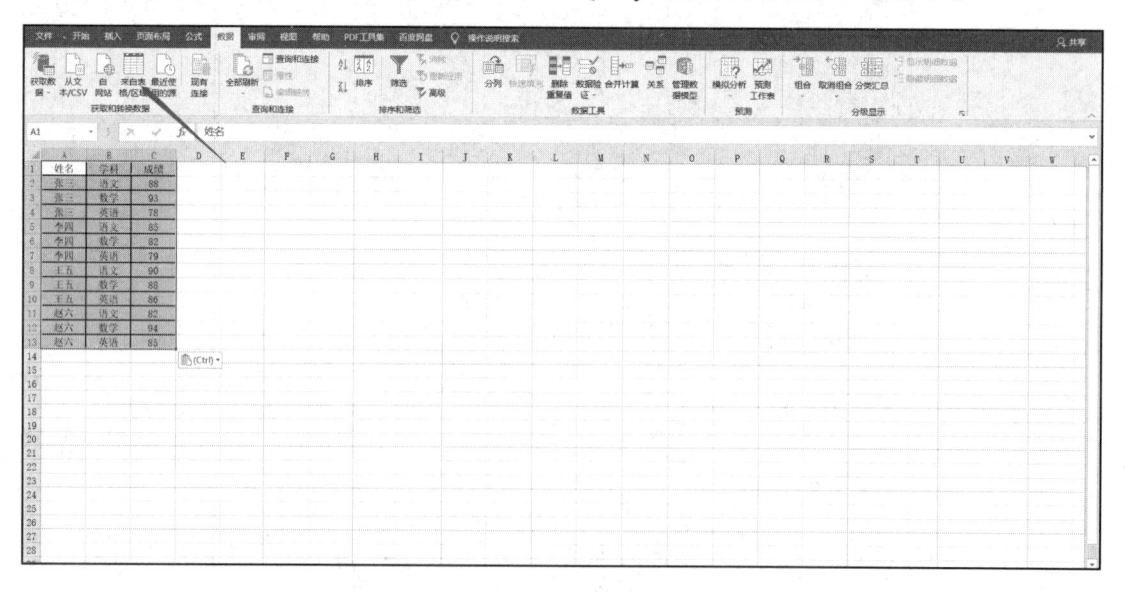

图 2-41　导入数据

② 选中"学科"列,在"主页"选项卡中单击"分组依据"按钮,如图 2-42 所示。对数据进行分组统计。在"分组依据"对话框中进行设置,在"操作"下拉列表中选择"平均值"选项,在"柱"下拉列表中选择"成绩"选项,如图 2-43 所示。

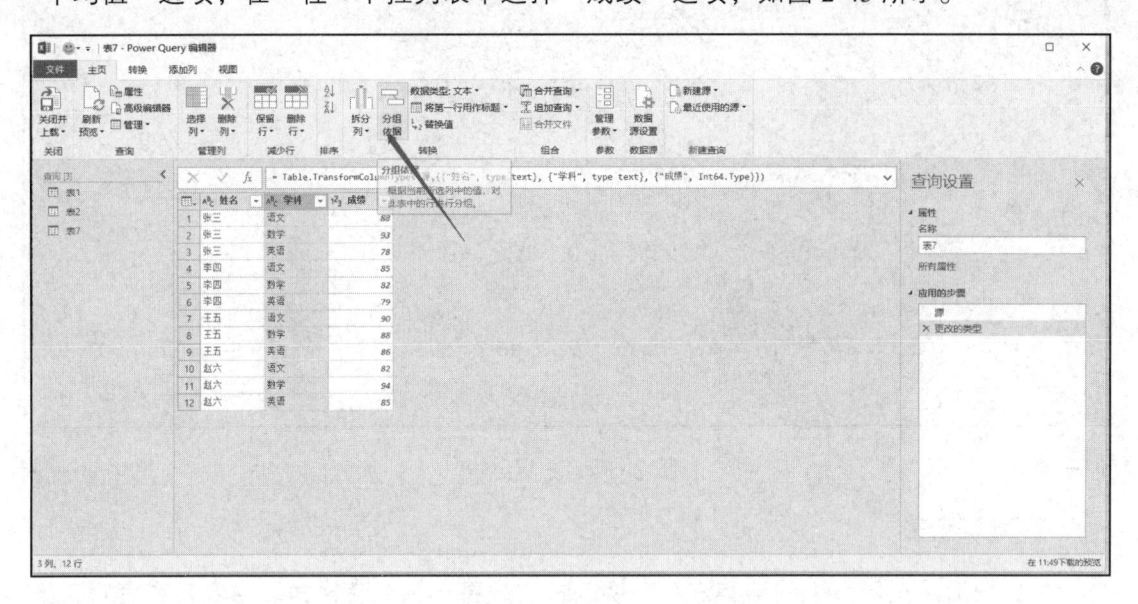

图 2-42 单击"分组依据"按钮

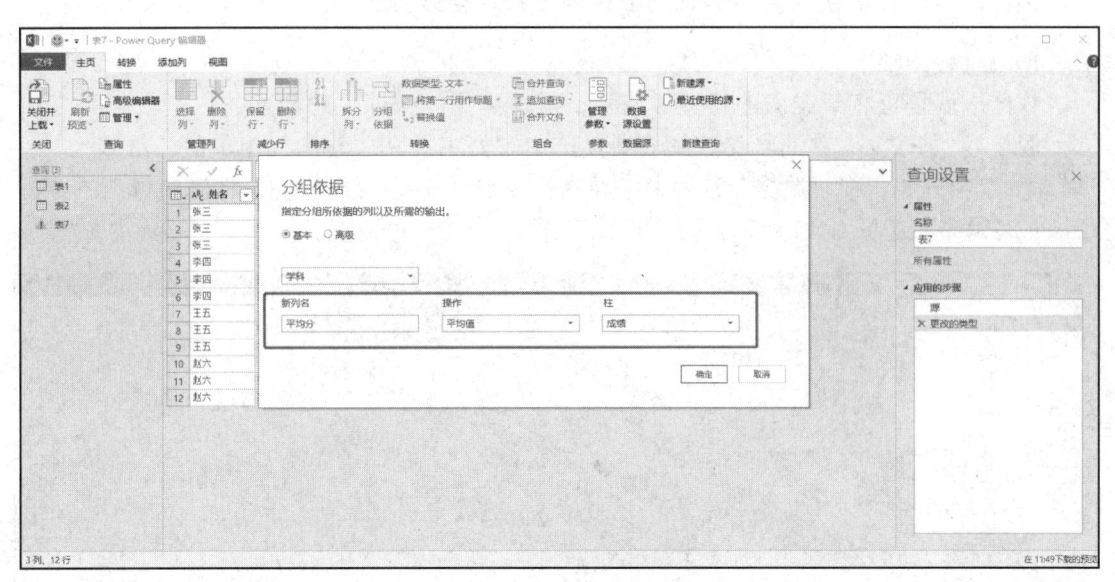

图 2-43 分组依据设置

分组结果如图 2-44 所示。

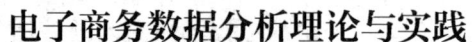

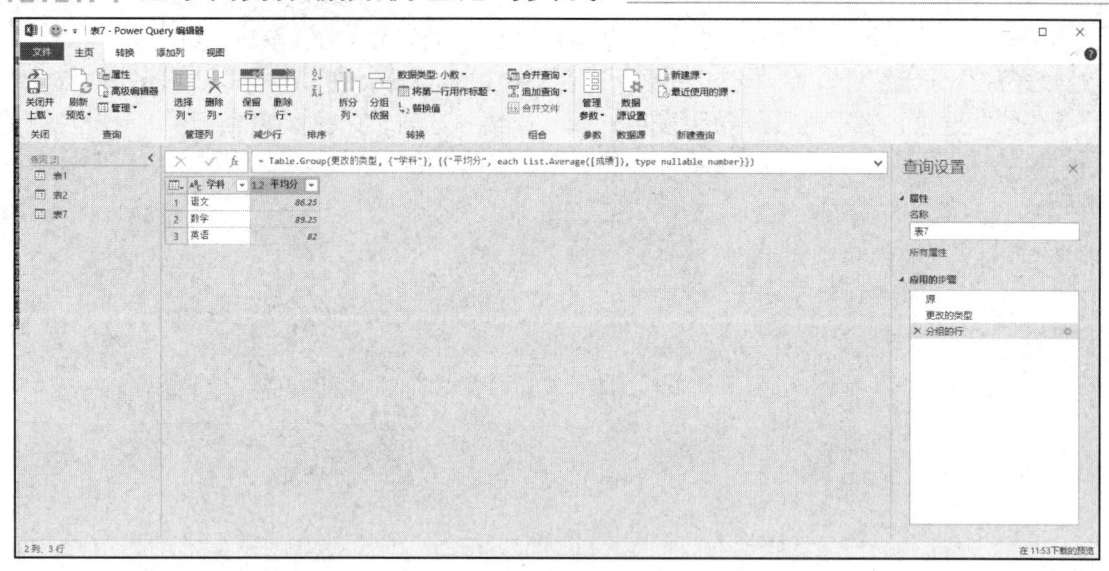

图 2-44　分组结果

4. 数据变形

数据变形是指对数据的结构进行转换，特别是将一维表转换为二维表，或者将二维表转换为一维表，转换数据结构有助于开展后续数据分析工作。

1）数据透视

数据透视是指将某维度的行转变成列，实现数据的快速汇总和分类。

例 2-4：将表 2-6 中的学生成绩表转换成由"姓名"和"学科"组成的二维表。

① 选中表格，在"数据"选项卡中单击"来自表格/区域"按钮，将表格导入 Power Query 编辑器，如图 2-45 所示。

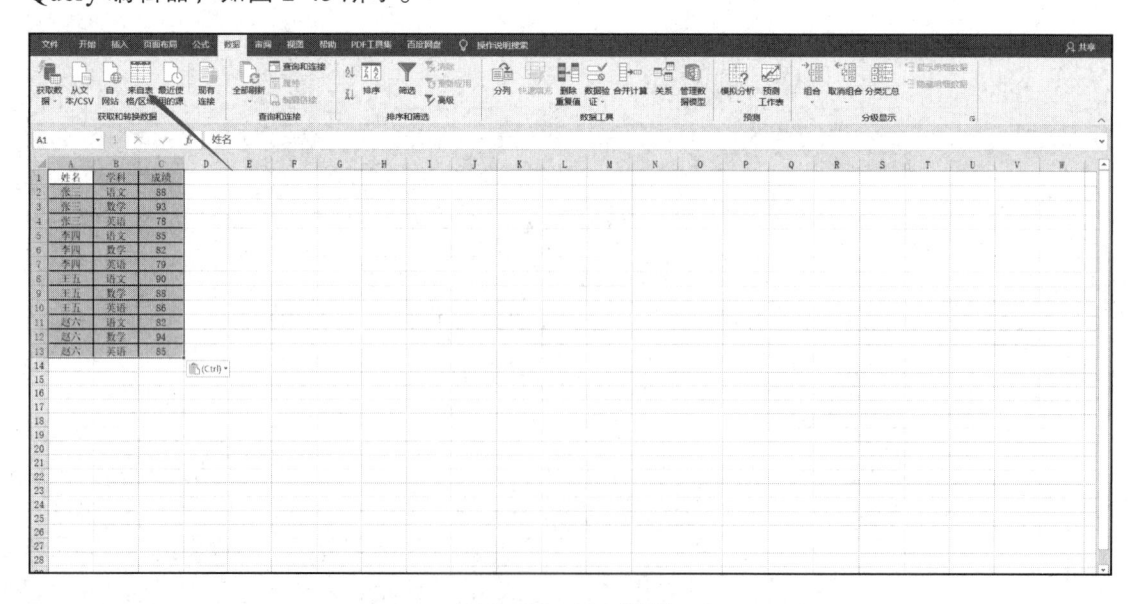

图 2-45　导入数据

② 在 Power Query 编辑器中，选中"学科"列，在"转换"选项卡中单击"透视列"按钮，如图 2-46 所示。

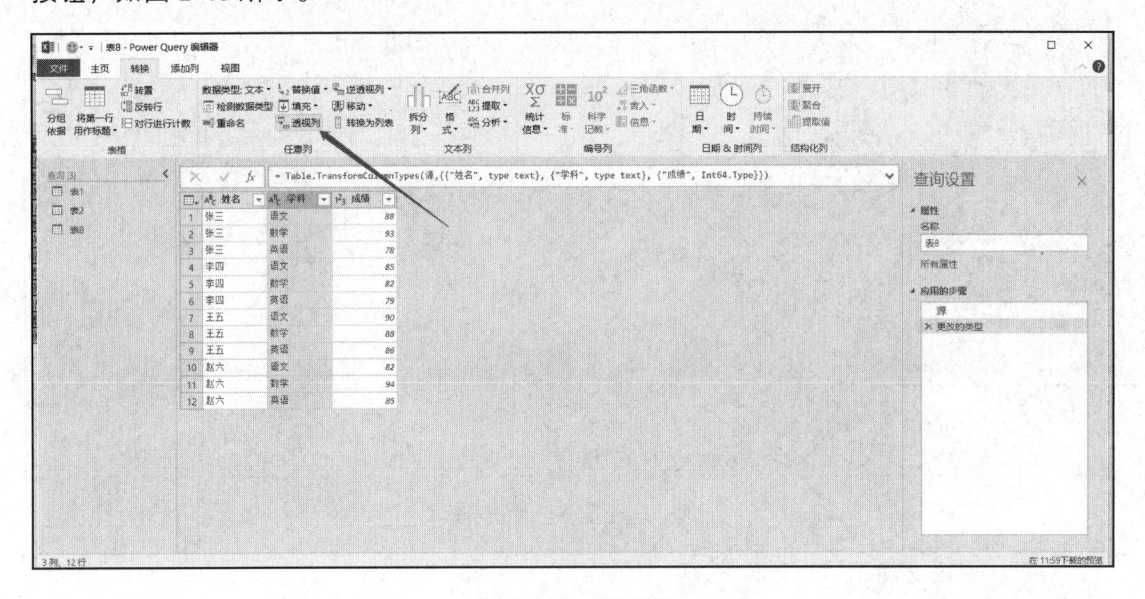

图 2-46　透视列

③ 打开"透视列"对话框中，在"值列"下拉列表中选择"成绩"选项，如图 2-47 所示。单击"确定"按钮，得到透视后的结果，如图 2-48 所示。

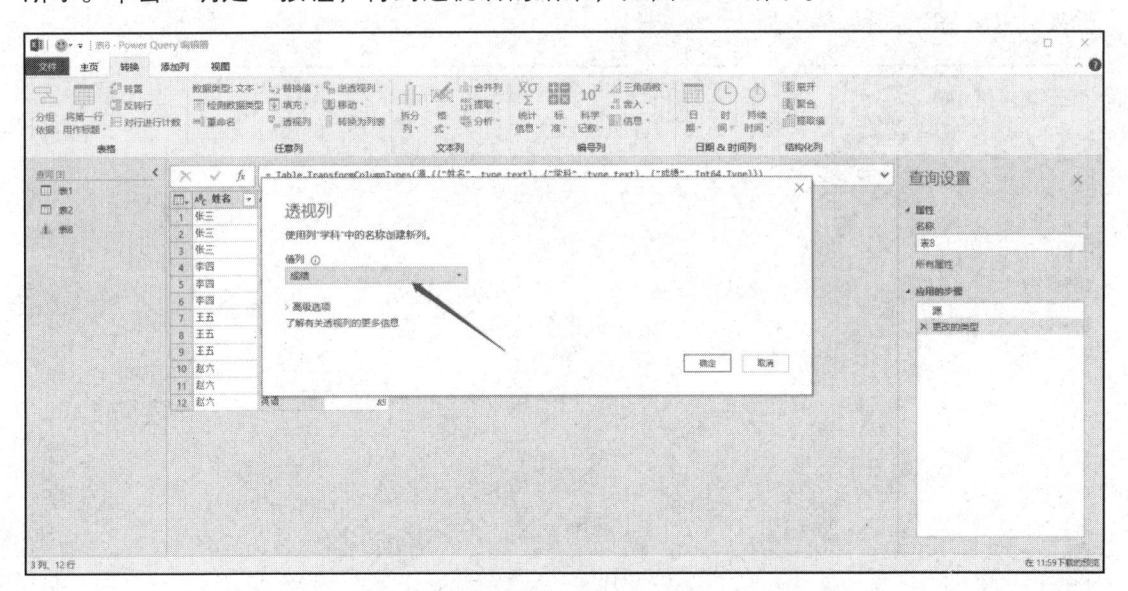

图 2-47　设置列值

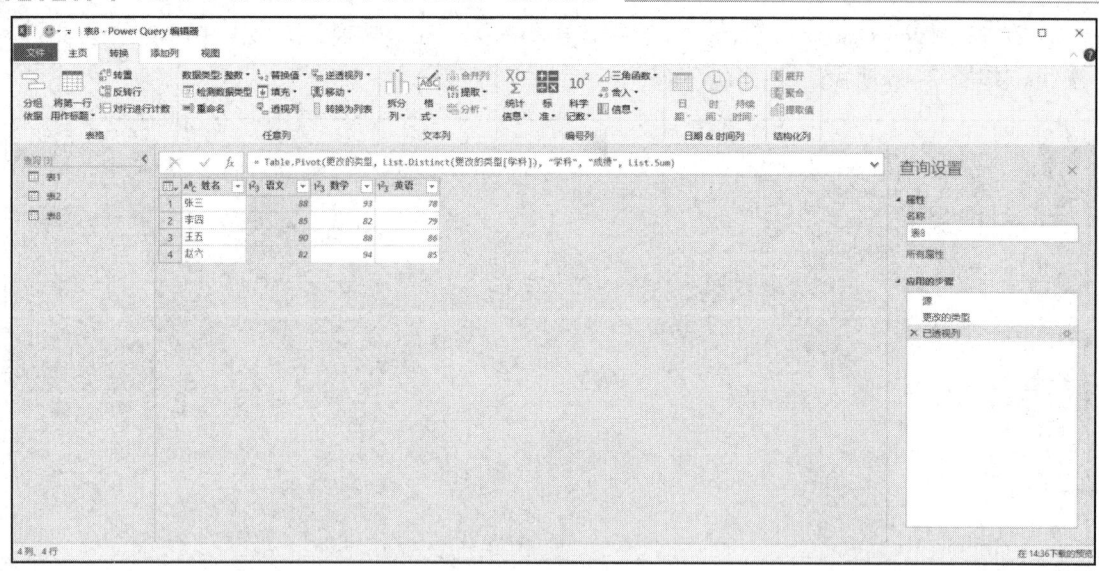

图 2-48 透视后的结果

2）数据逆透视

数据逆透视是指将二维表转换为一维表。

例 2-5：将图 2-48 中透视后的结果进行一次逆透视，转换成一维表。

① 按住 Ctrl 键，选中"语文""数字""英语"3 列。在"转换"选项卡中单击"逆透视列"按钮，如图 2-49 所示。

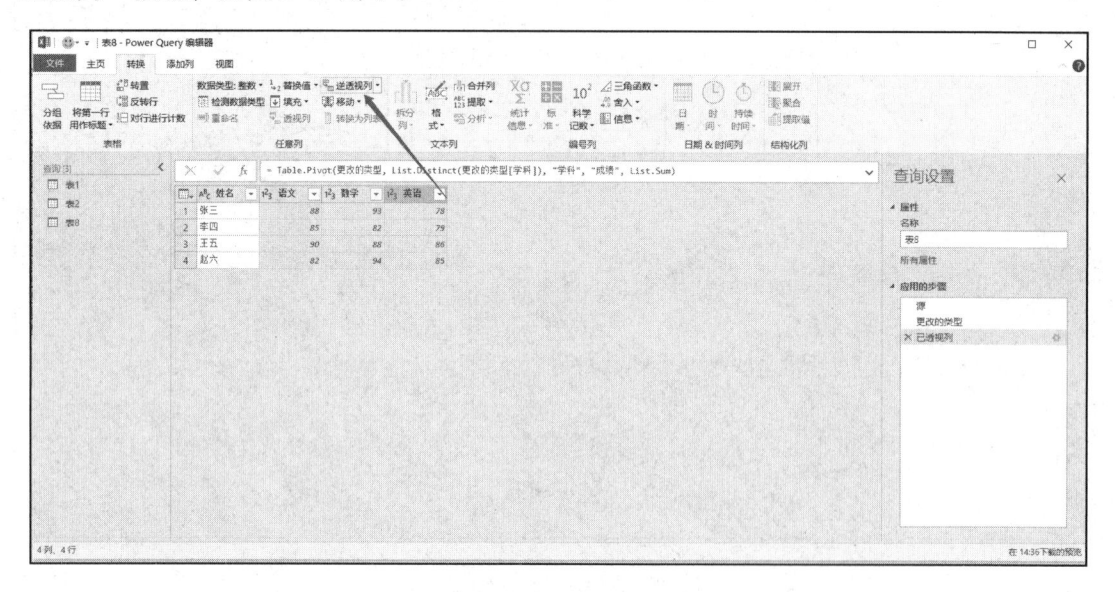

图 2-49 逆透视

② 得到逆透视的结果，如图 2-50 所示。

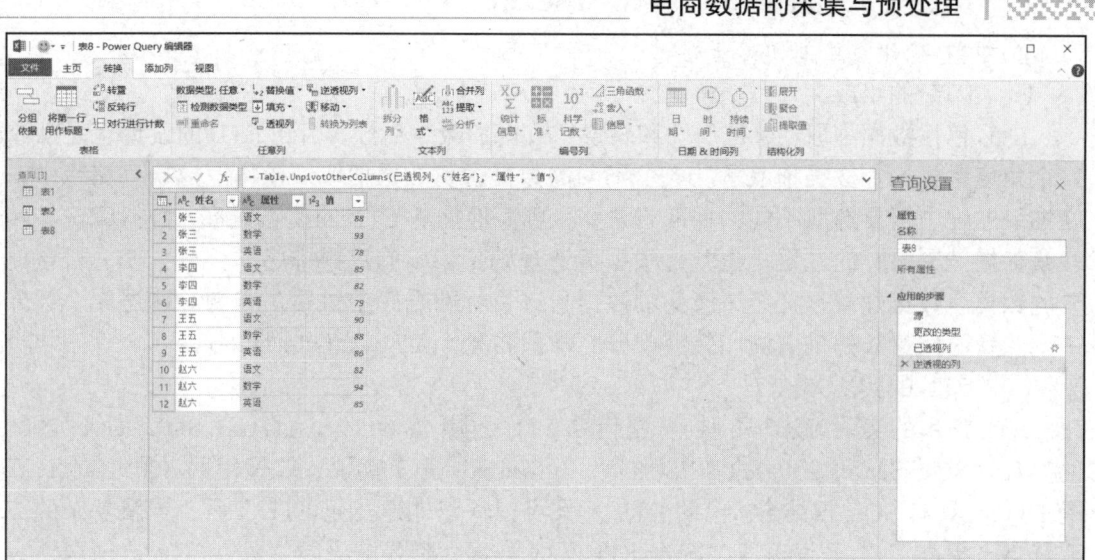

图 2-50 逆透视结果

5. 数据预处理

1）数据的 ETL 处理

（1）ETL 的定义

ETL 是数据抽取（Extract）、转换（Transform）、装载（Load）的过程，它是实现数据抽取、清洗的重要工具。ETL 是构建数据库的重要环节，通常 ETL 会占据企业商务智能决策时长的 1/3，因此，ETL 设计得好坏直接关系到企业商务智能项目的成败。本质上 ETL 相当于一类数据转换器，它提供一种从源到目标系统转换数据的方法。也就是说，ETL 负责将分布的、异构数据源中的数据（如关系数据、平面数据等）抽取到临时中间层后进行清洗、转换、集成，最后加载到数据仓库或数据集市中，成为联机分析处理、数据挖掘的基础。设计 ETL 的目的是将企业中分散、零乱、标准不统一的数据整合到一起，为企业决策提供依据。ETL 提供了一种数据处理的通用解决方案，它针对不同的数据源，编写不同的数据抽取、转换和加载程序，完成了数据集成的大部分工作。

（2）ETL 的优缺点

数据仓库是一个独立的数据环境，需要通过抽取过程将数据从联机事务处理环境、外部数据源和脱机的数据存储介质导入到数据仓库中。ETL 主要涉及关联、转换、增量、调度和监控等几个方面的技术，能够在数据库和业务系统之间搭建一座桥梁，实现数据的集中抽取，确保新的业务数据源源不断地进入数据库。另外，数据仓库系统中的数据不要求与联机事务处理系统中的数据实时同步，所以 ETL 可以定时进行。

但是，ETL 涉及大量的业务逻辑和异构环境，在一般的数据库项目中，ETL 部分往往也是耗费精力最多的。其主要难点在于数据的清洗转换、规则设计及功能支持，如字段映射、映射的自动匹配、字段的拆分与混合运算、跨异构数据库的关联、自定义函数、多数据类型支持、复杂条件过滤等。此外，ETL 通过关系型数据库接口来获取数据，造成抽取性能较低。

2）ETL 的组成及其实现方法

（1）ETL 的组成

ETL 包括数据抽取、数据清洗和转换、数据加载 3 部分，因此 ETL 的设计也是从这 3 个角度考虑的。数据抽取是从各个不同的数据源将数据抽取到操作型数据存储库中，在抽取过程中需要选取不同的抽取方法，尽可能地提高 ETL 的运行效率。数据清洗和转换是数据"去脏"的过程，也就是根据清洗规则把抽取的数据排序、合并，变为符合要求的数据。数据加载是把经过清洗的数据导入目标数据库中供用户查询。在这 3 个部分中，花费时间最长的是清洗和转换部分，一般占整个 ETL 工作量的 2/3。

（2）ETL 的实现方法

ETL 常用的实现方法有 3 种：一是借助 ETL 工具（如 Oracle 的 OWB、SQL Server 2000 的 DTS、SQL Server 2005 的 SSIS 服务、Informatic 等）实现；二是借助 SQL 实现；三是 ETL 工具和 SQL 相结合。借助 ETL 工具可以快速地建立起 ETL 工程，屏蔽复杂的编码任务，提高 ETL 开发速度，降低 ETL 开发难度，但是缺乏灵活性。SQL 方法灵活，可以提高 ETL 的运行效率，但是编码复杂，对技术要求比较高。将两者相结合，使其发挥各自的优点，可极大地提高 ETL 的开发速度和效率。

3）ETL 的处理过程及方式

（1）ETL 的处理过程

在数据库系统中，ETL 数据处理的主要任务是检测并删除/改正装入数据仓库的"脏数据"。这个处理过程涉及数据源、中间数据库、目标数据库 3 个对象；涉及抽取、清洗和转换、装载 3 个过程。

首先，ETL 在理解数据源的基础上实现数据表属性一致化。为解决数据源的同义异名和同名异义的问题，可通过元数据管理子系统，在理解数据源的同时，根据其含义将不同表的属性重新定义，确定其在数据挖掘库中的名称，并以转换规则的形式存放在元数据库中。集成数据时，系统自动根据这些转换规则将数据源中的字段名转换成新定义的字段名，从而实现数据挖掘库中的同名同义。

其次，通过数据缩减大幅度缩小数据量。由于数据源量很大，处理起来十分耗时，所以可以优先进行数据缩减，以提高后续数据处理分析的效率。

最后，通过预先设定数据处理的可视化功能节点，达到可视化数据清洗和转换过程的目的。如果数据源是一个能力比较强的 DBMS，则可在数据抽取过程中使用 SQL 来完成部分数据清洗工作。但有些数据源不具备这种能力，只能将数据直接从数据源抽取出来，然后在数据转换时进行清洗。针对缩减并集成后的数据，通过组合预处理子系统提供各种数据处理功能节点，能够以可视化的方式快速有效地完成数据清洗和转换过程。

（2）ETL 的处理方式

ETL 的处理方式有 3 种，分别是数据库外部的 ETL 处理、数据库段区域中的 ETL 处理和数据库中的 ETL 处理。这 3 种处理方式工作范围不同，处理方式也有差异，各有优缺点。

① 数据库外部的 ETL 处理。大多数转换工作都在数据库之外，在独立的 ETL 过程中进行。这些独立的 ETL 过程与多种数据源协同工作，并将这些数据源集成。优点是执

行速度比较快，缺点是可扩展性必须由数据库的外部机制提供，如果外部机制不具备扩展性，那么此 ETL 处理就不能扩展。

② 数据库段区域中的 ETL 处理。数据库段区域中的 ETL 处理不使用外部引擎，而是使用数据库作为唯一的控制点，多种数据源的原始数据大部分未经修改就被载入中立的段结构中。如果源系统是关系型数据库，那么段表将是典型的关系型表；如果源系统是非关系型数据库，那么数据将被分段至包含列的表中，以便在数据库内做进一步转换。该方式执行的步骤是提取、转换、装载。优点是为抽取出的数据提供了一个缓冲，便于进行更复杂的转换，减轻 ETL 进程的复杂度。缺点一是在段表中存储中间结果和来自数据库源系统中的原始数据时，转换过程将被中断；二是大多数数据转换可以使用类关系型数据库功能解决，但它们可能不是处理 ETL 问题的最佳语言。

③ 数据库中的 ETL 处理。数据库中的 ETL 处理使用数据库作为完整的数据转换引擎，在转换过程中不使用段。数据库中的 ETL 处理具有数据库段区域中的 ETL 处理的优点，同时充分利用了数据库的数据转换引擎功能，但它要求数据库必须完全具有这种转换引擎功能。

综上，数据库外部的 ETL 处理可扩展性差，不适合复杂的数据清洗；数据库段区域中的 ETL 处理可以进行复杂的数据清洗；数据库中的 ETL 处理既具有数据库段区域的 ETL 处理的优点，又利用了数据库的转换引擎功能。因此，为了进行有效的数据清洗，建议使用数据库中的 ETL 处理。

2.2.3 数据的集成、转换与消减

1. 数据集成

数据处理经常涉及数据集成操作，将来自多个数据源的数据，如数据库、数据立方、普通文件等，结合在一起并形成一个统一的数据集合，以为数据处理工作的顺利完成提供完整的数据基础。在数据集成过程中，需要解决以下几个问题。

1）模式集成问题

模式集成问题就是如何使来自多个数据源的现实世界的实体相互匹配，其中就涉及实体识别问题。例如，如何确定一个数据库中的"custom_id"与另一个数据库中的"customer_number"表示的是同一实体？数据库与数据仓库中通常包含元数据，这些元数据可以帮助用户避免在模式集成时发生错误。

2）数据冗余问题

数据冗余问题是数据集成中经常发生的。若一个属性可以从其他属性中推演出来，那这个属性就是冗余属性。例如，顾客数据表中的"平均月收入"属性就是冗余属性，因为它可以根据"月收入"属性计算出来。此外，属性命名的不一致也会导致集成后的数据集出现数据冗余问题。

利用相关分析可以帮助用户发现一些数据冗余的情况。例如，给定两个属性 A 和 B，根据这两个属性的数值可分析出这两者之间的关系。如果属性 A 与 B 之间的关联值 $r>0$，

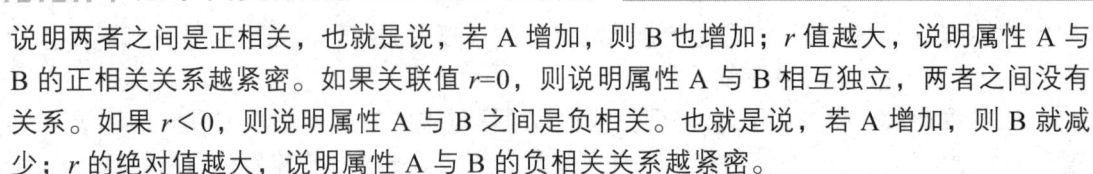

说明两者之间是正相关,也就是说,若 A 增加,则 B 也增加;r 值越大,说明属性 A 与 B 的正相关关系越紧密。如果关联值 $r=0$,则说明属性 A 与 B 相互独立,两者之间没有关系。如果 $r<0$,则说明属性 A 与 B 之间是负相关。也就是说,若 A 增加,则 B 就减少;r 的绝对值越大,说明属性 A 与 B 的负相关关系越紧密。

3)数据值冲突检测与消除问题

在现实世界中,由于表示、比例尺度或编码的差异等,可能会造成来自不同数据源的属性值的不同。例如,"质量"属性在一个系统中采用公制,而在另一个系统中采用英制;"价格"属性在不同的地点采用不同的货币单位。这些语义差异给数据集成带来了许多问题。

2. 数据转换

1)数据转换的内容

数据转换是将数据进行转换或归并,从而构成一个适合数据处理的描述形式。数据转换包含以下内容。

① 平滑处理:帮助除去数据中的噪声,主要技术方法有 Bin 方法、聚类方法和回归方法。

② 合计处理:对数据进行总结或合计操作。例如,对每天的数据进行合计操作,可以获得每月或每年的总额。这一操作常用于构造数据立方或对数据进行多粒度分析。

③ 数据泛化处理:用更抽象(更高层次)的概念来取代低层次或数据层的数据对象。例如,"街道"属性可以泛化到更高层次的概念,如"城市""国家"。数值型的属性,如"年龄"属性,可以映射到更高层次的概念,如"青年""中年""老年"。

④ 规格化处理:将属性数据按比例投射到特定的小范围中。例如,将"工资收入"属性的值映射到 0~1 范围内。

⑤ 属性构造处理:根据已有属性集构造新属性,以帮助实现数据挖掘过程。

2)规格化处理和属性构造方法

(1)规格化处理

规格化处理是将一个属性的取值投射到一个特定的范围之内,消除数值型属性因大小不一而造成的挖掘结果偏差。规格化处理常用于神经网络、基于距离计算的最近邻分类和聚类挖掘的数据预处理中。对于神经网络,采用规格化后的数据不仅有助于确保学习结果的正确性,而且会帮助用户提高学习效率。规格化方法可帮助用户消除基于距离计算的挖掘因属性取值范围不同而影响挖掘结果公正性的问题。下面介绍 3 种常用的规格化方法。

① 最大最小规格化方法。该方法对初始数据进行一种线性转换。公式为:

转换结果=(待转换属性值-属性最小值)/(属性最大值-属性最小值)×
(映射区间最大值-映射区间最小值)+映射区间最小值

例如,假设属性的最大值和最小值分别是 98 000 元和 12 000 元,利用最大最小规格化方法将"顾客收入"属性的值映射到 0~1 范围内,当"顾客收入"属性的值为 73 600 元时,对应的转换结果如下:

(73 600-12 000)/(98 000-12000)×(1.0-0.0)+0=0.716

② 零均值规格化方法。该方法是指根据一个属性的均值和方差来对该属性的值进行规格化。公式为：

转换结果=待转换属性值-属性平均值）/属性方差

假设"顾客收入"属性的均值和方差分别为 54 000 元和 16 000 元，当"顾客收入"属性的值为 73 600 元时，对应的转换结果如下：

（73 600-54 000）/16000=1.225

③ 十基数变换规格化方法。该方法通过移动属性值的小数位置来达到规格化的目的。所移动的小数位数取决于属性绝对值的最大值。属性的值可以通过以下公式计算获得其映射值 W'：

$$W' = \frac{W}{10^j}$$

式中，j 为能够使 max（$|W'|$）<1 成立的最小值。假设属性 W 的取值范围是-986~917，该属性绝对值的最大值为 986，采用十基数变换规格化方法，就是将属性 W 的每个值除以 1000（$j=3$）。例如，当属性 W' 的值为-435 时，属性值-435 可映射为-0.435。

（2）属性构造方法

属性构造方法可以利用已有属性集构造出新属性，并将其加入现有属性集合中，以挖掘更深层次的模式知识，提高挖掘结果的准确性。例如，根据"宽""高"两个属性，可以构造出"面积"这个新属性。构造合适的属性能够减少学习构造决策树时出现的碎块情况。此外，属性结合可以帮助用户发现被遗漏的属性之间的联系，这在数据挖掘过程中十分重要。

3. 数据消减

对大规模复杂数据进行分析通常需要耗费大量时间。数据消减技术的主要目的是从原有巨大的数据集中获得一个精简的数据集，并使这一精简的数据集保持原有数据集的完整性。这样在精简数据集上进行数据挖掘就会提高效率，并且能够保证挖掘出来的结果与使用原有数据集所获得的结果基本相同。数据消减的主要策略有以下几个。

- 数据立方合计：主要用于构造数据立方（数据仓库操作）。
- 维数消减：主要用于检测和消除无关、弱相关或冗余的属性或维（数据仓库中的属性）。
- 数据压缩：利用编码技术压缩数据集的大小。
- 数据块消减：利用更简单的数据表达形式，如参数模型、非参数模型（如聚类、采样、直方图等），取代原有的数据。
- 离散化与概念层次生成：离散化就是利用取值范围或更高层次的概念来替换初始数据；利用概念层次可以帮助挖掘不同抽象层次的模式知识。

下面主要介绍维数消减、数据压缩和数据块消减。

1）维数消减

数据集中可能包含成百上千个属性，而这些属性中有很多是与挖掘任务无关的或冗余的。例如，挖掘顾客是否会在商场购买电视机的分类规则时，顾客的电话号码很可能与挖掘任务无关。但如果利用人类专家来帮助挑选有用的属性既困难又费时费力，特别是当数据内涵并不十分清楚时。无论是漏掉相关属性，还是选择了无关属性参与数据挖掘，都将严重影响最终结果的正确性和有效性。此外，多余或无关的属性也将影响数据挖掘的效率。

维数消减是指通过消除多余和无关的属性而有效消减数据集的规模。通常采用属性子集选择方法。属性子集选择方法的目标是找出最小的属性子集并确保新数据子集的概率分布尽可能接近原来数据集的概率分布，利用筛选后的属性集进行数据挖掘。由于使用了较少的属性，使得用户更加容易理解挖掘结果。

如果数据有 d 个属性，那么就会有 2^d 个不同的子集。从初始属性集中发现较好的属性子集的过程是一个最优穷尽搜索过程，随着属性个数的不断增加，搜索难度也会大大增加，所以，一般需要利用启发知识来帮助有效缩小搜索空间。这类启发式搜索方法通常都是基于可能获得全局最优的局部最优来指导并帮助获得相应属性子集的。

一般利用统计重要性测试来帮助选择"最优"或"最差"属性。这里假设各属性之间均相互独立。构造属性子集的基本启发式搜索方法有以下几个。

（1）逐步添加方法

该方法从一个空属性集（作为属性子集初始值）开始，每次从原有属性集合中选择一个当前最优的属性添加到当前属性子集中，直到无法选出最优属性或满足一定同值约束为止。

（2）逐步消减方法

该方法从一个全属性集（作为属性子集初始值）开始，每次从当前属性子集中选择一个当前最差的属性并将其从当前属性子集中消去，直到无法选出最差属性或满足一定阈值约束为止。

（3）消减与添加相结合的方法

该方法将逐步添加方法与逐步消减方法结合在一起，每次从当前属性子集中选择一个当前最差的属性并将其从当前属性子集中消去，同时从原有属性集合中选择一个当前最优的属性添加到当前属性子集中，直到无法选出最优属性且无法选出最差属性或满足一定阈值约束为止。

（4）决策树归纳方法

用于分类的决策树算法通常也可用于构造属性子集。具体方法是利用决策树的归纳方法对初始数据进行分类归纳学习，获得一个初始决策树，没有出现在这个决策树上的属性均被认为是无关属性，将这些属性从初始属性集合中删掉，就可获得一个较优的属性子集。

2）数据压缩

数据压缩是指利用数据编码或数据转换将原来的数据集合压缩为一个较小规模的数据集合。若仅根据压缩后的数据集就可以恢复原来的数据集，那么就认为这一压缩是无损的，否则就称为有损的。在数据挖掘领域经常使用的离散小波变换法和主要素分析法这两种数据压缩方法均是有损的。

（1）离散小波变换

离散小波变换是一种线性信号处理技术，它可以将一个数据向量转换为另一个数据向量（为小波相关系数）。若两个向量具有相同的长度，则可舍弃后者中的一些小波相关系数。例如，保留所有大于用户指定阈值的小波相关系数，而将其他小波相关系数设置为 0，帮助提高数据处理的运算效率。该方法可以在保留数据主要特征的情况下除去数据中的噪声，因此，可以有效地进行数据清洗。此外，在给定一组小波相关系数的情况下，利用离散小波变换法的逆运算还可以近似恢复原来的数据。

（2）主要素分析法

主要素分析法是进行数据压缩时常用的一种方法。假设需要压缩的数据由 N 个数据行（向量）组成，共有 k 个维度（属性或特征）。该方法是从 k 个维度中寻找出 c 个共轭向量（$c<<N$），从而实现对初始数据的有效压缩。

主要素分析法的处理步骤为：①对输入的数据进行规格化，确保各属性的数据取值均落入相同的数值范围；②根据已规格化的数据计算 c 个共轭向量，这 c 个共轭向量就是主要素，而所输入的数据均可以表示为这 c 个共轭向量的线性组合；③按照重要性（计算所得变化量）对 c 个共轭向量进行递减排序；④根据给定的用户阈值，消去重要性较低的共轭向量，最终获得消减后的数据集合。

主要素分析法的计算量不大且可用于取值有序或无序的属性，也能处理稀疏或异常数据，还可将多于二维的数据通过处理降为二维数据。与离散小波变换法相比，主要素分析法能更好地处理稀疏数据，而离散小波变换法更适合处理高维数据。

3）数据块消减

数据块消减主要包括参数法与非参数法两种基本方法。参数法是利用一个模型来帮助获得原来的数据，因此只需要存储模型的参数即可（当然异常数据也需要存储）。例如，线性回归模型就可根据一组变量来预测、计算另一个变量。非参数法则是利用直方图、聚类或采样来获得消减后的数据集。主要的数据块消减方法有以下几个。

（1）回归与线性对数模型

回归与线性对数模型可用于拟合给定的数据集。回归模型是利用一条直线模型对数据进行拟合，可以基于一个自变量，也可以基于多个自变量。

线性对数模型是拟合多维离散概率分布的。如果给定 n 维（如用 n 个属性描述）元组的集合，则可把每个元组看作 n 维空间的点。对于离散属性集，可使用线性对数模型，基于维组合的一个较小子集来估计多维空间中每个点的概率。这使得高维数据空间可由较低维数据空间构造。因此，线性对数模型也可用于维归约和数据光滑。

回归与线性对数模型均可用于处理稀疏数据和异常数据。回归模型对异常数据的处理结果更好。但应用回归模型处理高维数据时计算复杂度高，而线性对数模型具有较好的可扩展性。

（2）直方图

直方图是一种常用的数据消减方法，它利用 Bin 方法对数据分布情况进行近似。属性 A 的直方图是根据属性 A 的数据分布将其划分为若干不相交的子集（桶）。这些子集沿水平轴显示，其高度（或面积）与该桶所代表的数值平均（出现）频率成正比。若每个桶仅代表一对属性值/频率，则这个桶就称为单桶。通常一个桶代表某个属性的一段连续值。

（3）聚类

聚类技术将数据行视为对象。聚类分析所获得的组或类具有以下性质：同一组或类中的对象彼此相似，而不同组或类中的对象彼此不相似。相似性通常利用多维空间中的距离来表示。一个组或类的"质量"可以用其所含对象间的最大距离（称为半径）来衡量，也可用中心距离（组或类中各对象与中心点距离的平均值）作为组或类的"质量"。

在数据消减中，数据的聚类表示可用于替换原来的数据。当然这一技术的有效性依赖实际数据的内在规律。在处理带有较强噪声的数据时，采用聚类方法是非常有效的。

（4）采样

采样方法由于可利用一小部分数据（子集）来代表一个大数据集，因此可作为数据消减的技术方法之一。假设一个大数据集为 D，其中包括 N 个数据行。主要采样方法有以下几个。

① 无替换简单随机采样方法（SRSWOR 方法）。该方法从 N 个数据行中随机抽取（每一数据行被选中的概率为 $1/N$）出 n 个数据行，以构成由 n 个数据行组成的采样数据子集。

② 有替换简单随机采样方法（SRSWR 方法）。该方法从 N 个数据行中每次随机抽取一个数据行，但该数据行被选中后仍将留在大数据集 D 中，最后获得的由 n 个数据行组成的采样数据子集中可能会出现相同的数据行。

③ 聚类采样方法。该方法首先将大数据集 D 划分为 M 个不相交的类，然后分别从这 M 个类的数据对象中随机抽取，最终获得聚类采样数据子集。

④ 分层采样方法。该方法首先将大数据集划分为若干不相交的层，然后分别从这些层中随机抽取数据对象，最终获得具有代表性的采样数据子集。

【案例分析】电商数据预处理

【案例背景】

最初的数据杂乱无章且无规律，需要通过作图、制表和各种形式的拟合来计算某些特征量，探索规律的可能形式。这时就需要研究用何种方法去寻找和揭示隐含在数据中的规律。首先在探索性分析的基础上提出几种模型，再通过进一步的分析选择所需的模型，最后使用数理统计方法对选定的模型或估计的可靠程度和精确程度做出推断。

【案例分析过程】

1. 分析思路

前文介绍了如何利用 Excel 进行常规的数据预处理操作，本案例介绍如何利用 ETL 工具实现多种数据预处理方式。

本案例的原始数据是某电商平台的热销连衣裙数据，依次对该表格中的数据进行筛选和排序等预处理操作。

2. ETL

ETL 用来描述将数据从来源端经过抽取、转换、加载后传送至目的端的过程。ETL 是 BI 项目中的一个重要环节,用户从数据源抽取出所需数据,经过数据清洗,最终按照预先定义好的数据模型,将数据加载到数据仓库中,为后续的数据分析提供数据支撑。

一般情况下,ETL 过程设计需要用到大量代码且重复利用率较低。但本案例及实训中用到的自助 ETL 功能充分考虑了大量项目人员的实施习惯,操作敏捷易用,通过封装 ETL 算法,将技术分离,以数据源—数据预处理—目标源的形式,实现自助 ETL 操作。自助 ETL 的主要应用场景是将多来源的异构数据处理后得到完整性、一致性的数据模型。

3. 分析过程

1)原始数据

原始数据是从某电商平台下载的连衣裙热销前 100 名商品的数据,包含"宝贝标题""宝贝 ID"等字段,如图 2-51 所示。

图 2-51 原始数据

2)筛选

接下来如果想筛选出热销前 100 名商品中所有包邮的商品,就可以使用 ETL 中的"行选择"功能,进行如图 2-52 所示的参数配置,将条件设置为"邮费=0",然后单击"确定"按钮,即可筛选出包邮的商品。

查看筛选后的数据,一共有 76 个宝贝的邮费为 0,如图 2-53 所示。

3)排序

接下来按照总销量对原始表格进行排序,看总销量最高的商品是哪一款,这里就可以用到"排序"ETL 节点。进入参数配置区,选择需要排序的字段及排序方式("asc"是升序,"desc"是降序)。(注:在 SQL 语句中,asc 是指定列按升序排序,desc 是指定列按降序排序。)这里选择按降序排序,如图 2-54 所示。

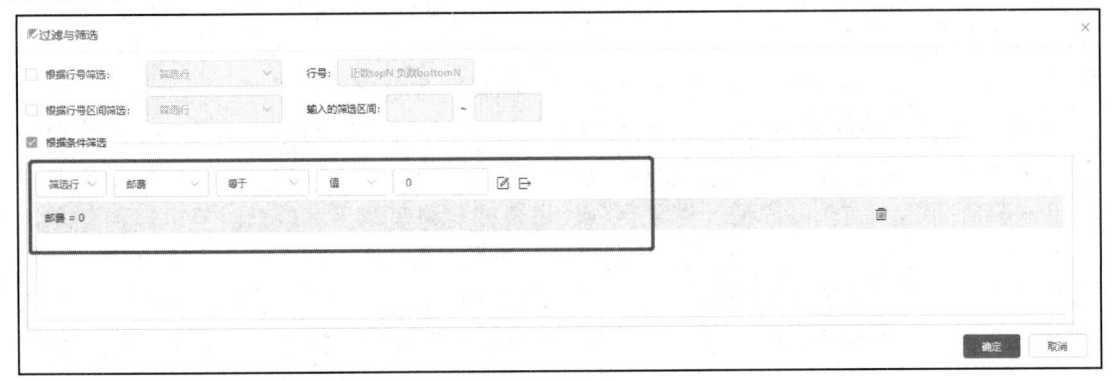

图 2-52　进行参数配置

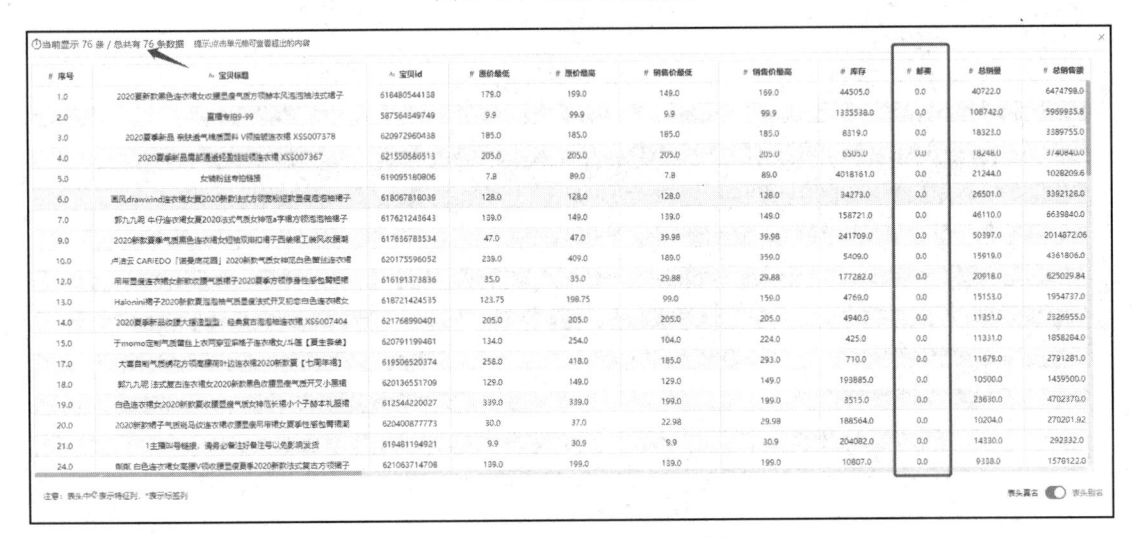

图 2-53　筛选结果

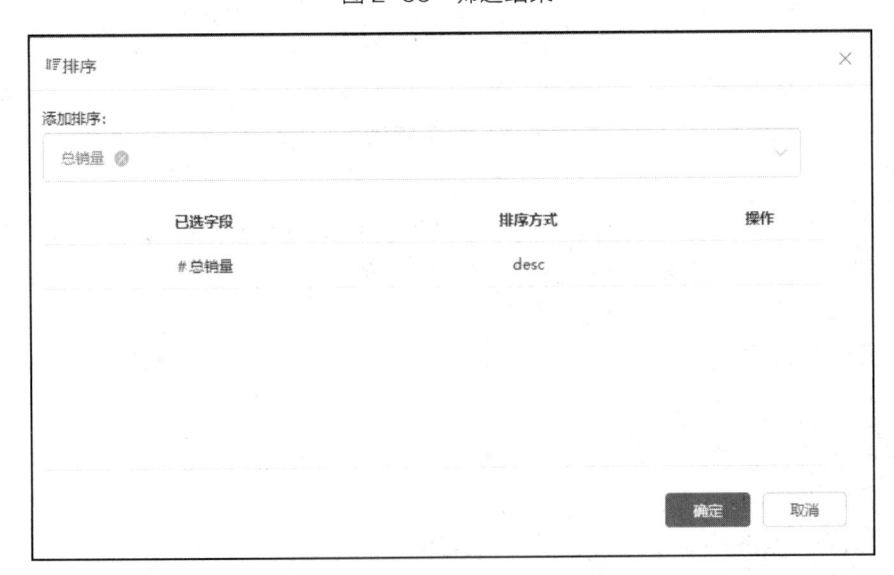

图 2-54　添加排序

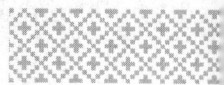

单击"确定"按钮，排序结果如图 2-55 所示。

图 2-55 排序结果

【案例总结与应用】

1. 案例总结

采集的数据一般不可直接使用，可能会有一部分"脏数据"，如不处理将影响分析的结果，所以在整理前需要检查数据，清洗发现的"脏数据"。本案例中介绍了几种常见的使用 ETL 工具进行数据预处理的方法。数据预处理是数据分析过程中非常重要的一个环节，只有经过预处理的数据才可进行后续的分析操作，预处理的好坏决定了是否能得出正确的结果。因此，一定要重视数据预处理的过程，以便后续更准确地分析数据。

本案例介绍了如何利用 ETL 进行筛选、排序等基础数据预处理，还有更多的数据预处理方式有待大家进一步学习探索。

2. 案例应用

自助 ETL 的主要应用场景是将多来源的异构数据进行处理后得到具备完整性、一致性的数据模型。使用自助 ETL 可以提高数据质量，它适用于不同的数据分析方法，可对数据进行排序、过滤、去除重复值、元数据编辑、聚合、分列、行转列、列转行等操作。

【拓展实训】数据预处理辅助分析

【实训目的】

通过教师讲解与实践操作，使学生熟悉"新商科"大数据商业智能平台中的自助 ETL

模块，能利用其进行数据预处理。

【实训内容与要求】

第一步：教师介绍实训目的、方式、要求，调动学生实训的积极性。

第二步：对学生进行分组，确定各小组的组长和人员分工，明确小组学习方式，制订小组计划，了解小组要做什么，要达到什么目的。

第三步：教师介绍预处理相关知识及讨论话题，并在实训平台进行实战操作。

第四步：各小组讨论教师布置的问题并在平台上操作，记录小组成员的发言。

第五步：根据小组讨论记录撰写讨论小结。

第六步：各小组相互评议，教师点评、总结。

【实训成果与检测】

成果要求：

（1）提交平台操作和案例讨论记录：按 3~5 名学生 1 组进行分组，各组设组长 1 名、记录员 1 名，每组必须有小组讨论、工作分工的详细记录，作为成绩考核依据。

（2）能够在规定的时间内完成相关讨论，利用小组合作方式撰写文字小结。

评价标准：

（1）上课时与教师积极配合，积极思考、发言。

（2）认真阅读案例，积极参加小组讨论，分析问题时思路开阔。案例分析基本完整，能结合所学理论知识解答问题。

（3）小组成员积极参与小组活动，分工合作较好。

【思考与练习】

（1）什么是 ETL？

（2）利用自助 ETL 功能对第 2.1 节的拓展实训中采集的原始数据进行预处理。

第 3 章
市场数据与竞争数据分析

【学习目标】
- 了解市场数据分析的概念;
- 掌握市场数据分析的内容与指标;
- 了解市场数据分析的方法。

【学习重点、难点】

学习重点:
- 市场行情数据分析;
- 竞争对手数据分析。

学习难点:
- 行业数据分析;
- 竞争店铺数据分析;
- 竞争产品数据分析;
- 竞争品牌数据分析。

3.1 市场数据分析

3.1.1 市场数据分析的概念

市场数据分析是指根据研究目的，基于收集的原始或二手数据，运用恰当的方法对数据进行多方位分析，然后依据分析结果做出相应决策的过程。

在电商业务背景下，市场数据分析是指商家通过调研市场情况，了解市场商品生命周期数据、市场品类容量数据、商品品类数据、竞争品牌与竞争商品数据、商品季节售卖周期数据。商家利用市场行情了解市场数据，可以找到提高销售额的机会，了解市场的变化趋势，找到店铺可以切入的品类，从而合理规划品类布局，提高店铺销售额。

3.1.2 市场数据分析的内容与指标

1. 市场数据分析的内容

不同的市场在经济特点、竞争环境和利润前景方面有着重大区别。市场经济特性的变化取决于以下因素：市场总需求量和市场成长率、技术变革速度、该市场的地理边界（区域性的或全国范围的）、买方和卖方的数量及规模、卖方的产品或服务是统一的还是高度差别化的、规模经济对成本的影响程度、到达消费者的分销渠道类型。行业间的差别体现在对下列各因素的竞争重视程度：价格、产品质量、性能特色、服务、广告和促销、新产品的革新。在某些行业，价格竞争占统治地位，而在其他行业，竞争的核心可能集中在产品的质量、性能或品牌形象与声誉上。

因此，在进行市场数据分析时，必须首先从整体上把握市场中最主要的经济特性。市场数据分析的内容如下。

① 市场规模：小市场一般吸引不了大的或新的竞争者；大市场常能引起公司的兴趣，因为它们希望在有吸引力的市场中建立稳固的竞争地位。

② 竞争角逐的范围：市场是当地性的、区域性的还是全国范围的？

③ 市场增长速度：快速增长的市场会鼓励其他公司招聘更多员工；缓慢增长的市场使市场竞争加剧，并使弱小竞争者出局。

④ 市场在成长周期中目前所处的阶段：是初始发展阶段、快速成长阶段、成熟阶段、停滞阶段还是衰退阶段？

⑤ 竞争厂家的数量及相对规模：行业是被众多小公司所细分还是被几家大公司所垄断？

⑥ 购买者的数量及相对规模。

⑦ 在整个供应链中，向前整合或向后整合的程度如何？因为在完全整合、部分整合

和非整合公司之间往往会产生竞争差异及成本差异。

⑧ 到达购买者的分销渠道种类。

⑨ 产品生产工艺革新和新产品技术变革的速度。

⑩ 竞争对手的产品服务是强差别化、弱差别化、统一还是无差别化的？

⑪ 市场上的公司能否实现采购、制造、运输、营销或广告等方面的规模经济？

⑫ 市场上的某些活动是不是有学习和经验效应方面的特色，从而导致单位成本会随累计产量的增长而降低？

⑬ 生产能力利用率的高低是否在很大程度上决定公司能否获得成本生产效率？因为生产过剩往往会降低价格和利润率，而紧缺则会提高价格和利润率。

⑭ 必要的资源以及进入和退出市场的难度：壁垒高往往可以保护现有公司的地位和利润，壁垒低则使得该行业易于被新进入者入侵。

⑮ 行业的盈利水平处于平均水平之上还是平均水平之下？高利润行业吸引新进入者，行业环境萧条往往会加速竞争者退出。

2. 市场数据分析的指标

1）市场大盘数据分析

下面以女装为例介绍市场大盘数据的采集与分析流程。

第一步：确定分析目标及内容框架。例如，要想分析女装子行业的市场品类行业数据，那么目标就是女装行业大盘下各二级类目的市场容量数据。

第二步：数据采集。要了解女装类目下各品类的市场容量，商家可通过对各品类的成交数据、成交数据变化及卖家数占比进行数据分析。商家进入"生意参谋"后台，选择"市场|市场大盘"菜单命令，然后选择需要采集数据的类目进行查看。在周期选择上建议以月为单位，以方便存档和做其他数据分析使用。

在大盘数据中，从子行业交易排行情况中，商家可以看到周期内女装品类下各子行业的支付金额占父行业的比重等数据。在市场大盘中的女装市场，商家选择按月采集行业构成数据，了解子行业支付金额占父行业的比重情况，从而确定店铺切入女装市场品类的机会。

市场行业大盘数据采集步骤：①选择"生意参谋"专业版的女装类目市场；②按月采集类目数据；③分析采集到的数据。

商家可以以月为单位，将年周期内1—12月的数据复制到Excel表格中，并在表格内加入周期变化数据，方便分析其他数据时使用。系统按照月采集分类品类数据，可帮助商家了解市场品类月度、年度销售情况，更好地利用品类年度、月度交易数据，做好商品品类的营销规划。

第三步：数据整理。商家可选择周期内1—12月的数据，将细分类目数据复制到Excel表格内。

第四步：数据展示。依据全年（1—12月）支付金额占父类目的比重，制成簇状柱形图。

第五步：数据分析。将1—12月的数据整理后，可以做出单个品类在12个月内的成交占比数据表，对每月的数据做趋势分析，女装行业大盘下个二级类目在全年周期内的成交占比变化趋势便一目了然了。

第六步：周期行业数据对比。通过对行业数据进行分析，对比品类商品的支付金额占比数据，可以有效地进行品类商品规划，提升商家优质品类的覆盖量，提高销售额。

2）市场营销数据分析

市场营销数据分析主要是指根据市场大盘行业关键词数据进行品类数据的分析。不同的搜索行为代表不同的搜索流量，不同的搜索流量背后是不同的搜索人群，不同的人群包括不同的性别、年龄、地域、喜好、消费能力等。商家通过数据分析，可以更好地布局和营销商品。通过使用市场行情搜索数据，商家能精准地分析类目搜索关键词数据，了解品类下的搜索容量情况。

（1）搜索排行数据分析

分析类目搜索关键词数据和关键词流量数据，了解细分品类下的关键词搜索排序，然后分析细分类目关键词。同时根据市场搜索需求排行，商家可了解细分类目用户搜索需求的方向，根据搜索需求方向优化店铺商品的上新方向，使店铺商品满足市场需求。

（2）搜索关键词分析

分析类目搜索关键词数据，针对行业细分类目品类进行关键词分析，分析搜索词、长尾词、品牌词、核心词、修饰词的特点，不同的关键词应用场景不同，营销方向也不同。其中，搜索词主要是市场搜索需求词；长尾词是客户精准需求的关键词；品牌词是客户对品牌的认知所产生的关键词；核心词是对搜索词进行分词而产生的属性词；修饰词与主词相关的关键词配合使用。商家针对关键词拥有的搜索人气，采集分析市场数据，得出市场搜索容量数据。

使用"生意参谋"进行市场行情搜索分析，对比关键词趋势数据，确定关键词的使用方向。同时，根据关键词搜索人气的数据变化，可以进行关键词的布局优化，在替换关键词时，需要参考关键词的热搜排名、搜索人气、支付转化率等数据。根据搜索人气的上升和下降，进行关键词替换，可以提升关键词的流量。可以将搜索人气上升的关键词布局到店铺，替换搜索人气下降的关键词，提升搜索效果；对比搜索关键词的搜索人气、搜索热度、点击人气、点击热度、点击率、交易指数、支付转化率等数据，分析该搜索关键词的变化情况。只有根据不同的产品，匹配不同的关键词，才能更好地吸引访客访问，提高成交率。

使用"生意参谋"分析市场行情相关搜索词，主要是根据热搜词的相关词做数据抓取分析，了解相关搜索词数据，了解行业词的关联词，从而进一步挖掘品类词背后的市场容量数据。

商家通过相关搜索词可了解行业词的容量和竞争度，从而确定市场操作的可行性。根据关键词在类目下获取流量的多少，分析关键词使用在什么类目中可以获取最优质的流量。关键词在哪个类目的人气越高，说明越适合将商品布局到该类目下。

（3）搜索关键词属性分析

商家根据"生意参谋"的市场热搜排行榜数据，针对细分类目数据进行方向性采集，可得到类目搜索词属性分布数据。

同时，在做此类分析时，要认识到历史数据的局限性。例如，"月饼"这个商品在中秋节前的搜索频率和转化率较高，但中秋节过后，整体的搜索频率和成交量就呈现断崖式下降，如果只依据高涨的数据做判断，就会导致商家盲目入场，做出不明智的决策。

（4）搜索人群分析

对比分析类目关键词数据，可以确定关键词的使用方向。关键词数据分析是为了进一步了解市场容量背后的人群数据，按照时间周期对比分析关键词数据，可基于关键词数据变化规律选择关键词。

类目关键词性别对比分析，是指商家可查看每个关键词背后的搜索人群特征，根据搜索人群特征使用关键词，提升店铺搜索的精准度。

如果在关键词搜索人群中，男性占比较高，商品详情页的视觉、主图、文案就可以适当地呈现数量、指标、认证、标准、检验、销量等信息；如果女性占比较高，商品详情页的视觉、主图、文案就可以适当地强调倾向情感、温度、色彩等方面的内容。如果男女比例差别不大，则可以考虑将商品分层，将类似的商品一分为二，一部分针对男性访客做优化，另一部分针对女性访客做优化。

类目关键词品牌偏好数据分析，是指通过查看关键词下的品牌偏好人群数据，了解关键词人群品牌的偏好方向。店铺在使用关键词时可以参考学习用户偏好品牌，了解品牌背后的商品视觉、客单价，从而调整、优化店铺商品的视觉、客单价。

了解关键词购买品牌偏好数据，可进行关键词品牌偏好分析，了解品牌的商品视觉、营销方法，从而提升店铺在关键词下的竞争力，提升店铺商品在关键词下的转化率，最终提高销售额。

类目关键词价格市场分析，是指每个关键词背后都有价格分层，不同的价格分层有不同的市场体量和竞争商品。商家可根据店铺商品的利润空间，确定商品定价方向，匹配关键词的人群价格区间，提升流量精准度。

进行市场关键词分析时，需要关注关键词的搜索排行数据、搜索人气、交易指数等核心数据。通过相关搜索词背后的在线商品数量，进一步分析市场容量，了解热搜词背后的市场情况，最后依据关键词人群特征确定关键词的使用方向。

3）市场行情数据分析

市场行情数据分析主要包括以下几项内容。

（1）营销环境分析

营销环境是指与企业营销活动有潜在关系的内部和外部因素的集合。营销环境可分为内部环境和外部环境。

（2）消费者分析

消费者分析包括对消费者的购买量与购买频率、购买时间与地点、购买动机、品牌转换情况与品牌忠诚度4个方面进行分析。

（3）产品分析

产品分析主要分析产品特色、产品价格定位、产品生命周期、竞争对手产品。

（4）企业与竞争对手分析

竞争对手分析的目的是通过了解竞争对手信息，获知竞争对手的发展策略及行动，做出最适当的应对措施。除了分析竞争对手，还需要分析企业在竞争中的地位及市场构成特性等。

（5）SWOT 分析

SWOT 分析是根据企业自身的既定内在条件进行分析，找出企业的优势、劣势及核心竞争力的一种企业战略分析方法。其中，S 代表 Strength（优势），W 代表 Weakness（弱势），两者属于内部因素；O 代表 Opportunity（机会），T 代表 Threat（威胁），两者属于外部因素。

4）行业数据分析

（1）行业规模分析

分析跨境电商行业规模时，通常用市场规模（也称市场容量）来分析。市场规模分析主要是研究目标产品或行业的整体规模，包括目标产品或行业在指定时间内的产量、产值等，具体是根据人口数量、人们的需求、年龄分布、地区贫富度调查所得的结果。购买者、购买力、购买欲望是决定市场规模和容量的三要素，市场规模大小与竞争性直接决定了新产品设计开发的投资规模。

通常将一定时间内，一个（类）产品或服务在某个范围内的市场销售额作为研究市场规模大小的重要方法（在某些场景下也会使用成交量替代销售额进行市场研究）。市场天花板是行业内企业销售额的极限数字，市场规模决定了市场的天花板，市场规模越大，市场天花板越高。分析时可用市场规模和市场头部企业来确定市场天花板。

例如，假设速卖通平台上某个行业的市场成交规模是 10 亿元，对行业内的某家企业来讲，其销售额的极限数字便是 10 亿元，但从市场经济来讲，这个数字是很难实现的，因为完全垄断市场需要在较高的理想条件下才能存在。可以通过市场规模来确定市场天花板，根据"二八定律"做出假设：整个市场由 20 家企业瓜分掉 80%的份额，也就是 8 亿元，那么对这 20 家企业而言，市场天花板平均在 4 000 万元左右。也可以将市场占有率第一的企业份额作为市场天花板，假设市场占有率第一的企业的市场规模是 6 000 万元，那么可将 6 000 万元看作行业的市场天花板，但它不一定是该企业自己的市场天花板，因为市场占有率第一的位置是难以撼动的，企业可以以第一的位置作为标杆不断成长。

除借助销售额、成交量两个指标外，还可用其他多个指标来描述市场规模，如消费者数量、流量数、销售件数等。市场规模是评判行业的一个维度，但分析时要注意，不能单纯地认为市场规模越大越好。市场规模的大小只是一种现状，如何选择市场或如何确定市场策略，需要结合企业的内外部因素做出准确判断。

一般认为，市场规模越大，相对市场竞争越大，所需的市场推广预算也就越大；市场规模越小，相对市场竞争越小，所需的市场推广预算也就越少。实力雄厚的企业应该选择规模大的市场以争取更多竞争机会、扩大规模；实力不足的企业或新兴企业可选择规模相对小的市场以规避风险、保存实力。

（2）行业趋势分析

行业趋势分析是运用科学方法对行业的需求和某些商品的销售趋势做出估计和预测，它是决定拟建项目是否有建设必要和生产规模的关键因素。通过分析行业趋势相关数据，企业可以加深对行业环境和消费者偏好的认识，从而有计划地针对变化中的市场制订未来业务计划。

企业决定进入某一行业前或在制定未来的发展规划时需要掌握行业趋势，行业趋势与企业的发展息息相关，只有处于发展趋势较好的行业，企业才能有较好的发展态势。行业趋势分析是行业分析过程的重要组成部分，它不是一次性工作，而是一个持续的过程。行业趋势分析是企业每隔一段时间都应该做一次的事情，只有这样，企业才能更好地监控行业变化，做出对企业有利的应对之策。只有成功监控和响应市场变化的企业，才能从激烈的竞争中脱颖而出并创造竞争优势。

在分析行业趋势时，还应把握该行业的市场趋势。市场趋势也与企业的发展息息相关，发展趋势好的市场称为增量市场，发展趋势差的市场称为存量市场。分析市场趋势就是要辨别企业处于何种市场。

通常情况下，可以根据时间序列图（简称时序图，在 Excel 中可使用折线图工具绘制时序图）的走势来分析市场趋势，对市场的增幅情况做出判断，如果连续两年增幅超过 10%，则可判定为增量市场，反之则判定为存量市场。

（3）行业竞争分析

竞争强度是指现有企业之间争夺市场地位和竞争优势的激烈程度。市场竞争强度通常用行业内企业的密集程度来衡量，一般认为，竞品越多，竞争越激烈，但同时也要看市场的变化趋势，主要观察是否有大量竞争对手涌入市场。基于主体的不同，也可以使用品牌数量、企业数量、商户数量、商品数量等指标进行行业竞争分析。假设分析主体是品牌，那就分析行业下的品牌数量。除此之外，还可以通过计算市场集中度来进行行业竞争分析。

市场集中度是测量整个行业市场结构的集中程度的指标，用来衡量企业数量和相对规模的差异，是市场势力的重要量化指标。市场集中度是决定市场结构的最基本、最重要因素，集中体现了市场的竞争和垄断程度。经常使用赫尔芬达尔-赫希曼指数（Herfindahl-Hirschman Index，HHI）作为市场集中度的计量指标，这个指标也经常被运用到反垄断经济分析中。

HHI 是基于某行业中企业的总数和规模分布，将相关市场上的所有企业的市场份额平方后再相加得到的总和。它是一个测量市场集中度的综合指数。指数值越大，表示市场集中度越高，垄断程度也越高；反之越低。

HHI 的计算方法如下。

首先，取得竞争对手的市场占有率，可忽略规模过小的竞争对手。

其次，得出竞争对手市场占有率平方值。

第三，将这些平方值相加。

HHI 的计算公式为：

$$\mathrm{HHI} = \sum_{i=1}^{N}\left(\frac{X_i}{X}\right)^2 = \sum_{i=1}^{N} S_i^2$$

式中，X 为市场的总规模；X_i 为 i 企业的规模；$S_i = \frac{X_i}{X}$ 为第 i 个企业的市场占有率；N 为该行业内的企业总数。

相比规模较小的企业，HHI 对规模较大的企业赋予了更大的权重。因此，HHI 对规模较大的前几家企业的市场份额比重的变化特别敏感，能真实地反映市场中企业之间的规模差异，并在一定程度上反映企业支配力的变化。

HHI 综合地反映了某一行业中企业的数量和相对规模，能够反映出市场集中度无法反映的差别。当市场处于完全垄断状态时，即 $N=1$，$X_1=X$，HHI=1；当市场上有许多企业，且假设所有的企业规模相同时，即 $\frac{X_1}{X}=\frac{X_2}{X}\cdots\frac{X_N}{X}=\frac{1}{N}$，HHI=1/$N$。行业内企业的规模越接近，且企业数量越多，即 N 越大，则 HHI 就越接近 0。因此，HHI 可以在一定程度上反映市场结构状况。

例如，现有 A、B、C 3 个品牌，市场占有率分别为 60%、30%、10%，则 HHI=0.36+0.09+0.01=0.46，将得到的 HHI 求倒数，1/0.46≈2，这说明市场份额主要集中在前两个品牌上。

在应用 HHI 时一般选取市场前 100 名的品牌、店铺或产品，当接近甚至大于 0.05 时，说明市场趋于集中；反之则说明市场趋于自由竞争状态。

（4）市场售价分析

市场售价分析一般先设定价格区间再进行分析，亦称为行业价格波段分析。行业价格波段分析的主要内容是商品的销售价格分析，商品销售价格与销售额及利润息息相关。市场售价过高，虽然单件商品利润有保证，但是销量和销售额难以提高，总利润也会不乐观；市场售价过低，销量可能会比较高，但利润难以保证。因此，定价时需要考虑最佳价格波段。价格与利润的关系如图 3-1 所示。

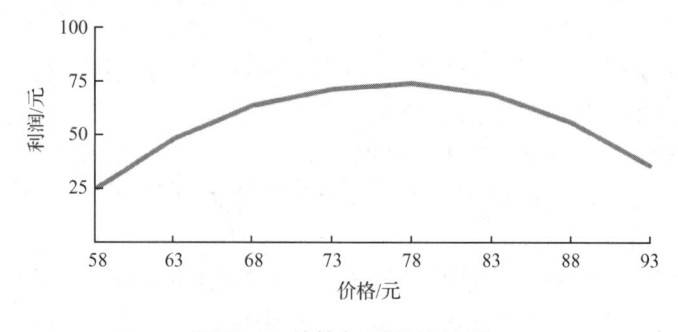

图 3-1 价格与利润的关系

图 3-1 说明在一定范围内，价格越高，利润越高；超出范围后，价格越高，利润越低。因此，定价时需要考虑最佳的价格波段。

价格区间的步长设置遵循以下两个规则。

① 进行价格波段分析时，应根据商品价格合理调整价格区间的步长。例如，若企业以 20 元左右的商品为主，价格区间步长可设置为 5 元；若企业以 200 元左右的商品为主，则价格区间步长可设置为 20 元。

② 通常要求价格区间的步长要一致，但有时价格区间的两端在价格跨度较大时可以统一汇总起来。例如，某企业的商品价格范围从 10 元到 1 000 元，如果价格为 200 元以下的商品份额很低，可以将价格为 200 元以下的数据进行汇总；如果价格为 500 元以上

的商品份额很低,可以将价格为500元以上的数据进行汇总;价格为300~500元的区间则按相等的步长切分。

3.1.3 市场数据分析的方法

市场数据分析一般可以采取统计分析法进行趋势和相关分析。从估计市场销售潜力的角度讲,也可以根据已有的市场调查资料,采取直接资料法、必然结果法和复合因素法等进行分析。

人们对任何事物的认识都有一个从抽象到具体的过程,市场是一个非常复杂的现象,对它的分析研究也遵循这一认识规律。在对市场进行研究时,首先对市场问题进行概括性阐述,然后以基础理论、微观市场、宏观市场对市场进行较为详尽的分析,最后具体解剖市场的各种类型,使人们对一个市场的状况和运行规律既有概括的了解,又有具体的认识。

常用的市场数据分析方法有以下几个。

1. 系统分析法

市场是一个多要素、多层次组合的系统,既有营销要素的结合,又有营销过程的联系,还有营销环境的影响。运用系统分析法分析市场,可以使研究者从企业整体上考虑经营发展战略,用联系、全面和发展的观点来研究市场上的各种现象,既看到"供",又看到"求",并预测它们的发展趋势,从而做出正确的营销决策。

2. 比较分析法

比较分析法是把两个或两类事物的市场资料相比较,确定它们之间的相同点和不同点的逻辑方法。不能孤立地认识一个事物,只有把它与其他事物联系起来加以考察和比较分析,才能在众多的属性中找出本质属性和非本质属性。

3. 结构分析法

结构分析法是在市场分析中通过市场调查资料分析某一现象的结构及其各组成部分的功能,进而认识这一现象的本质。

4. 演绎分析法

演绎分析法就是把市场整体分解为各个部分、方面、因素,形成分类资料,通过研究这些分类资料,分别把握它们的特征和本质,然后将这些分类研究得到的认识联系起来形成对市场整体的认识。

5. 案例分析法

案例分析法就是将典型企业的营销成果作为例证,从中找出规律。市场分析理论是从企业的营销实践中总结出来的一般规律,它来源于实践,又高于实践,用它指导企业的营销活动,能够取得更大的经济效果。

6. 定性与定量分析结合法

任何市场营销活动都是质与量的统一。进行市场分析必须进行定性分析以确定问题的性质，也必须进行定量分析以确定市场活动中各方面的数量关系，只有将两者有机结合起来，才能既看准问题的性质，又使市场经济活动数量化。

7. 宏观与微观分析结合法

市场情况是国民经济的综合反映，要了解市场活动的全貌及其发展方向，不但要从企业的角度去考察，还要从宏观上了解整个国民经济的发展状况。这就要求把宏观分析和微观分析结合起来，以保证市场分析的客观性、正确性。

8. 物与人的分析结合法

市场分析的研究对象是以满足消费者需求为中心的企业市场营销活动及其规律。企业营销的对象是人，要想把物送到有需要的人手中，就需要既分析物的运动规律，又分析人的不同需求，实现两者的有机结合，保证商品销售的畅通。

9. 直接资料法

直接资料法是指直接将已有的本企业销售统计资料与同行业销售统计资料进行比较，或者直接将行业地区市场的销售统计资料同整个社会地区市场销售统计资料进行比较。通过分析市场占有率的变化，寻找目标市场。

3.2 竞争数据分析

3.2.1 竞争数据分析的概念

竞争数据分析是指分析竞争对手的数据。竞争对手是指在某一行业或领域中，拥有与本企业相同或相似资源（包括人力、资金、商品、环境、渠道、品牌、智力、相貌、体力等）的企业，并且该企业的目标与本企业相同，产生的行为会给本企业带来一定的利益影响。竞争对手有如下几个特点。

① 竞争对手的形式呈现出多样性，包括直接竞争、间接竞争、替代竞争等。

② 竞争对手具有地域性。同一个企业在不同的地区其竞争对手很可能不一样，竞争性质也不一样，包括全球性竞争、全国性竞争、区域性竞争、渠道竞争等。以渠道竞争为例，在超市，某品牌方便面的直接竞争对手是其他方便面，而在学校，方便面的竞争对手就是食堂和餐厅。因此，需要对竞争对手进行差异化管理。

③ 竞争对手具有非唯一性。对销售部来说，同业竞争者是其最大的竞争对手；对市场部来说，与其抢夺营销资源的都是竞争对手；对生产部来说，与其抢夺生产资源的都

是竞争对手；对 HR 来说，与其抢夺人力资源的其他企业都是竞争对手。

④ 竞争对手具有变化性。现在的竞争对手是 A，未来的竞争对手可能是 B，是否能及时发现潜在竞争对手很关键。

就电商行业而言，竞争数据分析主要是指电商企业采集和分析竞争品牌、竞争店铺、竞争商品的数据，针对竞争对手的商品结构、流量结构和营销模式进行分析，最后通过对比，找到自身的提升点。对许多中小型电商企业而言，关注同行的动向是重要的学习手段，最好的老师往往就是优秀的同行，因为排名靠前的电商企业具有行业代表性。通过详细分析这些竞争对手，电商企业可以充分借鉴行业内的先进经验，找到正确的方向。

3.2.2 竞争数据分析的内容与维度

1. 竞争数据分析的内容

竞争数据分析属于战略分析方法之一，是对竞争对手的现状和未来动向进行分析。其目的是帮助电商企业准确判断竞争对手的战略定位和发展方向，并在此基础上预测竞争对手未来的战略，准确评价竞争对手对本电商企业战略行为的反应，估计竞争对手在实现可持续竞争优势方面的能力。竞争对手分析是确定电商企业在行业中战略地位的重要方法，内容主要包括：①识别现有的直接竞争者和潜在竞争者；②收集与竞争者有关的情报并建立数据库；③分析竞争者的战略意图和各层面的战略；④识别竞争者的长处和短处；⑤洞察竞争者在未来可能采用的战略和可能做出的竞争反应。

2. 竞争数据分析的维度

1）竞争店铺数据分析

竞争店铺数据分析有 4 个核心要点，即竞争店铺抓取、竞争店铺流量结构数据分析、竞争店铺品类结构数据分析和竞争店铺数据玩法分析。根据竞争店铺的数据，企业可以了解其运营方式，进而有效地调整自己的运营方式。

（1）竞争店铺抓取

通过店铺数据抓取，电商企业可以了解从哪些维度来寻找竞争店铺。可以从关键词、目标人群、商品、价格、所在地、营销活动、视觉拍摄等维度查找出竞争店铺。

通过分析竞争店铺的视觉拍摄、店铺分类、营销方案等，电商企业可以了解竞争店铺的基础数据。分析内容主要包括竞争店铺的拍摄方式、详情页设计与制作方式、店铺类目分类与构成、店铺营销方案、单品营销方案设置、优惠券与满减折扣设置。

通过抓取店铺品牌，电商企业可以了解竞争店铺是不是原创品牌、是不是多品牌销售，以及店铺风格、店铺人群定位（人群标签）、店铺属性数据（商品适用季节、适用场景、基础风格）等。

通过获取竞争店铺价格、店铺销量、店铺排行情况，电商企业可以了解竞争店铺商品的整体销量，从而抓取核心商品进行数据对比分析。

（2）竞争店铺数据分析宏观维度

竞争店铺的宏观维度主要是基于竞争店铺基本信息页面展示的数据汇总后的信息，

包含店铺类型、信用等级、店铺粉丝数量、主营类目、商品数和宝贝数、销量、销售额、平均成交价、开店时间、滞销商品数和滞销宝贝数、动销率、好评率、DSR 评分。

① 店铺类型：淘宝平台上的店铺可分为天猫、天猫国际、淘宝企业店、淘宝个人店、淘宝全球购店铺。

② 信用等级：基于评价数量的等级，淘宝平台上的店铺的信用等级分为心、钻、蓝冠、金冠。

③ 店铺粉丝数量：用户关注店铺后即成为店铺的粉丝，一些官方活动对店铺的粉丝数量有要求。

④ 主营类目：店铺的主营类目是近期店铺销售额最大的类目。

⑤ 商品数和宝贝数：宝贝数是以链接条数计数的，商品数是以款式计数的。例如，一瓶 200g 的牛肉酱是一个商品，这个商品单独以一瓶发布是一个宝贝，以两瓶组合发布也是一个宝贝。

⑥ 销量：店铺宝贝销售件数的总和。

⑦ 销售额：将每个宝贝的销售件数分别乘售价后再相加即为销售额，该数值不能去除打折优惠的这部分数据。

⑧ 平均成交价：平均成交件单价等于销售额除以销售件数。

⑨ 开店时间：店铺开设的时间（老店有加权）。

⑩ 滞销商品数和滞销宝贝数：分别为商品和宝贝计数的滞销商品数量。淘宝平台对滞销商品的定义为，连续 90 天无成交、无浏览、无编辑的商品（在实际操作中，考虑到市场竞争激烈，资源紧张，滞销的定义实际已经收窄，一般认为 30 天内没有成交转化的商品即为滞销商品，不过也要具体问题具体分析）。

⑪ 动销率：计算方法为最近 30 天内有销量的商品数除以总商品数量乘 100%。不同类目的动销率可能对店铺权重的影响不一样，也可能有不同的指标要求，但总体可以这样算。动销率达到 80% 为合格，达到 90% 为优秀，达到 100% 为最佳。

⑫ 好评率：计算方法为好评数量除以总评价数量乘 100%。只有淘宝店才显示好评率，天猫店不显示好评率。

⑬ DSR 评分：服务体验、宝贝与描述相符度和物流体验 3 个指标的评价和打分。消费者可以打 1～5 分，计算公式是分数乘打分人数比例。例如，给服务体验打 5 分的消费者人数占总人数的 90%，打 4 分的消费者人数占总人数的 10%，打 1～3 分的人数为 0，则 DSR 评分=$5 \times 0.9 + 4 \times 0.1 + 0 = 4.9$。

（3）竞争店铺品类数据分析

电商企业可以在"生意参谋"平台的"市场行情"模块进行竞争店铺品类结构数据分析（选择"竞争店铺|竞店分析|品类销售额"选项），根据时间周期，了解竞争店铺按年、月的品类交易构成数据、类目支付金额占比数据、类目支付金额占比排名情况，了解自己和竞争店铺在类目布局和品类销售额方面的差距，从而优化和提升自己的品类布局。

根据竞争店铺交易构成数据，电商企业可了解自己店铺核心类目支付金额占比和竞争店铺核心类目金额占比，从而对比出两个店铺的优势类目、成交类目、访客集中类目。利用竞争店铺品类数据分析，再依据自己的供应链、利润情况，电商企业可酌情进行店铺上新，提升店铺的流量和销售额。

参照比自己优秀的店铺，电商企业可以进行品类数据优化，提升自己店铺类目的销售量，也可以思考自己店铺类目是否有缺失、是否丰富等问题，帮助自己店铺更好地优化品类结构。

（4）竞争店铺价格带数据分析

电商企业可以在"生意参谋"平台的"市场行情"模块选择"竞争店铺|竞店分析|竞争店铺价格带"选项，进行价格带数据分析，对比价格人群，从而确定广告投放策略，同时可以根据竞争店铺客单价分布情况，提升本店铺商品客单价。需要强调的是，店铺可以将竞争的价格带作为自己的定价参考，但不同来源商品的质量、成本都不一样，特定的利润空间也不一样，不能简单地参考同行。其实每个价格区间都有对应的消费者，商品不是越贵越好，重要的是让目标客户认为本店铺的商品足够好。

（5）竞争店铺流量数据分析

电商企业可以在"生意参谋"平台的"市场行情"模块分析竞争店铺流量数据（选择"竞争店铺|竞店分析|竞争店铺"命令），对比竞争店铺流量结构分布，查看竞争店铺入店来源，采集竞争店铺的流量数据。通过流量指数、客群指数、支付转化指数、交易指数了解竞争店铺的流量结构，找到自身店铺流量的缺失之处，然后进行流量的布局优化。

2）竞争商品数据分析

竞争商品数据分析是指围绕竞争商品的数据进行对比分析，了解行业优质商品的数据、流量结构和流量玩法。通过对比分析竞争商品的类目、视觉和价格，电商企业可以发现并学习优质商品的流量玩法，找到提升自己店铺单品数据的方法。

（1）竞争商品数据监控分析

电商企业可以在"生意参谋"平台上监控分析竞争商品数据，了解同类目下的商品行业排名、搜索人气、流量指数、收藏人气、加购人气、支付转化指数和交易指数的变化情况，从而进行竞争商品数据分析。

电商企业可以在"生意参谋"平台的"市场行情"模块选择"竞争商品|竞品分析"选项，查看商品实时数据，根据系统推荐进行竞争商品数据监控。目前只能监控120个商品，电商企业可以替换或删除监控的商品，从而更好地调整竞争商品监控方案。

（2）竞争商品流量数据分析

商家利用市场行情，点击生意参谋"竞争商品|竞品分析|入店来源"查看商品流量数据，通过对比分析商品流量来数据源，了解自身商品与竞品之间的数据差异，分析竞争对手的流量构成情况，得出其获得流量的主要方法。

（3）竞争商品流量玩法分析

对比竞争商品关键词下的价格带、视觉、坑产等数据，商家可找到自己适合切入的流量人群。另外，通过对比分析单品数据，对比关键词下的数据，商家可找到自己可以分析的竞争商品，了解单品流量玩法和竞争商品的流量结构。

通过使用生意参谋分析竞争商品，商家可了解行业商品的流量结构，找到行业优质的流量玩法。另外，使用竞争商品数据对比，可分析自身商品和竞争商品的流量结构和流量数据占比之间的差距，找到提升方法，丰富店铺商品的流量玩法，提升店铺销售数据。

3）竞争品牌数据分析

在市场竞争品牌分析中，把同一行业中企业品牌相似、价格区间相近、目标客户类似的企业称为竞争品牌者。竞争品牌者之间的产品相互替代性较高，竞争非常激烈，各企业均以培养客户品牌忠诚度作为争夺客户的重要手段。市场竞争品牌分析以品牌数据排名、品牌视觉调性为参考，进行品牌数据采集，找到品牌之间的数据差异。商家通过品牌数据分析，可以深入了解品牌营销的方式、方法，为自身店铺营销提供参考。

商家通过生意参谋市场排行数据，按照时间周期可以了解细分父类目下的子类目的品牌排行数据，进而获得细分类目的品牌排序。通过品牌数据排序，商家可以找到细分类目下的高交易品牌和高流量品牌，这样便可以精准找到和自己品牌相似的品牌进行数据监控和分析，获得行业优质品牌的数据运维方法，找到提升自己品牌的方向。

（1）市场竞争品牌监控分析

市场竞争品牌监控分析是指商家通过生意参谋工具，按时间周期对选中的品牌进行数据监控，从行业排名、收藏人气、加购人气、支付转化指数、交易指数等方面对比分析数据。根据店铺之间流量指数、收藏人气、加购人气数据的不同，商家可找到与竞争店铺的差异，进行店铺数据的优化提升。

（2）市场竞争品牌识别分析

市场竞争品牌识别分析是指商家通过生意参谋，根据店铺品牌定位，按照时间周期、品牌人群价格进行竞争品牌的识别。市场竞争品牌识别分析主要从四个维度为店铺推荐潜力品牌，根据系统抓取的竞争品牌，商家便可以找到自身的参考对象。

（3）市场竞争品牌数据分析

市场竞争品牌数据分析，是指商家通过分析竞争品牌的品类结构数据、商品数据，找到竞争品牌的优势所在，然后学习竞争品牌的优势，合理调整并优化自有品牌的营销策略、推广策略，从而提升自身品牌的行业竞争力。

3.2.3 竞争数据的获取与分析方法

1. 竞争数据的获取方法

竞争数据分析中最关键的因素是获取信息的质量和类型，这也决定了分析的广度和深度。数据获取方式有以下几种。

① 数据采买。在互联网领域的一些公司会提供一些流量数据，优势是只要付钱，就可以很快拿到数据，缺点是数据标准化，无法满足个性化需求。

② 数据爬取。这是大型企业常用的数据获取方法，优点是可以个性化定制，缺点是成本高，周期长。

③ 外部资讯或内部情报。这也是大型企业常用的数据获取方法，优点是可以获得一手资料，缺点是无法持续跟踪。

2. 竞争数据的分析方法

拿到数据之后，可以利用常规的分析方法对数据进行分析，分析步骤为：确定问题

—确定核心指标—监控异动—评估影响—策略应对—复盘。

1）确定问题

问题取决于你关心的是什么，针对竞争对手进行分析时所关心的问题包括：市场规模有多大，市场份额有多大，有多少资金投入，有什么策略变化等，以及和竞争对手相比，自己的优势在哪里，劣势在哪里，要想保持优势或缩小劣势需要做哪些事情，具体怎么做。

2）确定核心指标

针对上面的核心问题，可进一步确定核心指标。核心指标确定后，往往需要进行实践，这时就需要分解可执行的问题。例如，按店铺经营的品类对标销售业绩，根据已有数据分析哪个品类属于店铺内"扛业绩"的品类，哪个品类属于引流款，哪个品类拖后腿，有什么选品或上新计划，是否与热销品类吻合，竞争店铺的品类布局如何，等等。

3）监控异动

在第二步的基础上形成一套监控异动的指标体系，每个核心指标均对应不同的问题和相应的解决方案。通过对核心数据的异动进行监控，能够大致确定竞争对手的策略。在监控过程中，需要关注信息的可信度，因为有些数据会被"注水"，可通过周期性规律和波动大小来判断。

4）评估影响

评估策略的规模（市场营销投入多少钱、招商规模等）、宽度（覆盖的区域大小）、深度（是否为深入合作）、持续时间（是短期、中期还是长期活动）。

5）策略应对

企业自身要明确方向，保持自己的核心优势，不要因为竞争对手的策略变化而轻易变化，盲目跟风会导致自己处于被动状态。针对竞争对手的策略变化，企业可灵活应对，如采取跟进策略（价格、活动等）、差异化策略（举办活动，转移客户视线）、防守策略（独家、补贴）和进攻策略（霸占关键入口流量）。总体思想是兵无常势，水无常形。

6）复盘

有效的策略要经过实践和市场的检验，只有经常复盘，不断总结出更多更有效的策略，企业才能在实战中越来越强，发展得越来越好。

【案例分析】女装行业市场数据分析

【案例背景】

新手电商企业对市场的认知是空白的，摆在眼前的问题是：该选择哪个市场？根据什么标准判断是否进入该市场？这就需要进行市场分析。市场分析可以帮助电商企业"睁眼"做生意，不再拍脑袋做决定，可以提高决策成功的概率，降低商业风险。

市场分析是选择商品的基础，如果市场选择错误，后续的商品选择、竞品选择、运营等一系列操作都会事倍功半。例如，某电商企业在盲目决定进入木料行业之后后悔不已，原因在于该电商企业进入市场后发现该行业的店铺月销售额天花板在100万元左右，而该规模对该电商企业而言太小。可见决策前进行市场分析非常重要。

本案例以女装行业为例，进行宏观市场分析，帮助电商企业了解市场的基本情况，为电商企业结合自身资源与能力情况做出市场选择提供数据支撑。

【案例分析过程】

1. 分析思路

面对市场这种看不见摸不着的抽象概念，面对众多繁杂的类目，很多新手电商企业都不知该从何下手，选择哪个市场。

通过分析市场规模、市场趋势这两个维度，可以帮助新手电商企业回答这个问题。通过分析市场规模，可以了解市场的大小，了解行业天花板，根据自身实力选择匹配的行业。电商企业既要避免自身实力大、市场太小，导致所获利润太少，手中的一部分资金被闲置，未将现有资源的利用最大化；又要避免自身实力弱、市场太大，手中的资源甚至无法满足前期投入的需要，成为市场竞争中的陪跑者。

通过分析市场趋势的变化，可以判断市场状态是停滞不前甚至即将步入衰败期，还是处在快速发展时期甚至处于时代的风口上。结合市场规模与市场趋势分析，初步了解市场的基本情况，对市场有一个宏观分析，从而选择适合的市场。

2. 对比分析法简介

新手电商企业往往会遇到这样的困境：已经明确了自己的目标，如知道应该从市场规模与市场趋势两个角度分析市场情况，但是面对海量数据束手无策，不知该如何查看这些数据，如何从这些数据中挖掘有价值的信息。在此介绍一种分析数据的常用方法——对比分析法。它是通过实际数与基数的对比来提示实际数与基数之间的差异，借以了解经济活动成绩和问题的一种分析方法。对比分析法分为横向对比和纵向对比两个方向。

横向对比是指同一时期不同维度（也称跨维度）的对比，用于分析同类事物不同个体之间的差异。例如，在分析企业销售业绩时，将不同行业的企业销售业绩一起进行对比，这样可以知道某家企业在整个市场上的地位。中国的"500强"企业排行榜单，就是将不同行业的企业产值进行对比得出的结果。

纵向对比是指同一个维度不同时期的对比，用于同一事物不同阶段之间的比较。例如，基于销售额这个维度，将今天的销售额同昨天、上周同一天进行对比，通过对比可以知道今天的销售业绩如何。

对比分析法是最基本的分析方法，利用对比分析法可以帮助企业快速发现问题。其分析维度主要有3个，即与过去的自己对比、与同期的竞争对手对比、与同期的行业对比。

3. 分析过程

1）市场规模分析

市场规模也称市场容量,是指某个市场在统计期间的需求总价值。市场规模决定了市场中企业发展的天花板。市场规模大小决定了市场的规模瓶颈,一般来说,市场规模越大,市场瓶颈越高。分析时可利用市场容量和头部企业两个因素来确定市场瓶颈。

如图 3-2 所示是女装市场各类目的交易金额。其结果按照类目交易金额降序排序,类目方格面积越大,代表交易金额越高。由图可知,连衣裙的交易金额在女装市场各类目中排名第一,其交易规模最大,这也意味着其市场需求旺盛。

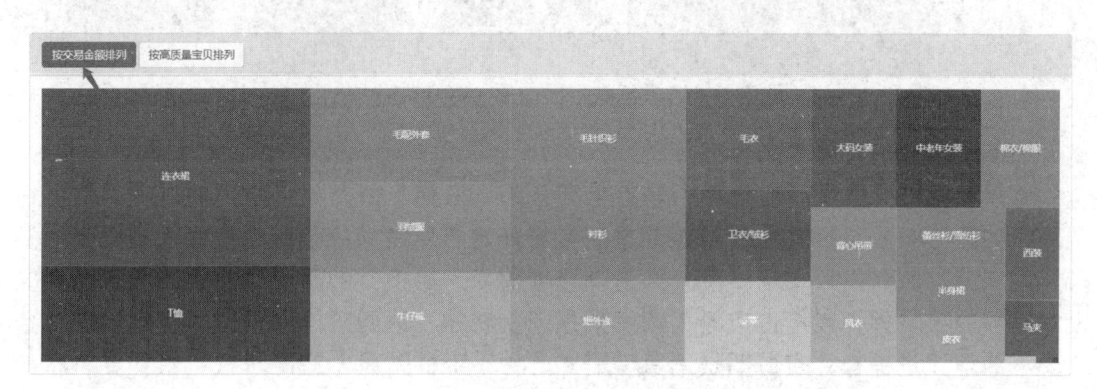

图 3-2 女装市场各类目的交易金额

对资金雄厚、追求高回报的企业而言,应选择市场规模大的类目,如"连衣裙""T恤""毛呢外套"这 3 个类目,也可在市场规模排名前 10 的类目中进行选择。

了解市场规模的基本情况后,需要了解市场的变化趋势。

2）市场趋势分析

市场趋势分析是指根据历史数据掌握市场需求随时间变化的情况,从而估计和预测市场未来的趋势。市场趋势分析在市场分析中具有十分重要的地位,企业都在探索如何准确地预测市场趋势。市场趋势分析要解决以下 3 个问题。

（1）市场是否有潜力

市场趋势与企业的发展息息相关,发展趋势好的市场被称为增量市场,俗称"朝阳产业";发展趋势差的市场被称为存量市场,俗称"黄昏（夕阳）产业"。分析市场趋势就是辨别市场是高速发展还是停滞不前,判别标准为:如果市场年交易金额增幅连续两年超过 10%,则为增量市场,反之则为存量市场。

不论是实力雄厚的大企业还是资金有限的个人商家,一般都倾向于选择增量市场。目标市场是增量市场意味着市场在快速发展,市场消费潜力有待挖掘,从增量中争取份额相对轻松。需要注意的是,对于增量市场也需要研究其行业背景,警惕"昙花效应"。而存量市场则意味着市场基本稳定,市场规模不再扩大,甚至会缩小,且市场已被先入局的企业划分完毕,后入局的企业要从别人口中"抢蛋糕吃",竞争相比增量市场更加激烈。

如图 3-3 所示为连衣裙类目的交易金额年变化趋势，通过纵向对比各年度连衣裙的交易金额，观察近几年的市场交易金额变化趋势。根据图中所展示的市场增幅情况，连衣裙市场未有连续两年增幅超过 10%的情况，因此可判断连衣裙属于存量市场。

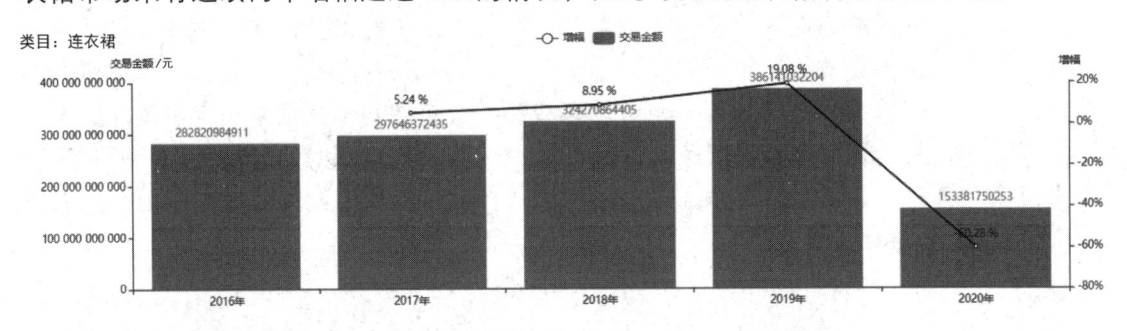

图 3-3　连衣裙类目的交易金额年变化趋势

（2）市场的运营节奏如何

可以根据市场需求的变化将市场趋势划分为导入期、上升期、爆发期、衰退期 4 个阶段，如图 3-4 所示。其中，导入期是消费者开始产生需求的阶段，在导入期，企业要布局好商品，将其投入市场；上升期是消费者需求开始上升的阶段，在此阶段，企业要投入足够的市场预算以抢占市场；爆发期是消费者需求达到顶峰的阶段，在此阶段，企业要尽量地促进销售；衰退期是消费者需求开始下降的阶段，在此阶段，企业要将库存清理到安全库存范围内。

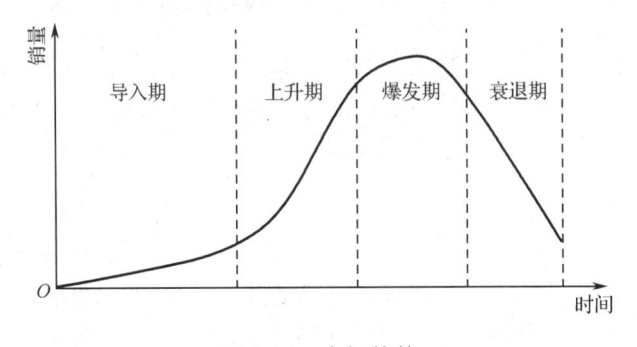

图 3-4　市场趋势

如图 3-5 所示，将时间粒度修改为"按月"，纵向对比各月连衣裙的交易金额。观察连衣裙交易金额趋势可发现，连衣裙市场每年有两个旺季，其中夏季是大旺季，冬季是小旺季。以夏季为例，对应市场趋势的 4 个不同阶段，可分析连衣裙的市场趋势为：2 月是导入期，3—4 月是上升期，5 月是爆发期，从 7 月开始进入衰退期。

（3）市场趋势会如何变化

根据往年的交易数据，可对市场未来趋势进行预测，以加强对市场的了解。如表 3-1 所示为连衣裙类目 2016—2019 年的交易数据，可运用线性回归算法对 2020 年的交易金额进行预测。

第3章 市场数据与竞争数据分析

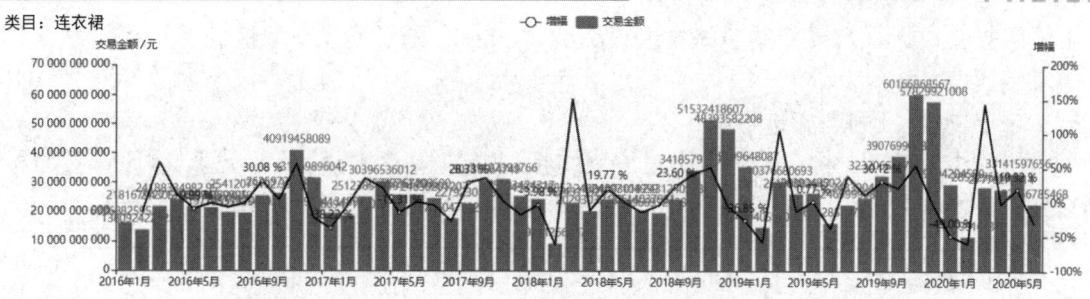

类目：连衣裙

图 3-5　按月查看连衣裙交易金额趋势

表 3-1　连衣裙类目 2016—2019 年的交易数据

序　号	年　份	交易金额（元）
1	2016 年	49 379 331 271
2	2017 年	50 748 420 620
3	2018 年	58 004 923 729
4	2019 年	61 558 940 259
5	2020 年	

线性回归是利用数理统计中的回归分析来确定两种或两种以上变量之间相互依赖的定量关系的一种统计分析方法，运用十分广泛。此处将其用于预测行业销售额。

① 探索数据源

如图 3-6 所示为连衣裙类目 2016—2019 年的交易数据源，该数据源包含 3 个字段、5 条记录。其中"ID"字段无实际含义，仅用于模型预测；"年份"与"交易金额（元）"字段给出了连衣裙类目每年的交易金额。例如，在 2016 年，连衣裙类目的年交易金额为 49 379 331 271 元。

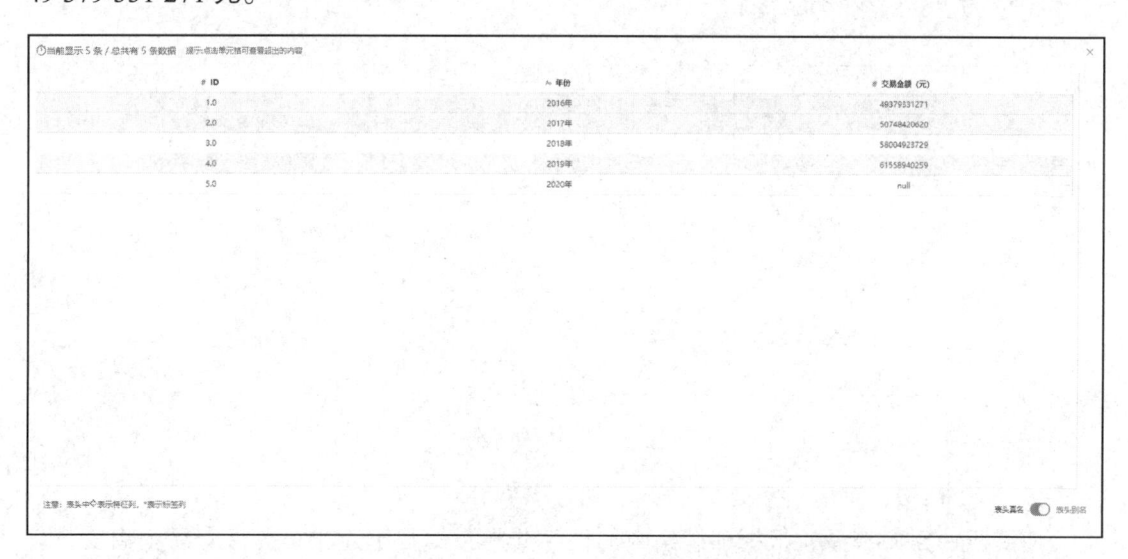

图 3-6　连衣裙类目 2016—2019 年的交易数据源

除"年份"字段为字符型数据外，其余字段类型均为数值型，其中"交易金额（元）"

字段因数值过大，需要将其字段类型设置为"long"，即长整型，以避免系统用科学计数法表示数值。

② 选择特征列与筛选行

如图 3-7 所示，将"ID"字段设置为特征列，并将"交易金额（元）"字段设置为标签列。该操作用于设置线性回归所需的两个变量，即自变量与因变量。

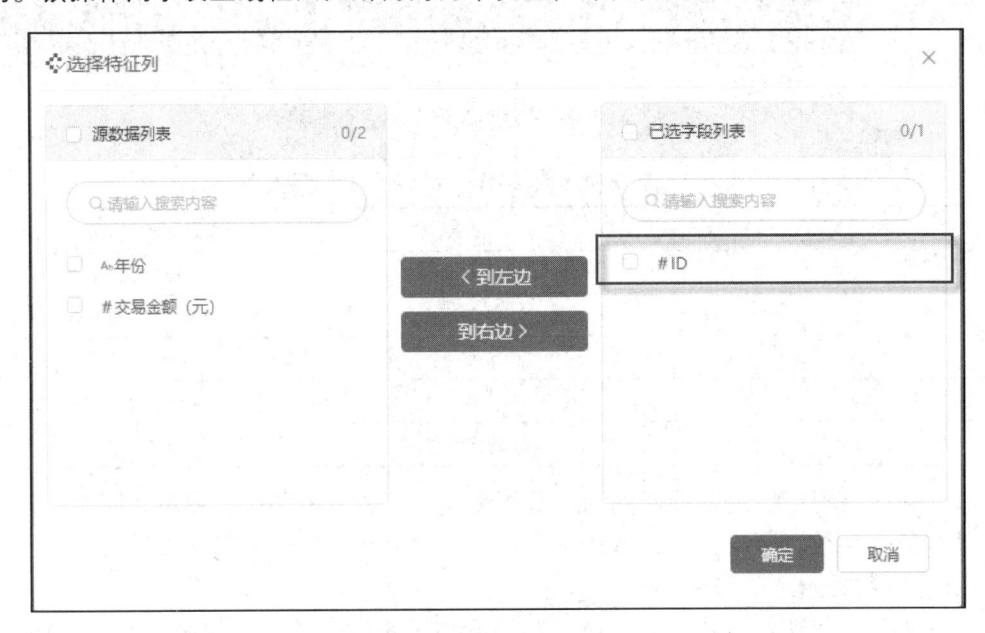

图 3-7　设置特征列

通过图 3-8 所示的条件筛选，筛选出用于训练模型的数据，通过训练得出的模型来预测 2020 年的交易金额。

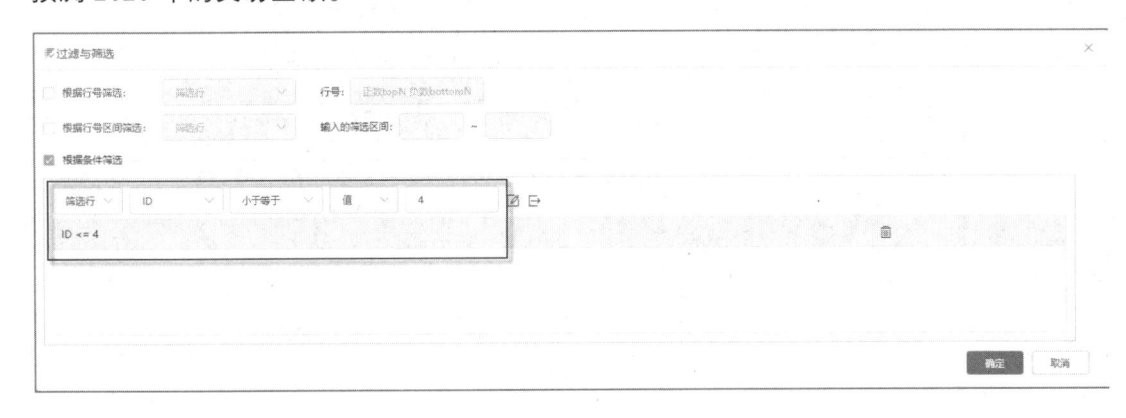

图 3-8　条件筛选

③ 训练模型，预测成交金额

使用线性回归模型，根据训练集中的往年交易数据找出连衣裙类目交易金额变化趋势的规律，并根据模型训练的结果预测连衣裙类目 2020 年的交易金额。线性回归模型的参数保持默认设置即可。

预测结果如图 3-9 所示，根据线性回归模型的预测，连衣裙类目 2020 年的交易金额为 65 871 736 487 元。

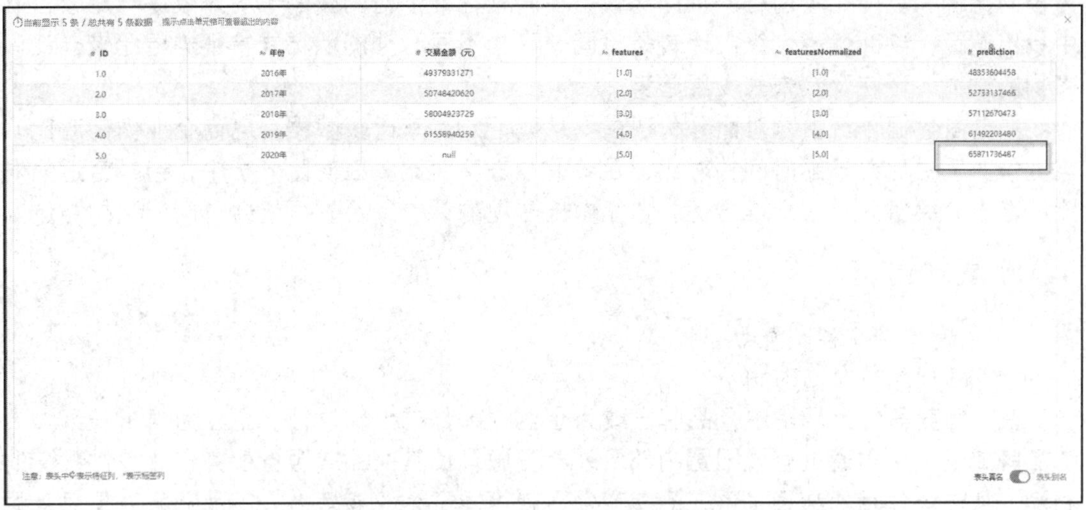

ID	年份	交易金额（元）	features	featuresNormalized	prediction
1.0	2016年	49379331271	[1.0]	[1.0]	48353604458
2.0	2017年	50748420620	[2.0]	[2.0]	52733137466
3.0	2018年	58004923729	[3.0]	[3.0]	57112670473
4.0	2019年	61558940259	[4.0]	[4.0]	61492203480
5.0	2020年	null	[5.0]	[5.0]	65871736487

图 3-9　连衣裙类目 2020 年的交易金额预测

对比连衣裙类目 2019 年的交易金额和模型预测结果，可预计连衣裙类目 2020 年的交易金额仍将保持增长，增长幅度基本与 2019 年持平。考虑到连衣裙类目为女装行业市场规模排名第 1 的类目，其市场绝对规模较大，而其仍能保持增长，可看出其市场潜力较好。在新手电商企业了解新行业时，线性回归模型的预测可为其判断提供数据支撑，助其更好地了解宏观市场的基本情况。

分析宏观市场的规模与趋势可帮助新手电商企业更好地了解市场，对市场基本情况有整体上的认知。需要指出的是，市场分析并不是对所有电商企业来说都是必需的，如果电商企业已在该行业经营了许多年，对该市场有充分的了解，则可自行衡量是否有进行市场分析的必要。

如果电商企业有了解细分市场的需求，则可进一步从市场竞争度、市场客单价、市场搜索关键词等角度入手，细化市场，进行精准的定位与分析。

【案例总结与应用】

1. 案例总结

通过分析市场规模与市场趋势，可以帮助电商企业从宏观上认识市场，了解市场容量的大小与变化趋势。通过分析女装行业，可知其中市场规模最大的为连衣裙类目，且连衣裙类目为存量市场，具有季节性特征。在该细分市场，2 月是导入期，3—4 月是上升期，5 月是爆发期，从 7 月开始进入衰退期。根据线性回归算法对该市场的预测，其 2020 年的年交易金额为 65 871 736 487 元，同比 2019 年有所上升，市场整体良好。电商企业可根据自身实力选择是否进入该市场。

对比分析法是将客观的事物进行对比，认识事物的本质和规律，进而判断其优劣的

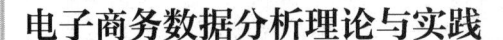

研究方法。一般来说，比较分析法通常将两个或两个以上的同类数据进行比较，它从剖析、对比事物的个别特征和属性开始，辅助数据分析师进行数据分析。比较分析法可分为横向比较和纵向比较两种。横向比较是在同一标准下对同类的不同对象进行比较，从中找出差距，判断优劣。纵向比较是对同一事物不同时期的状况或特征进行比较，认识事物的过去、现在及其未来发展趋势。

在电商数据分析中，对比分析法主要从以下几点来比较数据：电商企业内部对比、与竞争对手对比、不同时间的对比、业绩完成进度对比。在对比分析中，选择合适的对比标准十分关键。只有标准合适，才能做出客观的评价，否则可能会得出错误的结论。

2. 案例应用

1）电商市场品牌竞争力分析

（1）品牌竞争力的内涵

在市场竞争的大环境中，品牌已成为企业的部分或全部象征。企业为谋求长远发展和品牌成长，必须通过有效配置内部及外部资源，使其商品或服务能为企业提供超值的利润。从市场作用的结果来看，品牌竞争力就等同于企业竞争力。品牌竞争力是品牌的核心指标，一个品牌没有了竞争力，就没有了存在的价值，所以品牌竞争力既是品牌资产的反映，又是企业竞争力的反映。

品牌竞争力是指企业利用其占有、配置资源的差异，通过商品或服务品牌竞争的形式表现出来的区别于或领先于其他竞争对手的综合能力。这种独特的能力使企业某品牌的商品或服务能够更好地满足消费者的需求，从而扩大该商品或服务的市场份额，获得、保持并扩大其竞争优势。实质上，品牌竞争力是一种以企业生产能力、技术创新能力、市场营销与开拓能力等为基础的比较能力。

品牌竞争力的内部因素是指一切能造就品牌竞争优势的资源性要素，如商品或服务的质量、技术、具有明显行业特征的品牌文化等。品牌竞争力的内部因素是构成品牌竞争优势的原动力，反映了企业品牌竞争力的基础和为保持市场份额、获取竞争优势而投入各种资源的具体状况。品牌竞争力的高低、强弱都是企业整合、运用内部各种资源要素的市场表现，是内部因素发展水平在市场竞争过程中外在的、显性的衡量标准。

品牌竞争力的外部因素是指品牌在市场竞争中反映出来的优势或劣势，如市场份额、超值利润、发展潜力等。品牌竞争力的外部因素是品牌竞争的结果，体现品牌的市场地位和竞争状况，主要包括品牌市场占有情况、品牌营销创利情况、品牌形象拓展情况等。

（2）应用场景

选择一个商品类目，针对一个或多个电商市场做品牌竞争力分析，包括居民消费结构、居民价格指数、市场规模、品牌地位、品牌定位、消费人群、产品分类、市场占有率、销售趋势、成长率分析、竞品对比、市场地位、消费者地位、商品质量等。品牌对比分析的项目包括品牌定位、消费人群、商品分类、市场占有率、销售趋势、成长率、竞品对比、消费者地位（品牌喜好度）、商品质量等。

（3）实施步骤

第一步：获取并分析居民消费结构、居民消费价格指数。

第二步：获取并分析市场规模和变化趋势。
第三步：调查和分析某品牌的概况及市场地位。
第四步：将市场上排名前3的品牌做对比分析。
第五步：撰写《市场××品牌分析报告》。

【拓展实训】利用对比分析了解市场发展趋势

【实训目的】

掌握对比分析法的原理；通过教师讲解与实践操作，使学生熟悉"新商科"大数据商业智能实训平台的自助仪表板模块，能利用其进行市场分析，把握整个市场行情。

【实训内容与要求】

第一步：由教师介绍实训目的、方式、要求，调动学生实训的积极性。
第二步：对学生进行分组，确定各小组的组长和人员分工，明确小组学习方式，制订小组计划，了解小组要做什么，要达到什么目的。
第三步：由教师介绍对比分析法的相关知识及讨论的话题，并在实训平台进行实训。
第四步：各小组对老师布置的问题进行讨论和平台操作，并记录小组成员的发言。
第五步：根据小组讨论记录撰写讨论小结。
第六步：各组相互评议，教师点评、总结。

【实训成果与检测】

成果要求：

（1）提交平台操作和案例讨论记录：按3~5名学生一组进行分组，各组设组长1名、记录员1名，每组必须有小组讨论、工作分工的详细记录，作为成绩考核依据。

（2）能够在规定的时间内完成相关讨论，利用小组合作方式共同撰写文字小结。

评价标准：

（1）上课时与教师积极配合，积极思考、发言。

（2）认真阅读案例，积极参加小组讨论，分析问题时思路开阔。案例分析基本完整，能结合所学理论知识解答问题。

（3）小组成员积极参与小组活动，分工合作较好。

【思考与练习】

（1）商品生命周期分为哪几个阶段？其形成原因是什么？

（2）在某家电商企业选择一个商品类目，利用对比分析法分析该商品类目的市场行情，并撰写《××商品类目市场行情分析报告》。

第 4 章
商品数据分析

【学习目标】
- 了解商品数据分析的概念；
- 掌握商品需求分析的内容；
- 了解商品利润预测的流程。

【学习重点、难点】

学习重点：

- 商品数据分析的主要指标；
- 商品需求分析的内容与流程；
- 商品定价的影响因素与策略；
- 商品组合的基础知识与常用方法。

学习难点：

- 商品组合的营销策略；
- 商品定价策略；
- 商品利润预测；
- 商品生命周期分析。

第4章 商品数据分析

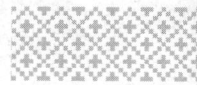

4.1 商品数据分析概述

4.1.1 商品数据分析的概念

商品数据分析中的数据主要来自销售数据和商品基础数据,从而产生以分析结构为主线的分析思路。主要分析数据有商品的类别结构、品牌结构、价格结构、毛利结构、结算方式结构、产地结构等,从而产生商品广度、商品深度、商品淘汰率、商品引进率、商品置换率、重点商品、畅销商品、滞销商品、季节商品等多个指标。通过分析这些指标,可以指导企业调整商品结构,合理配置商品,加强所经营商品的竞争能力。

4.1.2 商品数据分析的内容与指标

1. 商品数据分析的内容

业务系统提供了大量数据,但如何分析这些数据以得到有价值的结果来指导企业的经营活动,是所有企业都需要不断探索的问题。商品数据分析要依据业务系统提供的数据进行相关项目分析,进而产生有价值的结果来指导企业的生产经营活动。需要确定零售企业在销售数据分析过程中适用的维度、指标和分析方法,并将三者关联起来构造分析模型,依据分析模型得到有价值的结果。维度指明了要从什么样的角度进行分析,也就是分析哪方面的内容,如商品、客户等。指标指明了各维度分析的点,如数量、周转率、连带率、售罄率、毛利率等。分析方法指明了用什么样的方法来分析处理各维度的指标,如统计分析、优化分析等。

2. 商品数据分析的指标

商品数据分析的主要指标如下。

① 最小存货单位(Stock Keeping Unit,SKU):一种库存进出计量的单位,如件、盒。现在SKU已经被引申为产品统一编号的简称,每种产品都有唯一的SKU号。

② 标准化产品单元(Standard Product Unit,SPU)是一组可复用、易检索的标准化信息集合,该集合描述了一个产品的特性。可将SPU理解为由品牌、型号和关键属性构成。

③ 商品数:统计时间内,每项分类对应的在线商品去重数,只针对所有终端。

④ 商品访客数:商品详情页被访问的去重人数,一个人在统计时间内访问多次,访客数只记为一个。

⑤ 商品浏览量:商品详情页被访问的次数,一个人在统计时间内访问多次记为多次。

⑥ 加购件数:统计时间内,访客加入购物车的商品件数总和。

⑦ 收藏次数:统计时间内,商品被访客收藏的总次数,一件商品被同一个人收藏多次记为多次。

⑧ 流量下跌商品：最近 7 天浏览量较上一个周期（7 天）下跌 50%以上的商品。
⑨ 支付下跌商品：最近 7 天支付金额较上一个周期（7 天）下跌 50%以上的商品。
⑩ 低支付转化率商品：该商品的支付转化率（支付买家数/商品访客数）低于同类商品的平均水平。
⑪ 高跳出率商品：跳出率是指在商品的浏览量中，没有进一步访问店铺其他页面的浏览量占比，高跳出率是指跳出率高于同类商品的平均水平。
⑫ 零支付商品：90 天前首次发布且最近 7 天内没有产生任何销量的商品。此类商品不会进入搜索索引。
⑬ 低库存商品：最近 7 天每天的加购件数大于上一日库存量的 80%的商品。

4.2　商品需求与定价分析

4.2.1　商品需求分析的内容与流程

1. 商品需求分析的内容

根据选定的目标用户群进行抽样研究，通过记录某一特定类型用户的生活场景或业务使用体验来洞察用户的典型行为或生活习惯，了解他们在特定场景下的需求，结合企业自身能力，拓展业务创新的空间。

2. 商品需求分析的流程

1）需求采集

在明确了商品需求分析的目的之后，收集商品需求分析资料。根据收集渠道的差异，可将需求获取的方式分为从内部渠道获取和从外部渠道获取两大类。内部渠道有 4 个，分别是基于调查者本人的从业经验和知识积累分析需求、与本部门和其他部门的同事充分沟通交流、向部门领导和主管领导请教询问，以及对相似或相关产品进行数据分析。外部渠道也有 4 个，分别是开展用户调查和听取用户反馈、对竞争商品展开分析、撰写整体市场政策与资讯分析报告、征求合作伙伴的建议和意见。

2）需求分类

消费者对商品的基本需求包括以下几个方面。

（1）对商品基本功能的需求

基本功能是指商品的有用性，即商品能满足人们某种需要的物质属性。商品的基本功能或有用性是商品被生产和销售的基本条件，也是消费者需求的基本内容。通常情况下，基本功能是消费者对商品诸多需求中的第一需求。如果不具备基本功能，即使商品质量优良、外形美观、价格低廉、消费者也难以产生购买欲望。

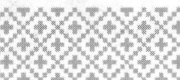

（2）对商品质量性能的需求

质量性能是消费者对商品基本功能达到满意或完善程度的要求，通常以一定的技术性能指标来反映。消费者对商品质量的需求是相对的，一方面，消费者要求商品的质量与其价格水平相符，即不同的质量有不同的价格，一定的价格水平必须有与其相称的质量；另一方面，消费者往往根据商品的实用性来确定对质量性能的要求和评价。

（3）对商品安全性能的需求

消费者要求所使用的商品卫生洁净、安全可靠，不危害身体健康。这种需求通常发生在对食品、药品、卫生用品、家用电器、化妆品、洗涤用品等商品的购买和使用中，是人类安全的基本需求在消费需求中的体现。

（4）对商品便利的需求

这一需求表现为消费者对购买和使用商品过程中便利程度的要求。消费者要求商品使用方法简单易学，操作容易，携带方便，便于维修。

（5）对商品审美功能的需求

这一需求表现为消费者对商品的工艺设计、造型、色彩、装潢、整体风格等的要求。消费者不仅要求商品具备实用性，还要求商品具备较高的审美价值；不同的消费者往往具有不同的审美标准。每个消费者都是按照自己的审美观来认识和评价商品的，因而对同一商品，不同的消费者会得出完全不同的审美结论。

（6）对商品情感功能的需求

情感需求是消费者心理活动过程的表现，该需求是指消费者要求商品蕴涵深厚的感情色彩，能够体现个人的情绪状态，成为人际交往中感情沟通的媒介，并通过购买和使用商品获得情感上的补偿、追求和寄托，起到传递和沟通感情、促进情感交流的作用。

（7）对商品社会象征性的需求

消费者要求商品能体现和象征一定的社会意义，或者体现一定的社会地位，使购买、拥有该商品的消费者能够显示出自身的某些社会特性，如身份、地位、财富、尊严等，从而获得心理上的满足。对商品社会象征性的需求，是高层次社会性需求在消费活动中的体现。

（8）对良好服务的需求

在对商品实体有多方面需求的同时，消费者还要求享受良好、完善的全过程服务。商品与服务已经成为不可分割的整体，而且服务在消费需求中的地位迅速上升，服务质量的优劣已成为消费者选择商品的主要依据。

3）需求分析

需求分析是从用户提出的需求出发，经过分析，将其转化为商品需求的过程。对需求进行价值评估和量化，筛选不合理的需求，挖掘用户目标，匹配商品，对关联性较强的需求进行整合，定义排列需求的优先级。

4）需求评审

有了确切的需求方案之后，就可以进行可行性评审了。可行性评审是对需求的大致评估，主要包括评估需求本身的可行性、替代方案、涉及的产品或技术环节、成本估算等。

4.2.2 商品定价的影响因素与策略

1. 商品定价的影响因素

无论是线上还是线下，商品的定价都会影响销量。因此，在商品上架前，一定要通过综合分析多种因素为其量身定制一个合理的价格。影响商品定价的因素有以下 6 个。

1）评估和量化利益

在推广新商品时，企业应该准确地评估和量化该商品带给消费者的利益，这些利益可能是功能性的（如羽绒服的保暖性），可能是与过程有关的（如在线购买或全天候人工服务呼叫中心），也可能是与关系有关的（如品牌的情感关系或消费者忠诚度）。通过评估和量化利益，企业可以确定有效的价格上限，既可以从零开始为一种完全创新的商品确定价格上限，也可以相对于市场存在的其他商品确定价格上限。理论上的最高价格可能最终并不会被采用，但是在定价之前，知道价格上限是必要的。

2）衡量市场规模

对潜在市场规模的准确衡量不仅对估计商品的生存能力是必要的，还是分析商品成本的基本要素。

3）确定最低限价

以成本分析为基础建立正确的最低限价，这个价格应是由市场决定的价格底线。

4）确定投放价格

商品的定价界限确定以后，企业便可以开始建立具体的投放价格。商品的投放价格（也称为目标价格）是企业希望市场能够接受的价格。本质上，这个价格描述的是企业希望消费者感觉到的价格，特别是与竞争商品相比时感觉到的价格，通常是价目表价格、制造商建议的零售价格或其他先导价格。对定制商品来说，这个价格是企业对某种具备特定功能的商品预期的全部成本的感知。这个价格比广告、销售介绍或产品目录更有用，它会告诉市场该企业认为这种商品值多少钱。

5）预测竞争企业的反应

对改进商品或模仿商品来说，企业必须清楚地评估其他竞争企业可能做出的反应，以避免新商品的价格损害企业和整个行业的价值。很少有竞争企业能够立即推出新商品来匹配对手提供的利益，因此企业捍卫自己市场地位的唯一选择就是降价，过低的投放价值可能会引发一场"价格战"。

6）进入市场

企业在推出新商品时，需要利用巧妙的沟通方式向市场介绍价格。尤其是创新商品，企业必须认真地将新商品的利益清楚地交代给市场，因为市场对新商品总是持怀疑态度。但是，无论新商品面临着什么样的定位，企业都必须注意不要因为错误地执行定价政策而破坏其向市场发出的价值信号。

2. 商品定价策略

1）动态定价策略

（1）动态定价的含义

动态定价指企业依据时间、空间和消费者的差异，不断改变商品价格来达到收益最大化，主要解决如何为不同的消费者群体制定不同的价格等级，以及价格如何随时间变化的问题。

动态定价包括两个方面：价格差别和价格歧视。价格差别包括时间上和空间上的价格差别。时间上的价格差别是指商品的价格在不同的时间（如不同的竞争阶段或生命周期阶段）不断改变；空间上的价格差别是指商品价格根据所属地点的不同而不同。价格歧视是指面对不同的消费者，对同一产品制定不同的价格。

（2）动态定价的主要理论

① 需求预测理论。动态定价需要依据市场对商品销售在未来一段时间内的需求期望水平制定合适的价格策略。需求预测与价格的调动有紧密的关系，因此进行动态定价需要应用价格策略，通过设定定价目标、确定需求、估计成本、选择定价等方法，确认最终价格。

② 消费者心理活动与购买行为理论。消费者的心理活动与购买行为都可以通过习惯建立理论来阐述，消费者了解商品、分析商品信息，选择商品品牌，决策购买，使用商品形成心理感受和心理体验，最后向生产经营单位提供信息反馈。商品的动态调价会对消费者的心理活动与购买行为产生一定的影响，所以良好的动态价格体系有利于引导消费者和控制客源。

③ 边际成本、边际收益及边际收益率。边际成本是指商品的成本底价，即每单位商品新增销量带来的总成本增量；边际收益是新增售卖单位商品所能得到的收益增量；边际收益率是单位商品价格中用于增加收益或减少损耗得到的收益所占的比例。

店铺初设投资的费用及每天的人员成本是固定的，每天多售出一件商品，成本不会因此增加太多，而收益会随之增长。但是，收益的增加并非一样的，对电商企业而言，当消费者购买多件商品时，经常可享受一些满减或打折优惠，此时总的收益是随着商品销量的增加而增加的，但单位商品带来的收益比单件销售时获得的收益要少。

④ 博弈论。博弈论在此体现的是定价博弈，定价是一场博弈，商品的定价会影响市场反馈和竞争对手的反应。在竞争过程中，能带来效益的博弈属于"正和博弈"，不能获得良好收益的博弈属于"负和博弈"。当一个新的竞争者进入市场时，它会通过降价来抢夺市场份额，而大部分竞争者也会通过降价来保住市场份额，但是从长期来看，这种策略对企业或整个市场都有很大的伤害。企业需要在这类"负和博弈"中制定良好的动态定价，进行良好的"正和博弈"，以利于自身的发展。

（3）动态定价的方法

埃森哲战略变革研究所的副合伙人兼高级研究员阿吉特·卡毕尔（Ajit Cabell）与MCA解决方案公司联合创始人兼首席运营官威浦·阿格热瓦（Guanwipo agjeva）总结出了3种动态定价策略。

① 时基定价策略。时基定价策略的关键在于把握消费者在不同时间对价格承受的心

理差异。例如，超前型消费者对新款时装、电脑、创新电子产品及新版精装图书趋之若鹜，他们愿意为此支付较高的价格；相反，滞后型消费者（那些持币观望，不到最后一刻不掏钱的消费者）则表现出愿意为机票、酒店住宿支付更多费用的特点。高峰负荷定价和清理定价是两种最常见的时基定价策略。

高峰负荷定价最适合供应缺乏弹性的产品。此时，供应商完全能预测需求的增长，因而能够进行系统化的价格上调。某些长途电话服务或公用事业单位就经常采用这种策略。

清理定价最适合需求状况不确定和容易贬值的产品。贬值的原因很简单：商品过时或季节性差异。生命周期较短的易腐商品和季节性商品就属此类商品。针对这种情况，企业必须降低价格，及时清理多余的库存，以备需求的不断变化。

② 市场细分与限量配给策略。市场细分与限量配给策略的基本原理是利用不同渠道、不同时间、不同精力下消费者表现出来的差异性价格承受心理进行定价。为此，企业必须开发专门的商品服务组合，根据不同的商品配置、渠道、客户类型和时间进行区别定价。以航空业为例，对同一座位，航空公司的票价多达十几种。票价的设置取决于订票时乘客接受的限制条件或其他多种因素。例如，起飞前14天出票与一周前出票，票价会有所不同。

③ 动态推销策略。动态推销策略利用互联网的强大优势，根据商品供应情况和库存水平的变化，迅速、频繁地实施价格调整，为消费者提供各种促销优惠、多种交货方式及差异化的商品定价。在该策略下，电商企业无须不断以牺牲价格和潜在收益为代价，便可及时清理多余的库存。例如，在亚马逊网上书店，每当回头客户登录网站，网站都会根据他的消费记录，给予个性化的购书建议。这样做的好处是，既清理了库存积压，又满足了消费者的个人兴趣，同时还增加了销售收入。

在实际运用过程中，企业可酌情考虑单独实施某一策略，或者进行策略组合。消费者对差异性价格的承受力越强，市场需求的不确定因素越多，这些策略的价值和作用也就越大。

（4）动态定价策略的适用范围

动态定价策略有一定的适用范围，对商品特征有着特殊的要求。

① 商品的独特性。相较于普通商品，动态定价策略更适合具有独特性的商品。这是因为越普通的商品，消费者的需求越频繁，他们就越无法适应频繁变化的商品价格。对于普通商品，制定什么样的长期价格才是价格决策者最应解决的问题。

② 商品的生命周期。一般来说，最优动态定价策略对销售市场生命周期短的商品更有效。对任何一家企业来说，商品的生命周期越短，预测其长期需求的错误成本就越高。企业按照预测的需求值执行长期价格之后，如果出现商品的高需求状况，便会错失收益良机；如果出现商品的低需求状况，则造成商品过剩。生命周期短的商品一般有以下几种：保质期短的商品，如各种食品、蔬菜、机票、旅馆等；季节性或过时商品，如时装、空调等；兼具上述两种特征的商品，如圣诞树、月饼等。对于这几种商品，要及时卖掉。因此，经营此类商品的商家，必须确定一系列最优价格，以保证在商品生命周期结束前销售完毕，同时取得最大的收入，获取最大的利润。

③ 期望的价格周期。如果企业希望使用动态定价策略,那么决策者需要考虑的问题是:设定一个什么样的价格有效周期,或者多长时间变动一次价格才既有效又能让消费者接受。商品的价格周期应根据其生命周期、客户需求和市场竞争状况的不同而有所不同,可以是每月、每周、每天,甚至可以是每小时或更短。一般来说,商品的生命周期越短,其价格周期也越短;且价格周期并不是平均的,越接近商品生命周期的末期,商品价格的变化越频繁。

④ 商品+服务。不同的消费者对同一种商品的服务需求可能不同。一般来说,这种差异越明显,运用区分客户群体的定价策略的成功概率就越大。

⑤ 客户的风险敏感度。面对不同的商品或不同的销售市场,消费者对价格的风险容忍程度也是不同的。如果消费者表现出具有明显差异的价格敏感度,则企业应该运用区分客户的定价策略。在企业看来,越不愿承担风险的消费者,越愿意看到价格保持长时间不变,此时,企业需要根据经验做出定价决策。另外,消费者的风险敏感度也是企业用以确定价格周期的依据。

2)个性化定价策略

(1)个性化定价的定义

根据英国公平贸易局的相关报告,个性化定价是指企业通过收集、分析消费者的消费行为或特征等相关信息,再根据不同消费者的消费意愿,为同一商品或服务制定不同的价格。如果采用个性化定价,可能会导致一些消费者获得折扣,以低价获得商品或服务,而另一些消费者却不得不支付更高的价格。2018年,经济合作与发展组织(Organization for Economic Co-operation and Development,OECD)在其发布的报告《数字时代的个性化定价》(Personalised Pricing in the Digital Era)中指出,个性化定价是指基于终端消费者的个人特征和行为,针对同一商品,为不同的消费者提供不同的价格。个性化定价不同于动态定价。动态定价是根据市场需求的波动及商品价值进行动态的价格调整;而个性化定价除关注市场需求与商品价值外,还关注消费者的支付意愿,据此定价以获取更多的利润。

(2)个性化定价的方法

① 个性化定价的步骤。企业在实施个性化定价时,往往需要从商品和消费者两个层面入手,先就商品层面识别消费者的支付意愿,确定商品推广的目标消费者群体,然后针对消费者制定个性化定价方案和商品价值分割方案。

第一步:识别消费者支付意愿。支付意愿是指消费者对一定数量的商品或服务所愿意支付的最高价格。了解消费者的支付意愿是实施个性化定价的基础。对于任何一种商品,企业都需要了解不同的消费者愿意支付的价格。消费者的支付意愿是其对特定商品或服务的个人估价,带有很大的主观性,给准确识别消费者支付意愿带来了一定的难度。因此,如何确定消费者的支付意愿一直以来都是市场研究者的重要课题之一。后文将详细介绍支付意愿的量化分析。

第二步:确定目标消费者。在得到不同消费者的支付意愿之后,企业还要分辨出将商品或服务卖给哪些消费者才会使自己利润最大化。例如,埃森哲公司的"个性化定价工具"能够在现有存货、商品利润等信息的基础上,利用遗传算法帮助企业决定把商品提供给哪些消费者,从而使企业利润最大化。

第三步:制定个性化定价方案。在上面两个步骤的基础上,设计个性化定价方案,为不同的消费者提供不同的价格或商品优惠。

第四步:制定商品价值分割方案。为了避免消费者在了解被差别化对待后引发的负向消费、商业道德和法律风险,就要在方案实施过程中遵循公平原则。因此,企业需要对商品价值进行分割,使支付不同价格的消费者享受不同的服务,得到不同的商品价值。

② 支付意愿的量化分析。在过去几十年的研究中,直接询问法和专家评判法是测量消费者支付意愿的比较常见的两种方法。这两种方法的操作相对比较简单。

直接询问法就是直接向消费者询问以下两个问题:第一,超过什么价格,消费者确定不会购买这个商品?因为消费者无法负担这个价格,或者消费者觉得商品不值这个价格?第二,低于什么价格,消费者确定不会购买这个商品?因为消费者觉得低于这个价格的商品质量无法保证。

但是研究认为,直接询问法虽然理论上最有效,但在实际操作时很难把握其准确性。消费者通常不会将自己真正的支付意愿告诉调查者,他们可能会因为身份的原因夸大其支付意愿,也可能会联合起来少报支付意愿,甚至即使消费者告诉企业自己真正的支付意愿,也不会对这个商品产生购买行为,也就是说,调查对象根本就是错的。另外,这种方法主观性太强,其对商品的感知是不稳定的,对于一些消费较少或了解不够的新商品,这种方法对价格的判断很可能不准。

专家评判法是通过专家对市场信息、消费者自身信息、消费者消费信息的了解来判断消费者对某一商品的支付意愿。通常一线销售员作为专家来评估消费者支付意愿更加合理,因为他们更靠近市场和消费者,更了解市场竞争结构及消费者需求敏感性趋势。通常,在消费者数量极小的市场环境中,专家评判法被认为是最具操作性的方法。掌握消费者信息(如人口统计学信息、消费历史信息等)的多寡直接影响支付意愿的评估质量,而在消费者数量庞大的市场中,很难准确地获得这些信息,因此专家评判法并非最佳选择。

大数据时代,消费者数据的日益完善及数据挖掘技术的逐步成熟,为评估消费者支付意愿提供了有效途径。近年来,学者们开发了一种基于消费者细分的支付意愿测量模型。该模型结合消费者调查方法与联合分析法的关联水平系数思想,运用数据挖掘技术来评估消费者的支付意愿。每个消费者群体都有一个保留价格区间,根据消费者人口统计学信息及历史消费数据,通过模糊聚类方法进行客户细分,将每个消费者群体消费历史中的最低出价和最高出价作为保留价格区间,该消费者群体的历史最高出价就是其支付意愿,此消费者群体中所有个体的支付意愿都不同程度地与此支付意愿相关。聚类计算出的每个个体隶属于每个消费者群体的程度,可作为消费者关联各个消费者群体支付意愿的水平系数,这些水平系数与支付意愿乘积的累加就是该消费者群体的支付意愿。

令 WTP_i 表示消费者 i 对某商品的支付意愿,P_{ik} 表示消费者个体隶属于某消费者群体 k 的程度,Max_k 表示消费者群体 k 中所有消费者对该同类商品的最高消费价格,ε_i 表示误差项,则

$$\text{WTP}_i = \sum_{k=1}^{c} P_{ik} \times \max_k + \varepsilon_i$$

如此便建立了基于消费者细分的支付意愿测量模型。

③ 建立个性化定价模型。企业实施个性化定价的目标是精确了解消费者的支付意愿，确定目标消费者，以此来获得最大利润。经过市场细分，确定了消费者的支付意愿，接下来如何才能确定目标消费者，实现企业利润的最大化呢？下面介绍一个基于消费者支付意愿的个性化定价模型。

$$\text{Prof} = \max \sum_{i=1}^{N} Q_i (p_i - c) p(\text{WTP}_i \geq c) \omega_i$$

式中：Prof——企业的利润；

P_i——针对消费者 i 制定的价格；

c——商品成本，包括交易成本、储存成本等；

$d(p_i,c)$——消费者价格反应函数；

N——消费者数量；

ω_i——消费者 i 的决策变量；

Q_i——消费者 i 购买商品的预期量；

WTP_i——消费者 i 对商品的支付意愿；

d_i——消费者 i 对商品的访问次数；

Hd_i——消费者 i 对店铺首页的访问次数；

S——商品当前库存数量。

这里，$c < p_i < \text{WTP}_i$：

$$\omega_i = \frac{d_i}{\text{Hd}_i}$$

$$\sum_{i=1}^{N} Q_i \leq S$$

模型确定之后，就可以将具体数据代入式中，采用遗传算法求解。应用遗传算法的目的在于计算、了解消费者的支付意愿之后，计算出能使企业利润最大化的消费者组合。由于价格和销售量决定利润，因此，消费者各自的消费价格和总的销售量直接决定了商品的总利润。这就属于典型的多目标优化问题。最优的消费者组合、最大利润等问题的求解空间总体很大，结构也并不特别明显，如果运用传统的方法求解，计算量将难以估计，且有可能无法得出最优结果。遗传算法能很好地解决这一问题。

4.2.3 商品组合的基础知识与常用方法

1. 商品组合的基础知识

商品组合又称商品经营结构，是指一个企业经营的全部商品的结构，即各种商品线、商品项目和库存量的有机组成方式。商品组合一般由若干个商品系列组成。所谓商品系列，是指密切相关的一组商品。有的商品系列中的商品均能满足消费者某种同类需求，如替代性商品（牛肉和羊肉）；有的商品系列中的商品必须配套使用或售给同类消费者，如互补性商品（手电筒与电池）；有的商品系列中的商品同属一定价格范围之内，如特价商品。商品系列又由若干个商品项目组成，商品项目是指企业商品销售目录上的具体品名和型号。

商品组合的内容包括商品组合的广度、商品组合的深度和商品组合的关联性。

1）商品组合的广度

商品组合的广度是指一个企业经营商品大类的多少。企业经营的商品大类多，就称其商品组合比较宽；企业经营的商品大类少，就称其商品组合比较窄。选择比较宽的商品组合，可以充分发挥资源潜力，扩大市场面，增加销售额和利润额，同时可以分散和降低企业的经营风险，增强企业的应变能力。但较宽的商品组合摊子过大，资源分散，若经营管理水平跟不上，容易造成经营混乱，降低企业信誉和经济效益。选择比较窄的商品组合，可以使企业集中力量经营，有利于降低流通费用，形成企业经营特色，但是较窄的商品组合不利于分散经营风险，降低企业的应变能力。

2）商品组合的深度

商品组合的深度是指企业每个商品系列中商品项目的多少。商品系列中商品项目多，就称其商品组合比较深；反之，则称其商品组合比较浅。选择比较深的商品组合，由于商品的品种多，可以满足更多消费者的不同爱好和特殊需求，有利于提高服务质量和应变能力，但是商品成本可能有所提高。选择比较浅的商品组合，商品品种少，可以满足少数消费者大批量订货的需求，有利于降低商品成本和发挥企业专长，但企业的应变能力会相对较差。

3）商品组合的关联性

商品组合的关联性是指一个企业的各个商品大类在最终使用、销售渠道、销售方式等方面的密切相关程度。不同的企业由于具体情况不同，在商品组合的相关性上有不同的选择。一般情况下，中小企业加强商品组合的关联性是比较有利的，有利于提升企业的市场地位，提高企业的专业化水平和声望，也有利于提高企业的经营管理水平。而某些综合型大企业各个商品大类之间相关性较小，但商品组合的深度比较深。

目前，市场竞争日益激烈，一方面要求企业小批量、多品种经营，以满足消费需求日益变化的需要；另一方面又要求市场专业化经营，以满足某消费者群体的各种需要。因此，企业要善于分析经营环境，针对消费者的发展变化趋势，寻找最佳或最合理的商品组合。

2. 商品组合的常用方法

1）按消费季节的组合法

例如，在夏季可推出"灭蚊蝇"的商品组合，辟出一个区域设立专柜销售；在冬季可推出滋补品商品组合、火锅料商品组合；在旅游季节，可推出旅游用品的商品组合，等等。

2）按节庆日的组合法

例如，在中秋节推出各式月饼的商品组合；在重阳节推出老年人补品的商品组合。企业可以根据每个节庆日的特点，推出适宜的商品组合。

3）按消费便利性的组合法

例如，根据城市居民生活节奏加快、追求便利性的特点，可推出微波炉食品系列、蔬菜套餐系列、熟肉制品系列等商品组合，并可设立专柜供应。

4）按商品用途的组合法

在家庭生活中，许多用品在超市中可能分属于不同的部门和类别，但在使用中往往可以将它们归为一类，如厨房系列用品、卫生间系列用品等，企业可以根据这些分类推出新的商品组合。

4.2.4 商品组合的优化原则与营销策略

1. 商品组合的优化原则

优化商品组合时应遵循6个主要原则：正确的商品、正确的数量、正确的时间、正确的质量、正确的状态和正确的价格。

1）正确的商品

对于正确的商品应考虑3个方面。首先是在整个计划中商品组合是否合理，商品广度和深度的结合是否可以完全满足消费者的需求。其次是选择的商品是否在国家法律法规允许销售的商品范围内。最后是这些商品是否符合本企业的价值观、企业形象及企业政策，这点对企业品牌有很大的影响，所以一般著名的企业都会把不符合企业政策的商品拒之门外，即使是畅销商品。

2）正确的数量

正确的数量是指所提供的商品数量合理，商品广度和深度的结合平衡，在满足消费者选择性需求的同时，又不会造成品种过多和重复。首先，品种过多或重复会使消费者无法有效地做出购买决策，或者花费太多时间做决策而没有足够的时间购买其他商品，两者都会给企业带来销售损失。其次，销售空间和人力资源是有限的，SKU过多或重复会造成资源浪费和运营费用的增加。最后，SKU过多或重复的结果是某些商品滞销，造成库存积压。所以，商品的数量一定要结合消费者的实际需求和库存水平来确定，并分解到具体的小分类中，保证整体的数量及各小分类的数量分配都是最优化的和平衡的。

3）正确的时间

正确的时间主要考虑以下3个方面的要求：①季节性，整个商品组合必须有明确的季节性，商品本身就向消费者传递着强烈的季节性信息，这种季节性的气氛能有效地引起消费者的购买冲动。例如，夏天来临，是否有充足的沙滩用品和消暑产品？②对市场趋势和市场变化的捕捉。商品组合是否符合市场的潮流趋势、消费者的喜好变化等，并且对一些突发事件是否及时和积极的应对？例如，在新冠肺炎疫情暴发时，企业是否第一时间增加了口罩、酒精等相关商品的数量？在奥运会开幕前，配合奥运主题的商品是否已准备好？③在合适的生命周期引进新商品。不是任何新商品都适合马上引进，而要根据企业的目标消费者对新商品的认知及接受程度来决定，否则会由于没有有效的需求造成新商品滞销和库存积压。例如，对于一些技术含量较高的电器产品，在刚投入市场的时候，大型超市就不适合马上引进，因为此时只有少量非常关注新技术、追求新体验的消费者会购买这类新商品，而通常大型超市的目标消费者并不是这类消费者，而且大型超市在人员和环境两个方面可能都不具备介绍和推广这类新商品的条件，所以大型超市应在商品进入成长期后再引进，此时商品已被普遍认知，目标消费者开始产生大量需求并且不需要销售人员做太多的介绍即可做出选择和购买决策。

4）正确的质量

正确的质量包括商品的安全性、可靠性和质量等级3个方面。①企业销售的任何商品都必须保证对消费者的生命和财产不存在安全隐患，所以在选择商品时，企业必须对商品的安全性进行全面评估，要求供应商提供相关的证明文件、安全认证等。例如，电器商品必须有中国强制性产品认证（China Compulsory Certification，3C），有时企业还可以对商品安全提出更高的要求，以保障消费者和企业的利益。随着食品安全事件的不断发生，消费者对食品卫生的关注程度越来越高，企业在选择食品类商品时应该保持更严格的标准，这对消费者和企业都是一种负责任的做法。②需评估商品的可靠性，如果商品本身存在缺陷，无法在合理的时间内提供其所宣称的功能，作为负责任的零售商，企业不应该让这类商品流入自己的店铺，损害消费者的利益和企业形象。③对于商品质量等级的选择，应考虑商品的性价比和目标消费者的需求。

5）正确的状态

状态是指商品的自然状态或物理状态。很多商品对储存和售卖环境及销售人员都有特殊要求，因此企业需要考虑店铺的环境、设备、人员、安全、陈列、空间等各方面是否有能力销售该商品。例如，是否有足够的冷藏柜存放冷冻食品？商品的包装是否适合展示和物流的要求？是否会影响店铺的营运效率及增加管理费用？另外，商品的包装和标签等都应该符合相关法律法规的规定，并能够保证商品质量在正常情况下保持稳定。

6）正确的价格

整个商品组合的定价应该从消费者、竞争对手、供应商的价格政策及企业自身的定价策略这4个方面综合考虑。有两点要特别注意，一是定价时要考虑消费者对该商品的价格敏感度及该商品的需求价格弹性（价格变化对销售量的影响程度）；二是不但要考虑单个商品，而且要考虑整个商品组合的整体价格形象和综合利润率，不同角色的商品应有不同的定价机制，在保证良好价格形象的同时保持合理的利润水平。

上述6个原则相互结合、缺一不可，企业在做商品组合计划及日常管理的过程中都应该遵循这些基本原则。

2. 商品组合的营销策略

商品组合的营销策略是指企业针对目标市场，对商品组合的广度、深度及相关性进行决策，以达到商品组合的最优化。下面简要介绍几种常见的商品组合营销策略。

1）扩大商品组合

扩大商品组合的深度和广度，也就是增加商品经营的大类，增添商品经营的品种，扩展经营范围。具体来说，扩大商品组合有 3 种策略。一是垂直多样化，扩大商品组合的深度，即企业不对现有的商品组合增加商品大类，而是在原有的商品大类的基础上不断地增加新品种。二是相关横向多样化，根据本企业的经营能力对商品组合加以拓宽，即根据相关性原则，增加一个或几个商品大类。三是无相关横向多样化，这也是一种扩展商品组合宽度的策略，但这种策略强调的不是经营与原来商品大类相关的商品，而是发展与原来商品大类无关的商品。

2）缩减商品组合

为了更好地节约资源，发挥核心优势，企业可能会取消一些商品大类或商品项目，集中力量销售潜力可观的商品。缩减商品组合有两个策略：一是设置有限的商品大类，即根据企业自身的特点，将企业的全部力量集中于有限的几类商品或一类商品，实行专门经营，提高企业的知名度和销售量。二是削减商品项目，即削减一些不适销的商品项目，集中力量经营畅销商品以提高服务质量和经营效益。

3）高档商品组合策略和低档商品组合策略

高档商品组合策略是指增加高档商品数量，相对减少低档商品数量，使商品组合趋向高档化，有利于提高企业的声誉和盈利能力。低档商品组合是指增加低档商品数量，相对减少高档商品数量，使商品组合趋向大众化，以吸引更多的普通消费者，提高企业的市场占有率。

4）调整商品组合策略和商品异样化策略

调整商品组合是指对企业经营的某些商品进行整体调整和改善，如提高质量、增加新功能，为消费者带来新效用，从而增强企业的竞争能力。商品异样化也称商品差别化，是指为了提高竞争力，企业将同一性能的商品标以新奇的标志或采用新颖的宣传促销方法来展示其与竞争者商品的不同之处。

4.3 商品利润与商品生命周期分析

4.3.1 商品的成本

在了解商品利润之前，应先了解商品的成本。任何企业的运营都是以盈利为目的的，除了做好销售、运营这些环节，成本控制也是盈利的关键。在电商企业的运营过程中，最常见的成本包括商品成本、推广成本和固定成本 3 种。

1. 商品成本

商品成本包括进货成本、物流成本、人工成本、损耗成本和其他成本等。进货渠道对商品成本有直接影响。例如，选择在实体批发市场进货，人工成本会更高；选择通过网络渠道批发商品，物流成本会更高。具体选择货源时，除了注意商品品质、货源是否充足等，产生的商品成本费用也必须要考虑。

2. 推广成本

推广是电商企业运营的核心手段之一，通过分析推广成本，可以看到哪种推广手段更加有效、哪种推广手段过于浪费资金等，从而有策略地改变运营推广战术。

3. 固定成本

固定成本主要包括办公场地的租金、工作人员的工资、各种设备折旧，以及平台的相关固定费用。固定成本的特点是成本费用的变化频率低，变化幅度小，但同样需要纳入商品成本中进行核算，不应遗漏。

4.3.2 商品利润预测的方法与流程

1. 商品利润预测的方法

商品利润预测是指按照影响企业利润变动的各种因素对企业未来可能达到的利润水平和变化趋势进行科学的预计和推测；或者按照实现目标利润的要求，对未来需要达到的销售量或销售额进行科学的预计和推测。预测和分析商品利润数据，有助于企业有针对性地进行营销管理，从而提高销量，降低成本。

商品利润预测的方法有很多，此处介绍较为简单的线性预测。线性预测是通过一个变量来预测另一个变量的变化趋势，如可以根据店铺设定的成交量目标来预测可能发生的成本费用数据。

在 Excel 中，可以利用 TREND 函数进行线性预测。TREND 函数的语法格式为"TREND (known_y's,[known_x's],[new_x's[const])"。可以利用 Excel 的模拟运算功能分析某个变量在不同值的情况下，目标值发生的变化。

2. 商品利润预测流程

市场上一些商品经常或偶尔调整价格，不同的价格肯定会带来不同的销售量和利润。企业确定商品价格的因素很多，但追求利润最大化无疑是最重要的核心因素。下面介绍商品利润预测流程，该流程根据常规经验建立模型，简单易行，可靠实用。

1）两个基本假设

销售量 Q 是一个极为复杂的变量，影响因素较多，难以或无法找到其准确的关系式。但问题的解决依赖对 Q 建立一个具有一般意义的模型，由于企业经营有特有规律和一般特点，可以根据常规现象做出假设，这种假设抓住了主要矛盾，将次要矛盾忽略，从而使问题得到解决。

（1）销售量是价格的一元函数

某企业某商品的销售量 Q 受到商品价格、广告投入、各种促销投入、替代商品状况、竞争对手商品状况、社会经济状况、市场和客户状况等诸多因素的影响，但是每个因素的变化时间不同。这里要解决的是如何快速对不同价格下的销售量和利润做出短期预测，时间限制在 1 年之内，一般为 3~6 个月。企业可以利用本方法不断地进行预测，为决策提供依据。根据经验和常识，在短期内影响商品销售量的最大因素是价格，其他因素在短期内一般变化不大，所以使用本方法的前提条件是短期内企业的促销手段、营销策略及各种外部环境变化不大。据此，提出假设 1。

假设 1：销售量是价格的一元函数，即 $Q=f(p)$。

在现实中，企业如果知道了在某种环境下的价格与销售量关系模型，那么当环境发生变化时，企业可以根据这个基准模型进行经验估计。反过来说，这类问题目前根本无法摆脱经验估计只靠数学模型预测，本方法为经验估计提供了一个基准模型，提供了一个可供参考和修正的基准数据，为企业在实际中进行经验估计提供了极大的方便，提高了预测的准确性。

（2）销售量是价格的倒数函数

销售量是价格的什么函数，这一问题目前在理论上无法事先知道，而事后根据完全数据进行回归分析得到的模型又没有实用价值。况且影响销售量的因素有很多，无法用一元函数表达，即使根据事后数据的回归分析得到了一个方程式，其误差也很大。此外，这种完全根据个体数据计算的方程式，共性不一定好。这里的任务是寻找一个能够最大限度地体现出共性特点的模型，以便为经验估计提供一个基准、一个参考点。根据应验、共同规律和实证分析，提出假设 2。

假设 2：销售量 Q 是价格 p 的倒数函数，即：

$$Q = b_0 + \frac{b_1}{p}, p \in R^+，其中 b_0，b_1 为常数。$$

这一假设的点提出有两个依据。

第一个依据是倒数函数在形状上符合大多数销售量规律，与人们的大量日常经验吻合。该模型的曲线如图 4-1 所示。

倒数函数曲线具有 4 个特点，这 4 个特点与常规经验相吻合。①当 p 趋近 0 时，Q 趋近 ∞，现实中零价格的商品其需求量几乎为无穷大。②坐标横轴 $Q=0$ 为 Q 的渐近线，现实中即使价格很高的商品也有人买。③曲线为降函数，现实中的商品销售量随价格的升高而下降。④曲线向上凹，当 p 较小时，曲线斜率大；p 较大时，曲线斜率小。现实中的许多商品在较低价格区间，销售量随价格上升而降低的速度较快；在较高价格区间，销售量随价格上升而降低的速度较慢。

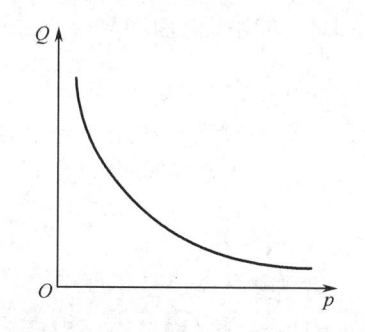

图 4-1　Q 与 p 的倒数函数曲线示意

许多企业新推出的商品一开始在高价格区间，然后价格逐渐下降，开始降价时销售量有所增加，但是速度不是很快，随着降价幅度的增加，销售量增加的速度开始加快，当价格降到一定程度时，销售量突然大增，这时企业应该再次推出新商品。上述现象用市场细分理论完全可以解释，本章不再赘述。

第二个依据是通过一些实际数据的实证分析，发现该模型的可靠性较高，代表性较好。

2）应用方法

按照数据是否全面，可将现实情况分为 3 种进行讨论。

第一种情况是理想情况，即企业可以收集某商品不同价格下的销售量。有些企业或商品拥有这样的历史数据，如超市类企业，食品类、服装类商品等。有些商品具有季节性，每年都经历一个由高价到低价的过程，可以利用原始数据的积累建立销售量模型，以供定价时参考。但许多企业和商品没有这类历史数据。

第二种情况是，对某大类商品的某一型号，企业在刚推出时为高价，之后逐步降价，当旧型号商品的价格降至相当低的程度后，又推出一款新型号商品，典型的商品有服装、家用电器、移动电话、汽车和电脑等。在这种情况下，可以利用旧型号商品数据建立模型，假设该模型的价格系数对各类型商品都适用。这个假设基于两方面的考虑，一是价格系数与市场、企业促销活动和消费者的综合特性有关，如果这些因素没有本质变化，价格系数不应该有太大的变化；二是如果不做这一假设，分析就无法进行下去，而事后的分析即使再完美，其现实意义也大打折扣。一般来说，新型号商品刚推出时的价格都较高，利用第一次价格的销售量校正模型的常数项即可。

第三种情况是最不理想的情况，企业既没有本商品价格变动的数据，也没有同类旧型号商品的历史数据。在这种情况下，只能根据经验和其他企业同类但不同档次商品的数据进行判断，也有的企业根据市场调查资料进行估计。

4.3.3 商品各生命周期的营销策略

1. 商品生命周期的含义

商品生命周期（Product Life Cycle，PLC）是指商品的市场寿命。一种商品进入市场后，它的销售量和利润都会随着时间的推移而改变，呈现出一个由少到多、由多到少的过程。商品生命周期包括以下 4 个阶段。

1）投入期

新商品投入市场之后便进入投入期。此时，消费者对商品还不了解，只有少数追求新奇的消费者可能购买，销售量低。为拓展销路，需要大量的促销费用用以宣传商品。这一阶段，由于技术方面的原因，商品不能大批量生产，因而成本高，销售额增长缓慢，企业不但得不到利润，反而可能亏损，商品也有待进一步完善。

2）成长期

这一阶段，消费者已经熟悉商品，大量的新消费者开始购买商品，市场逐步扩大。商品大批量生产，生产成本相对降低，企业的销售额和利润迅速上升。竞争者看到有利可图，纷纷进入市场参与竞争，使同类商品供给量增加，价格下降，企业利润增长速度逐步减慢，最后达到整个周期的利润最高点。

3）饱和期

这一阶段，市场需求趋向饱和，潜在消费者已经很少，销售额增长缓慢直至下降，标志着商品进入了饱和期。在这一阶段，竞争逐渐加剧，商品售价降低，促销费用增加，企业利润下降。

4）衰退期

随着科技的发展，新商品或替代品出现，使消费者的消费习惯发生改变，转向其他商品，从而使原来商品的销售额和利润额迅速下降。于是，商品进入衰退期。

2. 商品生命周期各阶段对应的营销策略

1）投入期的营销策略

投入期的特征是商品销量少，促销费用高，制造成本高，销售利润很低甚至为负值。根据这一特点，企业应努力做到：投入市场的商品要有针对性；进入市场的时机要合适；设法把销售力量直接投向最有可能购买的人群，使市场尽快接受商品，以缩短投入期，更快地进入成长期。在投入期一般可以组合商品、分销、价格、促销4个基本要素来形成不同的营销策略。仅将价格与促销费用结合起来考虑，就有以下4种策略。

（1）快速撇脂策略

快速撇脂策略是指以高价格、高促销费用推出新商品。实行高价策略可在每单位销售额中获取最大利润，尽快收回投资；高促销费用能够快速建立知名度，占领市场。实施这一策略必须具备以下条件：商品有较大的需求潜力；目标消费者求新心理强，急于购买新商品；企业面临潜在竞争者的威胁，需要及早树立品牌形象。一般而言，在商品引入阶段，只要新商品比替代商品有明显优势，市场就不会那么计较其价格。

（2）缓慢撇脂策略

缓慢撇脂策略是指以高价格、低促销费用推出新商品。其目的是以尽可能低的费用开支获得更多利润。实施这一策略的条件是：市场规模较小；商品已有一定的知名度，目标消费者愿意支付高价；潜在竞争者的威胁不大。

（3）快速渗透策略

快速渗透策略是指以低价格、高促销费用推出新商品。其目的在于先发制人，以最快的速度打入市场，取得尽可能大的市场占有率，然后随着销量和产量的扩大，降低单位成本，取得规模效益。实施这一策略的条件是：该商品市场容量相当大；潜在消费者对商品不了解，且对价格十分敏感；潜在竞争较为激烈，商品的单位制造成本可随生产规模和销售量的扩大迅速降低。

（4）缓慢渗透策略

缓慢渗透策略是指以低价格、低促销费用推出新商品。低价可扩大销售，低促销费用可降低营销成本，增加利润。实施这一策略的条件是：市场容量很大；市场上该商品的知名度较高，市场对价格十分敏感；存在某些潜在竞争者，但威胁不大。

2）成长期的营销策略

经历过市场投入期以后，消费者对新商品已经熟悉，消费习惯也已形成，销售量迅速增长，这时新商品就进入了成长期。进入成长期后，老顾客重复购买并且带来了新顾客，销售量激增，企业利润迅速增长，这一阶段利润达到高峰。随着销售量的增大，企业生产规模也逐步扩大，商品成本逐步降低，新的竞争者会参与竞争。随着竞争的加剧，新商品特性开始出现，商品市场开始细分，分销渠道增加。企业为维持市场占有率的增长，需要保持或稍微增加促销费用，但由于销量增加，平均促销费用有所下降。针对成长期的特点，为维持其市场占有率，延长获取最大利润的时间，企业可以采取下面几种策略。

（1）改善商品品质

改善商品品质包括增加新功能、改变商品款式、开发新型号、开发新用途等。对商品进行改进可以提高商品的竞争能力，满足消费者更广泛的需求，吸引更多消费者。

（2）寻找新的细分市场

通过市场细分，找到新的尚未被满足的细分市场，根据消费者的需要组织生产，迅速进入这一新市场。

（3）改变广告宣传的重点

把广告宣传的重心从介绍商品转到建立商品形象上来，树立商品名牌，维系老顾客，吸引新顾客。

（4）适时降价

在适当时机，可以采取降价策略，激发那些对价格比较敏感的消费者产生购买行动。

3）饱和期的营销策略

进入饱和期以后，商品销售量增长缓慢，逐步达到最高峰，然后缓慢下降；商品的销售利润也从成长期的最高点开始下降。市场竞争非常激烈，各种品牌、各种款式的同类商品不断出现。对饱和期的商品，宜采取主动出击策略，使饱和期延长，或者使商品生命周期出现再循环。为此，可以采取以下3种策略。

（1）市场调整

这种策略不是要调整商品，而是发现商品的新用途，寻求新的用户或改变推销方式等，扩大商品销售量。

（2）商品调整

这种策略是通过调整商品来满足消费者的不同需求，吸引有不同需求的消费者。整体商品的任何一个层次的调整都可视为商品再推出，也称为商品改良。

（3）市场营销组合调整

这种策略是通过对商品、定价、渠道、促销4个市场营销组合因素加以综合调整，刺激销售量的回升。常用的方法包括降价、提高促销水平、扩展分销渠道和提高服务质量等。

4）衰退期的营销策略

衰退期的主要特点是商品销售量急剧下降，企业从这种商品中获得的利润很低甚至为零，大量的竞争者退出市场，消费者的消费习惯已发生改变等。面对处于衰退期的商品，企业需要认真研究分析，决定采取什么策略，在什么时间退出市场。通常有以下几种策略。

（1）继续策略

继续策略是指继续沿用过去的策略，仍按照原来的细分市场，使用相同的分销渠道、定价及促销方式，直到这种商品完全退出市场为止。

（2）集中策略

集中策略是指把企业的能力和资源集中在最有利的细分市场和分销渠道上，从中获取利润。这种策略缩短了商品退出市场的时间，同时又为企业创造了更多利润。

（3）收缩策略

收缩策略是指舍弃一部分消费者群体，大幅度降低促销水平，尽量减少促销费用，以增加利润。这种策略会导致商品在市场上加速衰退，但也能从忠实于这种商品的消费者身上得到利润。

（4）放弃策略

对于衰退比较迅速的商品，应当机立断放弃经营。可以完全放弃，如把商品完全转移出去或立即停止生产；也可逐步放弃，使其占用的资源逐步转向其他商品。

【案例分析】天猫商品购物篮分析

【案例背景】

商品的包装、价格、促销活动等均对商品销售起着重要作用，经验丰富的企业会根据用户习惯，设置用户有意一起购买的捆绑包组合。此外，也有一些购物网站使用交叉销售策略，即购买某种商品的消费者会看到相关的另一种商品的广告。以上两种常见的商家促销手段都是在分析一个问题：如何组合商品以合理布局。

现有天猫某超市的消费者交易数据，要求根据消费者的购买情况，挖掘消费者购物时的购物篮偏好，以优化该超市的营销策略并提高消费者满意度。此数据包含的信息如表 4-1 所示，共有 2 880 条记录，此处仅列示 10 条。

表 4-1 天猫某超市消费者交易数据

ID	卡号	消费金额（元）	付款方式	性别	年龄	物品
1.0	39808	42.71	CHEQUE	M	46.0	鲜肉
1.0	39808	42.71	CHEQUE	M	46.0	乳制品
1.0	39808	42.71	CHEQUE	M	46.0	糖果
2.0	67362	25.35	CASH	F	28.0	鲜肉
2.0	67362	25.35	CASH	F	28.0	糖果

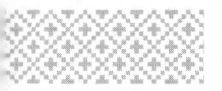

续表

ID	卡号	消费金额（元）	付款方式	性别	年龄	物品
3.0	10872	20.61	CASH	M	36.0	蔬菜罐头
3.0	10872	20.61	CASH	M	36.0	冻肉
3.0	10872	20.61	CASH	M	36.0	啤酒
3.0	10872	20.61	CASH	M	36.0	鱼类
4.0	26748	23.68	CARD	F	26.0	乳制品

【案例分析过程】

1. 分析思路

购物篮是指超市内供消费者购物时使用的用于临时存放商品的篮子。在消费者付款时，这些购物篮内的商品被营业员通过收款机一一登记结算并记录。购物篮分析原应用于线下商超，指通过这些购物篮所显示的信息来研究消费者的购买行为，了解消费者为什么购买这些商品，找出可以组合展示的商品，用找出的相关联系规则获得利益并建立竞争优势。

随着电商的高速发展，用于实体零售的购物篮分析也被引入电商领域。电商超市在进行每笔交易之后都会有相应的明细数据，可根据消费者的消费详情，利用关联算法挖掘出消费者所购买商品之间的关系，继而为电商企业提供合理的优化建议，获取更多利益并建立更大的竞争优势。分析思路如下。

首先，通过关联算法分析商品之间的潜在联系。消费者选购商品时，在选定一个商品的同时往往也会购买其他商品，即被同时选购的若干商品之间存在一定的关联。

其次，根据消费者现有消费情况，预测消费者还有可能购买的其他商品，调整并优化本电商企业的商品组合策略。

2. 算法简介

关联分析是在大规模数据集中寻找关联关系。这些关系有两种形式，即频繁项集与关联规则，它们是两种递进的抽象形式，前者是后者的基础。频繁项集是经常出现在一起的物品的集合，它暗示了某些事物之间总是结伴或成对出现的。关联规则暗示两种物品之间可能存在很强的关系，它更关注事物之间的互相依赖和条件先验关系。它暗示了组内某些属性间不仅共现，而且存在明显的相关和因果关系。关联关系是一种更强的共现关系。

例如，经典的啤酒与尿布之间的关系。通过调研超市消费者购买的商品，可以发现30%的消费者会同时购买啤酒与尿布，而在购买了啤酒的消费者中有80%的人购买了尿布，这就暗示了一种隐含的关系：啤酒→尿布。也就是说，购买了啤酒的消费者有较大的概率购买尿布，因此可以将啤酒与尿布放在商场的同一位置，方便消费者购买。

啤酒与尿布的商品组合反复出现，这就是一种频繁项集关系；而"啤酒→尿布"则是一种关联规则，即购买了啤酒的消费者大概率会购买尿布。关联规则是类似 $X \rightarrow Y$ 的表达式，其中 X 和 Y 是不相交的项集，如"啤酒→尿布"。

关联规则的强度可以通过 3 个指标测算。

- 支持度，确定项集的频繁程度。
- 置信度，确定 Y 在包含 X 的事物中出现的频繁程度。
- 提升度，在含有 X 的条件下项集中同时含有 Y 的可能性，与在不包含 X 的条件下项集中含有的 Y 的可能性之比。

关联分析的核心算法有以下两种。

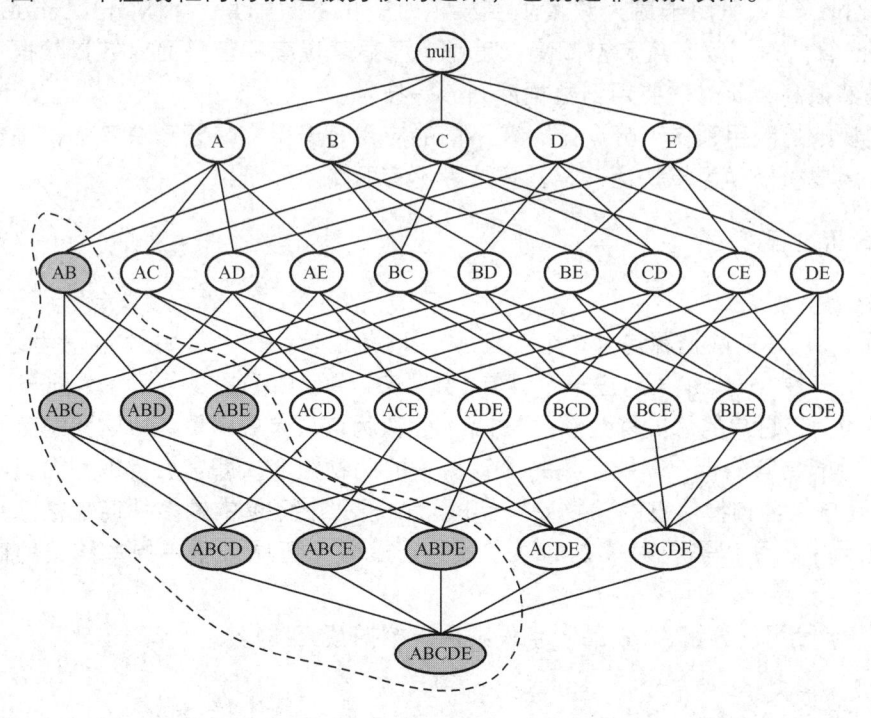

1) Apriori 算法

Apriori 算法是一种挖掘关联规则的频繁项集算法，核心思想是通过候选集生成和向下封闭检测两个阶段来挖掘频繁项集。Apriori 算法的目标是找到最大的 k-项频繁集。这里有两层意思，首先，要找到符合支持度标准的频繁集。但是这样的频繁集可能有很多。其次，要找到最大个数的频繁集。例如，找到符合支持度的频繁集 AB 和 ABE，那么我们会抛弃 AB，只保留 ABE，因为 AB 是 2-项频繁集，而 ABE 是 3-项频繁集。

（1）Apriori 算法的原理

如果一个项集是频繁的，则它的所有子集也一定是频繁的；反之，如果一个项集是非频繁的，则它的所有超集也一定是非频繁的。

基于 Apriori 算法的原理，一旦发现某项集是非频繁的，即可将整个包含该超集的子图剪枝。这种基于支持度度量修剪指数搜索空间的策略称为基于支持度的剪枝，如图 4-2 所示，若 {A,B} 是一个非频繁项集，则所有包含它的超集也都是非频繁的，即可将它们都剪除，图 4-2 中虚线框内的就是被剪枝的超集，也就是非频繁项集。

图 4-2 Apriori 算法的原理

（2）Apriori 算法的具体步骤

扫描数据库，生成候选 1-项集和频繁 1-项集。

从 2-项集开始循环，由频繁$(k-1)$-项集生成频繁 k-项集。

① 频繁$(k-1)$-项集两两组合，判定是否可以连接，若能，则连接生成 k-项集。

② 对 k-项集中的每个项集检测其子集是否频繁，舍弃掉不是频繁项集的子集。

③ 扫描数据库，计算上一步中过滤后的 k-项集的支持度，舍弃掉支持度小于阈值的项集，生成频繁 k-项集。

若当前 k-项集中只有一个项集，则循环结束。

2）FP-growth 算法

Apriori 算法利用频繁集的两个特性，过滤了很多无关的集合，效率提高不少，但是 Apriori 算法是一个候选消除算法，每次消除都需要扫描一次所有数据记录，造成整个算法在面临大数据集时显得无能为力。

FP-growth 算法用于挖掘频繁项集，它把数据集存储在一个叫作 FP 树的数据结构里，这样可以更高效地发现频繁项集或频繁项对。相比于 Apriori 算法对每个潜在的频繁项集都扫描数据集判定是否满足支持度，FP-growth 算法只需要遍历两次数据库，因此它面临大数据集时，运行速度显著优于 Apriori 算法。

3）Apriori 算法与 FP-growth 算法的比较

Apriori 与 FP-growth 两种算法各有优缺点。Apriori 算法的优点是可以产生相对较小的候选集，缺点是需要重复扫描数据库，且扫描的次数由最大频繁项目集中项目数决定，因此 Apriori 算法适用于最大频繁项目集相对较小的数据集。相对于 Apriori 算法，FP-growth 算法时间复杂度和空间复杂度都有了显著提高，但是面对海量数据集，时空复杂度仍然很高，此时需要用到数据库划分等技术。

关联规则的应用领域十分广泛，在不同的应用背景中支持管理决策的范围也不同。作为十大经典机器学习算法之一，其重要性不言而喻。

3. 分析过程

1）探索数据源

如图 4-3 所示的数据源包含 7 个字段、2 800 条记录。其中，"ID"字段为订单编号，编号具有唯一性，一个编号对应一个订单，如"ID"为"1.0"的 3 条记录为同一订单；"消费额"字段为该订单的总支付金额；"物品"字段为该订单中消费者所购买的商品名称。

要进行购物篮分析，需要了解每个订单中的购物组合，即需要提取包含订单编号的"ID"字段与包含购物信息的"物品"字段。由于一个订单中的多件商品被分别存放于不同的记录中，所以需要对"物品"字段进行聚合，还原订单中原本购买的商品组合信息。

"ID"字段用于分组，"物品"字段则用于挖掘频繁项集。

2）分组聚合

将"ID"字段作为分组依据，对同一个 ID 下的"物品"字段进行汇总与计数。

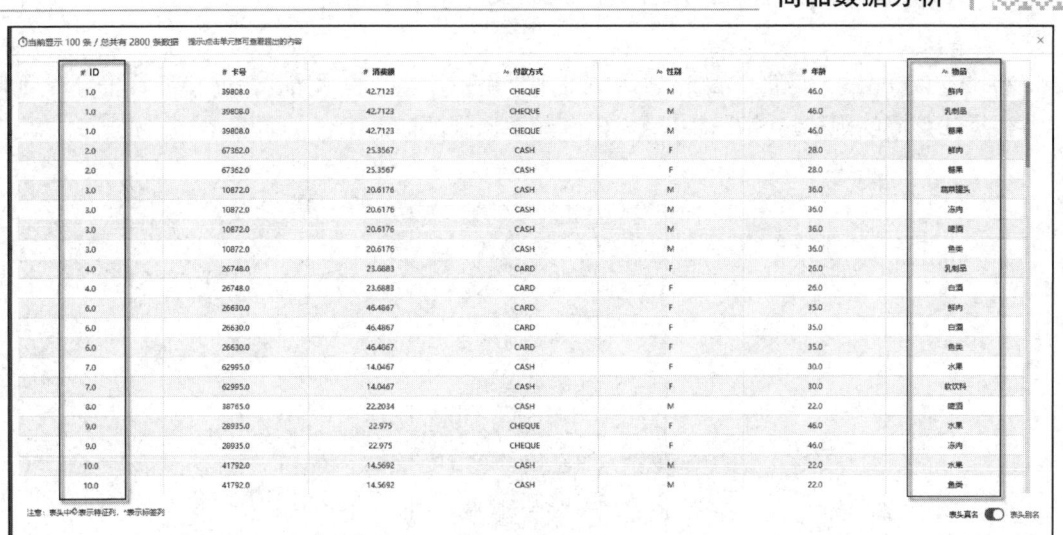

图 4-3　数据源

例如，将 ID 为"305.0"的两条记录中"物品"字段的内容汇总并计数，形成一条新记录。新记录中，"Group_ID"字段是对"ID"字段进行分组的结果；"Collect_list_物品"字段是对原"物品"字段内容的汇总，即将同一订单中分散在不同记录中的商品信息汇总到一条记录内；"Count_物品"字段是对"Collect_list_物品"字段的计数，意为该订单中的物品数量。

例如，图 4-4 中的第二条记录，"Group_ID"字段的值为"305.0"，"Collect_list_物品"字段的值为"WrappedArray（白酒，糖果）"，"Count_物品"字段的值为 2。该信息表示"305.0"号订单中购买的商品为白酒与糖果，且该订单中有 2 件物品。

图 4-4　分组聚合后的数据

通过分组聚合与汇总，可得到购物篮分析所需要的信息——每个订单中的商品组合。根据商品组合信息，可进一步了解消费者的购买行为与偏好，找出物品之间的关联规则。

3）选择特征

将"Collect_list_物品"字段设置为特征列，用于挖掘频繁项集，帮助模型找出频繁项集内各数据项之间的规律与关系，从而找出高频率出现的商品组合，如图4-5所示。

# Group_ID	# Collect_list_物品	# Count_物品
1.0	WrappedArray(鲜肉, 乳制品, 糖果)	3
2.0	WrappedArray(鲜肉, 糖果)	2
3.0	WrappedArray(蔬菜罐头, 冻肉, 啤酒, 鱼类)	4
4.0	WrappedArray(乳制品, 白酒)	2
6.0	WrappedArray(鲜肉, 白酒, 鱼类)	3
7.0	WrappedArray(水果, 软饮料)	2
8.0	WrappedArray(啤酒)	1
9.0	WrappedArray(水果, 冻肉)	2
10.0	WrappedArray(水果, 鱼类)	2
11.0	WrappedArray(水果, 鲜肉, 乳制品, 蔬菜罐头, 白酒, 鱼类)	6
12.0	WrappedArray(水果, 鱼类)	2
13.0	WrappedArray(乳制品, 肉罐头, 冻肉, 鱼类)	4
14.0	WrappedArray(软饮料, 鱼类)	2
15.0	WrappedArray(水果, 乳制品, 软饮料, 鱼类)	4
16.0	WrappedArray(冻肉, 啤酒, 软饮料)	3
17.0	WrappedArray(水果, 蔬菜罐头, 鱼类)	3
18.0	WrappedArray(鱼类)	1
19.0	WrappedArray(啤酒, 鱼类)	2
20.0	WrappedArray(水果, 蔬菜罐头, 白酒, 鱼类, 糖果)	5
21.0	WrappedArray(冻肉, 白酒)	2
22.0	WrappedArray(白酒, 糖果)	2

图4-5 设置特征列

4）拆分数据源

依据"Count_物品>1"的原则，将数据源分成两部分，如图4-6所示。"Count_物品>1"意味着订单中的商品至少有两件，此类订单包含了商品之间的关系，所以将其用于训练模型；而"Count_物品=1"意味着该订单中只有一件商品，没有商品组合的信息，所以将其用于预测数据。

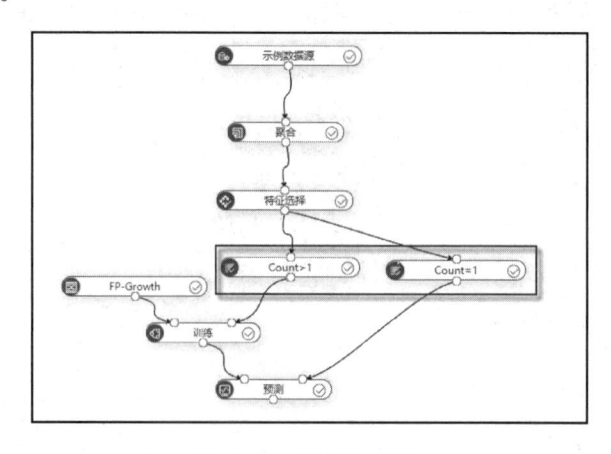

图4-6 拆分数据源

根据模型找出的商品关联规则，可对只购买了1件商品的消费者进行精准推销，激发其消费欲望。

5）训练模型

添加 FPgrowth 算法用于训练训练集中的数据，以找出关联规则。将最小支持度与最小置信度均设置为 0.1。最小支持度与最小置信度的数值设置需根据实际需求动态地调整。

根据图 4-7 中的分析结果可知，已经购买了啤酒与蔬菜罐头的消费者有 87.4% 的概率购买冻肉。因此，可将啤酒、蔬菜罐头、冻肉 3 种商品组合展示或销售，以增加销售额。

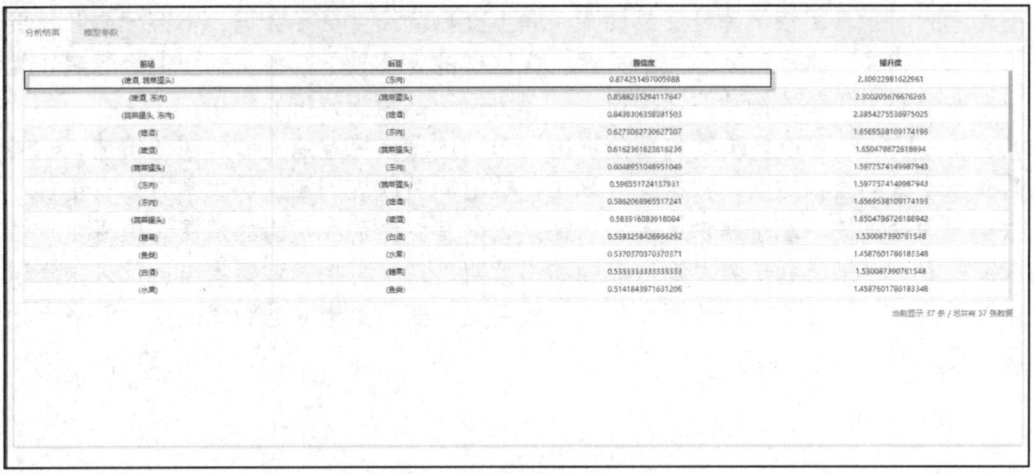

图 4-7 对已有数据的分析结果

6）解读结果

根据关联分析的基本算法步骤，预测结果如图 4-8 所示，共有 174 条数据，此处仅列示 10 条。根据模型的预测结果，可对仅购买啤酒的消费者推销白酒、鱼类、水果、蔬菜罐头、冻肉，也可将啤酒与白酒、鱼类、水果、蔬菜罐头、冻肉放在同一位置销售。也可根据模型预测结果进行基于购买模式的消费者划分等，从而提高超市销售额，增强自身竞争力。

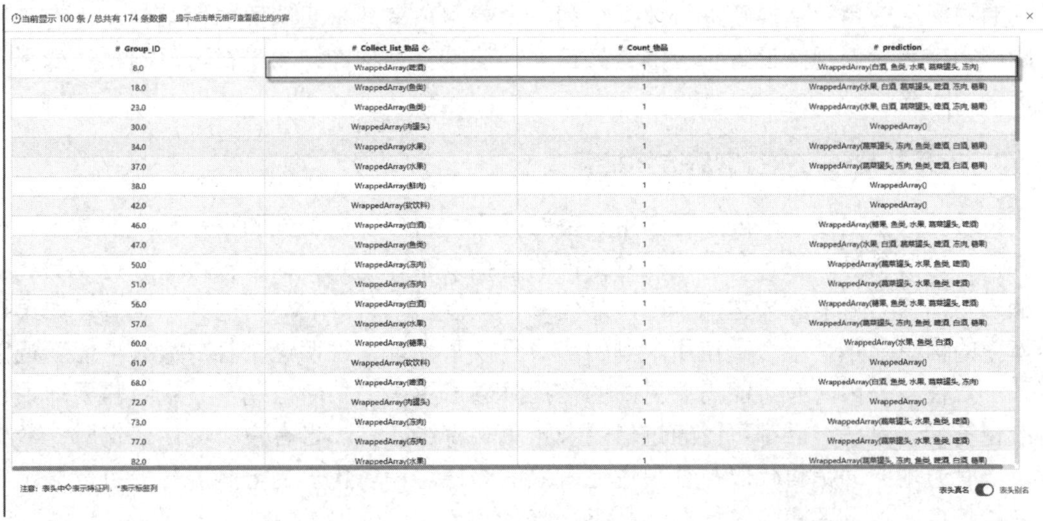

图 4-8 模型预测结果

【案例总结与应用】

1. 案例总结

未来时代是信息化、数字化时代,如何从海量数据中挖掘商业价值成为每个企业不得不思考的问题。相较于传统交易模式,线上交易会产生更多数据,掌握"向数据要价值"的能力成为企业提升竞争力的关键。在这样的大背景下,各行各业的经营者,尤其是以电商企业为代表的经营群体会产生更多类似于购物篮分析的需求。

通过关联算法可以解决购物篮分析的问题,进一步挖掘消费者的商业价值,相较于电商商超原有的营销方案,根据关联算法挖掘出的关联规则制定的营销方案有更加丰富的数据与理论支撑。基于购物篮分析的结果,向有少量购买行为的消费者推送更加精准的营销方案,一来有利于激发消费者的购物欲望,二来可挖掘消费者自己都未曾意识到的消费需求。通过对数据的挖掘与分析,经营者可获得更丰厚的利润回报,并更好地提升自身竞争力。

2. 案例应用

1)基于用户轨迹的精准营销

随着移动终端的大力发展,越来越多的用户选择使用移动终端访问网络,根据用户的网络访问偏好,形成了相当丰富的用户网络标签和画像等。如何根据用户画像对用户进行精准营销成为很多互联网和非互联网企业新的发展方向。

根据商户位置及分类数据、用户标签及画像数据提取用户标签和商户分类之间的关联关系,然后根据用户在某段时间内的位置数据,判断用户是否进入该商户地理位置范围 300 米内,继而推送符合该用户画像的商户位置和其他优惠信息。

2)搭配购买推荐

购物网站使用关联规则进行数据挖掘,设置用户有意一起购买的捆绑包。也有一些购物网站使用关联规则设置相应的交叉销售,使购买某种商品的消费者看到相关的另一种商品的广告。

3. 应用拓展——银行营销方案推荐

关联规则挖掘技术已被广泛应用于金融行业,它可以成功预测银行客户的需求。一旦获得了这些信息,银行就可以改善自己的营销策略。例如,很多银行在本行 ATM 机上捆绑了消费者可能感兴趣的本行产品信息,供使用本行 ATM 机的用户了解。如果数据库中的信息显示,某个高信用限额的客户更换了地址,说明这个客户很有可能新近购买了一处住宅,因此有可能需要更高的信用限额、更高端的新信用卡,或者需要一项住房改善贷款,这些产品都可以通过信用卡账单邮寄给客户。当客户打电话咨询时,数据库可以有力地帮助销售代表与客户进行有效的沟通。销售代表的电脑屏幕上可以显示出客户的特点,以及客户会对什么产品感兴趣。

【拓展实训】商品购买关联分析

【实训目的】

巩固关联分析的算法原理；通过教师讲解与实践操作，使学生熟悉思睿智训数据挖掘模块中的关联规则，能利用其进行商品组合关联分析与优化营销策略。

【实训内容与要求】

第一步：由教师介绍实训目的、方式、要求，调动学生实训的积极性。
第二步：对学生进行分组，确定各小组的组长和人员分工，明确小组学习方式，制订小组计划，了解小组要做什么，要达到什么目的。
第三步：由教师介绍关联规则相关知识及讨论的话题，并在实训平台进行实训。
第四步：各小组对教师布置的问题进行讨论和平台操作，并记录小组成员的发言。
第五步：根据小组讨论记录撰写讨论小结。
第六步：各组相互评议，教师点评、总结。

【实训成果与检测】

成果要求：
（1）提交平台操作和案例讨论记录：按 3~5 名学生一组进行分组，各组设组长 1 名、记录员 1 名，每组必须有小组讨论、工作分工的详细记录，作为成绩考核依据。
（2）能够在规定的时间内完成相关的讨论，利用小组合作方式共同撰写文字小结。
评价标准：
（1）上课时与教师积极配合，积极思考、发言。
（2）认真阅读案例，积极参加小组讨论，分析问题时思路开阔。案例分析基本完整，能结合所学理论知识解答问题。
（3）小组成员积极参与小组活动，分工合作较好。

【思考与练习】

（1）了解关联规则的理论知识、适用场景及相关参数说明。
（2）使用关联规则，掌握购物篮分析的案例操作，理解模型的含义。

第 5 章
流量与转化数据分析

【学习目标】
- 了解单品流量来源;
- 掌握转化率公式;
- 了解转化率的重要性。

【学习重点、难点】

学习重点:
- 流量趋势分析;
- 流量质量评估与价值计算;
- 成交转化率漏斗模型;
- 影响转化率的因素。

学习难点:
- 转化率的含义;
- 转化率分析指标;
- 转化的路径。

5.1 流量数据分析

5.1.1 流量的来源

流量是店铺生存的根本,其重要性不言而喻。对数据分析师来说,首先要清晰地了解店铺流量来自哪里。根据渠道的不同,流量可分为站内流量和站外流量两种。站内流量和站外流量的区别在于,站内流量是平台(如淘宝)已经培育好的,客户本身就有购买需求,所以成交的概率大,流量质量高;而站外流量不一定有明确的购买需求,所以成交的概率相对小,流量质量不可控。

根据付费情况,淘宝站内流量可分成站内免费流量和站内付费流量。其中,站内免费流量又可根据客户的访问方式分成淘内免费流量和自主访问流量。根据终端类型,流量可分为PC流量和无线流量。

1. 站内免费流量

1)淘内免费流量

如果把店铺比喻成大树,那么淘内免费流量就是这棵大树的树根,商家首先要做好淘内免费流量,然后想办法扩展其他流量,只有这样店铺的根基才会稳固。淘内免费流量中的搜索流量和类目流量是每个商家发布产品时都可获取的。如果消费者会通过搜索来找商品,说明他们有需求、目的性强,容易生成订单,所以从此渠道获得的流量和成交转化率较高,回头率也较高。自然搜索流量的主要影响因素有商品的相关性、上下架时间、商品的最高权重、DSR评分、人气排名、转化率、收藏量、成交量、回头客等。

淘宝平台还会举办一些免费的促销活动,如淘金币、淘抢购、淘宝试用、淘宝清仓、天天特价等,此类活动引入的往往是对价格敏感的消费者群体。要想参加促销活动,商家必须在日常经营中打好基础,有活动机会时及时报名。活动流量与报名商品的竞争力有关,要争取多报一些活动,多参加淘宝"帮派"活动。

淘内免费流量还包括阿里旺旺的非广告流量,如店铺街、淘宝画报、淘宝街掌柜说、淘宝专辑、新品中心、试用中心、淘抢购、淘女郎、淘宝婚庆、淘宝清仓、拍卖会、喵鲜生、阿里飞猪、积分俱乐部、淘宝足迹、淘宝论坛、淘宝帮派等互动交流平台。

免费流量占比高,代表商家的搜索引擎优化做得不错,店铺的评分、商品的排名都很好。免费流量通常在店铺各类型流量中占比都比较大。

2)自主访问流量

自主访问流量是指淘宝买家主动访问店铺时产生的流量,其来源包括购物车、"我的淘宝"、直接访问,是所有流量中质量最高的流量,这种流量稳定性好,成交转化率高。提升自主访问流量的关键是做好店铺或商品链接地址的推广和回头客的口碑营销。

自主访问量越大,代表店铺的老客户越多,说明商家的店铺具有一定的品牌效应。因为自主访问流量的转化率通常比较高,很多商家都会鼓励买家收藏自己的店铺或店铺中的商品。如果自主访问流量下降,商家就需要注意店铺的经营策略是否对老客户有不利影响。

店铺规模不同,经营的商品种类不同,自主访问流量占比也会不同,但都是有规律可循的。例如,奶粉、化妆品的买家忠诚度高,这类店铺的自主访问流量占比就高;网红店铺销售的商品往往有自己的特色和个性,拥有一批粉丝,复购率高,自主访问流量占比也高;而像大家电、家具这种不需要经常购买的商品,老客户比较少,自主访问流量占比较低。

2. 站内付费流量

站内付费流量是指店铺通过付费方式获得的流量,这类流量在店铺流量中占比越大,就意味着店铺的成本越高。因此,在使用这些流量前,一定要明确引入流量的目的,做好商品推广和访客价值的估算。站内付费流量的特点是容易获取,精准度高。站内付费流量是店铺流量不可缺少的一部分,流量来源主要有直通车、聚划算、淘宝客和钻石展位。

1)直通车

直通车是按点击付费的效果营销工具,可帮助店铺实现商品的精准推广。通过直通车,店铺的商品就可以出现在搜索页的显眼位置,以优先排序来获得买家关注。只有当用户点击商品时,流量才需要付费,而且系统可智能过滤无效点击,为店铺精确定位适合的买家人群。

直通车通过与搜索关键词相匹配,可以为淘宝买家推荐直通车宝贝,当买家浏览直通车上的宝贝时,可能被图片和价格所吸引,从而激发购买兴趣并点击进入。因此淘宝直通车为店铺带来的流量是精准有效的,吸引的是优质买家,而且买家进入店铺后,会产生一次或多次流量跳转,促成店铺其他宝贝成交,这有助于降低店铺的推广成本,提升店铺的整体营销效果。同时,直通车还为广大淘宝卖家提供淘宝首页热卖单品活动、各大频道的热卖单品活动和不定期的淘宝各类资源整合的直通车用户专享活动等。一般出价越高,店铺搜索排名就会越靠前。但是,要想通过高排名实现高转化率,商品的其他优化细节都要做到位。

2)聚划算

聚划算是阿里巴巴集团旗下的一个线上团购网站,是一个定位精准、以 C2B 电商驱动的营销平台。除了主打的商品团和本地化服务,为了更好地为消费者服务,聚划算还陆续推出了品牌团、聚名品、聚设计、聚新品等新业务频道。聚划算的基本收费模式为"基础费用+费率佣金"。

3)淘宝客

淘宝客是一种按成交计费的推广模式,属于效果类广告推广,卖家无须投入成本,在实际交易完成后,卖家按一定比例向淘宝客支付佣金,没有成交就没有佣金。淘宝客的推广由淘宝联盟、淘宝卖家、淘宝客和淘宝买家 4 个角色合作完成。淘宝联盟是淘宝官方的专业推广平台。淘宝卖家可以在淘宝联盟上招募淘宝客,帮助其推广店铺和商品。淘宝客利用淘宝联盟找到需要推广的卖家,然后获取商品代码,买家经过淘宝客的推广

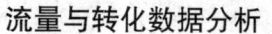

（链接、个人网站、博客或社区发的帖子）进入淘宝卖家店铺完成购买后，淘宝客就可得到由卖家支付的佣金。简单地说，淘宝客就是帮助卖家推广商品并获取佣金的人。

淘宝客付费方式的性价比最高，因为只有成交，商家才会支付佣金。同时，性价比越高，就意味着推广的门槛和难度越大。商家在选择淘宝客时，应考虑店铺的综合利润，当店铺商品的转化率不高或佣金较低时，淘宝客的推广动力就会减弱。

4）钻石展位

钻石展位（智钻）是按展现收费的推广模式。因为每次展现的费用很少，所以业内约定按照广告展现1 000次的形式来收费。按此付费的广告大多以品牌展示、产品发布为主。展现位置有淘宝首页、类目首页、门户、画报等多个淘宝站内广告展位，以及大型门户网站、垂直媒体、视频站、搜索引擎等淘宝外各类媒体广告展位。钻石展位主要依靠图片的创意吸引买家的兴趣，以此获取巨大的流量。钻石展位可以做人群定向和店铺定向，定向包括地域、访客和兴趣点3个维度，主动把广告投放给潜在的目标客户。如果说直通车是"布点"，那么钻石展位就是"铺面"，店铺可以通过客户需求分析，判断出目标客户具有哪些特征，哪些店铺的访客也是自己的访客，然后通过定向将广告展现在这些访客面前。钻石展位的引流花费相对比较大，但是引来的流量通常都是比较精准有效的，通过这样的方式，店铺能够覆盖更大的销售网络，增加将商品展现在买家面前的机会。

钻石展位既可以做单品推广，也可以做店铺推广。单品推广一般适合需要长期引流的商品或不断调高单品成交转化率的卖家。店铺推广主要针对有一定活动运营能力或短时间内需要大量流量的大中型卖家。

3. 站外流量

站外流量是指访客从淘宝以外的途径点击链接进入店铺所产生的流量。随着淘宝越来越重视店铺站外的流量，获取更多站外流量逐渐成为商家关注的焦点。站外流量主要来自各大知名网站，如百度、360搜索、一淘、搜狗、1688批发平台、新浪微博、美丽说、蘑菇街、腾讯微博、QQ空间、爱奇艺、折800、折网、卷皮网、嗨淘、人人逛街、优酷、必应、有道等。

根据内容不同，站外流量来源可以细分为影视、军事、娱乐、教育、社交等，商家应根据店铺风格进行选择。例如，经营年轻时尚品类的店铺适合选新浪微博、陌陌等站外资源位，因为该类网站面向的群体大多是年轻人；男装店铺适合选中华网、凤凰网等站外资源位，因为这类网站面向的群体以男性居多，经济实力比较强，购买力也比较强。

站外流量大，代表卖家在淘宝站外做的推广多。由于站外流量转化率往往比较低，如果占比过大，容易造成转化率下降的后果。而转化率降低又会影响店铺的综合评分，导致商品搜索权重下降。

4. 无线流量

移动互联网时代，消费者更多地选择用手机购物，流量也因此变得更加碎片化，商家的流量主战场也转移到了移动端。当前无线流量已经成为流量来源的主要载体，在淘宝网上的很多商品类目中，无线访客占比达到80%甚至更高。

在无线端自然搜索排序的各个影响因素中，销量权重最大，因此，要提高无线端自然搜索排名，需要设置手机专享价，以此获得搜索加权。若店铺在无线端没有商品拥有搜索容量大的关键词排位，可以采用优惠等方式引导访客从 PC 端首页扫码进入无线端购买；若店铺在无线端有商品拥有搜索容量大的关键词排位，可设法保持该商品的日常点击量与转化率，从而稳定该商品无线端的流量引入，具体方法有通过淘抢购活动引入的大量流量进行销售、提高该商品销售数量、稳定该商品无线端的流量引入，或者通过无线端钻石展位转化、无线端直通车转化、微淘定期推送信息与微淘特定优惠吸引已关注店铺品牌和收藏过店铺的访客进行购买，从而提升该商品的销量。

有了流量数据，接下来需要分析店铺的流量是否健康，访客的行为特征是怎样的，各个渠道获得流量的质量如何。如果发现某个渠道获得的流量存在问题，应进一步分析影响该流量的各相关因素。

5.1.2 流量的趋势

流量是淘宝店铺的生命线，没有流量就意味着没有订单。然而流量入口众多，类型各异，一旦网店流量趋势出现了问题，往往很难厘清头绪，此时需要网店运营人员保持清醒的头脑，有一个清晰的解决思路，以快速找到问题症结所在，一招制胜。

如图 5-1 所示是网店流量趋势出现问题时的解决思路。当商家发现店铺流量变动趋势出现问题时，首先与本行业的流量变动趋势进行对比，确认流量趋势下降是不是本店铺的原因，如果确认是本店铺的原因，接下来要查看各种类型的流量数据，分析不同类型流量的变化趋势，找出有问题的流量，然后思考导致这种类型的流量出现波动的因素可能有哪些，找到关键点对症下药。

发现流量变动趋势 → 对比行业流量趋势 → 分析流量来源数据 → 找到问题关键所在 → 对症下药解决问题

图 5-1 网店流量趋势出现问题时的解决思路

流量变动趋势分析与问题的解决思路是一条主线，其中可以拓展出很多细分思路。例如，商家发现免费流量下降是导致店铺流量呈现下降趋势的主因，那么就深入分析免费流量的相关因素，包括关键词、商品标题、店铺评分、市场变化等，仅市场变化这一项就又可以拓展出许多节点，如季节、天气影响或淘宝推广动态变化等。此外，流量趋势的变化可能是由多个因素导致的。例如，店铺免费流量和自主访问流量都发生了变化，与自主访问流量变化相关的是老客户因素，与免费流量变化相关的是新客户因素，那么商家就要考虑是不是店铺的某种改变让老客户和新客户都不喜欢，或者是由店铺的整体风格或模特等的变化引起的。

5.1.3 流量质量评估与价值计算

1. 流量质量评估

店铺获取的流量来自多个渠道,即便同一渠道获得的数据流量质量也有高低之别。高质量的流量能够给店铺带来优质的潜在客户,而低质量的流量作用非常有限。对店铺来说,最终的目的是获取利润,产生经济效益,所以流量质量评估的关键在于流量本身的有效性,即看流量是否能带来价值。

当评估一个店铺从各渠道获得的流量时,需要关注几个重要指标:免费流量与付费流量之比、真实流量占比、有效流量占比和高质流量占比。

免费流量是通过免费渠道来获得访客的,付费流量则是通过付费方式获得访客的。真实流量是剔除虚假流量之后的流量。有效流量是登录店铺并且未立即离开的这部分流量,它是由在店铺有二次跳转的访客带来的,这些访客真正访问了店铺,虽然并不一定产生购买行为。高质量流量是指与店铺有互动行为的流量,包括下单、支付、加购、收藏、咨询及浏览较多网页。

转化率、活跃访客率和参与指数通常作为流量有效性评价的 3 项宏观指标。转化率是指流量带来的访客中成交访客的比例,它直接衡量流量的效果。活跃访客率是指流量带来的访客中活跃访客的比例,它衡量流量的潜在价值。参与指数是指一段时间内流量带来的访客平均访问店铺的次数,它衡量流量带来的访客的黏性。如果某个渠道带来的流量的这 3 项指标都很高,那么该流量就可以定性为高质量流量。如果某个渠道带来的流量的这 3 项指标有高有低,那么就以转化率作为主要指标。

2. 流量价值计算

现在,很多店铺都在使用直通车引流,而且淘宝、天猫商家也越来越趋向于通过付费来增加店铺流量。但要确定引入的流量到底有没有价值,需要通过计算才可知道。计算流量的价值可以帮助商家了解店铺整体流量是否处于健康状态,尤其是店铺经营进入稳定期后,对于每个流量能产生多少价值,商家要做到心中有数。如果流量价值开始下降,商家就需要考虑是不是在错误的引流渠道上投入了太多资源。

流量价值又称流量产值,它是指一个流量能带来多少交易金额。流量价值的计算公式 1 为:

$$流量价值 = 流量产生的交易金额 \div 流量大小$$
$$= 访客数 \times 转化率 \times 客单价 / 访客数$$
$$= 转化率 \times 客单价$$

流量价值还可以定义为一个流量能带来多少利润。流量价值的计算公式 2 为:

$$流量价值 = 流量产生的利润 / 流量大小$$
$$= 访客数 \times 转化率 \times 客单价 \times 利润率 \div 访客数$$
$$= 转化率 \times 客单价 \times 利润率$$

根据公式,要计算流量价值,需要获取的数据包括店铺的交易金额、访客数、转化率和客单价。在"生意参谋"平台首页可以获取与每日的交易、流量、商品、推广、服务相关的数据，然后将数据输入 Excel 表格，按照公式计算流量价值。

5.2 转化数据分析

5.2.1 转化率概述

1. 转化率的定义

转化率是指在一个统计周期内，完成转化行为的次数占推广信息总点击次数的比例。转化率高，说明进店的访客中成功交易的人数比例高。店铺要想有销量，就要让进店的访客下单购买商品，提高转化率。转化率是衡量店铺运营健康与否的重要指标。转化率的计算公式为：

$$转化率 = 转化次数 \div 点击量 \times 100\%$$

例如，有 100 名访客访问某店铺，其中有 50 名访客点击浏览了某商品的信息，最终有 2 人购买了该商品，那么该商品的转化率为：

$$转化率 = 2 \div 50 \times 100\% = 4\%$$

2. 转化率的重要性

从销量和利润公式中，可以看出转化率的重要性。

$$销量 = 流量 \times 转化率 \tag{5-1}$$

从式（5-1）中可以看到，流量和转化率都是影响销量的因素。如果店铺流量低，可以换一下顺序来思考，是不是商家获取的流量有问题？是不是流量的质量不高或不够精准？除了流量，还需要考虑店铺的装修、商品的详情页及价格等。

$$利润 = 销售额 \times 净利润率 \tag{5-2}$$

$$= 购买人数 \times 客单价 \times 净利润率 \tag{5-3}$$

式中，购买人数等于有效进店人数，即产生购买转化行为的进店人数。式（5-3）又可表示为：

$$利润 = 进店人数 \times 购买转化率 \times 客单价 \times 净利润率 \tag{5-4}$$

由于访客主要通过广告、推广、搜索 3 种途径进店，因此进店人数就等于这 3 种途径的有效展现数量，即浏览展现后产生实际点击行为的人数。式（5-4）还可以表示为：

$$利润 = (广告展现 \times 广告转化率 + 推广展现 \times 推广转化率 + 搜索展现 \times 搜索转化率) \times 购买转化率 \times 客单价 \times 净利润率 \tag{5-5}$$

有时候商家把广告、推广、搜索展现做得很吸引人，即点击率很高，但转化率不高；有时候为了争抢市场份额，商家会降低客单价来提高展现数量。但由式（5-5）可以看出，如果商家的净利润率极低，客单价也低，就会导致整体利润低，甚至亏本经营。而提高

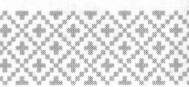

展现数量并不能保证访客点击率,因此转化率才是商家利润的源泉、盈利的核心,提高店铺转化率是商家必须采取的战略决策。

5.2.2 成交转化漏斗模型的操作步骤

任何东西在相互传递、转化时,一定会导致损耗。也就是说,商家投入的资源不可能完全转化为订单。从客户通过搜索展现进入店铺开始,每一步访问,都可能产生访客流失,尤其是访客触达第一个页面(不一定是店铺首页)的流失率往往过高,其中的原因有很多,如访客被广告诱导、发现与预期严重不符等。

从展现到成交,成交转化漏斗模型有 5 个关键步骤。

1. 展现

要想让访客看到商家的推广信息,商家需要将商品的关键词展现给客户。那么,展现量与什么因素有关呢?

1)匹配模式

淘宝搜索关键词匹配方式有 3 种:一是精确匹配,访客的搜索词与所设关键词要求完全相同;二是中心词匹配,访客的搜索词中包含了卖家所设关键词;三是广泛匹配,访客的搜索词与卖家所设关键词相关。下面分别举例说明。

① 精确匹配方式:若商家设置的关键词是"连衣裙",则只有当访客搜索"连衣裙"时,商家的推广才能得到展现;若买家搜索的是"雪纺连衣裙""裙子"等,则商家的推广不会展现,因为其设置的关键词与访客的搜索词不完全相同。

② 中心词匹配方式:若商家设置的关键词是"连衣裙",当访客搜索"连衣裙""雪纺连衣裙""白色连衣裙""针织连衣裙"等时,因为其完全包含了商家设置的关键词,则商品可以展现,流量较多。

③ 广泛匹配方式:若商家设置的关键词是"连衣裙",当访客搜索"连衣裙""雪纺连衣裙""白色连衣裙""针织连衣裙""裙子"等时,因其与商家设置的关键词相关,则商品均有展现的机会,流量更多。

2)关键词排名

访客搜索某个关键词时,如"手机""珍珠""空调"等,搜索结果的排名顺序对展现量有着直接影响。关键词排名越靠前,访客就越容易看到商家或商品的信息。关键词在行业大词上的排名靠前,意味着商家在行业内的影响力超过同行。

3)关键词数量

关键词的数量越多,商家或商品的展现量就越多。但需要注意的是,应根据检索词报告否定一些不相关的搜索词,根据关键词报告否定一些低展现、低点击、无转化的关键词,否则将影响关键词的质量分,导致关键词排名下降。

自然搜索中商品标题包含的关键词应限制在 60 个字符、30 个汉字之内。直通车规定一个商品最多设置 200 个关键词。

4）推广的时间长短

在做搜索引擎营销（Search Engine Marketing，SEM）时，如果推广人员设置账户推广的时间是白天，夜间把账户暂停，那么访客在夜间搜索关键词时就看不到该商家的推广信息，该商家的关键词也就得不到展现。

5）推广地域

在做 SEM 时，商家设置的推广地域越广，覆盖的人群就越多。但不同地区的点击率和成交转化率是不一样的，如果选择的推广地域多，一些地区的点击率和成交转化率低，就会影响关键词的质量分，这将不利于关键词的排名。

6）推广预算

在做 SEM 时，商家的 SEM 推广账户每天都有一定的预算，当预算额度用完时，账户将被暂停，推广信息将不再展现。

2. 点击

当商家或商品的关键词得到足够多的展现时，就要考虑怎样才能吸引访客去点击推广信息了。在做 SEM 时，需要考虑 3 个关键因素：主图的创意度、关键词与主图创意度的相关性、账户结构。账户结构很重要，需要合理设置推广计划和推广单元。

3. 浏览

只有当访客顺利点击商家或商品的推广信息时，才算访问了商家的店铺首页或商品详情页。这主要与网站的访问速度和网页能否打开有关，也与商品详情页的设计有关。

如果登录页是商品详情页，则访客看到的是商品的一组主图、价格、运费、销量、累计评价数、尺码表和颜色表。当访客在登录页再次点击收藏、打开详情页、发起旺旺咨询、加入购物车、立即订购时，该访客才算有效入店。

4. 咨询

当访客点击登录商家或商品的页面后，商家能否激发访客的购买欲望主要与以下几个因素有关：关键词与登录页面的相关性；登录页面内容是否满足访客的需求；访客对登录页面的体验。

5. 订单

当访客想购买商家的商品时，就会联系客服，这时是否达成订单，主要看客服的能力和水平。

① 客服的回应速度。当有访客咨询商品信息或相关服务时，客服应尽快回应，做出回答。

② 客服的服务态度。服务态度是服务质量的基础，优质的服务是从优良的服务态度开始的。

③ 客服的专业性。客服要向访客专业地介绍商品或服务，回答访客的问题，这能够提高订单的成功率。

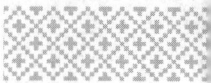

5.2.3 转化的路径

访客购物路径如图 5-2 所示。

进入首页 → 商品目录页面 → 商品详情页面 → 放入购物车 → 生成订单 → 付款 → 收货 → 评价

图 5-2 访客购物路径

1. 进入首页

登录页关注的指标是跳失率、点击率或收藏率。如果登录页是首页，跳失率在 50% 左右属于正常水平。如果跳失率太高，则说明首页的设计存在问题，导致很多访客进入首页后就失去访问店铺商品的兴趣而离开。访客进入首页后，如果没有离开，就会进一步选择商品点击查看。因此从首页到店铺各商品页的点击率都十分值得关注，因为只有商品页点击量增加，才能促进店铺整体业绩的提高。

如果登录页是商品页，就要看跳失率和收藏率这两个指标了。跳失率高，说明商品页存在问题，需要从商品页的图片、描述和定价等方面进行考虑。如果访客进入商品页未购买，但收藏了，则说明访客对这个商品感兴趣，日后购买的可能性会比较大，所以提高宝贝收藏率可以促成日后的交易。

2. 商品目录页面

如果访客在店铺首页采用店内搜索的方式搜索商品，就会进入搜索结果页。搜索结果页包含了一个搜索结果列表，即商品目录。如果搜索结果页的展示不符合访客的要求，访客找不到想找的预期商品，那么访客就会流失。如果访客在搜索结果页找到了想要的商品，就会点击该商品，访问该商品的详情页面。

3. 商品详情页面

访客进入商品详情页面，如果店铺装修不美观、定价过高、销量过少、访客评价过低、详情页设计不合理、店铺客服不给力，访客户就难以做出购买决策，从而造成访客流失。

4. 放入购物车

根据淘宝的经验数据，从访客访问到将商品放入购物车，一般在 100 名访客中，只有 4~5 人会把商品放入购物车；即便放入了购物车，也不一定购买，因此一般的购物网站都设有"立即购买"按钮。

5. 生成订单

如果访客下了订单，则表示其有强烈的购买欲望，但这并不等于成交，因为还有一个支付环节。如果一家店铺在订单与支付之间存在很大的访客流失现象，则会严重影响其销售额的增长，因此需要做深入分析，注意每个细节。

6. 付款

访客支付货款，买卖双方达成交易，但这并不意味着交易完成，因为在成交和交易完成之间，还有物流配送与签收环节。如果访客在付款后取消交易，说明访客对达成的交易产生疑虑或后悔，一些平台的应对策略是加快物流速度，尽量减少访客因后悔而取消交易的机会。

7. 收货

客户收货并签收，买卖双方交易完成。不过一般网购消费者有7天犹豫期，可以发起7天无理由退货。客户退货的理由还有质量问题、尺寸问题、描述不符问题，以及假冒品牌、发错货、商品破损等问题，这就需要卖家做好诚信服务、售后服务、物流配送并减少工作上的失误。

8. 评价

一般情况下，消费者主动评价比较少，只有在商品和服务的使用过程中出现不满意且卖家不予理会时才会发起评价，且这种情况下的负面评价会比较多。一些商家为了改变这一状况，常常利用优惠或返现等手段吸引消费者做出正面评价，但这样的评价又显得不够公正。现在淘宝推出了新的会员评级制度，"生意参谋"平台基于消费者过去12个月在淘宝的"购买、互动、信誉"等行为，综合计算出一个分值——淘气值，它要求客户不仅要买得多，还要参与互动，只有这样消费者才能获得更高的分值，从而促进其更多地参与评价，提高评价的真实性。因此，商家要重视商品质量，做到货物与描述相符，提升消费者服务质量，让消费者满意。商品运营分析人员需要根据转化路径，整理出各个环节的漏斗模型数据，考量有可能造成消费者流失的因素，进行有针对性的优化。需要提醒的是，整个消费者行为是以最终的商品转化为评价标准的，与各环节的转化率息息相关。商品运营分析人员不能只简单地提升某个环节的转化率，这样有可能会造成负面的消费者体验，得不偿失。

不同消费者类别在漏斗中的转化率往往有较大的差异，因此商品运营分析人员除了要进行整体消费者的转化分析，还要进行消费者细分的漏斗模型分析，如针对不同进入渠道、不同注册来源、不同商品使用年限、不同性别、不同年龄等因素进行分析。

5.2.4 转化率分析的指标

在从商品展现到商品成交的转化过程中，常用的转化率分析指标有点击率、跳失率、有效入店率、详情页跳出率、咨询率、咨询转化率、静默转化率、收藏转化率、加购转化率、下单转化率、下单支付转化率、支付转化率等。

1. 点击率

点击率是指在统计日期内，店铺展示内容被点击的次数与总展示次数之比，它是一个百分比，反映了网页上某一内容的受关注程度，经常用来衡量广告的吸引力。点击率的计算公式为：

$$点击率=店铺展示内容被点击的次数/总展示次数$$

2. 跳失率

跳失率是指在一天内，来访店铺浏览量为1的访客数占店铺总访客数的比例，它反映的是某个页面对访客的吸引力和黏性。该值越低，表示流量的质量越好，对访客的吸引力越大和黏性越高。

3. 有效入店率

有效入店率是衡量访客是否流失的一个重要指标，也是与跳失率相反的一个指标。有效入店人数是指至少访问店铺两个页面才离开的访客数。当访客进入店铺后，直接点击商品详情页、收藏店铺、旺旺咨询、加购物车、立即订购后离开店铺等操作，都算有效入店。访客数与有效入店率的计算公式分别为：

$$访客数=有效入店人数+跳失人数$$
$$有效入店率=有效入店人数/访客数$$

对店铺来说，要尽可能降低全店的跳失率，增加全店的有效入店人数。

4. 详情页跳出率

详情页跳出率是指在统计时间内，访客在详情页中没有发生点击行为的人数/访客数，该值越低越好。详情页跳出率如果比较高，则说明详情页的内容设计并没有很好地留住访客。

$$详情页跳出率=1-点击详情页人数/详情页访客数$$

5. 咨询率

咨询率是指在统计时间内，访客中发起咨询的人数占比。访客发起咨询说明其对该商品已经有了购买意愿。

$$咨询率=咨询人数/访客数$$

6. 咨询转化率

访客因参与店铺活动而被吸引，往往需要咨询客服来解决其疑惑，因此咨询转化率往往受到客服服务态度的影响。从访问到询单、下单，再到付款，有一个最终付款成功率，最终付款成功率=最终付款人数/访客数。最终付款成功率与咨询转化率和静默转化率有关。咨询转化率的计算公式为：

$$咨询转化率=下单访客数/总咨询量$$

总咨询量可从旺旺后台得出。咨询转化率这个指标考核的是客服接待访客的能力，转化率越高，说明客服的谈单能力越强。从公式中可以发现，提升咨询转化率有两种方式，一是降低总咨询量，二是提升下单访客数。但降低总咨询量往往不是商家想要的，因此，提升咨询转化率最重要的一点就是提升下单访客数，这是考核客服能力的重要指标。

客服能力表现在服务意识和主动销售技巧方面，尽量让每位前来咨询的访客下单购买商品，不仅让访客购买当前选择的商品，而且连带推荐一系列商品。可以从客服聊天记录中看出客服的主动销售技巧。

影响咨询转化率的因素有 5 个：①客服服务意识；②专业技能（淘宝技能及对商品知识的了解）；③主动销售；④服务态度；⑤响应速度。咨询转化率的产生过程如图 5-3 所示。

图 5-3　咨询转化率的产生过程

7. 静默转化率

与咨询转化率相对应的是静默转化率。静默转化是指访客进入店铺后没有咨询客服，自发下单购买商品。静默成交访客是指未咨询客服就下单购买的访客。有些访客（特别是老客户）因为对店铺已经非常认可，在购买时常常不咨询客服就直接下单。静默转化率考察的是店铺的整体水平，包括店铺的装修、商品的描述、店铺的 DSR 动态评分及老客户关系维护水平等。其计算公式为：

$$静默转化率=静默成交人数/访客数$$

静默转化是商家最喜欢的一种转化方式，因为它不需要推销就有订单自动上门。静默转化率产生的过程如图 5-4 所示。

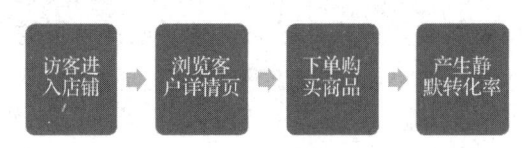

图 5-4　静默转化率产生的过程

8. 收藏转化率

收藏转化率是指在统计时间内，收藏人数占访客数的比例。访客收藏店铺或商品，说明访客对该店铺或商品产生了兴趣。

9. 加购转化率

加购转化率是指在统计时间内，将某个商品加入购物车的人数占访客数的比例。访客将某个商品加入购物车，说明访客有了购买该商品的欲望。

10. 下单转化率

下单转化率是指在统计时间内，下单买家数占访客数的比例，即访客转化为下单买家的比例。

下单转化率主要考验店铺和商品带给访客的感受，如果两者都能给访客带来良好的感受，那么下单转化率就高。

11. 下单支付转化率

下单支付转化率是指在统计时间内，下单且支付的买家数占下单买家数的比例，即统计时间内下单买家中完成支付的比例。

当下单支付转化率太低时，如 80%（100 人下单，却只有 80 人付款），商家就要思考为什么有 20 人下单后又放弃购买了。其实到了下单这一步，就说明访客的购买意向已经非常强烈了，但最终还是放弃付款，是商品的问题还是价格的问题？是否需要一个专门的客服来做催付款工作？这些问题商家都需要仔细思考。

12. 支付转化率

支付转化率是指在统计时间内，支付买家数占访客数的比例，即访客转化为支付买家的比例。

商家可以将支付转化率与下单转化率进行比较，如果支付转化率比下单转化率低得多，则需要考虑是不是客服在与买家交流时一味重视下单量，而忽略了他们的真正需求。

衡量关键词的好坏，除了关注其搜索量的大小，支付转化率也是一个重要指标。一个关键词的搜索量很大，但转化率很小，就好像实体店中销售的一个新奇商品，看的人多，买的人少。商家如果使用了转化率低的关键词，就有可能造成商品转化率下降，进而影响商品的搜索权重。

关键词的转化率并不是固定不变的，随着市场动向和季节变化，关键词的转化率也会提高或降低，所以商家最好定期监控组成商品标题的关键词的转化率大小，及时换掉那些不能带来转化的关键词。

5.2.5 影响转化率的因素

转化率与广告展现、推广展现、搜索展现、购买展现有关。从消费者的角度看，影响店铺转化率的因素共有 12 个。

1. 商品价格

商品价格不仅影响商品的搜索权重，还影响进入店铺的访客最终是否会下单购买。商品价格并非越低越好，需要分析商品在整个行业中的成交价格和成交量之后确定。

2. 买家评价

买家在下单购买商品前一般都会查看商品的评价、咨询其他买家、查看 DSR 评分，所以买家评价的内容、DSR 评分和买家回复对转化率有重要影响。

3. 详情页设计

买家在网店购物与在实体店购物的体验是不一样的。在实体店，买家可以真实地触摸商品，判断商品的质量，但在网店购物时，买家对商品质量的判断很大程度上取决于商品详情页的设计。在商品详情页中，内容板块一般包含：商品主图展示区，用来向访客展示商品的各属性效果;文字描述区,用来向访客介绍商品的特点和细节;其他功能区,用来引导访客持续访问和收藏商品。商品详情页的整体颜色、版块的布局设计都要尽量做到让买家消除对商品质量等方面的疑虑,放心购物。

4. 店铺装修

店铺装修得美观、专业,会让访客从心理上产生一种信任感,从而产生购买欲,这对提高转化率大有裨益。反之,如果店铺的装修毫无风格可言,整体配色乱七八糟,访客的第一感觉就是店铺环境差,商品质量也好不到哪去,从而造成访客流失,转化率降低。

5. 促销活动

访客都有买便宜和得实惠的消费心理,商品的打折促销、一买就赠等活动往往会对访客产生较大的吸引力。因此,促销活动也是影响转化率的重要因素。常见的促销方式有指定促销、组合促销、借力促销、附加值促销、奖励促销、赠送类促销、时令促销、定价促销、回报促销、商品特性促销、限定式促销、名义主题促销、另类促销、纪念式促销等。

1)指定促销

指定对象促销:先购买者减价,如前10名购买者专享半价;角色专享价,如母亲特惠价;老顾客优惠价,如二次购买特惠;新顾客优惠。

指定产品促销:赠送式促销,如买A送B;附加式促销,如加1元多一件或第二件半价。

2)组合促销

捆绑式促销:赠送式促销,如买A送B;附加式促销,如加1元多一件或第二件半价。

搭配促销:A+B优惠价,如衣服和裤子一起买减10元。

连贯式促销:首次购买正价,第二次购买两件半价。

3)借力促销

明星促销:借用明星的声誉进行促销,如××明星款T恤、××明星挚爱款。

时事促销:利用时事热点促销。

依附式促销:依附于某个大品牌展开促销,如世界杯赞助商、奥运会赞助商、某某活动赞助品牌。

4)附加值促销

口碑式促销:借助老顾客吸引新顾客,如邀请有礼、邀请返利、好评有礼、好评返利。

故事性促销:借用故事打动顾客的方式促销,如"××产品背后的故事"。

承诺式销售:通过向顾客承诺的方式促销,如"买了不后悔"。

品牌型促销:利用品牌声誉促销,如"××品牌,值得信赖"。

5）奖励促销

抽奖式促销：采用抽奖方式促销，如购买抽奖、抽取幸运顾客。

互动式促销：利用与顾客互动的机会促销，如收藏有礼、介绍新顾客有礼、签到有礼。

优惠券促销：通过向顾客发放优惠券的方式促销，如优惠券、抵价券、现金券、包邮券等。

6）赠送类促销

礼品促销：以向顾客赠送礼品的方式促销，如有买有赠、满额赠送。

惠赠式促销：以向顾客惠赠的方式促销，如买一赠一、多赠、买多送多、买送红包、买送积分。

7）时令促销

清仓类促销：用清仓吸引顾客的方式促销，如换季清仓、季末清仓、反季促销。

季节性促销：利用季节特点促销当季商品，如季节性热卖促销。

8）定价促销

满额促销：以顾客购买达到一定金额后给予优惠的方式促销，如满就送、满立减。

特价式促销：以进行特价销售的方式促销，如一元拍、仅售××价格。

统一价促销：通过按统一价格销售所有商品的方式促销，如全场2元。

9）回报促销

免费式促销：利用免费方式吸引顾客，如免费试用、免单。

回扣返利促销：以向购买商品的顾客返利的方式促销，如满就减、返现。

拼单折扣促销：以对购买数量多的顾客给予优惠的方式促销，如满几件赠送、团购价、满几件包邮。

10）商品特性促销

商品卖点促销：以向顾客展示商品卖点的方式促销，如质优商品、功能卖点。

引用举例式促销：以向顾客引用老顾客或社会评价的方式来促销，如网友推荐、××用了都说好。

新品促销：对新上线的商品展开促销，如新品折扣。

11）限定式促销

限量促销：以限定商品销售数量的方式促销，如限量销售。

阶梯式促销：以设计一个优惠阶梯的方式促销，如早买早便宜、多买多便宜。

单品促销：针对一个单品展开促销，如孤款独售。

限时促销：限定时间的促销方式，如秒杀、今日有效、逢时促销（整点免单）。

12）名义主题促销

公益性促销：以公益的名义来促销，如买就捐款。

配合平台的"主体性"促销：如聚划算、天猫新风尚。

联合促销：联合多个商家展开促销，如互补式促销、同类目促销（如 T 恤促销专场）。
主题性促销：利用顾客喜欢的一个主题展开促销，如七夕节特卖。
首创式促销：电商平台自发组织一场活动策划。

13）另类促销
稀缺性促销：将商品冠以稀缺的名号吸引顾客，如绝版、孤品、独家代理。
模糊式促销：采用模糊的方式促销，如全场促销。
纯视觉冲击促销：通过美化电商网站平台，给访客以美感。
通告式促销：通过向顾客提前通告的方式促销，如预售日促销。
反促销式促销：以反促销的方式打动顾客，如原价售卖、绝不打折。
悬念式促销：以设计悬念的方式促销，如价格竞猜。

14）纪念式促销
会员促销：针对店铺会员展开促销，如 VIP 价、会员日特价、满额 VIP 升级。
节日促销：借用节日的名义促销，如三八节促销、圣诞节促销。
纪念日促销：借用纪念日的名义促销，如生日特惠、店庆特惠。
特定周期促销：以设定特定优惠周期的方式促销，如周二新品促销、每月半价日。

6. 消费能力

访客的消费能力对转化率也有重要影响，消费能力高的访客对商品价格不敏感，但对商品的品牌、质量和设计等要求高，如果店铺的商品在这些方面符合这部分访客的需求，则转化率就高；反之，转化率就低。消费能力低的访客对商品价格比较敏感。但由于每个人的消费观念都不同，很难通过购买金额和数量直接判断访客的消费能力是较高、一般还是较低。例如，有些访客的消费能力一般，但由于他们注重享受，可能网购的金额较大、数量较多。

7. 消费观念

访客的消费观念分为理性消费、感觉消费和感性消费 3 种。理性消费的购买标准是商品好与价格便宜；感觉消费的购买标准是喜欢；感性消费的购买标准是满意。理性消费这一消费观念的指导思想是"节俭"，感觉消费和感性消费这两种消费观念更侧重"享受"。

一般来说，消费能力较低的访客，消费观念更理性，侧重"节省"；消费能力较高的访客消费观念更感性，侧重"享受"。当然也存在消费能力高的消费者是理性消费者、消费能力低的消费者是感性消费者的情况。

8. 访问目的

主动使用站内搜索来查找和浏览商品信息的访客，其访问目的往往是计划内购物，而通过分类购物栏和引导购物栏浏览商品信息和在站内随意点击浏览信息的访客，其访问目的大多是闲逛。

显而易见，计划内购物者的购买转化率常大于闲逛者的购买转化率。然而，绝大多数网购者并没有明确的购买目标，即他们的访问目的就是闲逛。因此，为访客推荐购买目标，刺激他们的购买欲，对于提高购买转化率尤为重要。

9. 浏览时间

2009 年，李光斗在《故事营销 30 秒法则》一文中提出，在信息爆炸时代，广告无处不在，信息无孔不入，消费者每天会接触成千上万条营销信息。高密度的信息轰炸，让消费者变得越来越麻木。营销人员必须在 30 秒内抓住消费者的心，"30 秒"成为营销成败的决定性因素：第一个 30 秒引起注意，第二个 30 秒引发兴趣，第三个 30 秒引人入胜，第四个 30 秒引出行动。

分析发现，如果访客在店铺停留 30~60 秒，转化率为 0.5%~1.5%；如果访客在店铺停留 60~150 秒，转化率为 2%~3%；停留时间在 150 秒以上，转化率在 4%以上。因此，如何延长访客在店铺中停留的时间是值得电商从业者思考的问题。

一般来说，访问目的是闲逛或店铺对访客的吸引力较强，页面浏览时间就较长；访问目的是计划内购物或店铺对访客的吸引力较弱，页面浏览时间就较短。

10. 购物体验

访客购物体验会严重影响转化率。访客的购物体验是优、良还是较差，可以通过反复测试和分析访客评价来了解。评价内容主要包括搜索是否精准匹配、页面浏览速度、页面是否简洁、操作难易度、动线设计、图片质量、客户服务、支付环节的流畅性、物流配送速度等方面。顾客的反馈信息能比较客观地反映其真实的购物感受，这对完善电商网站十分重要。

一般来说，购物搜索匹配精准、页面浏览速度快、动线设计合理、图片质量清晰、支付环节流畅、商品与描述相符、客服服务态度好、物流配送速度快，访客的购物体验就好，就有可能重复购买；反之，访客的购物体验就差，很可能不会再次光顾，并且可能会将不好的购物体验分享给好友。

11. 流量来源

根据流量来源可将访客分成老访客和新访客，通常情况下从自主访问流量入口进入的访客基本上都是老访客。当新访客转化率下降时，商家需要从商品价格、主图质量、DSR 评分、客户服务、促销活动、竞争因素、装修风格、品牌价值、付款方式、快递、页面打开速度、销量、商品描述、售后服务等方面进行反思，查看哪些方面没有做到位。当老访客转化率出现问题时，商家需要从店铺风格、商品质量、老访客维护、促销活动、店铺上新频率等方面查找原因，确定是什么原因导致老访客不再进店购买。

12. 访客地域

不同地域的访客对不同店铺、不同商品的访问不同，访问量大并不代表成交量也大，所以访客地域的不同也会影响转化率。商家在全面分析店铺转化率数据时，不能遗漏访客地域这一因素。

此外，购物时间段、购物时正在做的另一件事、朋友的意见、性别、年龄、心情等因素也会影响转化率。

【案例分析】淘宝葡萄酒卖家转化率影响因素挖掘

【案例背景】

流量意味着消费者，店铺的流量变动情况是商家的首要关注对象。而店铺转化率是各商家运营店铺时追求的重点，实现各个环节的高转化率，不仅能提高店铺的成交金额，还能提升店铺的排名和权重。如果一个店铺只有流量而没有实现高转化率，会导致访客逐渐流失，订单量骤减，店铺权重下降，导致平台减少对该店铺的流量投放，从而进入恶性循环。因此，商家需要挖掘影响店铺转化率的因素，制定方案实现店铺的高转化率，跳出恶性循环。

【案例分析过程】

1. 分析思路

1）挖掘影响店铺转化率的因素

挖掘影响店铺转化率的因素，就是寻找店铺高转化率的构成要素。而在日常的店铺运营中，无论是流量引导还是消费者的购买行为，都存在着各种转化率，且都与商品、消费者这两个角色有着密切的联系。因此，在寻找店铺高转化率的构成要素时，可以从商品和消费者这两个维度进行分析，将目标拆分为寻找高转化率商品和高转化率消费者的构成因素。

本案例主要从消费者维度进行分析。在交易环节中，除去通过自主访问购买商品这一情况，消费者大多是通过流量引导进入店铺购买商品的，流量又包含平台的免费流量、店铺广告投放的付费流量。其中，店铺的广告投放可由商家自主设定，这就意味着商家可以通过向高质量消费者投放广告来提高店铺转化率。

2）消费者分类

在理解如何从消费者维度提高店铺转化率之后，需要围绕"如何找到高质量消费者"这一问题对案例进一步分析。

首先，高质量消费者意味着精准的流量和高转化率。信息时代，企业营销焦点从以商品为中心转变为以消费者为中心，客户关系管理成为企业的核心问题。客户关系管理的关键问题是消费者分类，准确的消费者分类是企业优化营销资源分配的重要依据。通过消费者分类，区分无价值消费者和高价值消费者，针对不同价值的消费者制定个性化服务方案，采取不同的营销策略，将有限的营销资源集中到高价值消费者身上，进行精准的广告投放，实现企业利润的最大化。

本案例的主要内容就是对店铺的消费者进行分类，消费者分类可通过应用聚类算法实现。

3）制定针对不同类型消费者的解决方案

完成消费者分类后，消费者会被分成以下5种类型。针对如何提高转化率这一问题，针对不同类型的消费者有不同的解决方案。

① 历史活跃普通消费者：近期无消费记录，但历史消费频率较高，具有一定的价值。为防止这类消费者流失，可以进行消费者关怀或开展回馈老消费者活动，吸引其购买。

② 近期活跃普通消费者：近期活跃度一般的大众用户。对于这类消费者，应积极开展平台促销活动、节日活动等，给予其更多福利，推动购买，将其转化为近期活跃高价值消费者。

③ 历史活跃低价值消费者：价值较低且无近期消费记录。应减少对这类消费者的广告投放。

④ 近期活跃低价值消费者：近期活跃但消费总金额较低。对于这类消费者，应尝试寻找其购买偏好，增加其购买欲望，提升其忠诚度，从而提高转化率。

⑤ 近期活跃高价值重点消费者：近期活跃且消费总金额较高。对于这类消费者，应将其设为主要的广告推广对象，优先分配营销资源充分利用消费者价值，维持消费者关系。

2. 算法简介

1）聚类算法的定义

聚类的目的是在数据中的元素内找到不同的组。聚类算法是指在数据中找到结构，以使相同聚类（或组）的元素彼此之间比来自不同聚类的元素更相似。它是在预先没有训练和不知道划分类别的情况下，根据信息相似度原则把样本划分为若干类。

聚类分析是无监督类机器学习算法中最常用的一种，其目的是将数据划分成有意义或有用的组（也被称为簇）。这种划分可以基于业务需求或建模需求来完成，也可以单纯地用于探索数据的自然结构和分布。例如，在商业中，如果手头有大量的当前和潜在客户信息，就可使用聚类分析将客户划分为若干组，以便进一步分析和开展营销活动，最有名的客户价值判断模型 RFM[①]，就常常和聚类分析一起使用。再如，聚类可以用于降维和矢量量化，可以将高维特征压缩到一列中，常常用于图像、声音、视频等非结构化数据，可以大幅度压缩数据量。

如果聚类分析的目标是将数据划分成有意义的组，则组应当捕获数据的自然结构。然而，在某种意义下，聚类分析只是解决其他问题（如数据汇总）的起点。无论是旨在理解还是使用，聚类分析在心理学和其他社会科学、生物学、统计学、模式识别、信息检索、机器学习和数据挖掘等领域都扮演着重要的角色。

---

① RFM，是指最近一次消费（Recency）、消费频率（Frequency）和消费金额（Monetary）。

2）K-Means 的实现流程

聚类算法有很多种，K-Means 是最常用的一种，也是最基础和最重要的一种。该算法最大的特点是简单、好理解、运算速度快，但是只适用于连续型数据，并且在聚类前需要人工指定分成几类。

K-Means 算法是一种简单的迭代型聚类算法，采用距离作为相似性指标，从而发现给定数据集中的 k 个类，根据类中所有值的均值得到每个类的中心，每个类都用聚类中心来描述。它以欧式距离作为相似度指标，使各类的聚类平方和最小。

K-Means 的基本思想：通过迭代寻找 k 个聚类，使得用这 k 个聚类的均值来代表相应各类样本时所得的总体误差最小。

K-Means 算法流程如下。

① 选取数据空间中的 k 个对象作为初始中心，每个对象代表一个聚类中心。

② 对于样本中的数据对象，根据它们与这些聚类中心的欧氏距离，以距离最近为准则，将它们分到距离它们最近（最相似）的聚类中心所对应的类，欧氏距离的表达式如下：

$$\rho = \sqrt{(x_2-x_1)^2 + (y_2-y_1)^2}, \quad |X| = \sqrt{x_2^2 + y_2^2}$$

式中，ρ 为点 (x_2, y_2) 与点 (x_1, y_1) 之间的欧氏距离；$|X|$ 为点 (x_2, y_2) 到原点的欧式距离。

③ 更新聚类中心：将每个类别中所有对象所对应的均值作为该类别的聚类中心，计算目标函数的值。

④ 判断聚类中心和目标函数的值是否发生改变。若不变，则输出结果；若改变，则返回第②步。

K-Means 算法流程详解如图 5-5 所示。

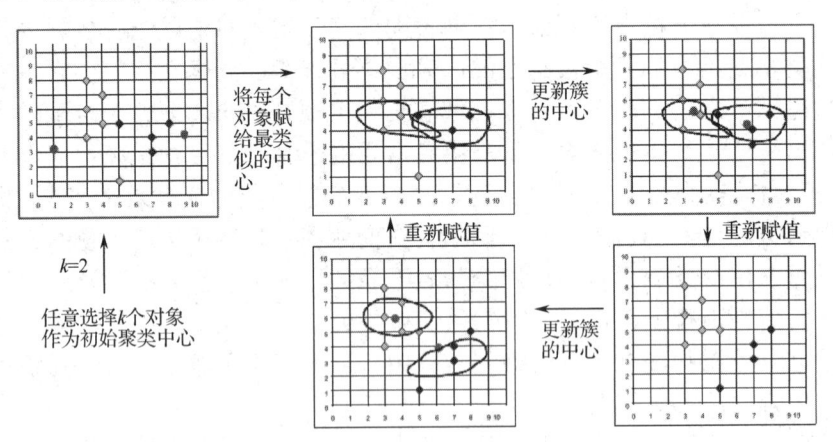

图 5-5 K-Means 算法流程详解

总体来说，K-Means 是一种基于距离的聚类算法，它将所有的数据归类到其最邻近的中心。它适用于对球形簇分布的数据进行聚类分析，可应用于客户细分、市场细分等分析场景。用户在使用时需要指定聚类个数。

3）聚类分析的应用

在对事件的分析和描述中，"类"或在概念上有意义的具有公共特性的对象组，扮演着重要角色。的确，人类擅长将对象划分成组（聚类），并将特定的对象指派到这些组（分

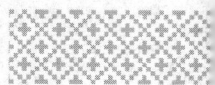

类）。例如，即使很小的孩子也能很快地将图片上的对象标记为建筑物、车辆、人、动物、植物等。就理解数据而言，簇是潜在的类，而聚类分析是研究自动发现这些类的技术。下面是一些例子。

（1）生物学

生物学家花了很多年创建了所有生物体的系统分类学（层次结构的分类）：界、门、纲、目、科、属和种。聚类分析早期的大部分工作都是在寻求创建可以自动发现分类结构的数学分类方法。最近，生物学家使用聚类法分析大量的遗传信息，已经将聚类用于发现具有类似功能的基因组。

（2）信息检索

万维网包含数以亿计的 Web 页面，网络搜索引擎可能返回数以千计的页面。可以使用聚类将搜索结果分成若干簇，每个簇捕获查询的某个特定方面。例如，查询"电影"返回的网页可以分成评论、电影预告片、影星和电影院等类别。每个类别（簇）又可以划分成若干子类别（子簇），从而产生一个层次结构，帮助用户进一步探索查询结果。

（3）气候

理解地球气候需要发现大气层和海洋的模式。目前聚类分析已经用于发现对陆地气候具有显著影响的极地和海洋大气压力模式。

（4）心理学和医学

一种疾病或健康状况通常有多个变种，聚类分析可以用来发现这些变种。例如，聚类可用于识别不同类型的抑郁症，也可以用于检测疾病的发生时间和空间分布模式。

3. 分析过程

分析客户交易数据判断客户价值，常使用 RFM 模型。RFM 模型是衡量消费者价值和消费者创利能力的重要工具和手段。该模型通过消费者的近期购买行为、购买的总体频率及交易总金额 3 项指标来描述该消费者的价值。

本案例使用 RFM 模型，以挖掘消费者价值为目的，从消费者交易总金额（M）、交易频次（F）、最近一次交易间隔（R）这些数据出发，运用 K-Means 算法进行聚类分析，并对消费者进行分类，如表 5-1 所示。

表 5-1 消费者分类

class	消费者分类
0	历史活跃普通消费者
1	近期活跃普通消费者
2	历史活跃低价值消费者
3	近期活跃低价值消费者
4	近期活跃高价值消费者

1）探索数据源

淘宝网某葡萄酒店铺最近一段时间的消费者交易数据如表 5-2 所示，原示例数据共 1 459 条，此处仅列示 10 条。数据源指标详解如表 5-3 所示。

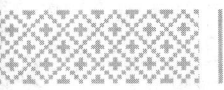

表 5-2　某葡萄酒店铺消费者交易数据

消费者会员名	交易总金额（元）	交易频次	最近一次交易间隔（天）
008 同学	154	1	76
0115pingping	159	1	68
0213wxw	156	1	68
05071990w	159	1	86
0592qiqi	159	1	78
0 粉兔子 0	193	1	69
1101x	236	1	68
12096 我	159	1	82
1234 郭婷 9	98	1	71
123jennifere	159	1	60

表 5-3　数据源指标详解

名称	详解
消费者会员名	消费者 ID，具有唯一性
交易总金额	统计时间内，消费者在该店铺的消费总金额
交易频次	统计时间内，消费者在该店铺的交易频次
最近一次交易间隔	统计时间内，消费者最近一次在该店铺的消费时间与当前时间的间隔

平台中的关系数据源如图 5-6 所示（共 1 459 条数据，此处仅列示 20 条）。

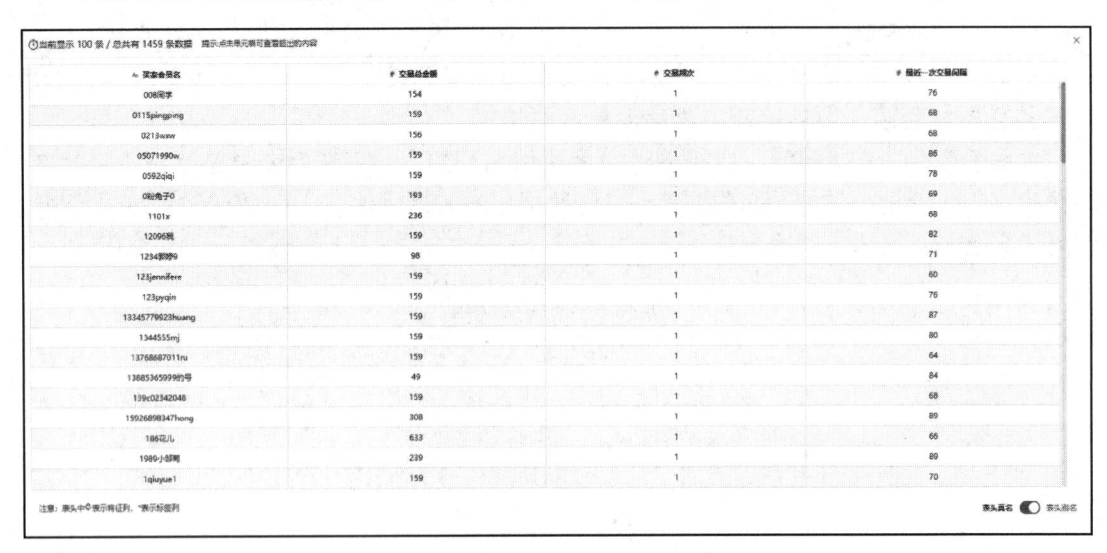

图 5-6　平台中的关系数据源

2）过程讲解

（1）选择特征列

根据案例思路，需要将"交易总金额""交易频次""最近一次交易间隔"3 列数据设置为特征列，为接下来的算法运用创造条件，如图 5-7 所示。

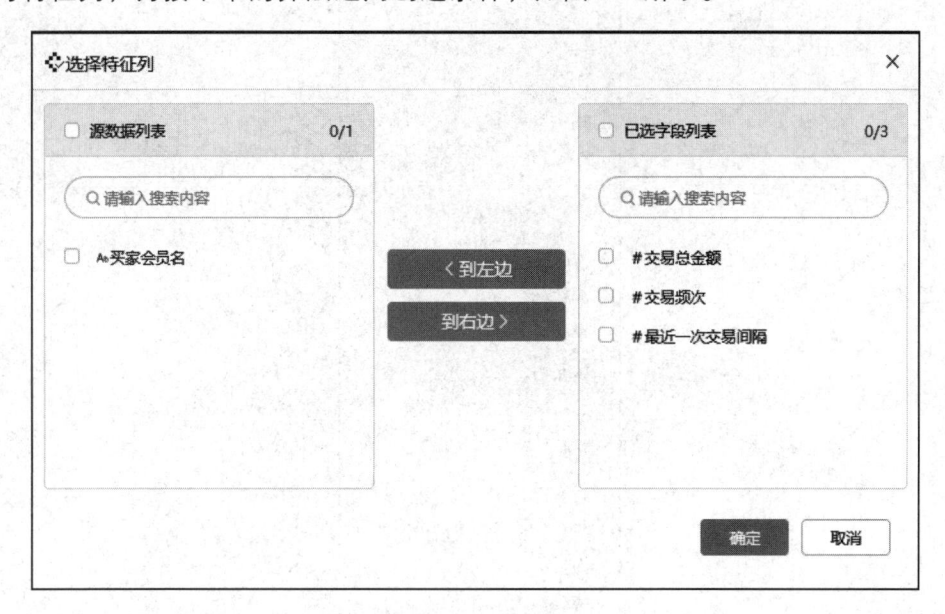

图 5-7 选择特征列

（2）设置 K 均值与聚类训练

如图 5-8 所示，在平台中实现 K-Means 算法，需要设置 K 均值，并对数据进行聚类训练。

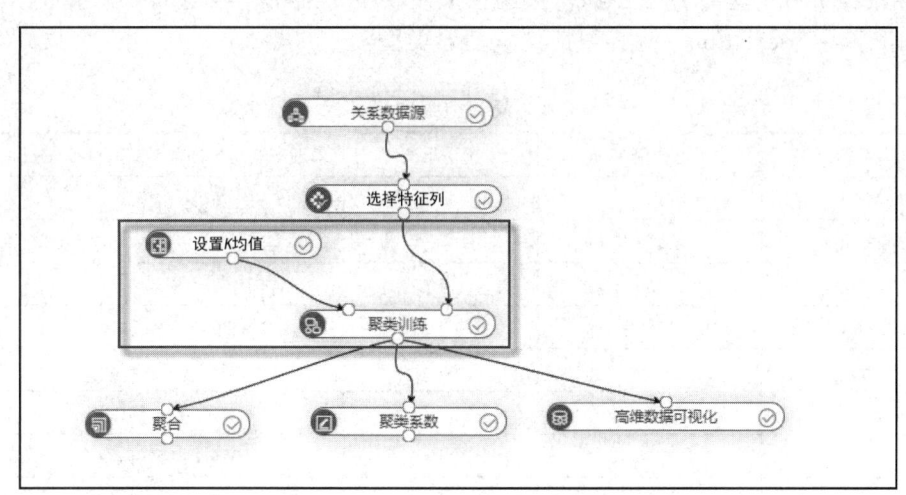

图 5-8 K-Means 算法的实现过程

在此次训练中，有 5 种不同的消费者类型，所以需要将 K 均值设置为"5"，如图 5-9 所示。

归一化可以让不同维度之间的特征在数值上有一定的可比性，可以大大提高分类器的准确性。这里归一化的方法选择为默认设置，但需要勾选参数"单位标准差归一化""平均数据中心化"，其他为默认设置。

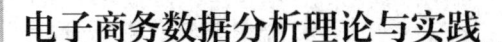

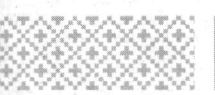

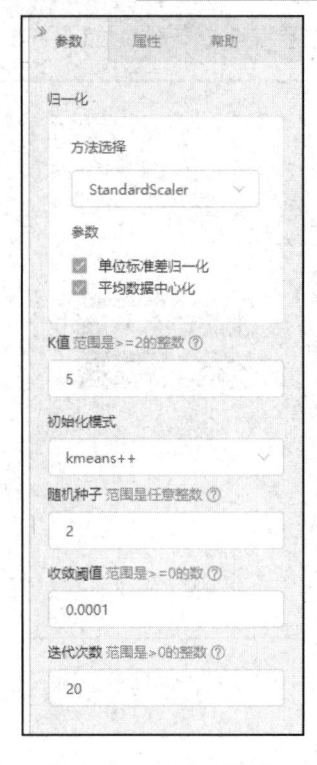

图 5-9 设置 K 均值

根据聚类训练的基本算法步骤，预测结果如表 5-5 所示，共有 1 459 条数据，此处仅列示 10 条。"prediction"列为对应的消费者类型。

表 5-4 聚类训练预测结果

消费者会员名	交易总金额（元）	交易频次	最近一次交易间隔（天）	prediction
008 同学	154	1	76	2
0115pingping	159	1	68	3
0213wxw	156	1	68	3
05071990w	159	1	86	2
0592qiqi	159	1	78	2
0 粉兔子 0	193	1	69	3
1101x	236	1	68	3
12096 我	159	1	82	2
1234 郭婷 9	98	1	71	3
123jennifere	159	1	60	3

（3）查看聚类系数

如图 5-10 所示，可在算法运行后添加聚类系数，观察不同分类下各指标对应的聚类系数，如表 5-5 所示。表中的"class"列与表 5-4 中的"prediction"列对应，为 5 种不同的消费者类型。

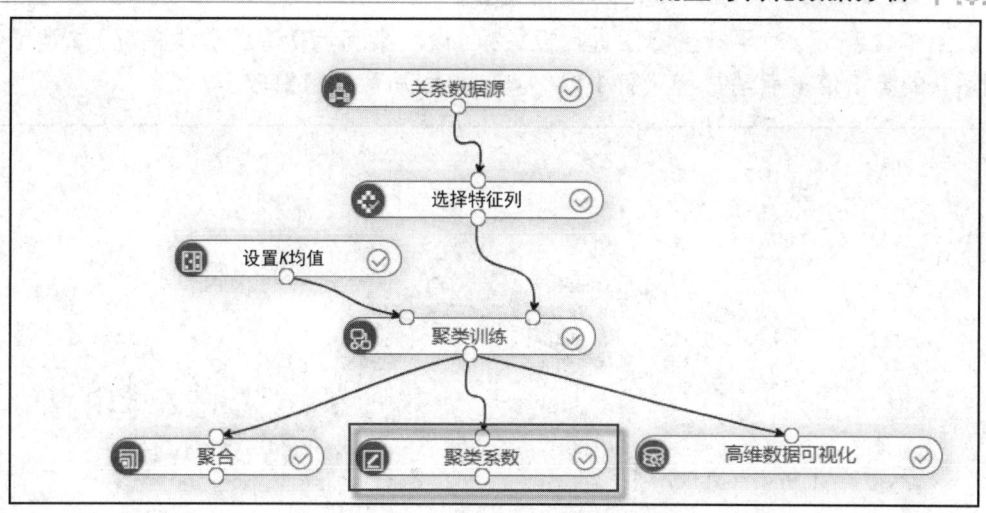

图 5-10 添加聚类系数

表 5-5 聚类系数

class	交易总金额	交易频次	最近一次交易间隔
0	1.2324921064641505	-0.20750046188753865	0.5265658325599685
1	1.3862822436380844	4.458658418005009	-0.4777511098425481
2	-0.3964897036229384	-0.20750046188753682	0.8026476249660619
3	-0.251154385918665	-0.20750046188753682	-0.9456592562609982
4	20.305208365442358	8.567663998805905	-0.576594624331513

(4) 高维数据可视化

算法运行完成后,还能通过高维数据可视化直观地查看结果,如图 5-11 所示。

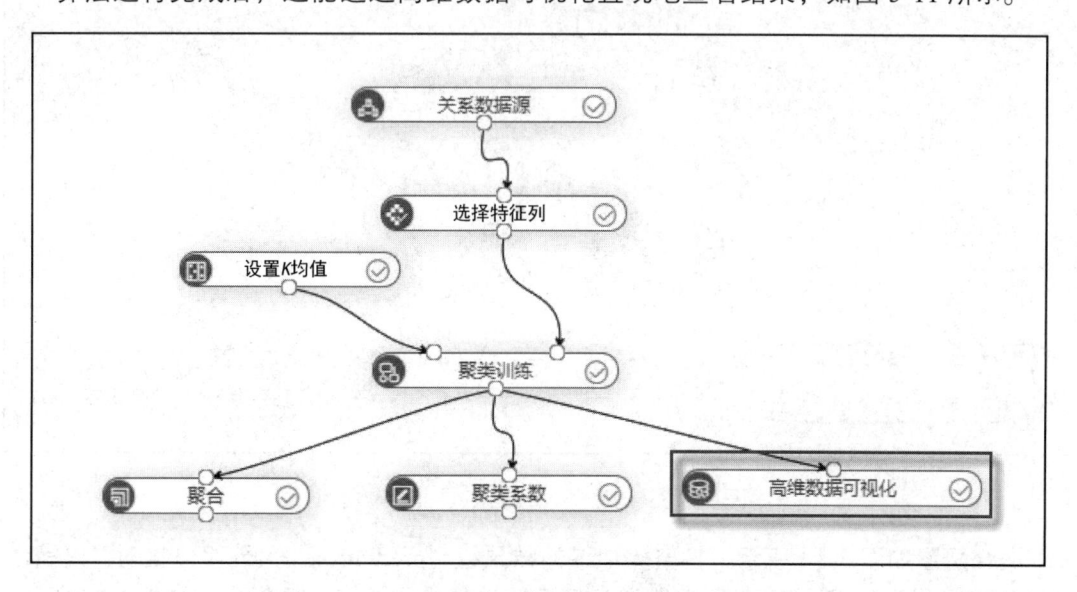

图 5-11 高维数据可视化

如图 5-12 所示，对平行坐标图进行设置，可以观察到消费者的分类情况，如类型"4"近期活跃的高价值重点消费者只有 1 位，其他类型消费者数量较多。

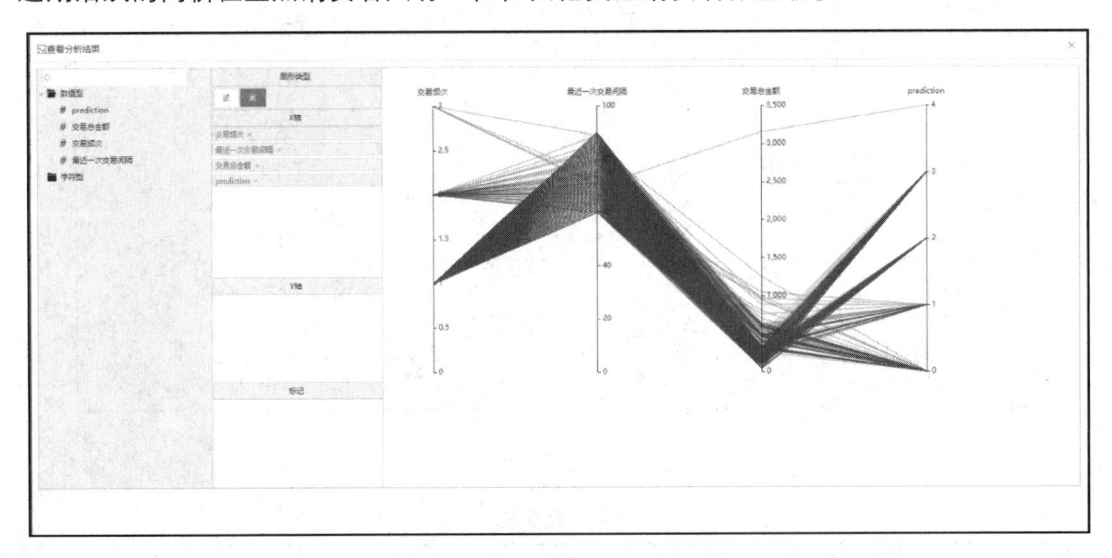

图 5-12　高维数据可视化结果

（5）聚合分类结果

还可以通过对聚类训练的结果进行聚合，将每个类型的"消费者会员名"进行汇总，便于商家针对不同的消费者类型进行管理，如图 5-13 所示。

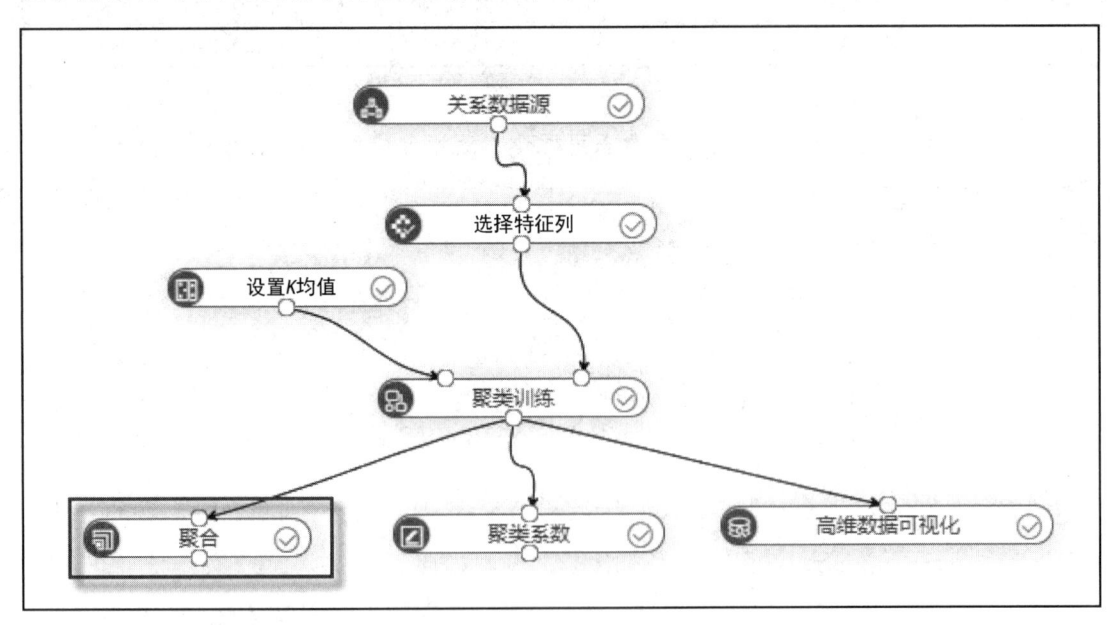

图 5-13　对聚类训练的结果进行聚合

聚合配置如图 5-14 所示，将聚类训练的结果以"prediction"为分组依据对"消费者会员名"进行汇总，即输出不同消费者类型下的消费者用户名。聚合结果如图 5-15 所示。

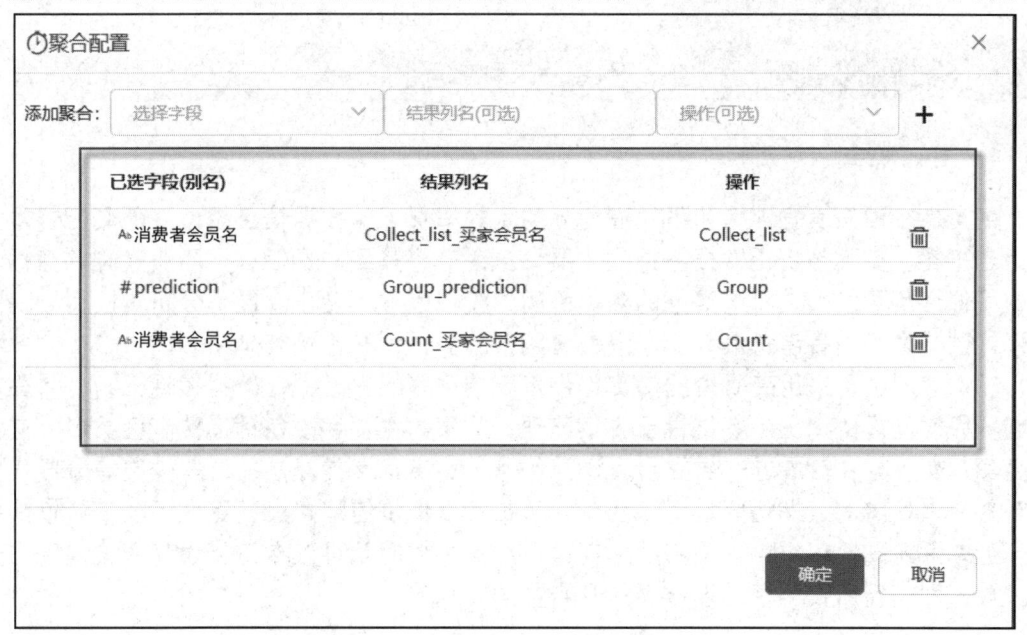

图 5-14　聚合配置

从聚合结果中可以得到各消费者类型对应的消费者名称。

图 5-15　聚合结果

3）解读结果

结合运行的可视化结果、聚合结果，可根据不同类型的消费者设计不同的解决方案。

结果中，类型"4"近期活跃高价值重点消费者只有"zueije"一位，高价值消费者稀缺。在之后的运营中可以将该类型消费者设为主要广告投放对象，从而提升转化率，优质资源也要首先分配给高价值消费者，以维持消费者关系。

类型"3""2"的消费者人数总和高达 1 174 人，占整体的 80%，代表店铺低价值消费者较多。面对历史活跃低价值消费者，需要减少对其广告投放量，避免资源浪费，提高店铺转化率下限；而对近期活跃低价值消费者，需要寻找其购买偏好，促使其消费，培养其忠诚度。

类型"1""0"的消费者属于普通消费者。针对普通消费者需要适当开展店铺活动给予其福利和关怀，这样不仅可以避免历史活跃普通消费者的流失，还可以将近期活跃普通消费者转化为高价值消费者，解决店铺高价值消费者缺失的问题。

【案例总结与应用】

1. 案例总结

聚类是在预先没有训练和不知道划分类别的情况下,根据信息相似度原则把样本划分为若干类。聚类分析是数据挖掘的主要任务之一。其目的是使属于同一类别的数据之间的相似性尽可能大,不同类别的数据之间的相似性尽可能小。聚类分析常应用于消费者群体的分类、消费者背景分析、消费者购买趋势预测和市场细分中。

在本案例中,采用高质量的消费者带来高转化率的思路进行数据挖掘分析,首先对店铺一段时间内的消费者数据进行收集整理,收集的主要字段包括消费者会员名、交易总金额、交易频次及最近一次交易间隔,利用 K-Means 聚类算法将这些消费者分成历史活跃普通消费者、近期活跃普通消费者、历史活跃低价值消费者、近期活跃低价值消费者、近期活跃高价值重点消费者。后期进行广告投放时就可以专门针对高质量消费者进行投放,即进行所谓的精准投放,提升店铺的转化率。

2. 案例应用

可利用聚类算法实现消费者价值分析。借助电商企业的运营数据,对消费者进行分类,并分析不同类别消费者的特征,最后比较不同类别消费者的价值,对不同价值的消费者提供个性化服务,制定相应的营销策略。

3. 应用拓展——企业信息聚类模型

根据信息资源管理相关理论,建立一套有关信息资源管理水平的指标体系,并在此基础上利用聚类分析法结合相关指标进行分析。例如,聚类分析在企业信用等级分类、情报学、客户洞察、风险评估等方面都有很重要的应用。

人们往往都是总结历史经验,得出一些规律性的东西并加以利用,这个道理同样适用于企业的经济资产分析。对企业的资产结构、财务及经营等信息进行分析,不仅可以判断企业的发展状况,通过与其他企业的对比分析找出自身存在的问题,还可以帮助政府了解企业的发展运营状况,对不同情况的企业采取不同的帮扶政策。企业信息聚类模型通过对企业的资产结构、财务及经营等信息进行数据挖掘,将经营状况、财务状况相似的企业自动识别出来,实现地区企业的分群,可以帮助企业和政府了解这些特征背后隐藏的数据信息,使政府快速实现对企业的精准扶持,也使企业快速实现自查。

【拓展实训】会员聚类分析提升转化率

【实训目的】

巩固聚类分析的算法原理;通过教师讲解与实践操作,使学生熟悉思睿智训数据挖掘模块中的聚类分析，能利用其进行转化率重要影响因素的分析。

【实训内容与要求】

第一步：由教师介绍实训目的、方式、要求，调动学生实训的积极性。

第二步：对学生进行分组，确定各小组的组长和人员分工，明确小组学习方式，制订小组计划，了解小组要做什么，要达到什么目的。

第三步：由教师介绍聚类分析相关知识及讨论的话题，并通过实训平台进行实训。

第四步：各小组对教师布置的问题进行讨论和平台操作，并记录小组成员的发言。

第五步：根据小组讨论记录撰写讨论小结。

第六步：各组相互评议，教师点评、总结。

【实训成果与检测】

成果要求：

（1）提交平台操作和案例讨论记录：按 3～5 名学生一组进行分组，各组设组长 1 名、记录员 1 名，每组必须有小组讨论、工作分工的详细记录，以作为成绩考核依据。

（2）能够在规定的时间内完成相关的讨论，利用小组合作方式共同撰写文字小结。

评价标准：

（1）上课时与教师积极配合，积极思考、发言。

（2）认真阅读案例，积极参加小组讨论，分析问题时思路开阔。案例分析基本完整，能结合所学理论知识解答问题。

（3）小组成员积极参与小组活动，分工合作较好。

【思考与练习】

（1）了解聚类分析的相关概念。

（2）掌握消费者聚类分析的案例操作，理解 RFM 模型的含义。结合所学专业，思考此类模型还可用于哪些现实场景。

第6章
电商采购与销售数据分析

【学习目标】

- 了解电商采购的概念;
- 掌握电商采购的分类;
- 了解电商采购的模式。

【学习重点、难点】

学习重点:

- 电商采购流程;
- 交易数据分析。

学习难点:

- 采购成本数据分析;
- 店铺运营数据分析。

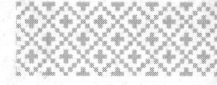

6.1 电商采购数据分析

6.1.1 电商采购概述

1. 电商采购的定义

顾名思义,电商采购就是买家在电商平台寻找合适的供应商进行采购,通过搜索或发布需求信息来寻求卖家合作,完成交易。

2. 电商采购的分类

1)按采购主体分类

(1)私人采购

私人采购是指为满足家庭或个人需要而进行的采购。个人采购实质上是一种购买活动,购买对象主要是生活必需品或生活耐用品,其特点为单次、单品种、单一决策,购买过程相对简单。

(2)团体采购

团体采购是指某些团体通过大批量地向供应商订购,以低于市场价格获得商品或服务的采购行为。

(3)企业采购

企业采购是指企业供应部门通过各种渠道,从外部购买生产经营所需商品的有组织的活动,是现今市场经济下最重要、最主流的采购方式。企业是生产大批量商品的主体,为了生产大批量商品,企业需要采购大批量商品。

(4)政府采购

政府采购又称统一采购或公共采购,是指各级政府及其所属公共部门为开展日常的政务活动及为公众提供社会公共产品和公共服务的需要,在财政监督下,以法定的方式、方法和程序(按国际规范一般应以竞争性招标采购为主要方式),从国内外市场上为政府或所属公共部门购买所需货物、工程和服务的行为。政府采购属于政府行为,一般使用公开招标采购。

2)按采购对象分类

(1)有形物品采购

有形物品采购的对象为有形物品。例如,生产类企业采购的有形物品主要包括机械设备、原材料、半成品、零部件、办公设备等。

(2)无形服务采购

无形服务采购的对象为无形服务。例如,技术采购、服务采购(售前、售后、专业和物流、工程发包)、原材料采购等。

3）按采购时间分类

（1）长期固定性采购与非固定性采购

长期固定性采购是指采购行为长期且固定；非固定性采购是指采购行为不固定，需要时才采购。

（2）计划性采购与紧急采购

计划性采购是指根据材料计划或采购计划进行采购行为；紧急采购是指物料急用时毫无计划的紧急采购行为。

（3）预购与现购

预购是指先将物料买进而后付款的采购行为；现购是指用现金购买物料的采购行为。

4）按采购价格的确定方式分类

（1）招标采购

招标采购是指采购方作为招标方，事先提出采购的条件和要求，邀请众多企业参加投标，然后由采购方按照规定的程序和标准一次性从中择优选择投标方，与其签订采购协议。整个过程要求公开、公正和择优。

（2）询价现购

询价现购是指采购人员选取信用可靠的厂商，将采购条件讲明，并询问价格或寄以询价单促请对方报价，比较后现价采购。

（3）比价采购

比价采购是指采购人员请数家厂商提供价格，从中加以比价之后，选择一家厂商进行采购。

（4）议价采购

议价采购是指采购人员与厂商讨价还价之后，按一定价格进行采购。一般来说，询价、比价、议价是结合使用的。

（5）定价采购

定价采购一般用于购买物料数量巨大，非一两家厂商所能全部提供的情形。例如，修建铁路使用的枕木或烟草专卖局的烟叶，或者当市面上某项物料匮乏时，可按固定价格以现款收购。

（6）公开市场采购

公开市场采购是指采购人员在公开交易或拍卖场所随时机动的采购行为。

5）其他采购分类

（1）国内采购与国际采购

国内采购是指采购的范围限定于国内市场；国际采购又称全球采购，主要是指国内采购企业直接向国外厂商采购所需物资。国际采购的优点有：可选择的供应商范围更广，价格更低，锻炼企业适应经济全球化的能力，以及可以获得国内无法获得的一些商品。

（2）直接采购与委托采购

直接采购是指物料需求方直接向物料生产厂商采购；委托采购是指物料需求方委托

某代理商或贸易公司向物料生产厂商采购。

（3）订约采购与口头（电话）采购

订约采购是指买卖双方根据订约的方式进行采购。口头（电话）采购是指买卖双方不经过订约，而以口头（电话）洽谈方式进行采购。

3. 电商采购的优势

1）帮助供求双方降低成本

电商采购与传统采购的最大区别是节省时间，采购效率高。传统采购模式下，企业采购环节烦琐，包括调查市场行情、审批采购申请计划、核减库存余料、组织竞争性谈判、举办招（投）标会议、邀请供应商报价比价、签订采购合同、现场收货验收、物资结算等多个环节，极大地浪费了企业的人力、物力、时间及资金。采购部门的管理人员需要在这些事务性工作上投入大量的精力。而电商采购是由采购方发起的一种采购行为，是一种网上交易，它不仅能够完成采购行为，而且能够利用信息和网络技术对采购过程中的每个环节加以管理，帮助供求双方降低成本。

2）供求双方信息更加透明

在电商采购平台，供求双方可实现信息的互通共享。供求双方能够实时了解采购、竞标的具体情况，同时还能够查询以往交易活动的全部记录，帮助采购方全面了解供应商，也帮助供应商更准确地把握市场需求。

3）提高企业的采购效率

电商采购减少了采购环节，降低了采购成本，提高了企业经济效益。利用互联网技术，电商采购平台突破了传统采购模式的市场局限性，质比多家，价比多家，服务比多家，提供了充足的选择，有效控制了采购成本。采购方可以通过该平台完成对供应商的资质审查、信息发布、竞价、评标、订货等一系列采购行为，从而实现了无纸化办公，大大提高了企业的采购效率。

4）采购行为更加透明和规范

电商采购的整个过程公平、公正、公开，是真正的"阳光采购"。电商采购的各个环节在互联网上公开进行，整个竞价评标的过程由计算机根据设定的程序自动进行，避免了暗箱操作、徇私舞弊行为的发生。整个过程公开于互联网之上，方便群众监督，使采购行为更加透明和规范。

5）为企业领导层的决策提供更加准确全面的信息

电商采购平台能够实时反馈每次采购行为的执行情况、物流记录、资金使用情况及供应商资质等信息，从而能够为企业领导层的决策提供更加准确全面的信息，使之能够针对采购过程中出现的问题做出快速反应。

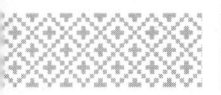

6.1.2 电商采购的模式、流程及管理系统

1. 电商采购的模式

1)买方一对多模式

买方一对多模式是指采购商在互联网上发布所需采购的商品信息,供应商在采购商的网站上登记自己的商品信息,供采购商评估,并通过采购方网站做进一步的信息沟通,完成采购业务的全过程。在此过程中,采购商维护多个供应商的商品服务目录及数据库,并负责所有交易公司的采购和财务系统。尽管供应商提供了商品、服务、价格、可获得性等目录信息,但是采购商作为承担者,仍然需要进行信息的维护和更新。

这种模式适合市场影响力较大的大型企业的采购,如航天、汽车、零售等大型企业采购直接物料。首先,大型企业一般具有成熟可靠的企业信息管理系统,可以更紧密地控制整个采购流程,与此相适应的电子采购系统应该与现有的信息系统有很好的集成性,保持信息流的通畅。其次,大型企业往往处于所在供应链的核心地位,核心供应商比较集中,并且大型企业的采购量巨大,因此供求双方需要进行紧密合作。最后,一般来说只有大型企业才有能力承担建立、维护和更新商品目录的工作。例如,微软公司的 MS 采购应用系统,在线订购办公用品、电脑硬件、商务卡片、供应商合同、商业货运及差旅服务等,用批量交易方式与选定的交易商进行定价和折扣谈判,为公司节约了额外的成本。

2)卖方一对多模式

卖方一对多模式是指供应商在自己开发的网站上公布其商品在线目录,采购商通过浏览获取所需的商品信息,做出采购决策,下订单并确定付款和交付。这种模式以电子商店和电子购物中心为典型代表。电子商店是供应商的网络营销阵地,它标注了企业推销的商品和服务。当企业建立自己的网站,进行公关宣传和信息传递,提供商品在线订货和在线服务等基本功能后,企业就开设了一家电子商店。电子购物中心的诞生背景是卖方为增加曝光机会,请中介商通过电子市集来增加链接。

在卖方一对多模式中,供应商必须投入大量的人力、物力和财力,建立、维护和更新商品目录,对采购商来说不用花费太多就能得到所需商品,但对拥有几百个供应商的采购商而言,则难以跟踪和控制采购开支。与此同时,这种模式面临电子采购与企业内部信息系统无法很好地集成的问题,因为采购商与供应商是通过供应商系统进行交流的,由于双方所用的标准不同,供应商系统向采购商传输的电子文档不一定能被采购商的信息系统识别,导致采购时间延长。

3)第三方系统门户

第三方系统门户是指供应商和采购商通过第三方建立的电子交易平台进行采购。在该模式下,无论是供应商还是采购商,都需要在第三方网站上发布自己提供或需要的商品信息,第三方网站则负责商品信息的归纳和整理,以便用户使用。

第三方系统门户又可分为垂直门户和水平门户两类。垂直门户是经营专门商品的市场,通常由一个或多个本领域内的领导型企业发起,如欧浦钢网、中华粮网、中国化工网等。水平门户集中了种类繁多的商品，主要经营领域包括维修和生产用的零配件、办公用品等，一般由电子采购软件集团或间接材料和服务供应领域的领导者发起资助。例如，阿里巴巴、MRO 供应商集团、Ariba、Commerce One 和 Free Markets 等 B2B 网络采购市场。

这种模式的好处在于通过第三方电子交易平台，买卖双方可以得到更专业、更快速、更安全的服务，一方面可以聚集大量的供应商和商品，采购商选择的范围非常广，节省采购成本；另一方面供应商也能迅速地找到合适的采购商进一步洽谈。近年来，这种模式被越来越多的企业接受。

4）企业私用交易平台

企业私用交易平台与电子数据交换系统类似，是一种仅限邀请对象使用的网络架构，可使某一企业与其顾客、供应商相互连接。其主要特点是让积极参与者掌控大权，采购商可以选择网上交易对象，甚至在网络外完成商谈。企业私用交易平台能减少沟通的时间与成本，使合作厂商以标准的格式实时分享文件、图表、电子表格与商品设计。

企业私用交易平台主要是一种信息交流管道。虽然采购商能以更理想的条件进行采购，但是很少有采购商愿意这么做，因为采购商需要花费不少成本，而且需要一定的时间来选择合适的供应商。

5）反向拍卖模式

在该模式下，采购商到网站登记需求进行拍卖，而供应商进行竞价来争取订单。一般会采用减价方式竞价决定最终的供应商和价格。反向拍卖模式节约了采购成本，提高了采购效率，但过分关注价格很容易忽视与供应商的关系。

总而言之，企业最终应该选择哪种网络采购模式，主要取决于两个因素，即企业规模和采购物料的种类及数量。因此，企业在进行网络采购时，应按照自身的实际情况和运营特点，采取不同的模式。

2. 电商采购的流程

1）企业竞价采购流程

① 计划与审核。网络竞价与物流组织正常需要 10 天以上的供应周期，二级公司必须提前将物资申请计划提报至公司物资管理部审核，获得授权后方可在电商平台发布需求。二级公司对物资申请计划的有效性、规范性和准确性负责。

② 发布需求。二级公司严格按照经审核的物资计划和授权在网络采购专区按照采购物资种类分别发布需求信息，需求信息中应包含物资规格型号、质量标准、包装运输要求等内容。发布后，商务采购平台利用技术手段将物资采购需求信息推送给潜在供应商，使更多的供应商获取需求信息并参与报价。发布需求信息时应确定竞价有效期，该有效期将影响网上报价的供应商数量，二级公司应根据实际需求确定合理的竞价有效期，但至少应保持 3 天。

③ 竞价采购。潜在供应商在竞价有效期内可以多次自由报价，电商平台按照报价由高至低进行排序，并向所有供应商显示当前最低报价。

④ 成交规则。竞价结束后，采购单位筛选出供应商的有效报价并做记录留存，按最

优价成交的原则选择供应商,下达供货订单。此环节操作受物资机械管理部门监督,如不选择最低价成交,必须进行情况说明并上报审批。

⑤ 委托公司向支付宝担保账户转款。线上下单成交后,二级公司应及时按照成交金额将货款流转至公司网上采购账户,并委托公司向支付宝担保账户转款。

⑥ 供应商发货。采购单位向支付宝担保账户转款后,成交物资由供应商负责配送到订单上载明的交货地点,并随货提供发票和相关质量证明资料。

⑦ 现场收货验收。二级公司物资部门收货验收并签字后,由物流商负责将收货单据交供应商。

⑧ 收货反馈和确认。收货验收后,二级公司及时向上级物资部门出具收货确认函以反馈实际收货数量和金额等情况,收货确认函中必须明确日期、供应商名称、成交订单号及付款金额等。

2)物资商城采购流程

① 计划与审核。二级公司须提前将物资申请计划提报至公司物资机械管理部门审核,获得授权后方可在物资商城采购。

② 商城采购。物资商城将商品投放到自有平台,二级公司根据计划在物资商城平台直接选择所需物资,并与商城客服人员或商城供货商议定价格、付款方式及配送等细节,最终下达电子订单确定采购。需要签订采购合同的,由二级公司制定线上合同报上级公司审批。物资商城采用线上下单、线下交易的方式成交。

③ 结算付款。议定的付款方式为线下支付,二级公司按物资、财务规定执行。如果需要经过公司财务支付,二级公司在下单确认金额后,应及时按照成交金额将货款流转至公司账户,并在验收合格后及时出具收货确认函。

3. 采购管理系统

现代采购管理系统是集采购申请、采购订货、进料检验、仓库收料、采购退货、购货发票处理、供应商管理、价格与供货信息管理、订单管理及质量检验管理等功能为一体的管理系统,它对采购物流和资金流的全部过程进行有效的双向控制和跟踪,能够保证采购计划的准确性和采购过程的合理性,实现完善的企业物资供应信息管理,提高企业的竞争力。采购管理系统体现了当今先进的企业管理思想,对提高企业的管理水平有重要意义。

现代采购管理系统有如下几个特点。

① 提供供应商报价管理,可由物品中长期采购计划直接生成请购单,或者由物料需求计划直接生成请购单,支持库存订货点采购申请处理。

② 可限制订货的供应商,通过请购单合并或拆分,自动生成采购订单;在请购合并过程中,自动按订货批量政策生成采购条目。

③ 支持直接批量、固定批量、最大或最小批量等多种订购政策,可将多张请购单合并生成一张采购订单的一行或多行,也可将一张请购单拆分成多个采购订单。

④ 在合并生成订单过程中,能自动索取供应商报价。一张采购单允许有多个交货日期和交货地点。

⑤ 支持无订单到货的接收处理，与库存子系统相连，到货入库，自动按库存单位转换，更新库存数量，同时生成入库单。采购收货支持库存批次和单件管理。

6.1.3 采购成本数据分析

1. 采购成本的定义

传统观点认为采购成本包含 3 个方面的内容：采购物资的价格、相关的税费和运输费。采购成本的高低与采购物资的数量和单价有直接关系，因此相关的采购成本控制主要着眼于压低产品价格。而从供应链管理的角度看，采购成本是指企业进行采购活动时所发生的费用的总和，包括所有权成本、库存管理成本、订货采购成本及缺货成本。正是由于采购成本概念外延扩大，不再是单纯的价格指标，因此企业对采购成本管理的重视度也日渐提高。

2. 采购成本数据分析的指标

与企业一样，店铺运营也以盈利为根本，除了做好销售运营环节，成本控制也是盈利的关键。在店铺运营过程中，最常见的成本包括商品成本、推广成本和固定成本 3 种。

1）商品成本

商品成本包括进货成本、物流成本、人工成本、损耗成本和其他成本等。不同的进货渠道对商品成本有直接的影响。例如，选择在实体批发市场进货，人工成本会更高；选择通过网络渠道批发商品，物流成本会更高。选择货源时，除了注意商品品质、货源是否充足等条件，产生的商品成本费用也是必须考虑的。

2）推广成本

推广是店铺运营的核心手段之一，通过分析推广成本，可以了解哪种推广手段更有效、哪种推广手段过于浪费资金等，从而能够有策略地改变运营推广战术。

3）固定成本

固定成本主要包括办公场地的租金、工作人员的工资、各种设备折旧及平台的相关固定费用。固定成本的特点是成本费用的变化频率低，变化幅度小，但同样需要纳入商品成本中进行核算，不应遗漏。

【案例分析】卖家采购方案的制定

【案例背景】

商品供应链是企业运营中的重要环节，商品物料的优秀与否直接影响商品成品的质量，从而影响后续的一系列环节，物料选择的重要性不言而喻。在这样的背景下，采购方案的制定显得尤为重要。如何制定一份科学的采购方案？制定采购方案的原则是什么？这是企业在优化供应链时必须解决的两个问题。

某公司需要根据收集的物料采购数据制定一份采购方案，以满足公司的采购需求。相关数据如表 6-1 所示（共有 54 条数据，此处仅列示 10 条）。

表 6-1 某公司物料采购数据

物料代码	供应商等级	型号等级	信誉等级	所需时长（天）	是否购买
10010001	优秀	不合格	优秀	45	否
10010001	不合格	优秀	合格	45	否
10010001	合格	不合格	不合格	20	否
10010001	优秀	合格	不合格	20	是
10010001	优秀	不合格	优秀	20	是
10010001	不合格	合格	不合格	20	否
10010001	合格	合格	优秀	45	否
10010001	不合格	合格	优秀	45	否
10010001	优秀	合格	优秀	20	是
10010001	优秀	优秀	优秀	45	是
……	……	……	……	……	……

【案例分析过程】

1. 分析思路

本案例是对公司收集的物料采购数据进行分析，根据分析结果，为公司物料采购提供建议。本案例采用决策树算法，以确定在做物料采购决策时，什么是企业应优先考虑的属性，什么是次要考虑的属性。利用决策树制定采购方案的思路如下。

① 建立物料采购数据的决策树模型。决策树模型的建立需要先观察数据，找到数据的主要属性，然后通过训练得到物料采购数据预测模型。

② 根据模型结果为公司采购决策提供建议。建立决策树模型可使物料属性看起来更加清晰明了，但是并不能给出实质性建议。因此，建立决策树模型之后还需要根据决策树的结构和训练结果为公司提出制定采购方案的建议。

2. 算法简介

1）决策树算法简介

决策树是一种常用的分类算法，它是一种树形结构。在建立决策树模型的过程中会经历构造和剪枝两个阶段。

构造就是生成一棵完整的决策树，通俗地说，构造的过程就是选择什么属性作为节点的过程。而在构造过程中，存在 3 种节点，分别是根节点、内部节点和叶节点。

- 根节点：决策树顶端的节点，也是整棵树的开端，图 6-1 中的"年龄"就是一个根节点。
- 内部节点：决策树中间的那些节点，图 6-1 中的"学生""信用等级"就是内部节点。
- 叶节点：决策树底部的节点，也是决策树的决策结果。

节点之间存在父子关系。例如，根节点下有子节点，子节点下有子子节点，但这种父子关系到了叶节点就会停止，叶节点不存在下级子节点。

剪枝就是给决策树"瘦身"，是为了防止"过拟合"现象的发生。决策树是充分考虑了各个数据点而生成的复杂树，在极端情况下，如果令所有的叶节点都只含有一个数据点，那么可以使所有的训练数据都得到分类，但这很可能产生极大的误差，因为它将所有的噪声数据都"准确划分"了，强化了噪声数据的作用，增大了误差。剪枝就是为了减少这种情况的发生。

决策树的每个内部节点都表示一个属性上的测试，每个分支都代表一个测试输出，每个叶节点代表一种类别。根节点到每个叶节点形成一条分类的路径规则。而对新样本进行测试时，只需要从根节点开始，在每个分支节点进行测试，沿着相应的分支递归地进入子树再测试，一直到达叶节点，该叶节点所代表的类别即为当前测试样本的预测类别。如图 6-1 所示为一个决策树示例，内部节点用矩形表示，叶节点用椭圆形表示。

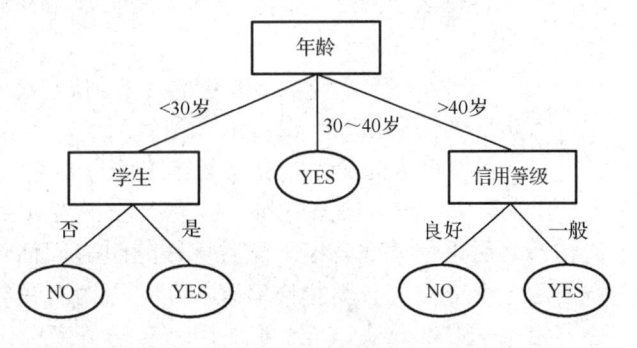

图 6-1 决策树示例

在决策树的构建过程中，需要考虑 3 个重要问题：将哪个属性作为根节点？选择哪些属性作为子节点？什么时候停止并得到目标值？其中的关键问题是将哪个属性作为根节点。为解决这些问题，需要引入纯度与信息熵两个概念。

纯度是一个数学概念，用于让目标变量的分歧最小。举个例子，假设有以下 3 个集合。

集合 1：6 次都买糖。

集合 2：4 次买糖，2 次不买糖。

集合 3：3 次买糖，3 次不买糖。

按照纯度指标来说，集合 1>集合 2>集合 3，因为集合 1 中的分歧最小，集合 3 中的分歧最大。

信息熵表示的是数据中包含的信息量大小。信息熵越大，数据中所包含的信息量越大，纯度越低，信息的不确定性越大。当集合中的所有样本均匀混合时，信息熵最大，纯度最低。

回到关键问题：将哪个属性作为根节点？在构建决策树时，会基于纯度来构建，用于回答关键问题。可以将决策树构建的过程理解成寻找纯净划分的过程，即选择纯度大的属性作为节点。而经典的"不纯度"指标有 3 个，分别是信息增益（ID3 算法）、信息增益

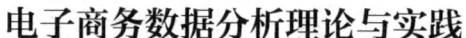

率（C4.5 算法）和基尼指数（Cart 算法）。这 3 种算法基于不同的指标来选择节点属性。

2）ID3 算法简介

澳大利亚计算机科学家 J.罗斯·昆兰（J.Ross Quinlan）在 1979 年提出了 ID3 算法，ID3 算法是通过计算节点的信息增益来选择节点属性的。信息增益越大，表示使用该属性作为节点对数据集划分所获得的纯度提升越大。因此，信息增益可以用于决策树划分属性的选择，其实就是选择信息增益最大的属性。

ID3 算法的规则相对简单，可解释性强。但缺陷是倾向于选择取值比较多的属性，所以存在有些属性可能对分类任务没有太大作用但仍然会被选为最优属性的情况。这种缺陷不是每次都会发生，只是存在一定的发生概率。针对这一缺陷，后人提出了新的改进算法 C4.5。

3）C4.5 算法简介

C4.5 算法是在 ID3 算法上改进的，由于 ID3 算法在计算时倾向于选择取值比较多的属性，为避免这个问题，C4.5 算法采用信息增益率的方式来选择属性。信息增益率的计算公式为：

$$信息增益率=信息增益/属性熵$$

当属性有很多值时，相当于被划分成了许多份，虽然信息增益变大了，但对 C4.5 算法来说，属性熵也会变大，所以整体的信息增益率并不大，从而避免了 ID3 算法的缺陷。

ID3 算法在构造决策树时，容易出现"过拟合"现象。而在 C4.5 算法中，会在决策树构造之后采用悲观剪枝。悲观剪枝通过递归估算每个内部节点的分类错误率，比较剪枝前后这个节点的分类错误率来决定是否对其进行剪枝，以提升决策树的泛化能力。

相比于 ID3 算法，C4.5 算法用信息增益率替代了信息增益，解决了噪声敏感的问题，并且可以对构造的决策树进行剪枝，同时还能处理连续数值和数值缺失的情况。但由于 C4.5 需要对数据集进行多次扫描，因此该算法效率相对较低。

4）Cart 算法简介

Cart 算法与 ID3、C4.5 算法的不同之处在于 Cart 算法生成的必须是二叉树。也就是说，无论是回归还是分类问题，无论特征是离散的还是连续的，无论属性取值有多个还是两个，内部节点只能根据属性值进行二分。

Cart 又名分类回归树，顾名思义，Cart 既可以是分类树，也可以是回归树。在用于分类问题时，Cart 算法使用基尼（Gini）指数最小化准则来选择特征并进行划分。基尼指数表示在样本集合中一个随机选中的样本被分错的概率。基尼指数越小，表示集合中被选中的样本被分错的概率越小，也就是说集合的纯度越高；反之，集合的纯度越低。当集合中所有样本为一类时，基尼指数为 0。所以 Cart 算法选择基尼指数小的属性作为决策树的根节点。

3. 分析过程

1）探索数据源

如图 6-2 所示的数据源中共包含 6 个字段、54 条记录，是该公司的物料属性数据。

其中“物料代码”与“所需时长（天）”字段类型为数值型，其余 4 个字段类型为字符型。“物料代码”字段为某种物料对应的编码，具有唯一性；“供应商等级”“型号等级”“信誉等级”3 个字段为物料属性的优劣程度，从次到优分为“不合格”“合格”“优秀”3 个等级；“所需时长（天）”字段为供应商供货能力，其中的“45”“20”并非实际天数，而是表示供应商供应某种商品的能力，数值越小，供货能力越强。根据物料属性的优劣程度与供货所需时间的长短，在“是否购买”列给出了是否购买该物料的建议。

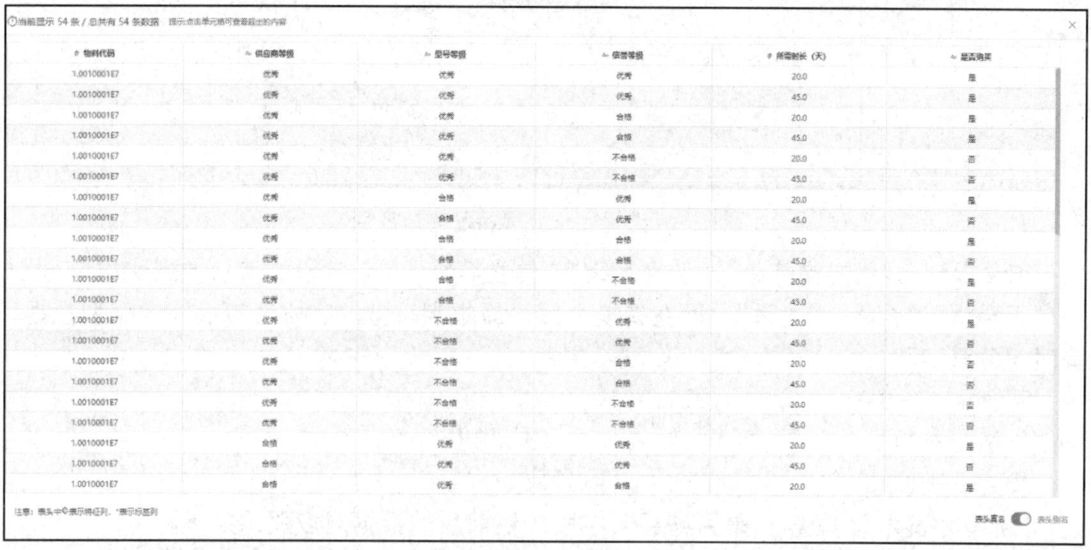
当前显示 54 条 / 总共有 54 条数据 提示：点击单元格可查看超出的内容

# 物料代码	供应商等级	型号等级	信誉等级	# 所需时长（天）	是否购买
1.0010001E7	优秀	优秀	优秀	20.0	是
1.0010001E7	优秀	优秀	优秀	45.0	是
1.0010001E7	优秀	优秀	合格	20.0	是
1.0010001E7	优秀	优秀	合格	45.0	是
1.0010001E7	优秀	优秀	不合格	20.0	否
1.0010001E7	优秀	优秀	不合格	45.0	否
1.0010001E7	优秀	合格	优秀	20.0	是
1.0010001E7	优秀	合格	优秀	45.0	否
1.0010001E7	优秀	合格	合格	20.0	是
1.0010001E7	优秀	合格	合格	45.0	否
1.0010001E7	优秀	合格	不合格	20.0	是
1.0010001E7	优秀	合格	不合格	45.0	否
1.0010001E7	优秀	不合格	优秀	20.0	是
1.0010001E7	优秀	不合格	优秀	45.0	否
1.0010001E7	优秀	不合格	合格	20.0	否
1.0010001E7	优秀	不合格	合格	45.0	否
1.0010001E7	优秀	不合格	不合格	20.0	否
1.0010001E7	优秀	不合格	不合格	45.0	否
1.0010001E7	合格	优秀	优秀	20.0	是
1.0010001E7	合格	优秀	优秀	45.0	否
1.0010001E7	合格	优秀	合格	20.0	是

注意：表头中◎表示特征列，*表示标签列

表头真名 表头别名

图 6-2　数据源

根据决策树算法的概念，首先需要判断选择哪个属性作为根节点。此处的决策树模型采用的是 Cart 算法，即使用基尼指数来检测属性的纯度，选择基尼指数小的属性作为根节点。在确定根节点之后，需要确定根节点的子节点，即内部节点及相关的叶节点，同样根据基尼指数来选择特征属性。

2）选择用于变换特征的特征列

如图 6-3 所示，将除“物料代码”字段外的所有字段添加到“选择特征列”对话框中的“已选字段列表”列表框中，将这些字段设置为特征列，用于将字符类型的字段转变为数值类型字段，为后续决策树模型的训练做准备。

3）转换数据类型并选择用于训练决策树模型的特征列

通过转换得到新的列，转换后的列名末尾都带有“Index”字样，如图 6-4 所示。转换后的字段为数值型字段，用于为决策树模型的训练提供特征属性。其中转换前后字段对应关系如下：

供应商等级——column2Index；

型号等级——column3Index；

信誉等级——column4Index；

所需时长（天）——column5Index；

是否购买——column6Index。

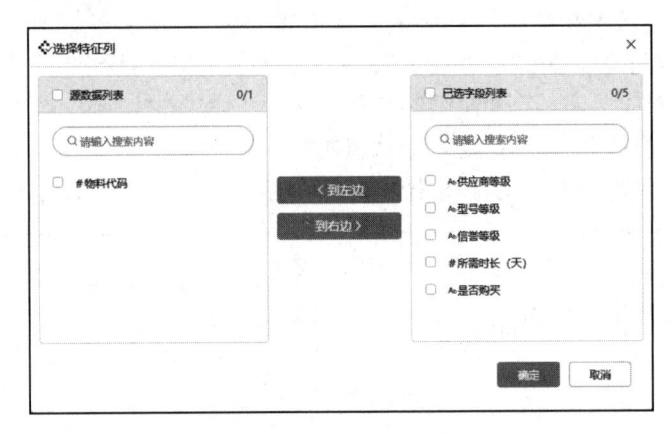

图 6-3 选择用于变换特征的特征列

前文提到,"供应商等级""型号等级""信誉等级"3 个字段的值从次到优排序分别为"不合格""合格""优秀",而在转换之后,原本字符型的字段值转换为数值型数据,其对应关系如下:

不合格——0.0;

合格——2.0;

优秀——1.0。

"所需时长(天)"与"是否购买"字段转换前后的数据对应关系如下:

20.0——1.0;

45.0——0.0;

是——1.0;

否——1.0。

转换前后数据对应关系如图 6-4 所示。

图 6-4 转换前后数据对应关系

平台决策树模型要求训练集中用于特征列选择的字段为数值型，在完成转换之后，需要重新选择特征列，如图 6-5 所示。

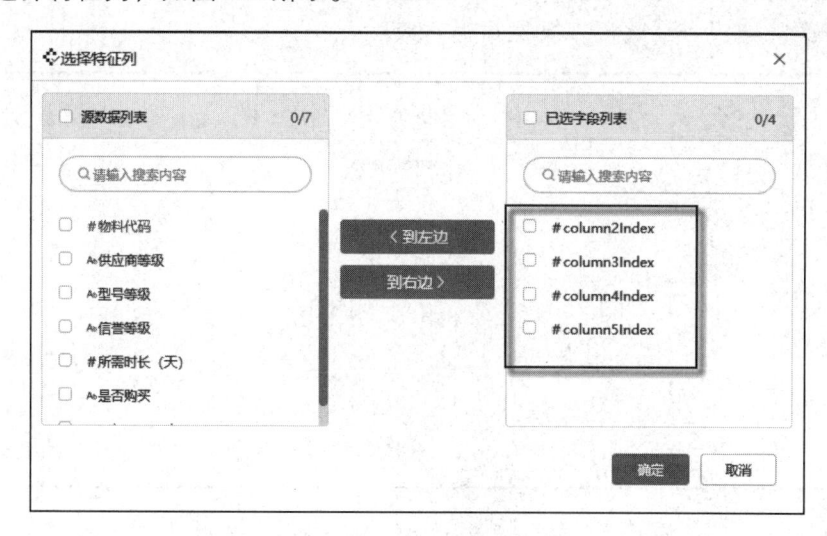

图 6-5　重新选择用于训练模型的特征列

其中 column2Index 等字段的含义此前已有讲解，此处不赘述。决策树算法根据节点的纯度来判断是否选择该属性作为根节点，即决策树是不断递归的"If…then"过程。此处选择物料代码的 4 个特征列用于判断决策树算法是否要将此属性作为根节点，而根据最后决策树模型训练得出的结果，可知 4 个属性中哪个（些）属性是采购过程中的重要依据，哪个（些）是次要依据，从而为企业制定采购方案提供建议。

4）训练决策树模型并解读结果

在用训练集训练决策树模型时，决策树模型参数设置如图 6-6 所示，其中在"计算信息增益的方式"下拉列表框中选择"gini"，即用基尼指数计算节点纯度。

用 Cart 算法训练出的决策树模型结果如图 6-7 所示，根据前文所述的对应关系，可知决策树的根节点是供应商等级，对于供应商等级为"0.0"，即"不合格"的物料，其叶节点为"0.0"，即不购买。而对于供应商等级为"not in (0.0)"，即"合格"或"优秀"的物料，则需要查看其所需时长，即考虑该供应商对该商品的供货能力。对于供货能力为"not in (0.0)"，即供货能力强的供应商，则需要进一步考虑其商品的型号等级和信誉等级属性，两者相比，型号等级的权重更高，需优先考虑。

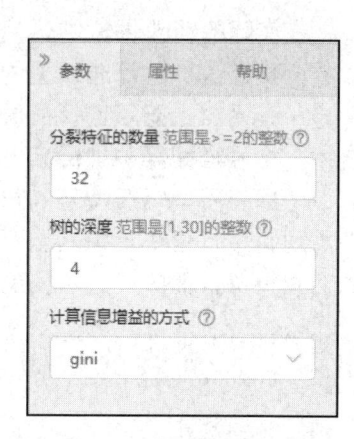

图 6-6　决策树模型参数设置

观察整个模型的训练结果，发现有两条路径最终的结果是"1.0"，即购买，分别为：

① 供应商等级为"合格"或"优秀"→供货能力为"20（强）"→型号等级为"优秀"→供应商等级为"不合格"或"优秀"。

② 供应商等级为"合格"或"优秀"→供货能力为"45（弱）"→型号等级为"合

格"或"优秀"→信誉等级为"合格"或"优秀"。

结合实际情况考虑两条路径，发现路径②并不符合常理，所以最终选择路径①作为实际采购方案的建议。至此，本案例目标达成。

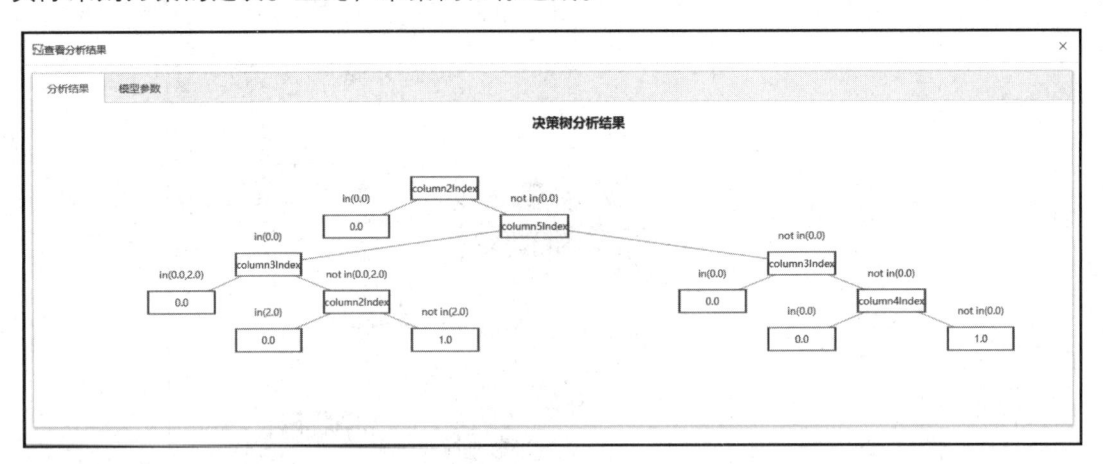

图 6-7　用 Cart 算法训练出的决策树模型结果

按照重要性从大到小将 4 个属性排序为：供应商等级>供货能力>型号等级>信誉等级。需要指出的是，此重要性是根据该公司的物料数据得出的，仅适用于指导该公司该阶段的物料采购计划。对于不同的公司，其侧重点可能有所不同，完全有可能出现另外的排序情况，包括但不限于以下情况：

信誉等级>型号等级>供应商等级=供货能力

供货能力>信誉等级=型号等级>供应商等级

……

在实际的商业供货中，品质不合格的物料未必一定不被选用。以快消品衣物为例，对核心卖点是款式而非质量的商品而言，由于其使用时间可能只有一个季度，出于成本考虑，在用料上无须选择品质最好的物料，这体现了物料采购中的现实性。由于资金、技术、型号搭配等种种因素，有时制造一种产品并不要求每一配件的质量都达到最好，可以考虑将不同等级型号的物料进行搭配，从而得到实用性强的产品。不过，虽然需要考虑现实性，但决策树的重要性仍不可忽略。这也充分说明，模型的解读需要结合实际的商业情况，而非一成不变的。

【案例总结与应用】

1. 案例总结

决策树算法是以实例为核心的归纳分类方法，分类过程中经过的连接节点代表了一种分类模式，而这些分类模式的集合就组成了决策树框架。决策树算法广泛应用于各种分类与回归问题，该算法通过对企业采购数据的分析训练来为企业供应商的选择提供依据。

企业原材料的选购是企业快速发展的基础，可通过数据挖掘算法来为企业原材料采购选择合适的供应商，从而提高企业生产过程中原材料采购的质量，优化成本投入。决策树算法能够按照实际需求来对物料和供应商进行分析，对企业采购决策来说具有非常高的正确率和有效性，所以企业可采用决策树算法来辅助采购决策。

2. 案例应用

供应商风险是指由于其供货的不确定性引起下游企业无法正常运作或日常运作受到影响，从而使整个供应链受损的可能性。形成供应商风险的原因包括客观原因与主观原因两种。客观原因是指外部环境中的不利因素或内部人员的失误与设备故障等，诸如自然灾害、经济危机、市场波动等外部原因导致的风险，决策失误、管理失当、操作不慎等内部原因导致的风险。由客观原因导致的风险不是故意人为的。相比之下，主观原因是指供应商为了自己的短期利益而主观故意采取行动损害下游合作伙伴的利益和整个供应链运行的行为，或者不履行合作义务而导致合作伙伴遭受损失的事实。

供应商风险主要有以下3种。

（1）市场风险

① 供应价格风险。如果供应商提供的价格超出采购企业能够接受的价格（这一价格是根据企业成本计划和利润计划测算出来的），企业成本计划和利润计划的实现便会受到威胁，将面临销售风险，企业营销战略的平衡关系将被打破。

② 洽谈风险。洽谈风险是指在采购业务中，供应商为了达到自己的目的，设下陷阱导致供应业务风险和采购企业蒙受损失的可能性。例如，提供虚假的商业信息，限制采购人员取得相应的信息资料；在谈判过程中避实就虚，转移采购人员的视线，使之产生错觉，以解除或部分解除自己的责任；给予虚假优惠，进行虚假承诺，而在商品实现销售后不予兑现等。

③ 误导计划风险。误导计划风险是指由于市场变化，误导企业物资采购行为（计划），使企业采购业务产生各种失误和偏差，造成经济损失的可能性。

（2）信用风险

① 合同风险。合同风险指供应合同中的各种风险，包括遭受合同欺诈、空头合同、合同陷阱、违反合同规定等的可能性及由此造成的损失。合同签订后，一旦供应商失信违反合同规定，不能正常供货，采购企业将措手不及，即使有所防备，也会遭受一定程度的损失或陷入被动。

② 结算风险。结算风险是指采购企业与供应商在采购货款结算过程中发生的各种风险。在市场经济条件下，这是供应商与采购企业交往过程中经常遇到的。当采购企业将货款从自己的账户中划拨出去时，便面临物品不能按时购回、所购物品不符合要求、受骗上当的风险，也面临着在结算周转过程中可能出现的社会风险、道德风险。

（3）物流风险

物流风险是企业营销业务中的不可控风险，主要指已成为企业所有权的物资存货，在运回途中可能发生的各种损失。

3. 应用拓展

1）银行信用贷款预测

通过建立信用评分模型，银行可以即时识别出信用评分较低的客户，慎重考虑是否为其发放贷款，可以极大地降低银行业务的损失及风险。信用评分是指通过综合考察客户个人基本信息和信用信息，如客户的性别、教育、婚姻、年龄等属性，以及客户的信用卡消费记录和账单记录，对其进行量化分析，以分值形式给出客户的信用评分。

2）小额贷款公司信用风险预警

可从个人客户和公司客户两个角度出发，在合理选择初始指标的基础上，分别构建信用风险预警模型。针对个人客户，可将输出变量设定为还款情况，将其他指标设定为输入变量，如学历、年龄、性别、职业等。针对公司客户，同样可以将输出变量设定为还款情况，将注册资金、成立时间、主营业务及所处行业等指标设定为输入变量。小额贷款公司通过详细记录客户的贷款金额、贷款期限、资金用途及还款情况等信息，为每位客户建立相应的信用档案，并逐渐累积形成自己的信用数据库。

【拓展实训】利用决策树制定原材料采购方案

【实训目的】

学习决策树算法相关理论知识；熟练掌握物料采购模型的应用；通过教师讲解与实践操作，使学生熟悉物料采购模型的应用，能利用其进行供应商信用风险管理。

【实训内容与要求】

第一步：由教师介绍实训目的、方式、要求，调动学生实训的积极性。

第二步：对学生进行分组，确定各小组的组长和人员分工，明确小组学习方式，制订小组计划，了解小组要做什么，要达到什么目的。

第三步：由教师介绍决策树算法相关知识及讨论的话题，并在实训平台进行实训。

第四步：各小组对教师布置的问题进行讨论和平台操作，并记录小组成员的发言。

第五步：根据小组讨论记录撰写讨论小结。

第六步：各组相互评议，教师点评、总结。

【实训成果与检测】

成果要求：

（1）提交平台操作和案例讨论记录：按 3～5 名学生一组进行分组，各组设组长 1 名、记录员 1 名，每组必须有小组讨论、工作分工的详细记录，以作为成绩考核依据。

（2）能够在规定的时间内完成相关的讨论，利用小组合作方式撰写文字小结。

评价标准:
(1) 上课时积极与教师配合,积极思考、发言。
(2) 认真阅读案例,积极参加小组讨论,分析问题时思路较宽。案例分析基本完整,能结合所学理论知识解答问题。
(3) 小组成员积极参与小组活动,分工合作较好。

【思考与练习】

(1) 通过相关模块,查找一家店铺供应商的商品型号等级、供应商等级、信誉等级、物料所需时间,思考相关属性对店铺供应商选择的影响是否显著。
(2) 使用物料采购模型,为一家店铺选择合适的供应商,并设计针对该供应商的信用风险管理对策。

6.2 销售数据分析

6.2.1 交易数据分析

"生意参谋"平台中的"交易"板块可以显示店铺的各项交易数据,可据此判断店铺的运营情况和出现的问题。该板块包含"交易概况""交易构成""交易明细"3个功能板块,商家通过点击平台左侧导航栏即可进入相关页面。

1. 交易概况

通过"交易概况"功能板块,可以了解店铺的交易总览和交易趋势,从整体上把握店铺的运营情况。

其中,在"交易总览"子板块,可设置交易日期和终端,页面下方显示对应的交易数据,包括访客数、下单买家数、下单金额、支付买家数、支付金额、客单价的实时数据。页面右侧的转化漏斗模型显示了从访客访问到下单再到支付的整个转化情况。

通常来说,行业不同,行业内的平均转化率也不相同。店铺商品的下单转化率质量应该以本行业的平均转化率为衡量标准。若下单转化率低于行业平均水平太多,则需要及时对其进行优化。下单转化率低说明访客在点击商品进行查看后,没有产生商品购买计划,原因可能涉及商品质量、属性、价格、详情页内容等多个方面。因此,商家需要排查各方面内容,找出有问题的部分进行优化,以提高下单转化率。

在页面下方的"交易趋势"板块同样可设置日期,并可指定需要分析的一个或多个数据。若选中"同行对比"单选项,还可同时显示同行业的同期数据。

2. 交易构成

"交易构成"板块显示交易的终端、类目品牌、价格等构成比例,以及交易后资金的回流情况。

其中，"终端构成"子板块可以显示指定时间段内 PC 端和移动端的支付金额、支付金额占比、支付商品数、支付买家数、支付转化率等数据，通过对比数据可以清楚各个终端的交易情况。

PC 端没有交易记录，说明商家可能忽视了 PC 端的优化，如果 PC 端也有一定的访问量，商家要抓住这部分流量，对 PC 端进行合理优化，以提高店铺整体的销售额。

"类目构成"子板块可以显示店铺交易的类目情况。

"品牌构成"子板块可以显示店铺所有经营的商品中各品牌的交易占比情况。

"资金回流构成"子板块可以显示完成交易但未确认收货的支付金额占比情况。

3. 交易明细

"交易明细"功能板块可以显示指定日期的交易情况，包括订单编号、支付时间、支付金额、确认收货金额、商品成本、运费成本等。商家通过交易明细数据可以更清楚地了解店铺的整体交易信息。

6.2.2 店铺运营数据分析

流量是店铺的生存之本，但如果无法实现流量转化或转化率过低，依然无法有效提高店铺的销售额，甚至还会影响商品和店铺的综合排名。因此，在成功引流之后，店铺还需要通过各种运营手段来提高转化率。而要提高转化率，首先需要对与之相关的其他数据（如点击率、收藏率等）进行控制和管理。

1. 店铺运营的重要数据

反映店铺运营情况的数据有很多，这里重点介绍点击率、收藏率与加购率、转化率。

1）点击率

点击率是衡量商品引流能力的数据，其计算公式为：

$$点击率 = (点击量 \div 展现量) \times 100\%$$

要想提高点击率，就要提高点击量。商品的标题、单价、销量、主图等都能影响点击量。以标题为例，当商品标题中没有包含有效关键词，即没有包含消费者会搜索的关键词时，消费者无法通过关键词搜索到该商品，商品没有展示的机会，当然也不会有点击量。因此，标题设计是否得当合理直接影响商品的点击量。

当消费者搜索到商品后，就会看到商品主图。此时若主图的视觉效果优秀，卖点突出，商品具有吸引力，就有更多机会赢得消费者的点击。除了主图，商品价格和付款人数也可能影响消费者的判断和选择，商品销量可观且价格合理，有利于提高商品的点击量。

总体来说，要想提高点击率，就要想办法提高点击量，而要提高点击量，就要做好商品标题和主图的优化。

2）收藏率与加购率

收藏率是指收藏人数与访客数之比，加购率是指加购人数与访客数之比。商品的收藏率和加购率越高，说明该商品的意向消费者越多，这部分消费者成交的概率也越大。一般来说，消费者收藏某件商品或将某商品加入购物车的原因，是其对商品产生了购买兴趣，但出于某些原因还未下决心购买。与直接点击查看商品的流量相比，收藏加购的流量更有可能形成转化。对商家而言，将充分发挥那些收藏率、加购率比较高的商品的转化优势，适当地通过调整价格、赠送礼品、打折优惠等方式刺激消费者收藏、加购，提高消费者的购买意愿，促使其下单购买，实现流量转化。

3）转化率

提高转化率是提高销售额最有效的途径。转化率的计算公式为：

$$转化率=支付人数/访客数\times100\%$$

消费者从访问到支付的过程又被称为支付转化，支付转化率直接决定着店铺销售额的高低。

2. 影响流量转化的因素

商品的流量转化直接影响店铺的最终销量。因此，当商品具有合格的引流能力时，商家必须关注流量的转化情况，并优化转化效果不佳的方面。实际上，影响转化的因素有很多，这里主要介绍最直观的几个因素，包括商品主图、商品价格、店铺首页、商品详情页和商品评价。

1）商品主图

消费者搜索到商品后，首先看到的就是商品主图。优秀的主图效果可以吸引流量，增加点击率，甚至直接影响消费者的购买行为。影响主图效果的因素比较多，如精美的拍摄效果、合适的模特展示、精确的卖点文案、恰当的排版等。商家在制作出主图后，可进行合理的测试对比，选择更受消费者喜欢的主图来展示商品。

2）商品价格

消费者认可主图效果或被主图吸引后，很自然地就会查看该商品的价格。商品价格通常显示在主图的左下角，方便消费者查看和对比。价格是商品竞争力最直接的体现，特别是当相同商品之间竞争时，消费者通常会选择价格更低的商品。因此，在同类竞品较多时，商家必须对商品价格进行优化，以获取更多流量。

3）店铺首页

店铺首页就是店铺的"门面"，代表着店铺的整体品质和格调。很多消费者进店访问时，会跳转到店铺首页查看商品分类，此时良好的店铺首页效果更利于刺激消费者的购买欲。

4）商品详情页

商品详情页是消费者了解商品详细信息的页面。详情页上方主要展示商品主图、商品价格和商品库存量等。商品详情页的内容包括商品图片、文案、参数、质量保证、客服、物流等信息,是消费者了解商品的主要途径,也是影响消费者购买决策的重要因素。

大多数消费者都是在仔细浏览商品详情页内容后才做出下单决定的,因此商家要合理利用商品详情页的功能,尽可能合理、美观地展示商品,打消消费者的购买顾虑,促使其下单。

5)商品评价

商品评价也是促成交易的重要因素。消费者在查看商品详情时,也会关注商品评价。评价数量多,说明购买人数较多,也说明商品得到了其他消费者的认可。一般来说,评价较高的商品更容易赢得消费者的信任,促使其做出购买决定。

信用评分的高低直接影响商品和店铺的综合排名,只有排名靠前,商品才能获得更多搜索展示机会,才有可能获得更多的流量和更高的转化率。

3. 店铺客单价分析

1)客单价的定义

客单价是指一定时期内,每位消费者购买商品的平均金额,也就是平均交易金额。从公式"店铺销售额=访客数×转化率×客单价"中可以看出,流量(访客数)、转化率、客单价是直接影响店铺运营成果的3个因素。在流量、转化率表现平稳的条件下,提高客单价可以提高店铺整体的销售额。

客单价在某种程度上反映了目标消费者群体的消费能力,并直接影响店铺的最终销售额,它是店铺运营的重要指标之一。

介绍客单价之前,先举个例子。上午11:00—12:00,某店铺共有10位买家进行了交易,成交总金额为12 000元,其中9位买家分别成交了1笔订单,1位买家成交了3笔订单。那么,该店铺在该时间段的客单价应该是1 200(12 000/10)元还是1 000[12 000/(9+3)]元呢?答案是1 200元。计算方法如下。

该时间段内成交总金额为12 000元,成交消费者人数为10人,根据公式"客单价=成交金额/成交消费者人数"可得出客单价为1 200元。而1 000元为笔单价,即每笔订单的交易额,人均交易笔数则为(9+3)/10=1.2(笔/人)。可以发现,1 000×1.2=1 200(元),正好是客单价。因此,笔单价与人均交易笔数的乘积就是客单价。

综上所述,客单价是由笔单价和人均购买笔数决定的。笔单价和人均购买笔数越高,客单价就越高。简言之,每位消费者支付的金额越高,客单价就越高。

2)影响客单价的因素

影响客单价的因素主要有商品定价、促销优惠、关联营销、购买数量等。

(1)商品定价

商品定价的高低基本上确定了客单价的多少,理论上客单价只会在该定价的一定范围内上下浮动(正常情况),这类似于市场经济学中的价值规律。

(2)促销优惠

在大型促销优惠浮动的过程中,客单价的高低取决于优惠的力度。另外,优惠力度的大小及免运费最低消费标准的设置，都会对客单价产生重要影响。

（3）关联销售

关联销售是一个间接影响因素。以淘宝为例，店铺一般会在商品详情页推荐相关的购买套餐，同时加入其他商品的链接。这种关联销售是交叉推荐的最原始定义，在流量上则叫作"相互引流"。基于大数据算法，现在在店铺首页、搜索页、商品详情页、购物车页、订单页等各种页面中都会有关联商品的推荐。

（4）购买数量

购买数量因商品类目的属性不同而不同。例如，如果买一瓶矿泉水，消费者会直接在最近的小卖部购买，一般不会去大型超市购买。如果选择去超市，那么预期购买的商品肯定不只是一瓶矿泉水，可能会购买一箱矿泉水，或者顺便购买其他商品。换句话说，定价不同的商品，购物花费的时间成本与操作成本也会不同。基于此，要想提高客单价，可以提高单个消费者购物的种类或单个订单内商品的数量。目前许多购物平台推出的"凑单"销售方式，就是基于此原理。

3）提高客单价的方法

通过前面的分析可知，客单价由笔单价和人均购买笔数决定。当笔单价固定不变时，可通过引导消费者购买多件商品的方式来提高客单价。下面列举一些常见的提高客单价的销售运营方法，以供参考。

（1）提供附加价值

提供附加价值即设置消费额达到某个值后可以享受某种服务。例如，针对一些需要上门安装的商品，可以策划"满××元免费上门安装"的活动，或者"消费××元免费提供××日的免费维修服务"等。这种运营手段主要通过为消费者提供更多便利的形式来刺激消费。

（2）价格吸引

最常见的就是"买一送一""买二送三""第二件半价"等优惠活动。利用恰当的优惠手段，引起消费者的购买欲，提高客单价。这种运营手段要求店铺的商品种类繁多，款式不一，这样才会产生不错的效果。

（3）提供套餐

根据店铺人群属性提供不同的套餐，这样可以极大地提高笔单价，从而提高客单价。

（4）详情页关联

适当地将互补的商品搭配起来进行关联销售。例如，经营女装的店铺可以将衣服和裤子或裙子搭配好进行展示，消费者在购买其中一种商品时，看到模特身穿的关联商品，就可能对搭配商品产生兴趣。这种营销方式不仅减少了消费者自主搭配的烦恼，提升了消费者的购物体验，还可以提高客单价。

（5）客服推荐

客服是提高客单价的另一个重要辅助方式，因为客服可以通过沟通直接影响消费者的购买决策，通过优质合理的推荐，提高客单价。例如，经营母婴商品的店铺，新手妈妈在第一次购买母婴商品时会很愿意听从客服的推荐，从而主动购买更多的相关商品。

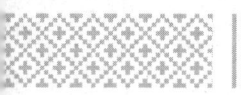

【案例分析】某天猫店铺销售额预测

【案例背景】

天猫平台某店铺详细记录了 2022 年 3 月 10 日—6 月 7 日的日支付金额，如表 6-2 所示。请以该数据为例，基于时间序列模型预测 6 月剩余日期该店铺的日支付金额，通过销售预测，调动销售人员的积极性，促使商品尽早实现销售，以完成使用价值向价值的转变，结合该店铺的销售实绩，为销售人员提出切实可行的销售目标，同时帮助该店铺根据销售预测资料，安排生产，避免商品积压。

表 6-2　某店铺 2022 年 3 月 10 日—6 月 7 日的日支付金额

统计日期	支付金额（元）
2022-3-10	4 407.33
2022-3-11	4 031.46
2022-3-12	7 217.69
2022-3-13	7 228.00
2022-3-14	7 551.84
2022-3-15	6 961.42
2022-3-16	6 274.94
2022-3-17	4 757.02
2022-3-18	4 402.91
2022-3-19	4 340.47
2022-3-20	12 801.39
2022-3-21	5 839.94
2022-3-22	5 907.08
2022-3-23	9 030.74
2022-3-24	4 066.26
2022-3-25	4 104.85
2022-3-26	6 622.58
2022-3-27	5 762.32
2022-3-28	5 292.05
2022-3-29	6 631.96
2022-3-30	7 028.36
2022-3-31	3 992.28
2022-4-1	3 559.76
2022-4-2	6 791.62
...	...

【案例分析过程】

1. 分析思路

在激烈的市场竞争下,保持店铺优势要基于一份合理的销售策略,预测与策略是相辅相成的,销售管理要基于销售预测制定销售策略,保证销售人员高质量地执行销售策略,也要根据销售策略的实施结果及时调整销售预测,这样才能达到更好的效果。本案例分析思路如下。

① 整理店铺的销售数据,首先将日期重复的数据删除,然后将数据按照日期进行排序,最后修改字段的数据类型。

② 建立销售预测实践模型,开发出能提高销售人员效率、可操作的销售预测系统。

③ 根据预测结果,为店铺在面对波动和未知市场需求时提供意见和建议,协助销售管理通过制定销售策略来实现供应链的整体利益最大化,解决普遍存在的高库存与高断货并存的难题。

2. 时间序列分析法简介

1)时间序列分析法中的 ARIMA 模型

时间序列分析法是一种回归预测方法,常用的时间序列模型有 4 种:自回归(Autoregressive Model,AR)模型、移动平均(Moving Average,MA)模型、自回归移动平均(Autoregressive Moving Average,ARMA)模型、自回归差分整合移动平均(Autoregressive Integrated Moving Average,ARIMA)模型,可以说,前 3 种模型都是 ARIMA 模型的特殊形式。

ARIMA 模型在时间序列分析中应用较多。它是估计非季节和季节平稳性的自回归综合移动平均模型。不同于一般回归模型用 k 个外生变量 X_1, X_2, $\cdots$, X_k,ARIMA 模型用随机误差项及变量 Y_t 自身的滞后项来解释该变量。在数据模式未知时,利用 ARIMA 方法就可以找到适合的模型,所以它被广泛应用于经济领域。它的具体形式可表达为 ARIMA(p, d, q)。其中,p 表示自回归阶数,d 表示差分次数,q 表示移动平均过程的阶数。如果数据不平稳,则需处理差分使其平稳,称作 d 阶差分。基本前提是过去的销售不存在趋势性,而是具备一个水平或平稳的模式。平稳性意味着数据中不存在增长或下降。换言之,需求数据围绕一个常数均值上下波动,与时间无关。利用时间曲线图很容易评估数据的平稳性。画出时间序列,如果并没有明显证据表明趋势存在,则说明时间序列具有平稳性。若数据明显存在增长趋势或有大幅波动,则需剔除不稳定趋势,最好的方法就是差分法。差分法通过利用原始时间序列中每个观察值之间的差异或变化,利用差分将数据转换成类似白噪声的具有稳定性的时间序列。白噪声的存在意味着数据中不再存在趋势特征。一旦数据从不稳定状态转化为平稳状态,通过差分生成的新数列即可取代原数列。

2)时间序列分析法的特征

(1)根据过去的变化趋势预测未来的发展,前提是假定事物从过去延续到未来

时间序列分析法根据客观事物发展的连续规律性,通过对过去的数据进行统计分析,

推测未来的发展趋势。"事物会从过去延续到未来"这个假设前提包含两层含义：一是事物不会发生突然的跳跃变化，而是以相对小的步伐前进；二是过去和当前的现象可能表明当前和将来活动的发展变化趋向。这就决定了在一般情况下，时间序列分析法对短、近期预测比较显著，但如果延伸到更远的将来，就会出现很大的局限性，导致预测值偏离实际值较大而使决策失误。

（2）时间序列数据变动存在规律性与不规律性

时间序列中的每个观察值的大小是影响变化的各种不同因素在同一时刻发生作用的综合结果。从这些影响因素发生作用的大小和方向变化的时间特性来看，由其造成的时间序列数据的变动分为4种类型。

① 趋势性：某个变量随着时间进展或自变量变化，呈现出一种比较缓慢而长期的持续上升、下降、停留的同性质变动趋向，但变动幅度可能不相等。

② 周期性：某个因素由于外部影响随着自然季节的交替出现高峰与低谷的规律。

③ 随机性：个别数据会随机变动，整体呈现出统计规律。

④ 综合性：实际变化情况是几种变动的叠加或组合。预测时应设法过滤掉不规则变动，突出反映趋势性和周期性变动。

3）时间序列分析法的应用场景

时间序列分析法常用在国民经济宏观控制、区域综合发展规划、企业经营管理、市场潜量预测、气象预报、水文预报、地震前兆预报、农作物病虫灾害预报、环境污染控制、生态平衡、天文学和海洋学等方面，可实现以下功能。

① 系统描述：根据对系统进行观测得到的时间序列数据，用曲线拟合方法对系统进行客观描述。

② 系统分析：当观测值取自两个以上变量时，可用一个时间序列中的变化去说明另一个时间序列中的变化，从而深入了解给定时间序列产生的机理。

③ 预测未来：一般用ARIMA模型拟合时间序列，预测该时间序列的未来值。

④ 决策和控制：根据时间序列模型可调整输入变量，使系统发展过程保持在目标值上，即当预测到过程即将偏离目标时可进行必要的控制。

3. 利用时间序列分析法预测销售额

本案例通过建立ARIMA模型，在对某店铺历史销售量数据序列进行预处理的基础上，讨论了通过时间序列模型进行销售量预测的可行性。经过参数优选和误差分析，得到的时间序列模型ARIMA（1，1，1）能够较好地反映该店铺销售额的变化趋势。该模型可以帮助店铺基于历史数据在一定程度上掌握未来市场的供求关系，并为店铺及相关部门制定战略决策提供科学依据。本案例基于某店铺统计日期、支付金额的时间序列数据对其短期内销售情况进行分析预测，主要依据时间序列分析ARIMA模型，通过确定使之成为平稳序列的差分次数（d）、自回归项数及滑动平均项数，从而确定适当的模型并给出店铺未来1个月的预测销售情况，最终将其与实际值进行比较，分析两者之间的误差是如何造成的，然后给出营销建议。

1）初始数据

本案例的初始数据如图 6-9 所示，包含两个字段，分别是"统计日期"和"支付金额"，共 91 条记录。

图 6-9 初始数据

2）去重复值

预测之前，首先对数据进行处理，使用"去重复值"功能剔除数据源中重复的数据，去重后的数据如图 6-10 所示。从图中可以看到，去重后的数据为 90 条记录，说明已经剔除了一条重复记录。

图 6-10 去重后的数据

3）排序

仔细观察数据，发现目前的数据没有按照时间排序，是乱的，因此首先将数据按照时间进行排序，以方便后续的预测观察，使用"排序"功能，对"统计日期"字段按升序排序，排序后的结果如图 6-11 所示。

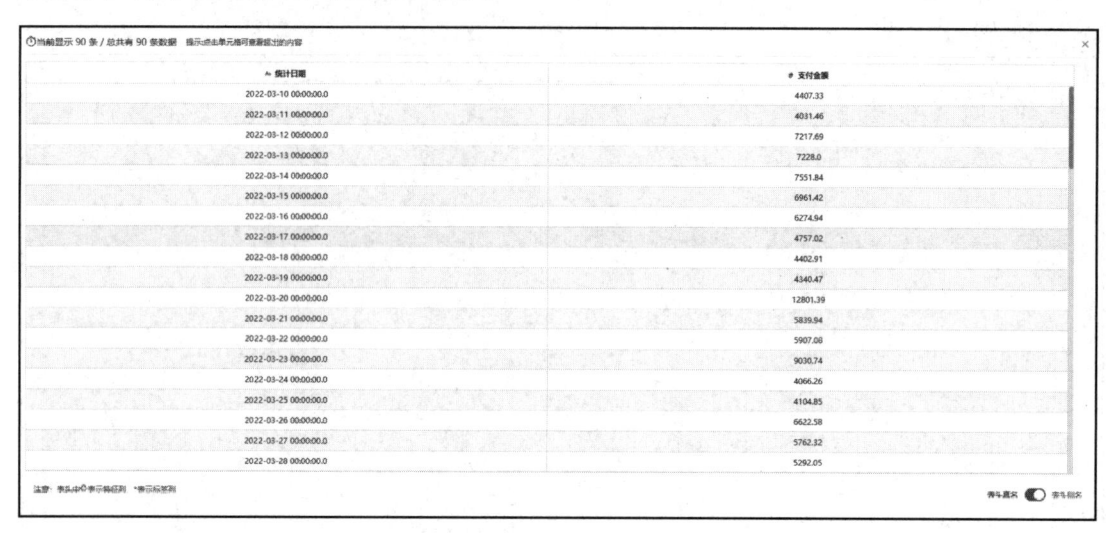

图 6-11 排序后的结果

4）修改日期格式

元数据中的日期格式不对，需要重新设置，用"元数据编辑"功能将日期格式改为如图 6-12 所示的格式。

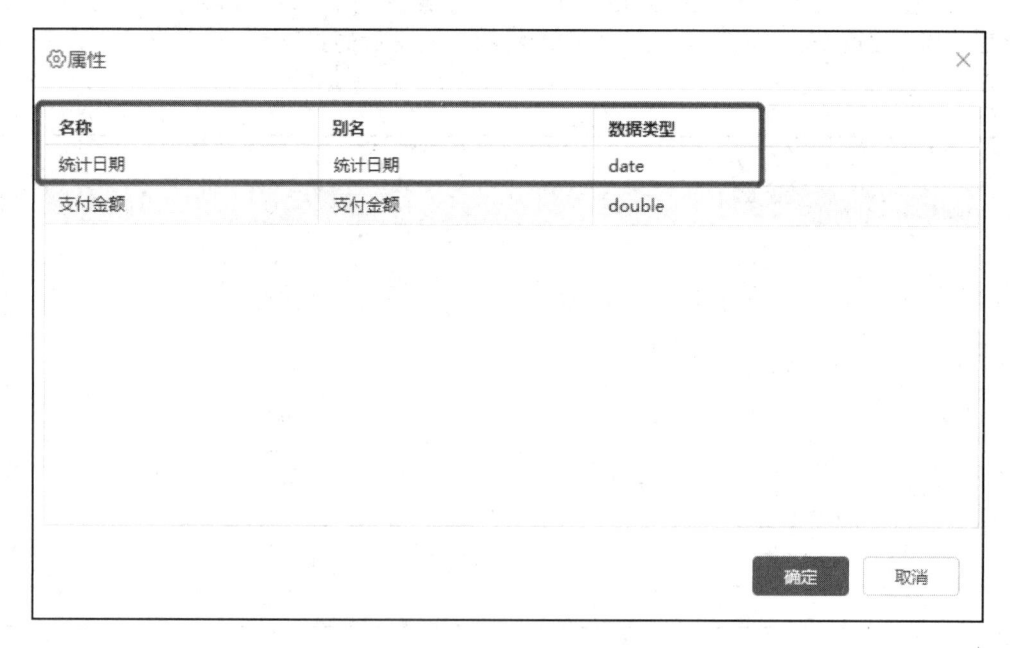

图 6-12 修改日期格式

5）利用"ARIMA"算法进行预测

配置参数，使用（1，1，1）模型系数，再输入开始日期和结束日期进行预测，如图 6-13 所示。

第6章 电商采购与销售数据分析

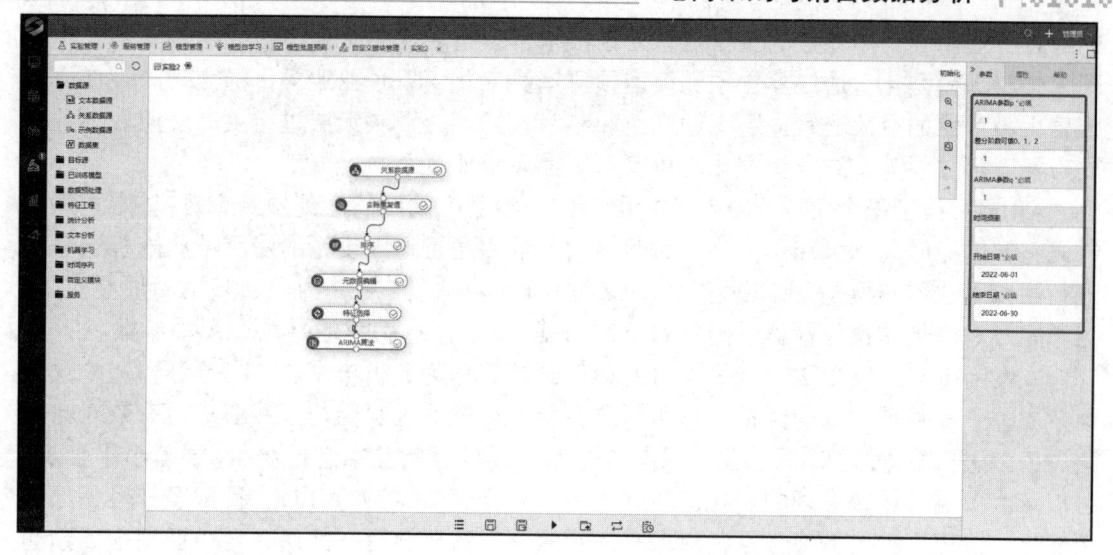

图 6-13　配置参数

最终预测结果如图 6-14 所示。

统计日期	prediction
2022-06-04 00:00:00.0	4723.85016667735
2022-06-05 00:00:00.0	4753.8184493618155
2022-06-06 00:00:00.0	4743.279144037007
2022-06-07 00:00:00.0	4844.996938704321
2022-06-08 00:00:00.0	4733.096942177932
2022-06-09 00:00:00.0	4749.176497847669
2022-06-10 00:00:00.0	4737.055843618446
2022-06-11 00:00:00.0	4723.593258058061
2022-06-12 00:00:00.0	4710.066815536896
2022-06-13 00:00:00.0	4696.5373343271285
2022-06-14 00:00:00.0	4683.007708518741

图 6-14　预测结果

综上所述，ARIMA（1，1，1）模型是本次实验的最优模型，能够较好地描述该店铺销售额的变化趋势，可以在误差允许的范围内进一步预测该店铺未来一段时间内的销售额，有助于店铺制定行之有效的销售策略和产业布局。此外，实验过程中的一些现象值得思考：对历史数据拟合最好的模型，其预测效果未必是最好的；复杂模型不一定比简单模型预测效果好。因此，具体应用时应在结合实际效果进行定性分析的基础上，根据模型的评价指标选择模型，从而获得解决问题的相对最优模型。

【案例总结与应用】

1. 案例总结

为获得商品销量的长期走势，更好地帮助企业制订生产及发展计划，竞争日益激烈的零售行业需要利用先进的企业信息处理技术,分析和探索企业运营数据,获得其中的规律并将其模型化。通过建立预测模型预测销量变化,以企业业务目标为靶向,在一定程度上为企业的重大决策提供辅助判断和参考,帮助企业决策层进行生产资源规划并布局市场开拓发展等,进一步深化企业改革,提高企业竞争力。

ARIMA 模型是 20 世纪 70 年代初提出的一种著名的时间序列预测方法,基本思想是首先将非平稳时间序列转化为平稳时间序列,然后通过对因变量的滞后项和随机误差项进行回归建立预测模型。该模型记为 ARIMA(p,d,q),其中 p 为自回归 AR 项参数,d 为原始时间序列转换为平稳时间序列所需的差分阶数,q 为移动平均 MA 项参数。

本案例将某店铺 2022 年 3—6 月的销售额数据作为分析样本。为了验证预测的准确性,去掉了 6 月前一周的数据,作为预测目标,以便对真实值与预测值进行有效对比。通过模型进行短期预测,将预测结果与 6 月第一周的真实数据进行对比,误差小于 15%,可以认为预测是比较准确的。在此基础之上,用全部数据进行分析,得出了 6 月每天的销售额。以历史销售额为依据,对未来的销售额进行预测这一方法,对中短期市场预测的准确性较高。

2. 案例应用——销售预测与销售策略研究

1)销售预测

销售预测是根据以往的销售情况,使用系统内置或用户自定义的销售预测模型获得对未来销售情况的预测。销售预测可直接生成同类型的销售计划。销售计划的中心任务之一就是销售预测,无论企业规模大小、销售人员多少,销售预测都会影响包括销售计划、销售预算和销售额的确定在内的销售管理的各方面工作。

尽管销售预测十分重要,但进行高质量的销售预测并非易事。在预测和选择最合适的预测方法之前,了解对销售预测产生影响的各种因素非常重要。一般来讲,要考虑两大类因素。

(1)外界因素

① 需求动向。需求动向是外界因素中最重要的一项,如流行趋势、爱好变化、生活形态变化、人口流动等,均可成为商品(或服务)需求的质与量方面的影响因素,必须加以分析与预测。企业应尽量收集有关对象的市场资料、市场调查机构资料、购买动机调查等统计资料,以掌握市场的需求动向。

② 经济变动。销售收入深受经济变动的影响,经济因素是影响商品销售的重要因素,为提高销售预测的准确性,应特别关注商品市场中的供求情况。尤其近年来科技、信息快速发展,带来了无法预测的影响因素,导致企业销售收入出现波动。因此,为了正确地做出销售预测,需要特别注意资源问题的未来发展、政府及财经界对经济政策的见解,以及基础工业、加工业生产、经济增长率等指标的变动情况,尤其要关注突发事件对经济的影响。

③ 同业竞争动向。销售额的高低深受同业竞争者的影响,古人云:"知己知彼,百战不殆。"为了生存,企业必须掌握对手在市场上的所有活动,如竞争对手的目标市场在哪里、商品价格高低、促销与服务措施等。

④ 政府、消费者团体的动向。考虑政府的各种经济政策、方案措施及消费者团体所提出的各种要求等。

（2）内部因素

① 营销策略。考虑市场定位、商品政策、价格政策、渠道政策、广告及促销政策等变更对销售额产生的影响。

② 销售政策。考虑变更管理内容、交易条件或付款条件、销售方法等对销售额产生的影响。

③ 销售人员。销售活动是一种以人为核心的活动，所以人为因素对销售额的实现具有相当深远的影响，不能忽略。

④ 生产状况。考虑货源是否充足、能否保证销售需要等。

2）销售预测应用场景

（1）人员安排

电商业务的部分人力需求是通过招聘外包人员来满足的。例如，仓库作业人员和客服人员等平时的需求不大，但是在大型促销期间的需求比较大，因此需要通过预估业务量来提前实施招聘和培训工作。考虑到招聘和培训太耗时，一般需要预测未来3个月的业务量。

如果预测业务量偏低，人员安排不足，会导致服务水平的降低，如客户体验差。如果预测业务量偏高，会导致人力成本的增加。一般来说，外包的人力成本占比不高，因而造成的损失可控。因此，站在业务的角度，企业希望销售量和订单量的预测值尽量偏高，而不能偏低。

（2）商品采购

如果商品采购量远大于实际需求，不仅占用采购资金，而且增加库存成本。反之，如果商品采购量太少，则会造成销售损失。如果能预知商品在未来一段时间的需求量，则会降低投资的机会成本和库存成本，并增加收益。因此，在商品采购业务中，销量预测是实现降本增收的关键。

（3）库存管理

无论是传统的库存管理方法，还是基于供应链的库存管理方法，其所有的数据源头均来源于销售预测。根据销售预测数据，供应商和第三方物流机构可以科学地安排生产和补货计划。可以说，销售预测的准确与否直接决定了库存管理能否顺畅、高效地开展。

3）销售策略

销售策略是指实施销售计划的各种因素，包括商品、价格、广告、渠道、促销及地点等条件，它是一种为了达成销售目的而进行的各种销售手段的合适组合而非最佳组合。销售策略反映了企业商品或服务投放市场的理念。

（1）商品

商品包括有形的商品和无形的服务，可以解决特定客户的需求。所有商品的生命周期都不尽相同。身为营销人员，必须理解商品的生命周期，根据不同的商品生命周期阶段预测挑战并规划营销策略，了解商品解决了市场上的什么问题，研究商品的独特卖点。

（2）价格

价格包含用户预期需要为服务或商品付出的实际金额。商品定价会直接影响销售方式，商品价格更是与客户所感知的商品价值而非客观成本相关。商品价格比感知价值高或低，都有可能失去部分潜在消费者。如果客户价值为正，说明商品价格定得比客观成本高。反之，如果商品在客户眼中不是那么有价值，就必须降价销售。价格也会受分销计划、价值链成本和竞争对手定价的影响。

（3）促销

所有的营销手法都归类在"促销"这一栏下，包含广告、营销、打折或公关。无论使用哪种营销手法，必须确保其对商品、客户群及消费市场是合适的，必须明确营销与促销的差别。

（4）地点

地点指的是商品的销售管道，如店面、网络、大卖场。销售管道应该与整个营销策略相符。

【拓展实训】利用时间序列预测销售额

【实训目的】

学习时间序列的相关理论知识；熟练掌握 ARIMA 模型的应用；通过教师讲解与实践操作，使学生熟悉销售预测模型的应用，能利用其进行销售预测并提出销售建议。

【实训内容与要求】

第一步：由教师介绍实训目的、方式、要求，调动学生实训的积极性。

第二步：对学生进行分组，确定各小组的组长和人员分工，明确小组学习方式，制订小组计划，了解小组要做什么，要达到什么目的。

第三步：由教师介绍决策树相关知识及讨论的话题，并在实训平台进行实训。

第四步：各小组对教师布置的问题进行讨论和平台操作，并记录小组成员的发言。

第五步：根据小组讨论记录撰写讨论小结。

第六步：各组相互评议，教师点评、总结。

【实训成果与检测】

成果要求：

（1）提交平台操作和案例讨论记录：按 3~5 名学生一组进行分组，各组设组长 1 名、记录员 1 名，每组必须有小组讨论、工作分工的详细记录，以作为成绩考核依据。

（2）能够在规定的时间内完成相关的讨论，利用小组合作方式撰写文字小结。

评价标准：

（1）上课时积极与教师配合，积极思考、发言。

（2）认真阅读案例，积极参加小组讨论，分析问题时思路开阔。案例分析基本完整，能结合所学理论知识解答问题。

（3）小组成员积极参与小组活动，分工合作较好。

【思考与练习】

（1）通过生意参谋平台上的相关模块，查找一家店铺具体的销量、销售额等数据，观察、总结销售数据的特点并解释销售数据中蕴含的商业信息。

（2）使用销售预测模型，为电商企业的人员安排、商品采购及库存管理提出相应的建议，并设计针对该电商企业的销售策略。

第 7 章 库存数据分析

【学习目标】
- 了解库存系统；
- 掌握电商库存的组成。

【学习重点、难点】

学习重点：

- 电商库存管理模式；
- 如何借助天数和周转率量化库存。

学习难点：

- 电商库存管理策略与指标；
- 库存数据分析；
- 以销量预测库存。

第7章 库存数据分析

7.1 电商库存概述

7.1.1 电商库存的相关概念

当商品热销时,如果库存不足且来不及补货,就会耽误大好的销售时机。当商品滞销时,如果库存过多,又会造成仓库资源和成本的浪费。因此,合理管理库存对店铺正常运营具有极大的影响。要解决这个问题,就要正确认识电商库存。下面先介绍与电商库存相关的两个概念:仓库系统和库存系统。

1. 仓库系统与库存系统的定义

仓库系统管理的是真实仓库中的库存数量,一些大型电商企业的仓库往往面积非常大,商品的种类和数量都比较多,因此有必要使用仓库系统来进行管理。简单来说,仓库系统管理的主要内容是仓库一天有多少商品进入,每件商品的数量有多少,每天从这个仓库发出去多少商品,仓库里每件商品还剩下多少,剩下的商品分别存储在仓库的哪个储位上,等等。

既然有了仓库系统,那为什么还要用库存系统呢?举个例子,当 A 商品在仓库里有 10 件时,仓库系统负责管理 A 商品的数量及位置信息。但仓库中有 10 件商品,并不代表店铺中可以销售的 A 商品数量也是 10 件,因为 10 件 A 商品可能已经售出 3 件,只不过这 3 件商品还没有出库,所以仓库系统中的 A 商品数量依然为 10 件,但店铺中能够销售的数量却是 7 件。仓库系统负责管理当前时刻仓库中的库存,并不区分商品的销售状态,所以需要库存系统来解决这个问题。总体来说,仓库系统管理的是仓库中商品的实际数量,库存系统管理的是商品的可销售数量,这是它们的主要区别。

电商企业在使用库存系统时,如果仓库有货,则系统显示当前可销售的商品数量;如果销售完毕,系统则显示无货,并提供"到货通知"按钮。

2. 仓库系统与库存系统的配合

当发生采购、下单等与商品相关的行为时,就需要仓库系统和库存系统互相配合,完成对库存数据的传递与管理。理解这两个系统之间如何配合管理库存,对后面理解电商库存的组成有很大的帮助。下面重点介绍采购入库、下单锁库存、订单取消解锁库存等行为对应的库存管理。

1)采购入库

当 B2C 电商网站想售卖一批商品时,首先会发起采购计划,这时就需要在仓库系统中建立一个采购单,记录哪批商品采购了多少件,把这批商品采购到哪个仓库等。发起采购后将采购到的商品入库,此时仓库系统会更改相应的商品数量,同时告知库存系统对应的商品入库了多少,让库存系统及时调整商品数量。

2）下单锁库存

当有消费者购买商品时，库存系统会先将该商品数量锁定，然后等待仓库出货。只有仓库出货后，库存系统才会调整商品数量。举个例子，假设 A 商品采购入库的数量为 10 件，库存系统也会显示 A 商品的数量为 10 件，此时店铺可以销售的该商品的数量为 10 件。当一名消费者购买了一件 A 商品时，库存系统会将该商品先锁定一件，表示有一件商品已经售出，然后通知店铺的仓库系统。该商品目前能购买的数量为 9 个。

3）订单取消解锁库存

当消费者下单购买 A 商品后，如果因为某些原因取消订单，且此时 A 商品仍未从仓库出货，则需要将锁定的数量解锁，重新调整库存数量。

4）出库扣库存

如果消费者没有取消订单，则仓库需要将商品出库，并通知库存系统重新调整数量。

5）仓库之间的调拨

如果商家拥有多个仓库并分布在全国各地，那么消费者下单购买后，商家会尽量从离消费者最近的仓库发货，以减少时间、降低成本。但在实际操作过程中，可能出现商品库存数量分配不合理的情况，如南方仓的 A 商品已经售罄，北方仓的 A 商品还积压了很多，这时为了让 A 商品尽快卖出，需要将其从北方仓调拨到南方仓。仓库之间的调拨会涉及发起调拨申请、调拨出库和调拨入库等环节。

7.1.2 电商库存的分类

电商平台内的商家利用消费者下单购买、收货和退货的时间差，对库存进行分类管理，能够降低库存风险，维护消费者满意度，提高经营绩效。

根据消费者下单购买、商家发货、消费者收货或退货过程中库存的作用，可将电商库存分为可销售库存、订单占用库存、不可销售库存、锁定库存、调拨库存和在途库存。

1. 可销售库存

可销售库存即店铺前台显示的库存。消费者在店铺下单时，前台网站会先向后台系统发出要求，检查订单商品数量与当前可销售库存数量。若可销售库存数量大于订单商品数量，则前台网购成功，否则会通知消费者库存不足。

如果下单成功，该消费者购买的库存会被预留下来，变为订单占用库存，用于后续的发货，系统中库存数量减少。

商家可以规定店铺的库存减少方式，一种是下单减库存，另一种是付款减库存。如果是下单减库存，如果消费者不付款，那么这部分库存会一直被占用，影响其他消费者购买。在大型促销阶段，库存的减少有助于督促消费者加紧购买，提高转化率。

对于有分仓的店铺，可以根据消费者的收货地址和分仓的库存数据显示可销售库存，以帮助消费者购买，达到更好的消费者体验。

一般情况下，消费者从下单到收货的时长大于商家从采购到发货的时间，因此商家可以设置虚拟库存，作为可销售库存。

2. 订单占用库存

在电商企业的运营中，由于商品的销售和发货在时间和空间上是异步进行的，即消费者在店铺前台下订单、商家发货、消费者收货之间存在时间和空间上的间隔。这种异步销售过程导致电商企业的库存具有特殊性。

生成订单时，产生订单占用库存，此时设立订单占用库存，表明该库存处于待发货状态。订单占用库存一方面可以保证该订单的消费者有货可发；另一方面可以防止其他消费者下订单时库存无货可发的情况发生。而在处理订单时，针对的只是已经被订单所占用的库存，与前台的销售无关。订单出库后，库存系统中扣减的也只是订单占用库存。

3. 不可销售库存

不可销售库存是指由于商品质量、包装、返修等原因，无法销售，但占用库存、资金和空间。

4. 锁定库存

在促销中，如果商家希望某个时间段只销售一定数量的商品，以降低促销成本，掌握促销节奏，则可以设定锁定库存。

5. 调拨库存

对于分仓之间的调拨，可分为库存调拨占用库存和在途库存。这些库存不能用于即时发货，但有的可用于未来的销售。

6. 在途库存

在途库存是指商家采购订单生效，供应商已发货但尚未入库的库存。

7.1.3 电商库存的管理方式

在电商环境下，人们提出了多种先进科学的库存管理方式以适应供应链管理的需要。这些方式包括供应商管理库存、联合库存管理、协同式库存控制等。

1. 供应商管理库存

1）供应商管理库存的定义

供应商管理库存（Vendor Managed Inventory，VMI）是基于战略合作伙伴的合作性策略，是一种新型的库存控制模式。它以供应商为中心，以达到双方最优库存成本为目标，通过合作伙伴之间的协议，把处于下游的企业的库存决策权完全交给上游企业，由供应商对下游销售商的库存策略、订货情况进行合理控制和有效管理，以系统的、集成的管理思想对库存加以控制，使供应链系统整体利润达到最优。

VMI 实质上是将一个多级供应链库存问题转变成一个单极库存控制问题。供需双方紧密合作，共享销售和库存信息，使供应商可以更快速、有效地对供需变化和市场需求做出反应，帮助下游销售商实现零库存，突破传统的、各企业自我为政的库存控制模式，使供应链系统获得同步优化。

2）供应商管理库存的目的与作用

VMI 的目的是同时降低供应商和销售商的成本，实现双赢，在双方制定的共同协议下由供应商负责对库存进行管理，并监督共同协议的执行和修正，这是一种能够持续改进库存管理的合作性政策。VMI 体现了供应链系统的、集成的管理思想，在采购中将企业与其供应链中的上游企业捆绑在一起，解决了传统供应链中信息流通不畅及信息扭曲的现象。

VMI 本质上是将多级供应链问题变为单级库存管理问题，通过掌控销售和库存信息作为需求预测和库存补货的解决方法；相对于按照消费者发出订单进行补货的传统做法，VMI 是根据实际或预测的消费需求做出补货决策。

VMI 减少了需求方的管理费用，让供应商能够随时跟踪需求方的库存状态，并以此为依据快速准确做出决策，实现对库存的合理补充，更加敏捷地面对市场需求变化。传统的库存管理模式忽视了企业之间的协调与合作，将管理重点放在了企业内部的库存控制上，极大地限制了库存及服务水平同步改善的空间；VMI 则是一种能使供需双方实现双赢的库存管理模式。

3）传统库存管理方式与供应商管理库存的区别

在传统库存管理方式下，客户向供应商订货后，订购的商品放在物流中心仓库中，商品的所有权属于客户。而在 VMI 方式下，物流中心商品的所有权属于供应商，由供应商决定库存数量，库存积压的风险由供应商承担，客户不需要承担库存，可根据自身需求从供应商处获取货物的数量和种类，在理论上客户商品可以实现零库存。

在传统库存管理方式下，订单的发出是以客户的商品需求为依据的，供应商根据客户订单组织货物供应。在整个过程中，商品在供应链中的流动是以订单推动的，是一种推动式需求。而 VMI 是拉动式需求，要求整个供应链上各个节点的企业在生产、需求、销售等方面实现资源共享，供应商事先根据客户的需求预测商品数量，加强企业间的合作，大大降低了由于信息不完整或不对称而造成的交易风险，实现客户通过订单取得商品、优化供应链库存管理的目的。在整个过程，由订单需求拉动商品在供应链中流动。

在传统库存管理方式下，所有商品的送货都依据订单，对于订单的变更不能及时反应。而在 VMI 方式下，供应商摆脱了对订单的完全依赖，送货周期和数量的确定综合考虑了需求预测、库存情况、收集分销中心和 POS 数据等因素，最终达到供应商供应与客户需求的结合，客户只需要帮助供应商制订供货计划，便可有效减少供应商的库存，同时实现客户零库存。VMI 能够适应需求不稳定的订单，当客户需求发生变化时，安全库存的缓冲空间依然可以满足。

在传统库存管理方式下，每个订单都需要送货，配货批次多，产生的费用高。而在 VMI 方式下，由供应商制订计划，可减少供货次数，降低费用。

2. 联合库存管理

1) 联合库存管理的定义

联合库存管理(Jointly Managed Inventory, JMI)是一种建立在经销商一体化基础上、风险共担的库存控制模式。它主要解决供应链系统中因企业各节点的相互独立库存运作模式所产生的需求放大现象,是提高系统库存控制同步水平的一种有效方式。

JMI是在VMI的基础上发展起来的一种库存管理方式,有效地平衡了上下游企业之间的权利和责任,实现了企业间的风险共担,克服了VMI的局限性,规避了传统库存管理方式中的牛鞭效应。JMI强调供应链中各个节点的同步性和一致性,各企业共同参与库存计划的制订,从而使每个库存管理者都能从整体出发,协调考虑其他库存管理情况,各个节点之间的库存管理者对需求的预期能够始终保持一致,强调处于同一供应链企业间的互利互惠合作关系,从而消除了需求变异放大现象,体现了新型企业在战略供应商联盟环境下的合作关系。

2) 联合库存管理的作用

JMI将传统的多级别、多节点库存管理转化成核心企业的库存管理,核心企业通过对各种原材料和产成品实施有效控制,可以实现对整个供应链库存的优化管理,简化供应链库存管理运作流程。JMI在降低物流成本的同时,使供应链库存层次简化,使运输路线优化。JMI进一步整合供应链管理上游和下游两个协调管理中心,从而有效避免了供应链各个环节之间出现的需求信息扭曲和不确定问题,消除了由此引发的库存波动。JMI还为及时快速反应、连续补充货物、准时提供货物等其他科学的供应链管理打下了良好基础,提供了必要条件。这种准时化供货模式完全取消了库存,可以实现成本最低、效率最高。

3) 联合库存管理的实施策略

① 建立供需协调管理机制,供需双方既分工明确又相互合作,建立合作沟通渠道,充分发挥JMI的作用。

② 发挥两种资源计划系统的作用,充分利用物资资源配送计划系统和制造资源计划系统这两种比较成熟的资源管理系统。将物资资源配送计划系统应用于商品联合库存协调管理中心,将制造资源计划系统应用于原材料库存协调管理中心。

③ 建立快速响应系统。该系统的目的是缩短原材料从供应商到客户的运输时间,减少这一过程中的库存,提高供应链效率。目前在西方国家快速响应系统主要通过预测、联合计划与及时补货等方式对客户需求做出及时有效的反应。美国Kurt Salmon协会通过调查研究得出结论:借助快速响应系统,可有效减少缺货现象,通过供应商与零售商的联合协作保证24小时供货,库存效率可以实现1~2倍的提高,通过敏捷制造,20%~30%的商品是根据客户需求制造的。

④ 发挥第三方物流系统的作用。第三方物流系统是供应链集成的一种技术手段。

3. 协同式库存控制

1) 协同式库存控制的定义

协同式库存控制(Collaborative Planning Forecasting and Replenishment, CPFR)包

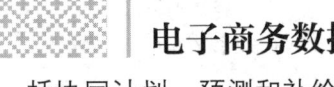

括协同计划、预测和补给,是一种新的协同式供应链库存控制技术。CPFR 主要是指从供应链系统出发,由系统中的各节点企业共同拟订一个统一的库存控制目标和实施方案,但主要由供应商来掌管库存控制权,对下游企业的库存进行预测和补给,事实上也是将多级供应链库存问题转变为单级库存控制问题。

CPFR 始于沃尔玛推动的联合预测补货(Collaborative Forecast and Replenishment,CFAR)系统,CPFR 是 CFAR 的发展。CPAR 是零售企业与生产企业借助互联网这一平台进行合作,共同研究商品并做出预测,以此为依据对货物进行连续补给的系统。而 CPFR 实现的供应链企业之间的共同参与合作不仅包括订单预测和补货,还包括原来属于各个企业内部事务的生产、配送、库存、销售等计划工作。

2)CPFR 的主要特点及体系结构

CPFR 的主要特点是协同、规划、预测及补货。供应链上下游企业确立共同目标和协同性经营策略,长期承诺公开沟通、信息共享。为了实现共同目标,双方协同制订促销、商品导入和中止、仓储分类、库存政策变化等计划,最终做出协同预测,减少整个价值链体系的低效率、死库存,促进商品更好地销售,避免供应链资源的浪费。

CPFR 的体系结构包括决策层、系统管理层、内部管理层和运作层,各自分工如下:决策层对合作企业的领导层进行管理,主要包括制定企业联盟的发展战略和共同目标、企业联盟的共同决策和信息交换,建立跨企业的业务流程;系统管理层主要负责供应链运营的支撑系统和环境的管理与维护;内部管理层主要负责企业内部的运作和管理,包括商品或分类管理、库存管理、商品运营、物流、顾客服务、市场营销、制造、销售和分销等;运作层主要负责合作业务的运作,包括制订联合业务计划、建立共享需求信息、共担风险和平衡企业能力。

4. 电商模式下库存管理的特点和目标

1)电商模式下库存管理的特点

(1)管理信息化

当今市场在急剧变化,企业要想在激烈竞争的环境中取得持续发展,最重要的是掌握客户需求的变化和在竞争中知己知彼。信息技术的应用是推进供应链系统中信息共享的关键,改进整个供应链的信息精度、及时性和流动速度,被认为是提高供应链绩效的必要措施。企业管理战略的一个重要内容就是搭建供应链运作的信息支持平台,构建企业的供应链信息集成系统。

(2)横向一体化

从 20 世纪 80 年代后期开始,"横向一体化"的供应链思想开始兴起,即利用企业外部资源快速响应市场需求,企业自身只抓最核心的东西:产品方向和市场。"横向一体化"形成了一条从供应商到制造商再到分销商的贯穿所有企业的"链";利用现代信息技术改造和集成业务流程,与供应商和客户建立协同的业务伙伴联盟。

(3)生产经营的敏捷柔性化

全球市场竞争加剧,单一企业难以依靠自身资源进行自我调整。20 世纪末,美国提出了以虚拟企业或动态联盟为基础的敏捷制造模式。敏捷制造模式面对的是全球化激烈竞争的买方市场，采用可以快速重构的生产单元构成的扁平组织结构，以充分自治的、分布式的协同工作代替金字塔式的多层管理结构，注重发挥人的创造性，变企业之间的生产竞争关系为"共赢"关系，强调信息的开放和共享、集成虚拟企业，电商的发展为实现敏捷制造提供了可能。

（4）物流系统化、专业化

在此前的企业经营管理中，物流作为商务活动的辅助职能而存在，并不构成企业管理的重要领域，其业务管理也往往是分散进行的，没有总体统一的协调和控制。在电商时代，物流上升为企业经营中的重要一环，其经营绩效直接决定整体交易的完成和服务的水准，尤其是物流信息对于企业及时掌握市场需求和商品的流动具有举足轻重的作用，必须将物流活动综合起来进行系统化管理。在这种要求下，人们利用系统科学的思想和方法建立了社会物流系统和企业物流系统等物流系统，使得物流活动能够全方位、全过程、纵深化地得到管理和协调。

2）电商模式下库存管理的目标

电商模式下库存管理的目标之一是降低成本，实现零库存管理。电商企业力争使大部分商品储存量达到或接近零库存，以达到节省库存空间，降低管理费用，减少存货的维护、保管、装卸、搬运等费用，降低库存资金占用，减少库龄老化、损失、变质等一系列目标。此外，电商行业库存信息公开，客户对信息的准确性和实时性提出了更高的要求，库存稍有差异就有可能引来客户的抱怨和投诉，影响企业形象，破坏客户关系的稳定性，所以库存信息的高度准确性与实时呈现性是电商模式下库存管理的另一个重要目标。

7.1.4 电商库存的管理策略与指标

1. 电商库存的管理策略

1）供应链库存管理策略

在传统库存控制方法中，企业在各节点根据来自下游企业的信息进行市场需求预测，确定自己的库存量和库存策略。这种方式造成了"牛鞭效应"，会引起库存的急剧波动。通过供应商管理库存、联合库存管理、协同式库存控制，能够有效降低库存的不确定性，提高库存管理绩效。关于这3种库存管理策略前文已有详述，此处不再赘述。

【知识拓展】

牛鞭效应

"牛鞭效应"是经济学上的一个术语，指供应链上的一种需求变异放大现象，信息流从最终客户端向原始供应商端传递时，无法有效地实现信息共享，使得信息扭曲而逐级放大，导致了需求信息出现越来越大的波动，此信息扭曲的放大作用在图形上很像一个甩起的牛鞭，因此被形象地称为"牛鞭效应"。

在市场营销中，"牛鞭效应"是普遍存在的高风险现象，是销售商与供应商在需求预测修正、订货批量决策、价格波动、短缺博弈、库存责任失衡和应付环境变异等方面博弈的结果，增大了供应商的生产、供应、库存管理和市场营销的不稳定性。

2）供应链下电商库存管理策略

借鉴供应链中的库存管理策略和电商基于时间的库存分类，电商企业可以与供应商合作，提高库存管理绩效。

（1）借鉴供应商管理库存策略，电商企业实现零库存

电商企业与供应商提前协商好供货价格、结算方式和供货标准，电商企业产生订单后，由供应商直接发货给消费者，商品无须经过电商企业，电商企业实现了零库存。电商企业的商品采购，既可以预先采购付款，也可以发货后再结算，减轻资金压力。

（2）借鉴联合库存管理策略，做好大促活动

在"双十一"等大促期间，电商企业可以与供应商、平台、平台物流服务商合作，共同预测销量、预测需求的空间分布，制订库存计划。通过供应链协同，利用平台提供的数据和工具，降低大促预测不准造成库存积压的情况。

（3）借鉴协同式库存管理策略，电商企业建立分仓体系

在库存管理方面，如果把库存合并到较少的存储点（即减少仓库数量），或者减少仓库中备货的品类，库存水平有望下降。电商企业建立分仓，由一级仓或供应商的仓库直接发货到分仓，通过分仓备货实现就近发货、区内配送和快速交货。仓与仓之间的调拨也可以通过一级仓进行协调，结合ABC分析法实行仓储多级管理，A类商品三级仓库全部备货；B类商品只是上两级备货，前置仓不备，有需求时临时调剂；C类商品只集中于总公司仓库。

2. 电商库存管理指标

库存管理是在投资有限的情况下，使库存量保持在合理水平上，面对市场波动，在正确的时间、地点，供应适量的所需物品，以最低的成本达到一定的客户服务水平，具体是指：掌握库存量动态变化情况，考虑销量、到货周期、采购周期、特殊季节、特殊需求等几个方面的变化，适时、适量地提出订货，避免超储或缺货；合理持有库存数量，控制库存资金占用，加速资金周转，减少库存空间占用，降低库存总费用。电商库存管理的指标主要有以下几个。

1）库存准确率

库存准确率反映企业真实库存和账务相符的程度，是企业库存管理水平的体现。其计算公式为（一个周期内）：

库存准确率=真实库存量（件数或金额）/账务库存量（件数或金额）

2）商品耗损率

商品损耗率又称库存商品自然损耗率，是指在一定的保管条件下，某商品在储存保管期中，其自然损耗量与入库数量的比率，反映企业的在库管理水平。其计算公式为（一个周期内）：

商品损耗率=商品损耗量（件数或金额）/商品在库总量（件数或金额）

3）库存缺货率

库存缺货率的计算公式为（一个周期内）：

$$库存缺货率=缺货量（件数或金额）/需求量（件数或金额）$$

库存缺货率高，说明库存没有满足市场的需求，会造成销售额下降，企业信誉降低。

4）商品周转率

商品周转率的计算公式为（一个周期内）：

$$商品周转率=售出商品量（件数或金额）/平均库存量（件数或金额）$$

商品周转率越高，说明企业资金利用率越高。

5）品类库销比

品类库销比的计算公式为（一个周期内）：

$$库销比=库存量（件数或金额）/销售量（件数或金额）$$

品类库销比是检测单品库存量是否合理的指标，比率过高，说明库存量过大，销售不畅；比率过低，则可能是库存数量不足。

6）商品动销率

商品动销率的计算公式为（一个周期内）：

$$商品动销率=动销类目数/仓库总品类数$$

商品动销率越高，表明品类的管理和策划越成功，仓储利用率越高。商品动销率小于100%，表明有滞销商品，此时需要分析每个SKU的动销率，特别是要分析SKU动销率低的原因，判断是选品、视觉营销、文案还是引流的问题，根据问题调整运营策略。

7）品类售罄率

品类售罄率的计算公式为（一个周期内）：

$$品类售罄率=销售量（件数或金额）/总进货量（件数或金额）$$

品类售罄率反映了商品的销售速度，可用来判断滞销品和畅销品。

7.2 电商库存数据

7.2.1 库存数据分析指标

简单的库存数据可以帮助商家了解库存的基本情况，但并不能用于判断库存是否能够满足销售需要，也无法判断库存数是否安全。因此，还需要借助库存天数和库存周转率来量化库存，以确认库存数据是否足够、合理或安全。

1. 安全库存数量

服装、电器等行业习惯使用绝对数量或金额作为安全库存标准，其优点在于直观明

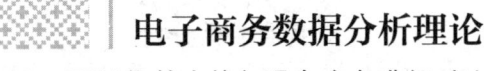

了，可以将其直接与现有库存进行对比来发现差异，但由于没有与销售数据挂钩，在目前商品销售具有节奏性、季节性的前提下，该数据显得不够精准和灵活。

2. 库存天数

库存天数可以有效衡量库存滚动变化的情况。库存天数的优势在于既考虑了销售变动对库存的影响，又将"总量—结构—SKU"体系的安全库存标准进行了统一管理。库存天数的计算公式为：

库存天数=期末库存数量÷（某销售期的销售数量/该销售期天数）

用库存天数来判断库存安全性时，还可以量化每个 SKU 的库存天数，然后和标准库存天数进行对比。按此理论，就可以利用 Excel 建立 SKU 库存天数监控表，即利用每个 SKU 的库存数据和销售数据计算 SKU 对应的库存天数，然后对比标准库存天数，低于标准的，要及时补货；高于标准的，要想办法退货或提高销量。

3. 库存周转率

库存周转率可以从财务的角度监控库存安全，这个指标一般以月、季度、半年或年为周期，其计算公式为：

库存周转率=销售数量/[（期初库存数量+期末库存数量）/2]

分析库存周转率时，首先利用公式计算各商品或 SKU 的库存周转率，然后建立四象限图进行分析。

分析库存时涉及的动销率、广度、宽度、深度等数据的含义如下。

- 动销率。动销率是指在一定时间内销售的商品数与总库存商品数之比。店铺的动销率越大，权重越大，不仅会获得更多系统展现与流量，还能提高参加官方活动的通过概率。此外，上架新商品时，库存不要太多，后期根据实际销量来增加库存，有利于优化动销率数据；对于动销率非常低的商品，要及时下架或删除。
- 广度、宽度、深度。

一般情况下，这 3 个指标合理，库存结构就比较合理。其中，广度指涉及的商品类目；宽度指商品各类目下的种类；深度指商品的 SKU 数量。分析这 3 个维度时，可以将其与计划值进行对比，找出差异，确定库存结构哪里出现了问题。

7.2.2 库存预测的方法

库存天数预测主要依赖历史销售数据，它代表过去的销售规律，企业可以根据该规律来监控库存还能够支撑销售多长时间。要想精确把握销售走势，仅靠历史数据是不行的，还需要找到影响未来非正常销售的因素，如促销活动、季节、节假日等各种特殊事件。通过预测未来销售，再结合历史数据进行判断，就能更加精确地确定库存的数量。

滚动预测可以根据形势的变化不断调整需求，这样供货方也能有一个较长的备货周期来适应销售需求。滚动预测一般分为周预测和月预测。

【案例分析】电商企业库存需求预测

【案例背景】

在经营过程中，经营者通常会根据商品近期的销售情况、自身的经营经验人为预测下一时期的商品销量，再根据预测结果控制仓库的商品数量，避免出现仓库货物不足或货物堆积的情况，减少店铺损失。

但对比预测结果和实际值，经营者会发现两者之间总是存在误差，销售预估量绝对准确只是一种理想状态。当店铺还处于发展前期时，预测误差不会造成太大影响。随着店铺的不断发展，误差大小会直接影响决策结果，造成店铺损失，所以经营者对预测结果准确度的要求会越来越高。

通过本案例的学习，可使学生掌握减少预测误差的思路和方法。

【案例分析过程】

1. 分析思路

1）分析预测误差大的主要原因

需求预测变动是造成"牛鞭效应"的主要原因，同时也是库存控制的难点。如果可以提高需求预测的准确度，那么库存控制的难度也会随之下降。由于事物具有不确定性，所以需要运用需求预测理论来降低其不确定性。

2）选择适用的方法

目前在库存需求预测方面，存在定性与定量两种方法。

（1）定性预测

定性预测法也称经验判断法，主要是利用市场调查得到的各种信息，根据预测者个人的知识、经验和主观判断，对市场的未来发展趋势做出估计和判断。定性预测方法包括购买者期望法、意见综合预测法、高级经理意见法、销售人员意见法和德尔菲法。

（2）定量预测

定量预测是根据历史统计数据及信息，运用数学或其他分析手段，建立科学合理的数学模型，运用数学模型计算出分析对象的各项指标及数值。定量预测方法包括时间序列法、相关分析和回归分析法。

根据案例背景描述，经营者想减少人为预测带来的误差，所以选择定量预测，通过回归算法建立预测模型来自动预测商品销量。

2. 算法简介

1）回归分析法

回归分析法是利用数据统计原理，对大量统计数据进行数学处理，确定因变量与某些自变量的相关关系，建立一个相关性较好的回归方程（函数表达式），并加以外推，用于预测今后因变量变化的分析方法。根据因变量和自变量的个数，可将回归分析法分为一元回归分析和多元回归分析；根据因变量和自变量的函数表达式，可将回归分析法分为线性回归分析和非线性回归分析。

2）回归分析的工作原理

（1）根据预测目标，确定自变量和因变量

明确预测的具体目标，也就确定了因变量。例如，预测的具体目标是下一年度的销售量，那么销售量 Y 就是因变量。通过市场调查和查阅资料，寻找与预测目标相关的影响因素，即自变量，并从中选出主要的影响因素。

（2）建立回归预测模型

依据自变量和因变量的历史统计资料进行计算，在此基础上建立回归分析方程，即回归分析预测模型。

（3）进行相关分析

回归分析是对具有因果关系的影响因素（自变量）和预测对象（因变量）进行的数理统计分析。只有当自变量与因变量确实存在某种关系时，建立的回归方程才有意义。因此，作为自变量的因素与作为因变量的预测对象是否有关、相关程度如何，以及判断这种相关程度的把握有多大，就成为进行回归分析必须解决的问题。进行相关分析，一般要求出相关系数，以相关系数的大小来判断自变量和因变量的相关程度。

（4）检验回归预测模型，计算预测误差

回归预测模型是否可用于实际预测，取决于对回归预测模型的检验和对预测误差的计算。只有通过各种检验，且预测误差较小，才能将回归方程作为预测模型进行预测。

（5）计算并确定预测值

利用回归预测模型计算预测值，并对预测值进行综合分析，确定最后的预测值。

3. 多种回归模型介绍

1）线性回归模型

实际上，线性回归模型和方差分析模型是完全等价的，只是前者对应的自变量为连续变量。通过扩展（将分类变量转化为哑变量组），该模型框架也可以处理含有分类自变量的情形。

所谓线性回归，是指所有自变量对因变量的影响均呈线性关系。假设希望预测因变量 y 的取值，各影响因素为自变量 x_1, x_2, $\cdots$, x_m，则自变量和因变量之间存在如下关系：

$$y = a + b_1 x_1 + b_2 x_2 + \cdots + b_m x_m$$

该式计算的是 y 的估计值，如果希望用该公式精确地表示每个个体的测量值，则假设在相应的自变量取值组合下，相应的个体因变量实测值围绕平均水平上下波动，即将

y_i 表示如下：

$$y_i=y+e_i=a+b_1x_{1i}+b_2x_{2i}+\cdots+b_mx_{mi}+e_i$$

式中，e_i 为随机误差，被假定为服从均数为 0 的正态分布。即对每个个体而言，在知道了所有自变量的取值后，只能确定因变量的平均取值，个体的具体取值在其附近上下波动。

2）线性回归的衍生模型

线性回归模型有一定的使用条件，如线性关联、残差正态性等。但是实际数据往往不能很好地满足以上条件，此时可以使用一些衍生模型来对数据进行更好的拟合。

（1）曲线直线化

在线性回归中，各自变量和因变量之间均应呈线性关联趋势。当该条件被违反时，则必须采取相应的处理措施，其中最简单和最常用的方法就是曲线直线化，其基本原理是将变量进行变换，从而将曲线方程转化为直线回归方程进行分析。

（2）加权最小二乘法处理方差不齐

标准的线性回归模型假设在所研究的整个总体中方差是恒定的，即因变量的变异不随自身预测值或其他自变量值的变化而变动。在有的研究中，这一假设可能被违反，因变量的变异会明显地随着某些指标的改变而改变，此时如果能够找到一些可供预测变异大小的指标，从而能够根据变异大小对相应数据给予不同的权重，则能够提高模型的精度，达到更好的预测效果。

（3）岭回归方法处理多重共线性

共线性指的是各自变量之间存在强相关，并因此影响回归模型的参数估计。岭回归是一种专门用于共线性数据分析的有偏估计回归方法，它实际上是一种改良的最小二乘法，通过放弃最小二乘的无偏性，以损失部分信息、降低精度为代价来寻求效果稍差但回归系数更符合实际的回归方程。因此，利用岭回归方法所得剩余标准差比最小二乘回归方法大，但它对病态数据的耐受性远远强于最小二乘法。

（4）最优尺度回归优化分类自变量建模

线性回归模型要求因变量为数值型，但现实中大量的数据都是分类资料，虽然统计学上标准的做法是采用哑变量进行拟合，然后根据分析结果考虑对结果进行化简，但是哑变量分析的操作比较麻烦，而且要求分析者具备较好的统计知识。最优尺度变换专门用于解决统计建模时量化分类变量的问题，它的基本思路是基于希望拟合的模型框架，为原始分类变量的每个类别找到最佳的量化评分，随后在模型中使用量化评分代替原始变量进行后续分析。

3）路径分析与结构方程模型

（1）路径分析

多重线性回归只是基于一个方程建立模型，反映的是自变量与因变量之间的直接关系而不是间接关系。但是，变量间的关系往往错综复杂，采用一个简单的多元回归方程有可能无法正确反映这种关系。路径分析是多重线性回归模型的扩展，它的主要特征是根据专业知识，假设模型中各变量的具体联系，并将这种联系绘制为一张路径分析图。

随后按照相应的因变量分别拟合各自的多重线性回归方程。也就是说，路径分析模型是由一组线性方程构成的，它描述的变量之间的相互关系不仅包括直接的，还包括间接的。

（2）结构方程模型

与路径分析有一定联系，但功能更加强大的是结构方程模型。结构方程模型是一种建立、估计和检验因果关系模型的方法。模型中既包含可观测的显在变量，也可能包含无法直接观测的潜在变量。结构方程模型可以替代多重回归、路径分析、因子分析、协方差分析等方法，清晰地分析单项指标对总体的作用和单项指标间的相互关系。简单地说，与传统的回归分析不同，结构方程模型能同时处理多个因变量，比较和评价不同的理论模型，并检验数据的吻合程度。

4）非线性回归模型

线性回归模型及其衍生模型可满足大多数分析需求，但是不适用于无显式表达式的方程或一些更加特殊的拟合方法。非线性回归是针对这些复杂问题提出的一个通用模型框架，它采用迭代方法对用户设置的各种复杂曲线模型进行拟合，同时将残差的定义从最小二乘法向外扩展，为用户提供极为强大的分析能力。非线性回归模型一般可表示为如下形式：

$$y_i = y + e_i = f(x, \theta) + e_i$$

式中，$f(x, \theta)$ 为期望函数。该模型的结构和线性回归模型非常相似，不同的是期望函数 $f(x, \theta)$ 可能为任意形式，有些情况下甚至可以没有显式表达式。

由于期望函数并非直线，因此非线性回归模型可能无法直接计算出最小二乘估计的参数值，一般采用高斯-牛顿法进行参数估计。这一方法是对期望函数做泰勒级数展开，以达到线性近似的目的，并反复迭代求解。

5）Logistic 回归模型

Logistic 回归模型的基本架构直接来自多重线性回归模型。在实际工作中，经常会遇到因变量为分类变量的情况，如发病与否、死亡与否等，需要研究该分类变量与一组自变量之间的关系。此时，若对分类变量直接拟合回归模型，则实质上拟合的是因变量某个类别的发生概率，参照线性回归模型的架构，可以很自然地写出如下所示的回归模型：

$$P = \alpha + \beta_1 x_1 + \cdots + \beta_m x_m$$

该模型可以描述当各自变量变化时，因变量的发生概率会怎样变化，可以满足分析的基本需要，但是会出现预测概率值超出 0～1 有效区间，以及残差不服从二项分布等问题。为此，Cox 引入了 logit 变换，成功地解决了上述问题。所谓 logit 变换，就是 $\mathrm{logit}P = \ln[P/(1-P)]$。通过变换，$\mathrm{logit}P$ 的取值范围被扩展为以 0 为对称点的整个实数区间($-\infty$，$+\infty$)，使得在任何自变量取值下，对 P 值的预测均有实际意义。相应的包含 p 个自变量的 Logistic 回归模型如下：

$$\mathrm{logit}P = \beta_0 + \beta_1 x_1 + \cdots + \beta_p x_p$$

4. 有效性和注意事项

有效性：用回归分析法进行预测时，首先要对各个自变量做出预测。只有各个自变量可以由人工控制或易于预测，而且回归方程也比较符合实际，使用回归预测才是有效的。

注意事项：为使回归方程符合实际，首先应尽可能定性判断自变量的可能种类和个数，并在观察事物发展规律的基础上定性地判断回归方程的可能类型。其次，力求掌握较充分的高质量统计数据，运用统计方法，利用数学工具和相关软件从定量方面计算或改进定性判断。

5. 分析过程

简单来说，本案例通过线性回归算法对历史数据（2021 年 1 月—2022 年 2 月）进行模型训练，再使用模型预测下一时期的销售数据。

1）*探索数据源*

现有某电商企业 2021 年 1 月—2022 年 2 月的销售数据如图 7-1 所示。共 20 条数据，要求准确预测 2022 年 3 月—2022 年 8 月的销售数据，帮助该电商企业进行库存数量控制。

数据源指标详解如表 7-1 所示。

月份	ID	销售量(元)
2021年1月	1	65908
2021年2月	2	59986
2021年3月	3	59202
2021年4月	4	70335
2021年5月	5	103290
2021年6月	6	126768
2021年7月	7	128829
2021年8月	8	145831
2021年9月	9	146910
2021年10月	10	157432
2021年11月	11	160392
2021年12月	12	183880
2022年1月	13	208123
2022年2月	14	236012
2022年3月	15	0
2022年4月	16	0
2022年5月	17	0
2022年6月	18	0
2022年7月	19	0
2022年8月	20	0

图 7-1 某电商企业销售数据

表 7-1 数据源指标详解

指　标	详　解
月份	数据的统计时间
ID	一种编号，对应“月份”列的数据，便于运用平台的线性回归算法
销售量	统计时间内，商品的销售量总和，销售量不为 0 代表的是历史数据

导入相关数据源，在平台中显示如图 7-2 所示（共 20 条数据）。

当前显示 20 条 / 总共有 20 条数据　提示:点击单元格可查看超出的内容

A 月份	# ID	# 销售量
2021年1月	1	65908
2021年2月	2	59986
2021年3月	3	59202
2021年4月	4	70335
2021年5月	5	103290
2021年6月	6	126768
2021年7月	7	128829
2021年8月	8	145831
2021年9月	9	146910
2021年10月	10	157432
2021年11月	11	160392
2021年12月	12	183880
2022年1月	13	208123
2022年2月	14	236012
2022年3月	15	0
2022年4月	16	0
2022年5月	17	0
2022年6月	18	0
2022年7月	19	0
2022年8月	20	0

注意：表头中◇表示特征列，*表示标签列

图 7-2 平台中的关系数据源

2)过程讲解

(1)特征选择

本案例主要根据时间来预测销售量,所以在特征选择中,需要将与时间对应的"ID"设为特征列,如图7-3所示;将"销售量"设为标签列,如图7-4所示。

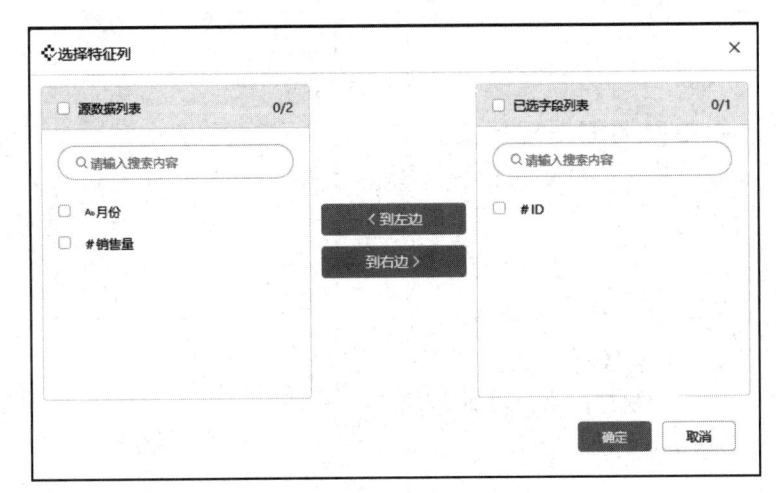

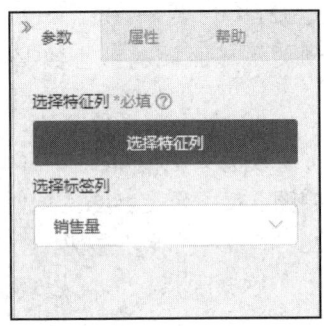

图7-3 选择特征列　　　　　图7-4 选择标签列

(2)筛选出历史数据

使用"行选择"筛选出历史数据,为接下来的模型训练做好准备。根据前期的数据探索结果,以销售量的值不等于0作为筛选条件,如图7-5所示。

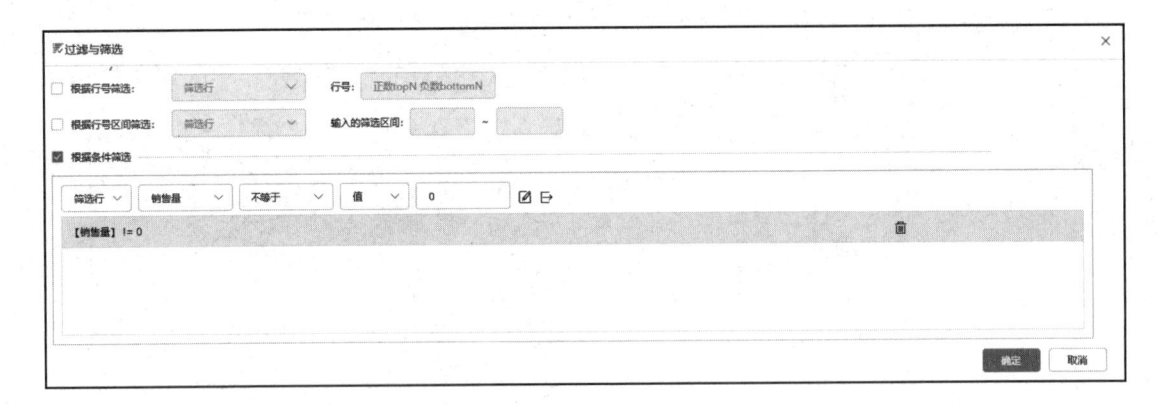

图7-5 筛选出历史数据

(3)运用线性回归算法训练模型

选择线性回归算法,对算法进行设置,所有参数皆为默认设置,设置结果如图7-6所示。

设置完成之后连接历史数据,进行模型训练,如图7-7所示。

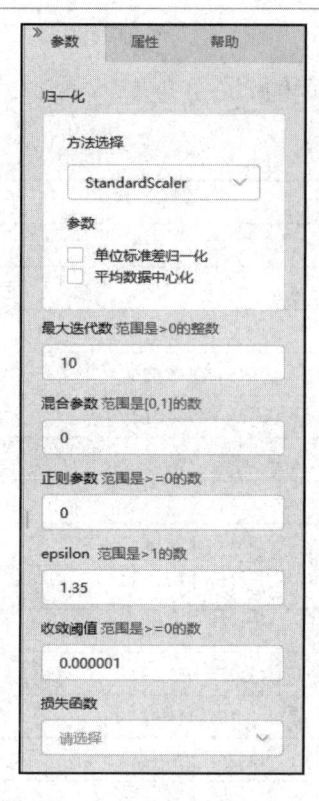

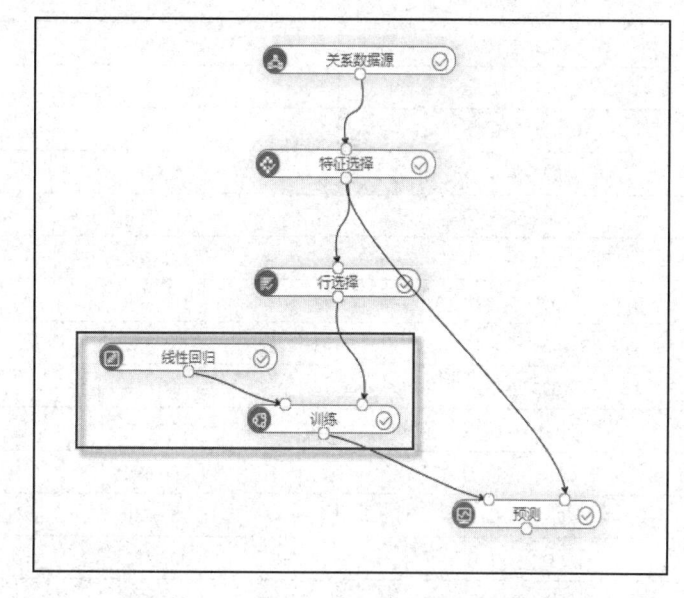

图 7-6 线性回归算法设置　　　　图 7-7 模型训练

（4）得出预测结果

运行训练后的模型，预测 2022 年 3—8 月的销售量，预测结果如图 7-8 所示，"prediction"列为预测的销售量（单位：元）。

月份	ID	销售量	features	featuresNormalized	prediction
2021年1月	1	65908	[1.0]	[1.0]	47471.31428571427
2021年2月	2	59986	[2.0]	[2.0]	60529.55164835163
2021年3月	3	59202	[3.0]	[3.0]	73587.789010989
2021年4月	4	70335	[4.0]	[4.0]	86646.02637362636
2021年5月	5	103290	[5.0]	[5.0]	99704.26373626372
2021年6月	6	126768	[6.0]	[6.0]	112762.50109890109
2021年7月	7	128829	[7.0]	[7.0]	125820.78461538845
2021年8月	8	145831	[8.0]	[8.0]	138878.9758241758
2021年9月	9	146910	[9.0]	[9.0]	151937.21310681317
2021年10月	10	157432	[10.0]	[10.0]	164995.45054945053
2021年11月	11	160392	[11.0]	[11.0]	178053.6679120879
2021年12月	12	183880	[12.0]	[12.0]	191111.92527472528
2022年1月	13	208123	[13.0]	[13.0]	204170.16263736263
2022年2月	14	236012	[14.0]	[14.0]	217228.4
2022年3月	15	0	[15.0]	[15.0]	230286.63736263735
2022年4月	16	0	[16.0]	[16.0]	243344.8747252747
2022年5月	17	0	[17.0]	[17.0]	256403.11208791207
2022年6月	18	0	[18.0]	[18.0]	269461.34945054946
2022年7月	19	0	[19.0]	[19.0]	282519.58681318676
2022年8月	20	0	[20.0]	[20.0]	295577.8241758242

图 7-8 销售量预测结果

3）解读结果

结合数据源中的月份、销售量数据及平台预测数据进行结果解读，如表 7-2 所示。

表 7-2　解读结果参考

月份	销售量（元）	prediction（元）
2021 年 1 月	65 908	47 471.314
2021 年 2 月	59 986	60 529.552
2021 年 3 月	59 202	73 587.789
2021 年 4 月	70 335	86 646.026
2021 年 5 月	103 290	99 704.264
2021 年 6 月	126 768	112 762.5
2021 年 7 月	128 829	125 820.74
2021 年 8 月	145 831	138 878.98
2021 年 9 月	146 910	151 937.21
2021 年 10 月	157 432	164 995.45
2021 年 11 月	160 392	178 053.69
2021 年 12 月	183 880	191 111.93
2022 年 1 月	208 123	204 170.16
2022 年 2 月	236 012	217 228.4
2022 年 3 月	0	230 286.64
2022 年 4 月	0	243 344.87
2022 年 5 月	0	256 403.11
2022 年 6 月	0	269 461.35
2022 年 7 月	0	282 519.59
2022 年 8 月	0	295 577.82

将预测结果与历史销售量数据进行对比，计算公式为：（模型预测结果-实际销售额）/实际销售额，或者（实际销售额-模型预测结果）/模型预测结果，得出大部分数据的误差在 ±10% 以内，属于正常范围，企业可以根据预测结果制定决策。可见，模型预测的结果为制订和落实库存计划提供了有效的支撑和合理的依据，提高了库存管理的透明度，提升了企业的核心竞争力。

【案例总结与应用】

1．案例总结

需求预测的准确性对企业的发展非常重要。需求预估偏高，意味着实际的商品销售量少于原来的预估量，如果按预估量来订货，就会造成一定程度上的库存积压。需求预估偏低，意味着实际的商品销售量多于原来的预估量，如果按预估量来订货，就会出现

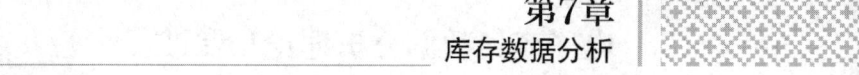

库存缺货现象，最终导致客户流失。

为了根据该店铺的需求进行预测，本案例首先对该店铺的历史数据进行了整理，根据数据的特点和该店铺的特定需求，选择线性回归模型，分析相关历史数据，预测未来需求，该模型经过实例认证表明可以提升卖家的销售预测效率和预测的相对准确性，更重要的是可以有效控制爆仓问题的发生。

2. 案例应用——基于需求预测的库存控制策略

1）商品分类库存控制策略

（1）ABC分类法介绍

ABC分类法（又称帕累托曲线）是最常见商品分类方法之一。库存物资中存在着少数物资占用大部分资金、大多数物资却占用很少资金的情况，ABC分类法利用库存与资金占用之间的这种规律，按库存物资的消耗数量和价值大小，对其进行分类，将数量占总数量的5%～15%，资金占用额占总金额60%～80%的商品定为A类；将数量占总数量的20%～30%，资金占用额占总金额20%～30%的商品定为B类商品；将数量占总数量的60%～80%，资金占用额占总金额只有5%～15%的商品定为C类商品。确定好不同类别的商品后，采用不同的库存控制策略对其进行区别管理。

（2）不同类别商品的库存控制策略

在网络销售环境下的商品库存与普通生产企业或零售企业的商品库存有着巨大的不同，其库存控制需要特殊对待。库存管理者需要综合考虑，以下是各类别商品的库存控制策略。

① A类商品。A类商品资金占用额占库存总资金的比例较大，品种数量不大，重要性高。对此类商品，可采用(T, S)策略[1]，周期性检查库存，动态调整，防止缺货。

- 按需订购，采用多批次、小批量的订购策略，保证订购的商品能够准时入库。
- 通过与供应商合作，缩短订货提前期和交货期，达到降低订货周期、降低商品供应波动、保证商品及时到位的目的。
- 合理设置安全库存和订货点，以免发生缺货情况。
- 定期盘点库存，严格管控库存量，通过科学方法提高库存控制的准确度。

② B类商品。B类商品品种较多，价格中等，销量也中等。对此类商品，可采用(R, S)策略[2]，因为此类商品很少有新品上市，需要关注消费者网上评价结果，重点把控那些评价较高的商品。定期进行库存检查、盘点和记录。可将以往采购数据作为参考，保证安全库存足够大，中量采购为佳。同时以少量多批次的补货策略作为补充，防止出现缺货的情况。

③ C类。C类商品需求较少但品类极多。对此类商品，可采用集采方式，增加批量和安全库存，减少订货次数，降低订货费用，降低商品成本。因为此类商品数量大且价值低，所以应减少盘点次数和出库次数，降低不必要的时间和人力成本。对于消费者好

---

[1] (T, S)策略即周期性检查策略。
[2] (R, S)策略即最大库存策略。

评度低且滞留仓库太久的商品,应适时停止采购,将商品下架,采用促销手段尽快清理剩余库存。

2)商品生命周期各阶段的库存控制策略

(1)引入期库存控制策略

在商品进入市场之前,可以先在平台上展示商品相关参数、图片、视频信息,帮助消费者提前获得商品特征,同时使用预售制度,通过预售获得消费者的喜好、商品可能的销售量等信息,为首次订货提供参考。

一旦商品首次投入市场,就进入了引入期。由于初次上市,无法准确预测商品销售量,因此商品初次订货量一般由采购员根据以往新品上市的经验确定。同时可与网销平台上同类商品的销售量做一个横向比较,参考功能相似、价格相似商品的销售量,再结合预售情况来确定首次订货量。商品引入期一般为几周,以同类商品中的 C 类初上市的数据作为基准,如果价格高于该类商品,则执行培育商品库存策略;否则,执行一般商品库存控制策略。如果在低价推广后商品销售量依然没有提升,则考虑将其列为 C 类商品准备下架。同时提高售后服务水平,制定严格的退货策略以提高消费者满意度。

(2)成长期库存控制策略

在成长期,商品需求迅速攀升,采购员以前期销售数据作为参考来保守估计订货量的方法就不准确了,此时需要结合其他商品在成长期的需求量来预估本商品的需求量。这个阶段可借鉴上文提到的商品分类库存控制策略进行库存管理。在成长期,可综合考虑消费者的网上评价内容对商品库存量进行动态调整。对于消费者的退货请求,要严格审核,不能放任,合理降低退货率和退货库存空间。

(3)成熟期库存控制策略

商品上市一段时间后,由于技术更新,商品逐渐标准化、规模化,知名度提高,基本上已经在市场上站稳了脚跟。这时需要通过增加订货批量来获得上游供应商的折扣,降低商品价格,同时要保证消费者订购的商品能准时送达,避免出现因缺货而导致消费者满意度降低的情况。通过获得价格优惠来增加商品在市场上的销售量,加快资金回笼的速度。在商品采购中设定一个提前期,可有效防止缺货现象,保证商品准时送达。

这个阶段的商品销售量相对稳定,很难出现大起大落的现象,因此可以将该阶段的商品需求看作恒定的,运用需求恒定库存模型管理该商品的库存。最重要的是要密切关注市场上的替代品和其他新品的上市信息。因为这不仅会降低消费者对本商品的需求,还会降低商品价格。对此,企业更多的是依赖采购员的经验做出主观判断。应对策略是提高售后服务水平,避免不必要的退货,同时与供应商签订严格的退货协议。

(4)衰退期库存控制策略

处于衰退期的商品已经走到生命末期,即将被市场淘汰。此时的商品在功能上已不能满足消费者需求,市场上也出现了其他功能更好、价格更低的替代品,很好地满足了市场上新的需求。因此,在这一阶段,需要通过一些促销优惠的手段来提高商品销售量。与此同时,减少订货量甚至停止进货,在满足消费者需求的前提下以最快的速度清除库存。

综上所述,企业应在 ABC 分类法的基础上,研究适合商品各生命周期阶段的库存控

制策略，考虑网络销售环境的复杂性，将定性方法与定量方法相结合，以定性为主，定量为辅，综合考虑后提出库存管控建议。

【拓展实训】电商企业库存需求预测

【实训目的】

学习回归分析的相关理论知识；熟练掌握线性回归模型的应用；通过教师讲解与实践操作，使学生熟悉库存需求预测模型的应用，能利用其进行库存预测并提出库存控制管理建议。

【实训内容与要求】

第一步：由教师介绍实训目的、方式、要求，调动学生实训的积极性。
第二步：对学生进行分组，确定各小组的组长和人员分工，明确小组学习方式，制订小组计划，了解小组要做什么，要达到什么目的。
第三步：由教师介绍决策树相关知识及讨论的话题，并在实训平台进行实训。
第四步：各小组对教师布置的问题进行讨论和平台操作，并记录小组成员的发言。
第五步：根据小组讨论记录撰写讨论小结。
第六步：各组相互评议，教师点评、总结。

【实训成果与检测】

成果要求：
（1）提交平台操作和案例讨论记录：按 3~5 名学生一组进行分组，各组设组长 1 名、记录员 1 名，每组必须有小组讨论、工作分工的详细记录，作为成绩考核依据。
（2）能够在规定的时间内完成相关的讨论，利用小组合作方式撰写文字小结。
评价标准：
（1）上课时积极与教师配合，积极思考、发言。
（2）认真阅读案例，积极参加小组讨论，分析问题时思路开阔。案例分析基本完整，能结合所学理论知识解答问题。
（3）小组成员积极参与小组活动，分工合作较好。

【思考与练习】

（1）通过生意参谋平台上的相关模块，查找某电商企业具体的销量、销售额等数据，观察、总结销售数据的特点并根据销售数据分析结果预测库存需求。
（2）使用库存需求预测模型，为该电商企业的库存控制与管理提供科学依据，并针对具体情况设计相应的库存管控策略。

第 8 章
客户画像分析

【学习目标】
- 了解客户画像的概念与目的；
- 掌握客户特征与行为分析的相关知识；
- 掌握消费者舆情分析。

【学习重点、难点】

学习重点：

- 客户特征分析；
- 客户行为分析；

学习难点：

- 能够运用 RFM 模型对客户进行分类，并绘制客户画像；
- 能够利用 RFM 模型制定营销策略，进行精准营销。

第8章 客户画像分析

在了解客户画像在电商行业的应用之前,首先要清楚什么是客户画像。简单来说,客户画像就是把客户的信息标签化后提供给企业。在大数据时代,客户画像已经成为企业调整经营战略的重要依据,客户画像在电商领域的价值和作用不言而喻。总体来说,企业通过收集与分析客户的社会属性、生活习惯、消费行为等主要信息的数据之后,可以完美地抽象出一个客户的商业全貌作为企业应用大数据技术的基本方式。客户画像为企业提供了足够的信息,使企业能够快速发现精准客户群体及其需求。

8.1 客户画像分析概述

8.1.1 客户画像的概念

客户画像也叫客户信息标签、客户标签,是根据客户社会属性、生活习惯和消费行为等信息而抽象出的一个标签化的客户模型。从电商的角度看,根据客户在电商网站上所填的信息和客户的行为,可以用一些标签把客户描绘出来,这些用来描绘客户的标签就是客户画像。构建客户画像的核心工作是给客户贴"标签",而标签是通过客户信息分析得到的高度精练的特征标识。

在各种服务行业中,从业人员或多或少都会自发地对客户进行画像,会用一些比较模糊或相对清晰的形容词来描述自己的客户群体。电商企业虽然不能像实体店那样通过面对面的交易获得客户画像,但可以很容易地获得客户的消费数据和属性特征数据,也就是说,在拥有各种画像素材的基础上,电商企业完全可以把客户画像准确而形象地勾勒出来。

客户画像具有以下几个作用。

① 精准营销。精准营销依托现代信息技术手段,在精准定位的基础上建立个性化的客户沟通服务体系,最终实现可度量的、低成本的扩张之路。相对于一般的电商网络营销,精准营销更加注重精准、可衡量和高投资回报。精准直邮、短信、App 消息推送、个性化广告等都是电商行业精准营销的例子。

② 客户研究。可以根据大量的客户行为数据,进行行业或人群现象的描述。例如,分析购买口罩、空气净化器等类目的订单表和客户表,可以得到不同星座人群的雾霾防范指数,结合相应的 IP 热点和社会效应,可以加强品牌影响力的传播。在电商行业,客户研究可以指导企业进行商品优化,甚至做到商品功能的私人定制等。

③ 业务决策。可以通过挖掘客户数据得出一些有用的规律进行决策。数据挖掘就是通过属性筛选、聚类分析、关联分析、回归分析等方法,发现人群与人群、人群与商品、商品与商品、商品与品牌之间的差异与联系,从而发现并挖掘出更大的商机。

8.1.2 客户画像分析的流程

客户画像分析的流程主要分为 3 个阶段：明确营销需求、确定客户画像的维度和度量指标、客户画像和营销分析。

1. 明确营销需求

商场如战场，一方面是指同行之间的竞争关系；另一方面是指要赢得客户的认可，让客户忠于品牌，也就是要长期"捕获"客户。商家在各种营销活动中都要对目标客户进行精准营销，利用有限的营销资源"捕获"更多的目标客户。商家要做到精准捕获，获得客户"情报"尤为重要。所以，客户画像在很大程度上就是客户情报或客户地图。只有有了客户画像，商家的营销才能更加精准。

在整个数据化营销过程中，对电商企业而言，需要解决流量、转化、客单价和复购率这四大核心问题。

1）流量是要解决"如何让客户来"的问题

要让客户来，首先要了解客户，只有这样才能精准地安排推广方案，将诱人的商品、动人的促销活动、好玩的互动等定向展现在目标客户面前。有展现才有点击，有点击才有流量。所以，为了解决流量问题，需要从新老客户资源、购买地域分布、平台（移动端和 PC 端）、浏览习惯等方面对客户的数量、占比进行描述，然后进行精细化安排。

新店铺在营业前期可用推广测试的方法投放流量，当没有测款时，也可以主要在直通车移动端投放核心词，可以先不投钻石展位。有一定发展基础的店铺可以在直通车内设置相对应的自定义客户群体进行精准投放。

2）转化是要解决"如何让客户买"的问题

要让客户买，商家就要知道客户的需求和喜好，尽量满足客户需求，为不同的客户推送不同的商品。同样的商品在不同的地域、面对不同的流量来源时，转化率会有比较大的差异。在营销资源有限的情况下，商家有必要从转化率高的目标群体中引进流量。为了解决转化率问题，需要从新老客户的区域分布、平台（移动端和 PC 端）、购物平台浏览习惯（来源）等方面描述客户的转化率并进行提升。后期则要做好售后工作，如管理好买家秀和评论，实现后期新访客的转化。

3）客单价是要解决"如何让客户多买"的问题

要让客户多买，商家就要知道哪些客户会多买，通过搭配购买、组合满减活动、优化 SKU 等方式，匹配不同价位、不同搭配方案给相应的客户。

4）复购率是要解决"如何让客户再买"的问题

要让客户再次购买，商家就要知道哪些客户再次购买的概率更大。因此，商家需要从区域分布、购物平台、浏览习惯等方面研究客户的复购率。

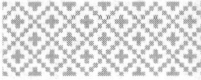

2. 确定客户画像的维度和度量指标

1）从多维度构建客户画像

要准确地描述一个客户，仅从一个维度进行度量和描述是不够的。例如，要描述一个人，如果仅有身高没有体重，那么就很难形象地感知其身材，所以描述一个人的身材起码要有身高和体重两个维度。描述成年女性的身材往往还需要增加"三围"数据。

商家要想全面而精确地了解客户，同样需要从两个或两个以上维度对其进行度量和描述，这样客户画像才会立体而饱满。之后，对现存客户进行分析，如现存客户有什么消费习惯和商品喜好等，以及潜在客户在哪儿、喜欢什么、通过什么渠道获取、获取成本是多少等，这样精准营销才具有应用价值。

2）客户画像的常见维度和度量指标

商家构建客户画像时，需要从营销需求出发，梳理出画像的维度、度量指标及表达特征或形式。

客户画像常用的维度有购买时间、购买次数、购买金额、地域（国内、国外）、来源（一级、二级、三级）、性别、年龄、平台（移动端、PC端）等。使用不同的维度描述客户时，采用的度量指标通常也是不同的，下面介绍一些用于描述客户的常见度量指标。

① 页面浏览量：页面被查看的次数。如果客户多次打开或刷新同一个页面，则用该指标值累加计算即可。

② 访客数：全店各页面的访问人数。在所选时间段内，如果同一访客多次访问，只需进行去重计算即可。

③ 浏览回头客户数：最近7天内跨天再次浏览的客户数。对于当天回访的客户数，在所选时间段内会进行去重计算。

④ 平均访问深度：访问深度是指客户一次连续访问店铺的页面数（每次进店浏览的页面数）；平均访问深度是指客户平均每次连续访问浏览店铺的页面数。

⑤ 成交客户数：成功拍下商品并完成付款的客户数，按付款时间统计。

⑥ 成交金额：成功完成付款的金额，按付款时间统计。

⑦ 转化率：转化率=（成交客户数/访客数）×100%。

⑧ 客单价：客单价=成交金额/成交客户数。

⑨ 成交回头客户：曾在店铺发生过交易并再次发生交易的客户。在所选时间段内要进行去重计算（"生意参谋"平台的统计标准为最近一年再次成交的客户）。

3. 客户画像和营销分析

在明确了营销需求和客户画像的维度后，可以针对目标客户，从不同层面、不同维度进行画像和营销分析，具体可以从客户的地域、职业、性别等方面展开分析。

8.1.3 客户画像分析的指标

客户画像分析必须要有数据基础，这一基础往往是由客户关系管理系统提供的。当今的市场竞争越来越激烈，在外部环境变化的影响下，企业与企业之间、企业与客户之间的关系发生了微妙的变化。更多的企业将客户关系管理提上议程。因为如果没有集成的客户信息，企业将无法分析客户的消费倾向、消费偏好、客户流失、市场细分等。实施集成化客户关系管理最行之有效的方法就是建立客户数据仓库（Customer Data Warehouse，CDW）。CDW是整合从每个客户接触点（客户接触品牌或商品的所有时机）收集的数据，形成对每个客户的"统一视野"，它为有效的客户画像分析提供了必要信息。只有通过有效的客户画像分析，企业才能真正做到在正确的时间，以正确的价格和销售渠道，为正确的客户提供正确的商品或服务。

通过各种渠道收集客户信息只是客户画像分析的第一步，接下来需要使用某种能洞悉客户消费习惯的方法对这些信息进行再加工，综合分析客户的历史数据、趋势、消费心态和地域分布等资料，使客户分析的各项结果具有可操作性，能指导商家在所有客户接触点采取行动。

客户画像分析指标有利于电商企业进一步了解客户的得失率和动态信息。电商企业客户画像分析的主要指标如图8-1所示。

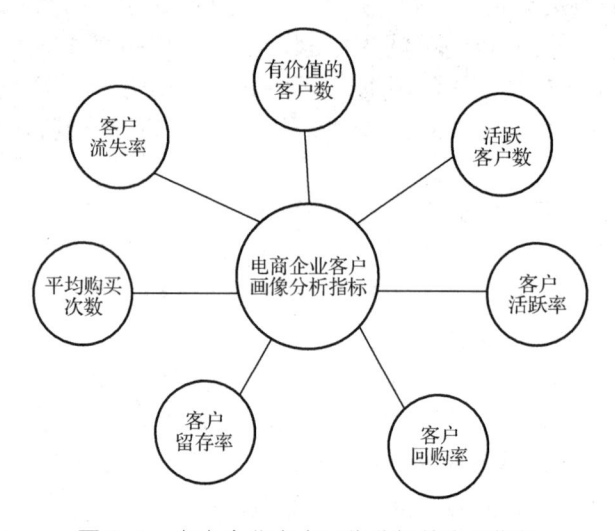

图8-1 电商企业客户画像分析的主要指标

1. 有价值的客户数

店铺的客户包括潜在客户、忠诚客户和流失客户。对店铺来说，忠诚客户是最有价值的客户，因为他们会不定期来店铺购买商品。一般来说，可将在一年内购买本店铺商品不低于3次的客户视为有价值的客户，他们是客户画像分析的重点。对于那些浏览了店铺商品却没有购买的客户，由于他们给店铺带来的价值很小，因此对他们进行客户画像分析的重要性也就不高。

2. 活跃客户数

活跃客户是相对于"流失客户"的一个概念，是指那些会不定期光顾店铺，并为店铺带来一定价值的客户。客户的活跃度是一个非常重要的指标，一旦客户的活跃度下降，

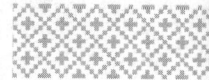

就意味着客户的离开或流失。而活跃客户数是指在一定时期（30 天、60 天等）内，有消费或登录行为的客户总数。

3. 客户活跃率

店铺通过活跃客户数，可以了解客户的整体活跃率，随着时间周期的加长，客户活跃率一般会出现逐渐下降的趋势。如果经过一个长生命周期（3 个月或半年），客户的活跃率还能稳定保持在 5%~10%，则是一个非常好的客户活跃表现。客户活跃率的计算公式为：

$$客户活跃率 = \frac{活跃客户数}{客户总数} \times 100\%$$

4. 客户回购率

客户回购率即复购率或重复购买率，体现的是客户对某品牌商品或服务的重复购买次数。客户回购率越高，客户对品牌的忠诚度越高；反之越低。因此，客户回购率是衡量客户忠诚度的一个重要指标。客户回购率的计算公式为：

$$客户回购率 = \frac{老客户下单}{所有下单} \times 100\%$$

5. 客户留存率

在互联网行业，在某段时间使用某一应用，经过一段时间后，仍然继续使用该应用的用户，被认为是留存用户，这部分用户占当时新增用户的比例即为留存率。其中时间周期可以是天、周、月、季、年等。对网店来说，客户留存率是指一段时间内回访客户数占新增客户数的比例。通过分析客户留存率，可了解网店的服务效果是否能留住客户。客户留存率反映的是一种转化率，即由初期的不稳定客户转化为活跃客户、稳定客户、忠诚客户的比例。随着客户留存率统计的不断延展，可以看到不同时期客户的变化情况。客户留存率的计算公式为：

$$客户留存率 = \frac{回访客户数}{新增客户数} \times 100\%$$

6. 平均购买次数

平均购买次数是指在某个时期平均每个客户购买的次数。平均购买次数的计算公式为：

$$平均购买次数 = \frac{总购买次数}{购买客户数} \times 100\%$$

7. 客户流失率

流失客户是指那些曾经访问过店铺，对店铺渐渐失去兴趣后逐渐远离店铺，进而彻底脱离店铺的客户。客户流失率是客户流失的定量表述，是判断客户流失的主要指标，直接反映了网店的经营与管理状况，客户流失率的计算公式为：

$$客户流失率 = \frac{一段时间内没有消费的客户数}{客户总数} \times 100\%$$

此外补充一个与客户流失率相关的新客户比例,其计算公式为:

$$新客户比例 = \frac{新客户数}{客户总数} \times 100\%$$

当新客户比例大于客户流失率时,说明店铺处于发展阶段;当新客户比例等于客户流失率时,说明店铺处于成熟稳定阶段;当新客户比例小于客户流失率时,说明店铺处于衰退阶段。

8.2 客户特征与购买行为分析

8.2.1 客户特征分析的概念

因受地域、年龄、性别、职业、收入、文化程度、民族、宗教等影响,客户需求有很大的差异性,对商品的要求也各不相同,而且随着社会经济的发展,客户的消费习惯、消费观念、消费心理不断发生变化,从而导致客户购买差异性大。

消费者进入店铺后就成为访客,是商家的潜在客户,这时商家需要分析的是什么样的消费者会选择访问其店铺,他们有什么特征,主要应关注:他们从哪里来。什么时间来,年龄层次怎样,性别情况怎样,他们是什么职业,消费能力如何,消费频率是多少,他们有什么偏好,是新访客还是老访客,等等。对于有些访客,还需要分析其婚姻状况和家庭状况。一旦访客选择下单购买商品,就成为商家的客户,商家就要进一步分析客户的人群特征及他们购买商品的主要原因。

8.2.2 客户特征分析的内容

客户特征分析是了解客户诉求点的关键,对企业制定营销方案和资源配置计划具有重要意义。可从以下几个方面来进行客户特征分析。

1. 年龄分析

不同年龄的客户群体消费特点各不相同。例如,少年好奇心强,喜欢标新立异的东西;青年购买欲望强,追逐潮流;中年比较理智和忠诚,注重质量、服务等;老年珍视健康,热爱养生,对新商品常持怀疑态度。因此,商家需要关注店铺客户的年龄,熟悉并理解他们的消费特点,这样才能更好地满足客户需求。

以女装毛衣为例,通过收集女装毛衣的搜索数据,可以综合分析客户的年龄特性,如图 8-2 所示。尽管女装毛衣的性别指向非常清晰,但要知道搜索人气高的年龄段对电商企业的商品布局非常重要。电商企业可选定搜索人气高的某个年龄段,在本例中 18~24 岁年龄段的搜索人气最高,结合选定年龄段的客户表现出的个性化需求,综合市场需求中提炼出的客户属性偏好,设计、生产商品并进行第三方市场采购。

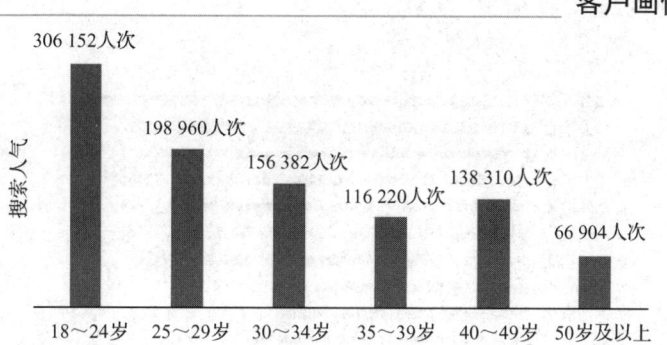

图 8-2 女装毛衣客户的年龄分布

2. 职业分析

不同职业的客户的商品需求差异很大，工人大多喜欢经济实惠、牢固耐用的商品；教职工比较喜欢造型雅致、美观大方、色彩柔和的商品；公司职员的交际和应酬比较多，选择商品时更重视时尚感；个体经营者或服务人员工作比较忙，对便利性要求比较高；医护人员更重视健康，对商品的安全性要求比较高；学生购买商品时感情色彩很强。如图 8-3 所示是某商家一个月内访客的职业分布。

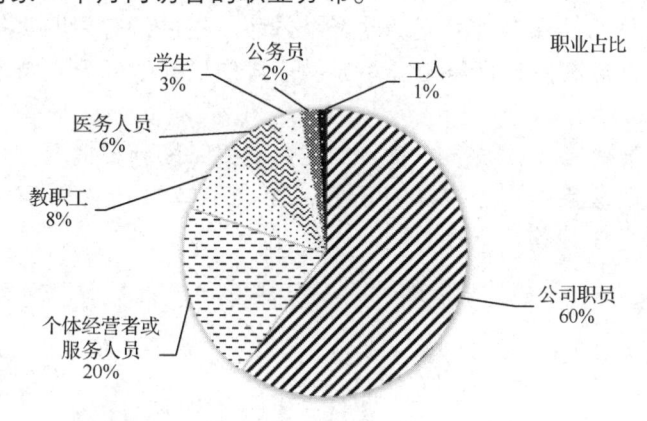

图 8-3 某商家一个月内访客的职业分布

从图 8-3 可以看出，公司职员占比最高，达 60%，个体经营者或服务人员占 20%，教职工占 8%，合计 88%。根据这些数据，商家一方面要把握好现有的客户需求，针对公司职员类客户展开重点营销；另一方面要加强对医务人员、学生、公务员和工人等消费人群的需求分析，更多地提供能满足他们需求的商品。

3. 地域分布分析

地域分布分析是指从空间维度分析客户，弄清楚他们从哪里来，属于哪个省、哪个市和哪个商圈等。这样商家就可以对重点省市展开精准营销，提升营销效果。如图 8-4 所示为女装毛衣搜索人气高的地域，有了这样的信息，电商企业就可以思考：这些地区的用户搜索量这么大，是否应该根据其天气特点和客户特点来选款并营销推广？

排名　省份　搜索人气

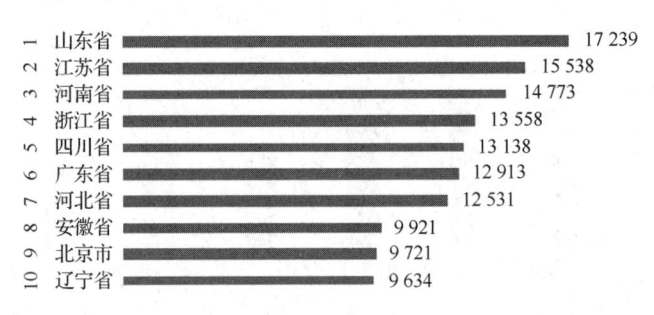

排名	省份	搜索人气
1	山东省	17 239
2	江苏省	15 538
3	河南省	14 773
4	浙江省	13 558
5	四川省	13 138
6	广东省	12 913
7	河北省	12 531
8	安徽省	9 921
9	北京市	9 721
10	辽宁省	9 634

图 8-4　女装毛衣客户的地域分布

此外，还可对客户性别分布、消费层级、购买频率、会员等级、偏好情况等方面的特征进行分析。

8.2.3　客户购买行为分析的概念

现代营销学之父菲利普·科特勒（Philip Kotler）指出，客户购买行为是指人们为满足需要和欲望而寻找、选择、购买、使用、评价及处置商品、服务时介入的过程活动，包括客户的主观心理活动和客观物质活动两个方面。在进行客户购买行为分析时，可分析网店客户来源、网店客户访问终端类型、网店客户访问时间分布情况、网店客户购买的时间分布情况等。

图 8-5 统计了某网店 2022 年 4—8 月的客户购买时段分布情况。从图中可以看出，该网店客户的购买时段集中在上午 9 点至晚上 10 点，其中上午 10 点左右、下午 2 点左右、晚上 8 点左右是 3 个购买高峰时段。

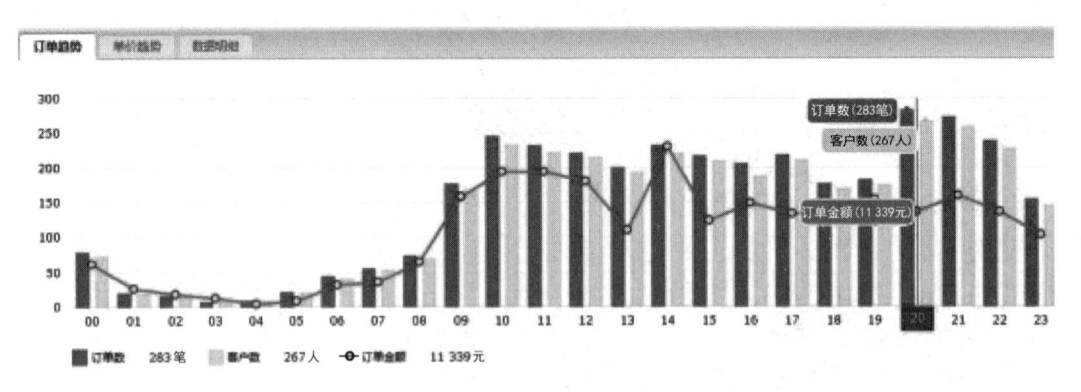

图 8-5　某网店客户购买时段分布情况

8.2.4　客户购买行为分析的内容与流程

1. 客户购买行为分析的内容

市场营销学中把客户的购买动机和购买行为概括为"5W""1H""6O"，从而形成客户购买行为研究的基本框架,具体内容如下。

① 市场需要什么(What)——有关产品(Object)是什么。通过分析客户希望购买什么,为什么需要这种商品而不需要那种商品,研究企业如何提供适销对路的商品去满足客户的需求。

② 为何购买(Why)——购买目的(Objective)是什么。通过分析购买动机的形成原因(生理的、自然的、经济的、社会的、心理因素的共同作用),了解客户的购买目的,采取相应的市场策略。

③ 购买者是谁(Who)——购买组织(Organization)是什么。分析购买者是个人、家庭还是集团,购买的商品供谁使用,谁是购买的决策者、执行者、影响者。根据分析,组合相应的商品、渠道、定价和促销。

④ 何时购买(When)——购买时机(Occasion)是什么。分析购买者对特定商品购买时间的要求,把握时机,适时推出商品,如分析自然季节和传统节假日对市场购买的影响程度等。

⑤ 何处购买(Where)——购买场合(Outlet)是什么。分析客户对不同商品购买地点的要求。例如,对于消费品种的方便品,客户一般要求就近购买;对于选购品,客户一般要求在商业区(地区中心或商业中心)购买,以便挑选对比;对于特殊品,客户往往会要求直接到企业或专门的商店购买等。

⑥ 如何购买(How)——购买组织的作业行为(Operation)是什么。分析客户对购买方式的不同要求,有针对性地提供不同的营销服务。在消费者市场,商家要分析不同类型客户的特点。例如,经济型购买者对性能和廉价的追求,冲动型购买者对情趣和外观的喜好,手头拮据的购买者要求分期付款,工作繁忙的客户重视购买方便和送货上门,等等。

2. 客户购买行为分析的流程

第一步,描绘购买行为环节与模式。通过座谈会、深访、观察等方式得到系统的、感性的客户购买行为过程。由于不同类型商品和服务的特点差异,使得购买行为过程并不完全一样。因此,前期的定性研究是建立分析模式的基础。

第二步,确定各环节的关键影响因素。通过定性和定量研究,掌握客户在不同环节受到影响的因素,分析其中哪些是促成购买行为各环节演变的关键因素。

第三步,确定各环节的关键营销推动行为。针对各购买行为环节的关键因素,对比当前市场中成功与失败品牌的行动表现,确定哪些营销活动能够解决关键因素从而形成推动行为。

第四步,评估目标品牌的客户行为表现,得到完整的客户分布结构,即处于不同阶段的客户比例,从而明确品牌表现的原因。

第五步,确定营销活动的实施策略。针对品牌表现,按照重要性和优先性原则做出行动规划,并实施评估。

【案例分析】淘宝卖家数据分析案例

【案例背景】

某网店采集了最近一年在本店消费的客户的具体数据。为了更好地提高店铺的复购率，需要基于客户的交易情况等进行客户细分，判别客户类型，挖掘出具有发展潜能的客户，制定更加精准的营销策略。客户类型要求分成 8 类，即高价值客户、重点保持客户、重点发展客户、重点挽留客户、一般价值客户、一般保持客户、一般发展客户、潜在客户。数据采集日期为 2021 年 12 月 31 日。

【案例分析过程】

1. 分析思路

本案例是非常典型的提高店铺复购率的案例，从数据分析的角度看，问题并不复杂，关键在于所有的分析都需要紧密围绕淘宝店铺的运营需求展开。针对以上需求，应明确以下几个问题。

① 哪些客户最有可能对促销信息做出反馈？这是一个标准的从历史客户群体中定位可能"最有价值"客户的分析需求，在营销方面有很多模型或方法可以实现该分析，但是在拥有明确的历史交易数据的情况下，最简单易懂且实用的方法非 RFM 模型莫属。

② 在本店铺存在重购行为的客户具有怎样的特征？从统计建模的角度看，这一分析需求基本类似于对重购行为进行预测建模，从中找出重购行为的影响因素。

③ 购买本店铺商品的客户大致可以分为哪些类型？从营销的角度看，这实际上是一个市场细分的问题，而解决市场细分问题较常用的是聚类分析方法。

2. RFM 模型简介

进行客户价值分析最常用的是 RFM 模型，该模型通过最近一次消费时间、消费频率、消费金额 3 个指标描述客户的价值状况。

1）最近一次消费时间

最近一次消费时间（Recency，R）指的是最近一次消费距离现在的时间。从理论上讲，消费时间越近的客户价值越大，越有可能对即时商品或服务的提供做出响应。R 值越小，表示客户在该店消费的时间越近，其复购的可能性越高，客户价值也越高。

2）消费频率

消费频率（Frequency，F）是指客户在一定时间内购买的次数。可以说，购买次数最多的客户也是满意度或忠诚度最高的客户。客户购买数量的增加意味着从竞争对手那里抢夺了市场份额，从他人那里获得了营业额。F 值越大，表示该段时间内客户的购买频率越高，复购的可能性也越大。

3）消费金额

消费金额（Monetdary，M）代表总购买金额，指的是某一期间客户购买商品的金额。M 值越大，表示该类客户在本店铺（商品）的购买意愿转化为购买行为的可能性越大，消费越多的客户价值越大，应受到关注，反之亦然。

3. 分析过程

1）探索数据源

最近一年在该网店消费的客户有 38 位，客户交易数据如表 8-1 所示，此处仅列举 30 条。消费交易数据中包含的字段有"记录 ID""客户编号""收银时间""销售金额""销售类型""观察结束时间"。

表 8-1 某网店客户交易数据

记录 ID	客户编号	收银时间	销售金额（元）	销售类型	观察结束时间
10010512	801251	2021-1-5	55	正常	2021-12-30
10022059	801257	2021-2-20	43	正常	2021-12-30
10031222	801262	2021-3-12	125	促销	2021-12-30
10041085	801251	2021-4-10	87	正常	2021-12-30
10042836	801253	2021-4-28	40	正常	2021-12-30
10050560	801260	2021-5-5	99	促销	2021-12-30
10051973	801255	2021-5-19	132	促销	2021-12-30
10061737	801252	2021-6-17	207	正常	2021-12-30
10062618	801259	2021-6-26	63	正常	2021-12-30
10071154	801256	2021-7-11	178	促销	2021-12-30
10073135	801261	2021-7-31	112	促销	2021-12-30
10080929	801254	2021-8-9	77	正常	2021-12-30
10082013	801258	2021-8-20	184	正常	2021-12-30
10091543	801255	2021-9-15	82	促销	2021-12-30
10092137	801256	2021-9-21	90	促销	2021-12-30
10100818	801262	2021-10-8	54	正常	2021-12-30
10101223	801253	2021-10-12	100	正常	2021-12-30
10101826	801258	2021-10-18	72	促销	2021-12-30
10102914	801262	2021-10-29	136	正常	2021-12-30
10110203	801261	2021-10-30	148	促销	2021-12-30
10111342	801253	2021-10-30	220	正常	2021-12-30
10112561	801257	2021-11-1	45	正常	2021-12-30

续表

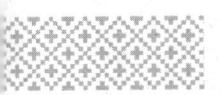

记录 ID	客户编号	收银时间	销售金额（元）	销售类型	观察结束时间
10121003	801259	2021-11-5	79	正常	2021-12-30
10123038	801256	2021-11-8	152	促销	2021-12-30
10124056	801263	2021-11-9	—	正常	2021-12-30
10125102	801264	2021-11-10	—	正常	2021-12-30
10126148	801265	2021-11-15	45	正常	2021-12-30
10127194	801266	2021-11-18	—	正常	2021-12-30
10128240	801267	2021-11-21	—	正常	2021-12-30
10129286	801268	2021-11-22	—	正常	2021-12-30

观察上述数据源字段，了解其具体含义，明确其能够衍生出来的信息。

在 RFM 模型中需要用到最近一次消费间隔、消费频率和消费金额，这 3 个指标用以描述客户的价值状况。最近一次消费间隔可通过"收银时间"和"观察结束时间"这两个字段进行简单计算得到；消费频率，即客户在这一年中进行购买的次数，可通过聚合思想对客户编号重复出现的次数进行统计计算得到；消费金额在数据源中已有具体的数据。

明确了生成指标的具体步骤和算法的主要思想，接下来就要进行具体的建模分析了。

2）过程讲解

（1）导入数据

导入数据源，如图 8-6 所示，数据源共包含 6 个字段、50 条记录。

其中，"记录 ID"字段为交易的每次记录；"客户编号"字段为客户交易时的个人代号，若客户进行消费的次数不唯一，那么"客户编号"字段出现的次数就不止一次。在数据源分析思路中已提及"收银时间"字段、"观察结束时间"字段和"销售金额"字段，具体含义这里不再解释。

记录ID	客户编号	收银时间	销售金额	销售类型	观察结束时间
10010512	801251	2021-01-05	55	正常	2021-12-30
10022059	801257	2021-02-20	43	正常	2021-12-30
10031222	801262	2021-03-12	125	促销	2021-12-30
10041085	801251	2021-04-10	87	正常	2021-12-30
10042836	801253	2021-04-28	40	正常	2021-12-30
10050560	801260	2021-05-05	99	促销	2021-12-30
10051973	801255	2021-05-19	132	促销	2021-12-30
10061737	801252	2021-06-17	207	正常	2021-12-30
10062618	801259	2021-06-26	63	正常	2021-12-30
10071154	801256	2021-07-11	178	促销	2021-12-30
10073135	801261	2021-07-31	112	促销	2021-12-30
10080929	801254	2021-08-09	77	正常	2021-12-30
10082013	801258	2021-08-20	184	正常	2021-12-30
10091543	801255	2021-09-15	82	促销	2021-12-30
10092137	801256	2021-09-21	90	促销	2021-12-30
10100818	801262	2021-10-08	54	正常	2021-12-30
10101223	801253	2021-10-12	100	促销	2021-12-30
10101826	801258	2021-10-22	72	促销	2021-12-30
10102914	801262	2021-10-29	136	正常	2021-12-30
10110203	801261	2021-10-30	148	促销	2021-12-30

图 8-6 数据源

（2）处理空值

在统计分析之前，需要检查数据源，必要时要进行数据预处理。

观察"销售金额"字段的数据列，会发现列中的数据有空值情况，此时应对空值进行替换、自定义值、填充或过滤等处理，这里选择空值处理中的"过滤整行"功能，数据源中存在空值的行就被过滤了。

（3）创建派生列

基于 RFM 模型对指标的要求，需要对"收银时间"和"观察结束时间"这两个字段进行减法计算得到"最近一次消费间隔"列。选择"派生列"选项，添加表达式，表达式的格式为 datediff (string enddate, string startdate)，表示计算开始时间 startdate 到结束时间 enddate 相差的天数。派生列配置如图 8-7 所示。输出生成的派生列"交易间隔"字段如图 8-8 所示。

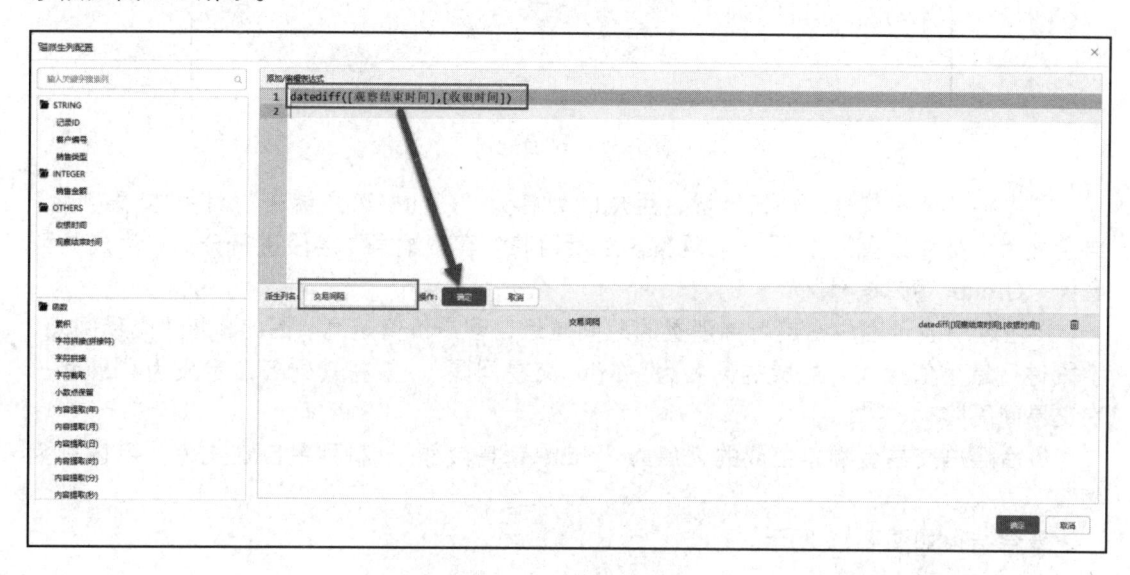

图 8-7　派生列配置

记录ID	客户编号	数据时间	销售金额	销售类型	观察结束时间	交易间隔
10010512	801251	2021-01-05	55	正常	2021-12-30	360
10022059	801257	2021-02-20	43	正常	2021-12-30	314
10031222	801262	2021-03-12	125	促销	2021-12-30	293
10041085	801251	2021-04-10	87	正常	2021-12-30	264
10042836	801253	2021-04-28	40	正常	2021-12-30	246
10050560	801260	2021-05-05	99	促销	2021-12-30	239
10051973	801255	2021-05-19	132	促销	2021-12-30	225
10061737	801252	2021-06-17	207	正常	2021-12-30	196
10062618	801259	2021-06-26	63	正常	2021-12-30	187
10071154	801256	2021-07-11	178	促销	2021-12-30	172
10073135	801261	2021-07-31	112	促销	2021-12-30	152
10080929	801254	2021-08-09	77	正常	2021-12-30	143
10082013	801258	2021-08-20	184	正常	2021-12-30	132
10091543	801255	2021-09-15	82	促销	2021-12-30	106
10092137	801256	2021-09-21	90	促销	2021-12-30	100
10100818	801252	2021-10-08	54	正常	2021-12-30	83
10101223	801253	2021-10-12	100	正常	2021-12-30	79
10101826	801258	2021-10-18	72	促销	2021-12-30	73
10102914	801262	2021-10-29	136	正常	2021-12-30	62
10110203	801261	2021-10-30	148	促销	2021-12-30	61

图 8-8　派生列"交易间隔"字段

（4）分组聚合

选择"聚合"功能，将各字段根据需求进行相关聚合运算，聚合配置如图 8-9 所示。

图 8-9　聚合配置

首先将"客户编号"进行计数，生成的列名为"Count_客户编号"，将"结果列名"自定义为"交易频次"，方便之后观察。之后再将"客户编号"字段进行分组，生成的列名为"Group_客户编号"。

R 值越小表示客户在该店铺消费的时间越近，客户价值越高。因此，将"交易间隔"字段进行最小值操作，生成的列名为"Min_交易间隔"，并将其列名自定义为"最近一次交易间隔"。

最后汇总交易金额，生成的列名为"Sum_销售金额"，将列名自定义为"销售总金额"。

聚合结果如图 8-10 所示。

交易频次	Group_客户编号	最近一次交易间隔	销售总金额
2	801251	264	142
2	801257	59	88
3	801262	62	315
3	801253	61	360
1	801260	239	99
2	801255	106	214
1	801252	196	207
2	801259	55	142
3	801256	52	420
2	801261	61	260
1	801254	143	77
2	801258	73	256
1	801265	45	45
1	801269	37	12
1	801276	30	89
1	801280	26	67
1	801281	25	18
1	801282	24	55

图 8-10　聚合结果

（5）建立 RFM 模型

完成 3 个指标的聚合配置后，运用 RFM 模型进行客户分类。

在"统计分析"中选择"RFM"，进行特征列的选择。注意，先选择的字段权值更大。

RFM 的 3 个指标 R 值、F 值、M 值分别对应"最近一次交易间隔"字段、"交易频次"字段、"销售总金额"字段，3 个字段均指定为均值，如图 8-11 所示。输出结果如图 8-12 所示，划分结果生成两个标签 BinaryRFMClass 和 RFMClass。RFM 模型需求出每个指标数据的均值，将每位客户的 3 个指标与均值进行比较，若对应字段取值小于均值，则权值取 0，否则取 1。RFMClass 是 BinaryRFMClass 根据二进制取值转换成的十进制取值。

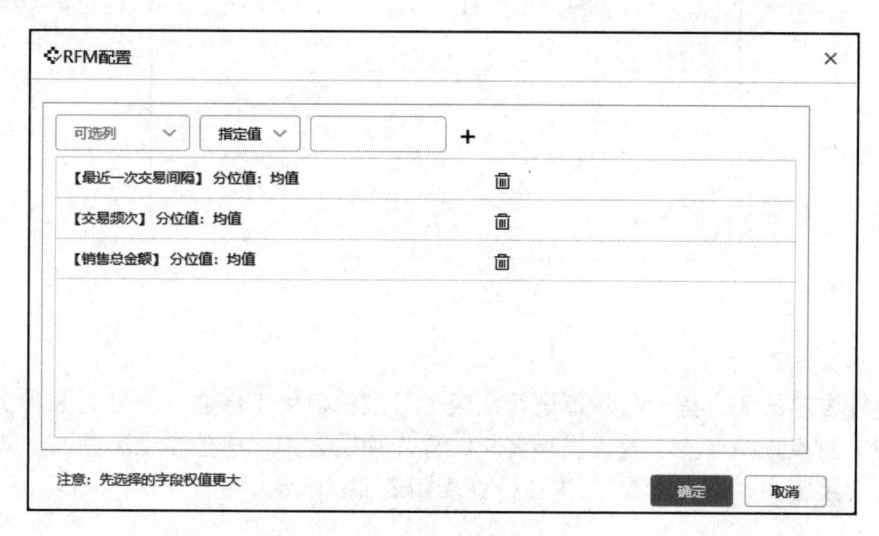

图 8-11 RFM 配置

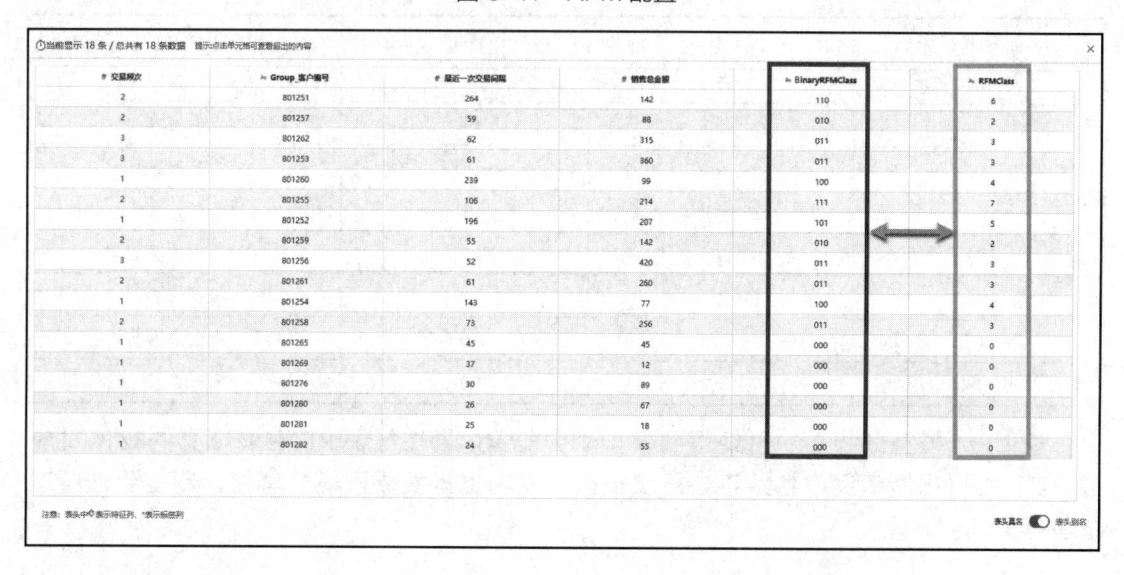

图 8-12 输出结果

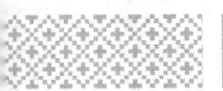

工作流如图 8-13 所示。需注意派生列、聚合和 RFM 建模配置这几步。理解模型指标的含义并明确聚合所要达到的效果至关重要。

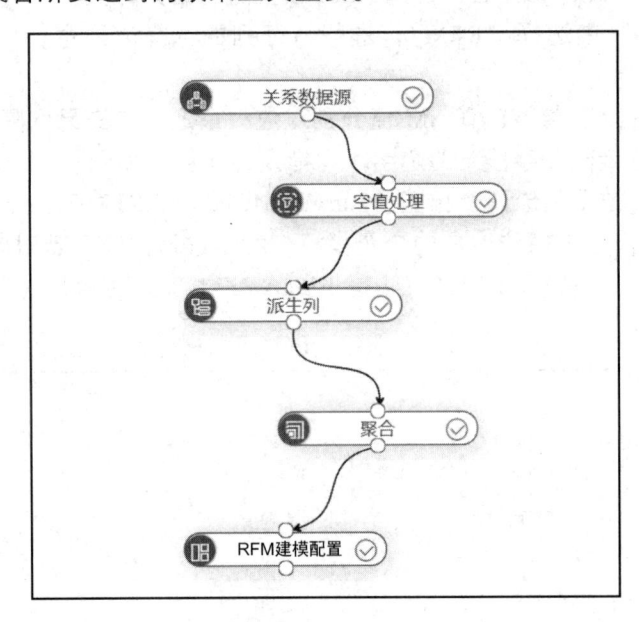

图 8-13　工作流

（6）解读结果

将每位客户的 3 个指标与均值进行比较，可按价值大小将客户细分为 8 种类型：高价值客户、重点保持客户、重点发展客户、重点挽留客户、一般价值客户、一般保持客户、一般发展客户、潜在客户。RFM 分类表如表 8-2 所示。

表 8-2　RFM 分类表

R 值	F 值	M 值	客户类型
0	1	1	高价值客户
1	1	1	重点保持客户
0	0	1	重点发展客户
1	0	1	重点挽留客户
0	1	0	一般价值客户
1	1	0	一般保持客户
0	0	0	一般发展客户
1	0	0	潜在客户

在 RFM 模型分析中，已经得到模型划分结果，将 BinaryRFMClass 列的权值对应表 8-2，可得出本案例中各种客户所属类型，挖掘出有发展潜能的客户，制定更加精准的营销策略。

【案例总结与应用】

1. 案例总结

本案例对数据源进行了预处理、生成派生列及聚合运算操作,生成 RFM 模型所需的客户的最近一次消费时间、消费频率和消费金额 3 个指标,通过这 3 个指标来描述客户的价值状况,体现了 RFM 模型在衡量客户价值和客户创利能力上的重要作用。RFM 模型的分段指标如表 8-3 所示。

- R 值:根据客户生命周期将客户分成 4 组:活跃客户、沉默客户、睡眠客户和流失客户,对不同分组的客户赋予不同的权重。
- F 值:根据消费频次进行客户分组,消费 1 次为新客户,消费 2 次为老客户,消费 3 次为成熟客户,消费 3 次以上为忠诚客户,对不同分组的客户赋予不同的权重。
- M 值:根据客户的客单价进行客户分组,1/2 客单价以下为低贡献客户,1/2 客单价为中贡献客户,2 倍客单价为中高贡献客户,2 倍客单价以上为高贡献客户,对不同分组的客户赋予不同的权重。

表 8-3 RFM 分段指标

指标	客户分组	指标分段	权重	营销策略
R 值	活跃客户	距离最近一次消费时间 0~90 天	10	密集推送营销信息
	沉默客户	距离最近一次消费时间 90~180 天	7	减少频率
	睡眠客户	距离最近一次消费时间 180~360 天	4	举办大型活动时推送
	流失客户	距离最近一次消费时间 360 天以上	2	停止推送营销信息
F 值	新客户	消费 1 次	10	传递促销信息
	老客户	消费 2 次	7	传递品牌信息
	成熟客户	消费 3 次	4	传递新品/活动信息
	忠诚客户	消费 3 次以上	2	传递会员/权益信息
M 值	低贡献客户	1/2 倍客单价以下	10	促销商品/折扣活动
	中贡献客户	1/2~1 倍客单价	7	促销商品/折扣活动
	中高贡献客户	1~2 倍客单价	4	形象商品/品牌活动
	高贡献客户	2 倍客单价以上	2	形象商品/品牌活动

2. 案例应用

店铺经营的核心目的是更好地提高客户复购率,因此需要基于客户的交易情况等,对客户进行细分,从而判别客户属于哪种类型,挖掘出具有发展潜能的客户,制定更加精准的营销策略。

对应本案例,"客户编号"801262、801253、801256、801261、801258的权重为"011",对应高价值客户,店铺可对此类客户采取密集推送营销信息等策略;"客户编号"为801260、801254的权重为"100",对应潜在顾客,店铺可对此类客户采取适当低频次传递促销信息等策略。

3. 应用拓展——精准营销与效果评估

1)精准营销的内涵

精准营销就是在精准定位的基础上,依托现代信息技术手段建立个性化的客户沟通服务体系,实现企业可度量的低成本扩张之路,是网络营销理念的核心观点之一。精准营销有3个层面的含义。

① 精准的营销思想。营销的终极追求就是"无营销的营销",实现这一追求的方法就是逐步精准。

② 实施精准的体系保证和手段,而这种手段是可衡量的。

③ 达到低成本可持续发展的企业目标。

2)精准营销的典型应用场景

(1)客户价值识别(客户特征)——客户交易历史数据收集

进行 RFM 分析,定位最具价值客户群及潜在客户群。对于最具价值客户群,应提高其品牌忠诚度;对于潜在客户群,应向其主动营销,促使其产生实际购买行为。低价值客户群在营销预算少的情况下考虑不向其进行营销推广。

通过因子分析,研究影响客户重复购买的主要因素,从价格、口碑、评论等信息中识别主要因素及影响权重,调整商品或市场定位。查明促使客户购买的原因,调整宣传重点或组合营销方式。

(2)客户行为指标跟踪——客户行为数据收集

系统可自动跟踪客户来源并对其进行分类,根据三大营销过程(采集和处理数据、建模分析数据、解读数据)对付费搜索、自然搜索、合作渠道、Banner 广告、邮件营销等营销渠道进行营销跟踪和效果分析。

(3)个性化关联分析——客户行为属性数据收集

对客户购买了什么商品、浏览了什么商品、如何浏览网站等行为进行数据收集。

3)营销效果评估

狭义的营销效果指的是营销活动取得的经济效果,即营销达到既定目标的程度,通常包括传播效果和销售效果。广义的营销效果还包含心理效果和社会效果。其中,心理效果是营销活动对受众心理认知、情感和意志的影响程度,是营销活动的传播功能、经济功能、教育功能、社会功能的集中体现;社会效果是营销活动对社会道德、文化教育、伦理、环境的影响。良好的社会效果也能给企业带来良好的经济效益。一般通过对预设关键绩效点(如投资回报率、每次动作成本、转化率、回购率等)的考察进行营销效果评估,评价营销活动的经济效果。

【拓展实训】RFM 分析与精准客户营销

【实训目的】

巩固利用 RFM 模型进行客户价值分析的原理；通过教师讲解与实践操作，使学生熟悉思睿智训客户关系管理系统中的 RFM 模型，能利用其进行客户价值分析与客户精准营销。

【实训内容与要求】

第一步：由教师介绍实训目的、方式、要求，调动学生实训的积极性。

第二步：对学生进行分组，确定各小组的组长和人员分工，明确小组学习方式，制订小组计划，了解小组要做什么，要达到什么目的。

第三步：由教师介绍 RFM 相关知识及讨论的话题，并在实训平台进行实训。

第四步：各小组对教师布置的问题进行讨论和平台操作，并记录小组成员的发言。

第五步：根据小组讨论记录撰写讨论小结。

第六步：各组相互评议，教师点评、总结。

【实训成果与检测】

成果要求：

（1）提交平台操作和案例讨论记录：按 3~5 名学生一组进行分组，各组设组长 1 名、记录员 1 名，每组必须有小组讨论、工作分工的详细记录，作为成绩考核依据。

（2）能够在规定的时间内完成相关的讨论，利用小组合作共同撰写文字小结。

评价标准：

（1）上课时积极与教师配合，积极思考、发言。

（2）认真阅读案例，积极参加小组讨论，分析问题时思路开阔。案例分析基本完整，能结合所学理论知识解答问题。

（3）小组成员积极参与小组活动，分工合作较好。

【思考与练习】

（1）思考客户平均客单价、客户复购周期、客户平均购买频次这 3 组数值在设置 RFM 模型的参数时有何意义。

（2）使用 RFM 模型找出某家网店的最具价值客户，并针对这部分客户设计相应的营销活动。

第 9 章
电商数据可视化

【学习目标】
- 了解数据表是如何建立的;
- 掌握电商数据商业报告的编写方法;
- 了解报表的优化方法。

【学习重点、难点】

学习重点:
- 电商数据可视化图表;
- 电商数据可视化报表。

学习难点:
- 电商数据分析报告;
- 电商数据可视化报表。

9.1 电商数据可视化概述

9.1.1 电商数据可视化图表

1. 应用 Excel 制作电商数据可视化图表

1）业务背景

图表是利用几何图形或具体形象来表现数据的一种形式，特点是形象直观、富于表现、便于理解。可以利用 Excel 制作图表来表明总体规模、水平、结构、对比关系、依存关系、发展趋势和分布状况等。

2）具体操作流程

（1）折线图

折线图用于显示某个时期内的趋势变化。例如，数据在一段时间内呈增长趋势，在另一段时间内处于下降趋势。通过折线图，可以对未来做出预测。图 9-1 所示为某电商企业各岗位男女员工人数分布数据，可以用常规数据可视化图表中的折线图来展示，操作步骤如下。

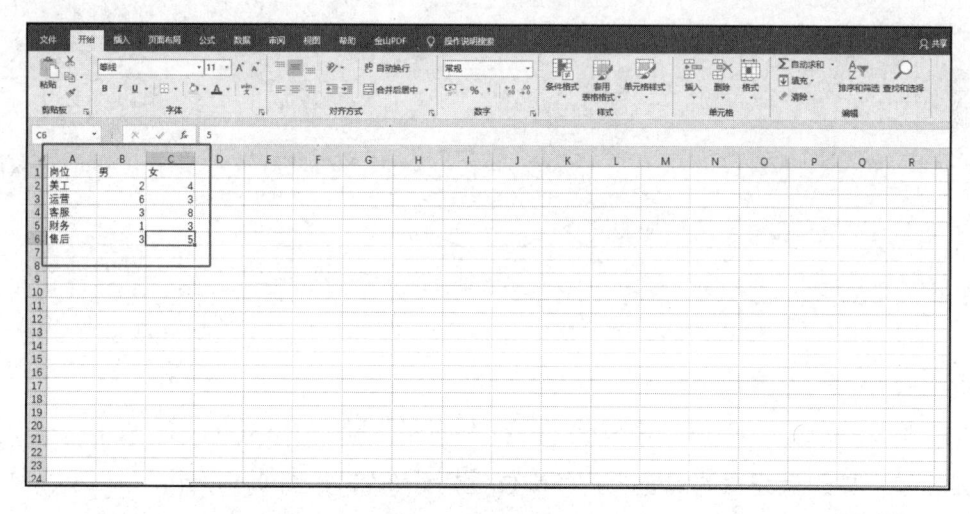

图 9-1 某电商企业各岗位男女员工人数分布数据

第一步：选中图 9-1 中的所有数据，选择"插入"选项卡，在"图表"组中单击"折线图"按钮，如图 9-2 所示。

第二步：拖动折线图或拖曳折线图边框，调整图表的位置和大小。单击折线图，在出现的列表中单击 ■ 按钮，即可勾选或去除图表元素，如添加坐标轴标题、去除网格线等。在页面右侧的"设置图表区格式"窗格可设置折线图中的元素，如更改填充方式、边框线条等，如图 9-3 所示。

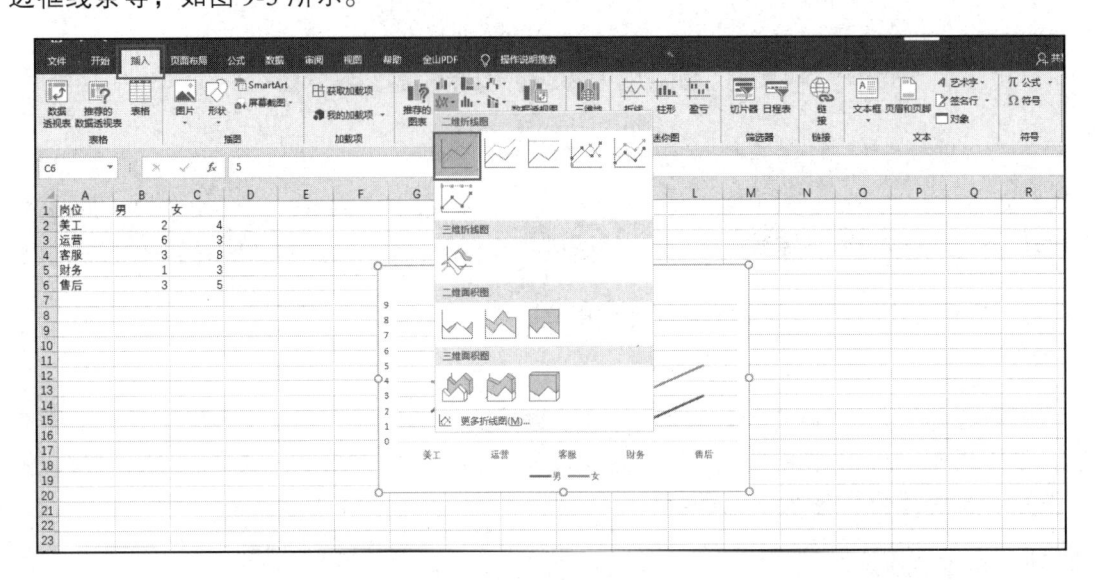

图 9-2　插入折线图

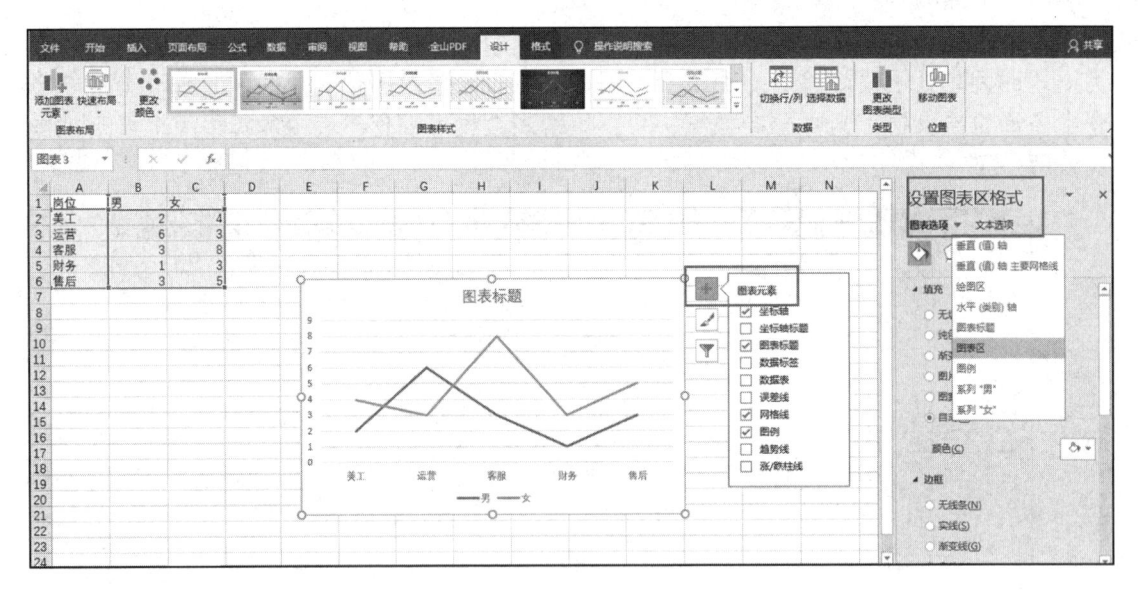

图 9-3　设置折线图中的元素

第三步：更改折线图的标题为"各岗位性别分布"，如图 9-4 所示。

（2）柱形图

柱形图可以对一列甚至几列数据进行直观有效的对比，簇状柱形图更适用于对比多个列的数据。图 9-5 所示为某企业销售部门每位员工的全年销售目标及每个季度的详细销售数据。使用柱形图可以形象地展示全年销售目标的完成情况，清晰地展示每位员工的计划达成情况、销售业绩分布情况及每个季度在全年度中的业绩占比，操作步骤如下。

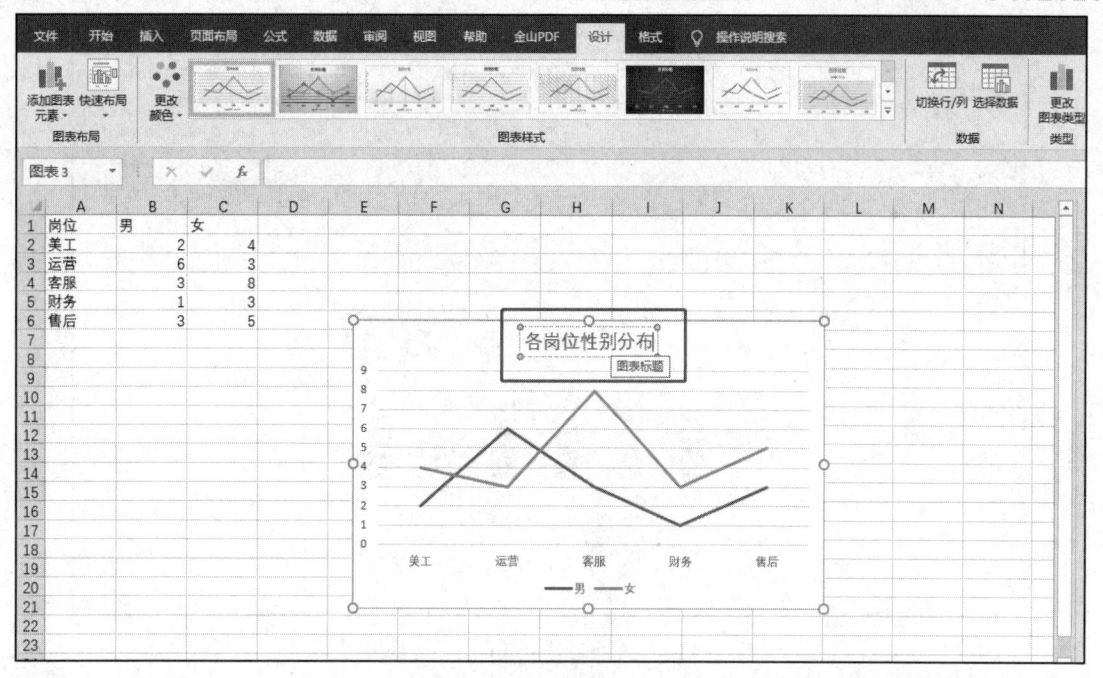

图 9-4 "各岗位性别分布"折线图

图 9-5 某企业销售部门每位员工的全年销售目标及每个季度的详细销售数据

第一步：选中表 9-5 中的所有数据，选择"插入"选项卡，在"图表"组中单击"柱形图"下拉按钮，选择"堆积柱形图"选项，如图 9-6 所示。

电子商务数据分析理论与实践

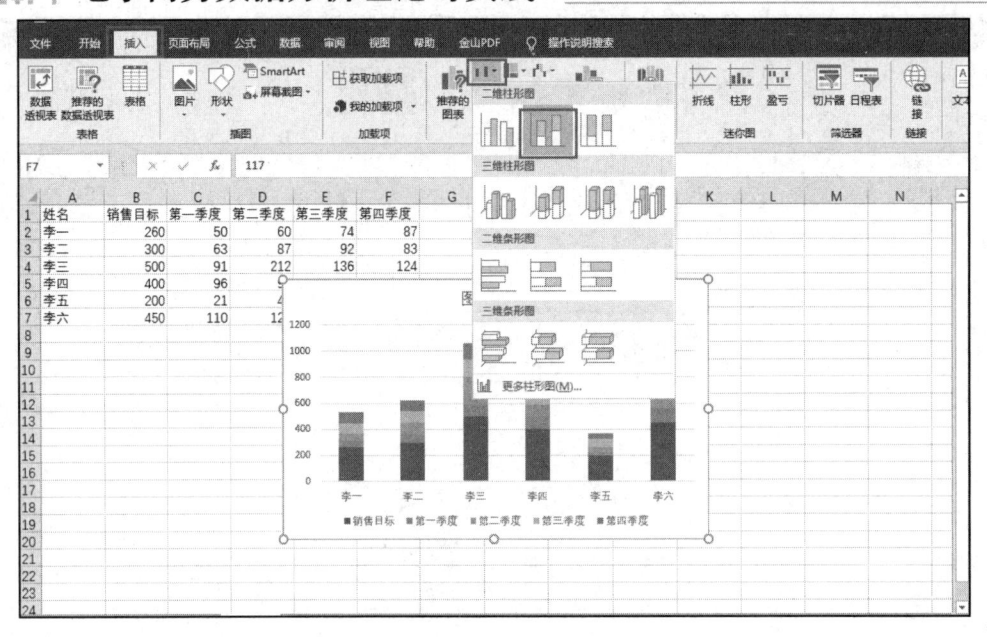

图 9-6 插入堆积柱形图

第二步：在所插入的堆积柱形图中选择某一数据列，在弹出的快捷菜单中选择"更改系列图表类型"命令，在弹出的"更改图表类型"对话框中，选择系列名称对应的图表类型，设置"销售目标"数据列的图表类型为"簇状柱形图"，设置"第一季度""第二季度""第三季度""第四季度"数据列的图表类型为"堆积柱形图"，系列绘制在"次坐标轴"，如图 9-7 所示。

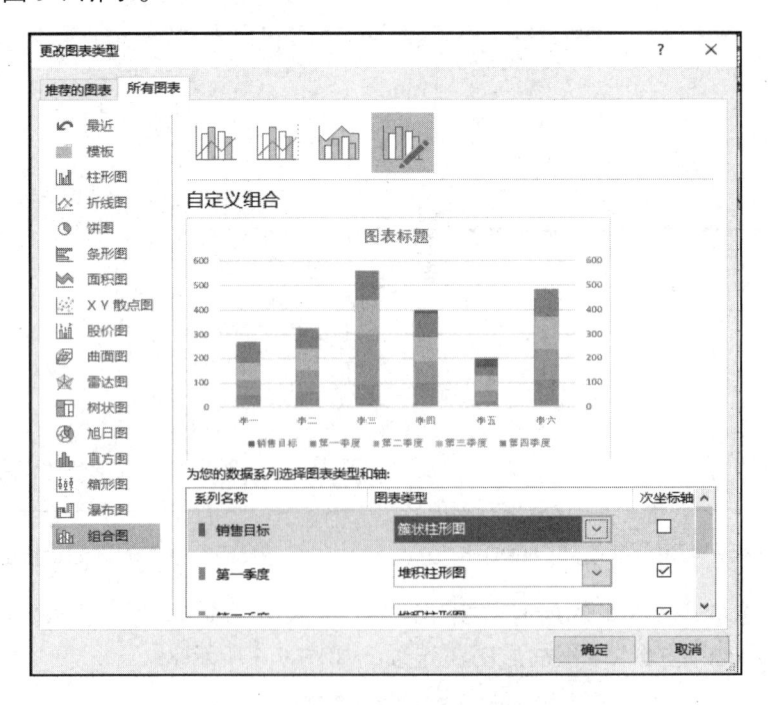

图 9-7 "更改图表类型"对话框

第三步：更改柱形图的标题为"销售目标达成情况"。选中"销售目标"数据系列，单击鼠标右键，在弹出的快捷菜单中选择"设置数据系列格式"选项，在弹出的对话框中修改"系列重叠度"为100%，"间隙宽度"为40%，设置实线边框、无填充，删除次坐标轴及网格线，最终效果如图9-8所示。

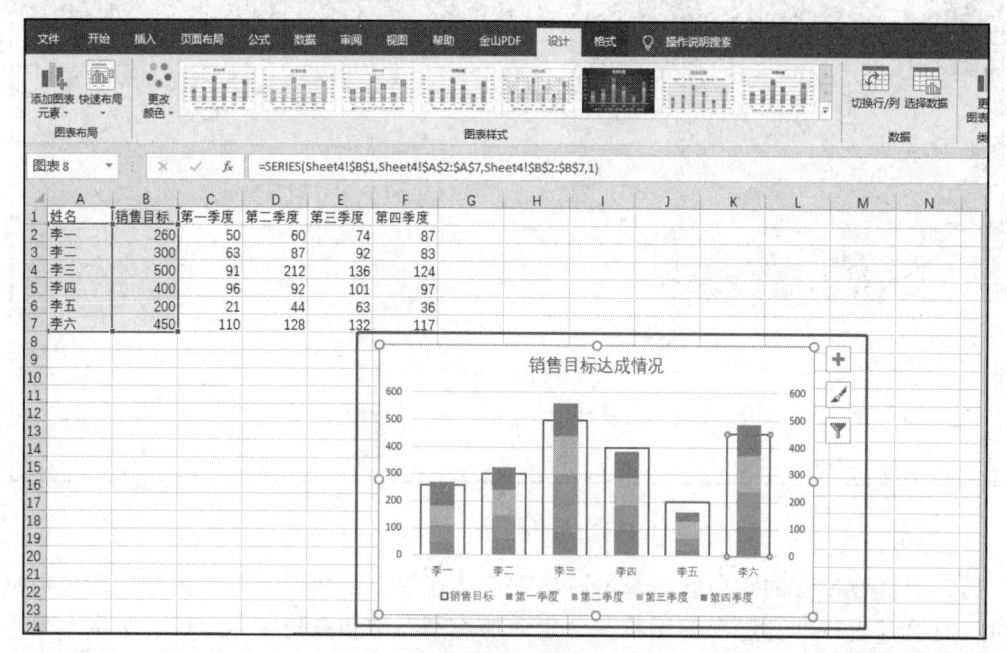

图9-8 "销售目标达成情况"柱形图

（3）饼图

饼图用于对比几项数据在其总和中所占的百分比。整个饼图代表总和，每项数据用一个薄片代表。如果在同一个饼图中显示两组数据，就需要用双层饼图展示，图9-9所示为某店铺2022年8月各类商品销售数据，现要求通过饼图展示各类商品的销量及每类下具体商品的销量，操作步骤如下。

图9-9 某店铺2022年8月各类商品销售数据

第一步：将光标定位于工作表的空白单元格，选择"插入"选项卡，在"图表"组中单击"饼图"下拉按钮，在"二维饼图"选择框中选中"◐"图标，插入一个空白饼图，如图9-10所示。

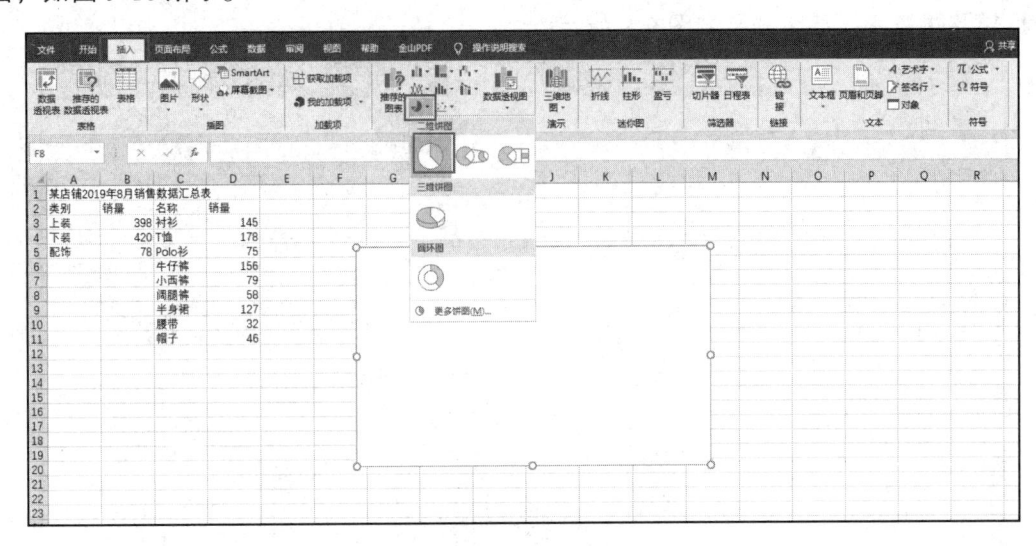

图 9-10　插入饼图

第二步：在饼图的空白区域单击鼠标右键，在弹出的快捷菜单中选择"选择数据"命令，打开"选择数据源"对话框，分别添加类别名称和系列名称，在"水平（分类）轴标签"选区选中所有选项，将其添加到"图例项（系列）"选区的"名称"选项下，如图9-11所示。设置完成后，两张饼图是完全重合的。

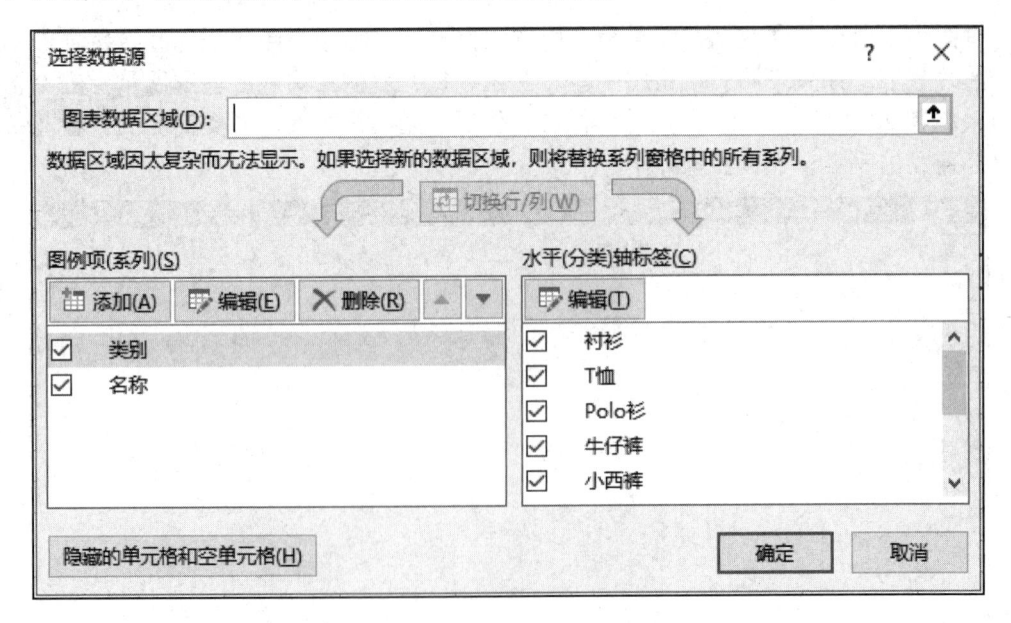

图 9-11　"选择数据源"对话框

第三步：选择类别饼图中某个数据列，单击鼠标右键，在弹出的快捷菜单中选择"设

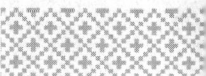

置数据系列格式"命令，设置系列绘制在"次坐标轴"，设置饼图程度为 50%。移动 3 块分离的类别饼图（需要注意的是，要逐块移动，不能一次性全部移动），同时添加数据标签，即可形成如图 9-12 所示的双层饼图。

在进行颜色调整时还需注意的一点是，为了让饼图层次更分明，每类商品的颜色要设置为同一系列不同深浅的效果，如上装的颜色全部为蓝色系，配饰全部为灰色系。

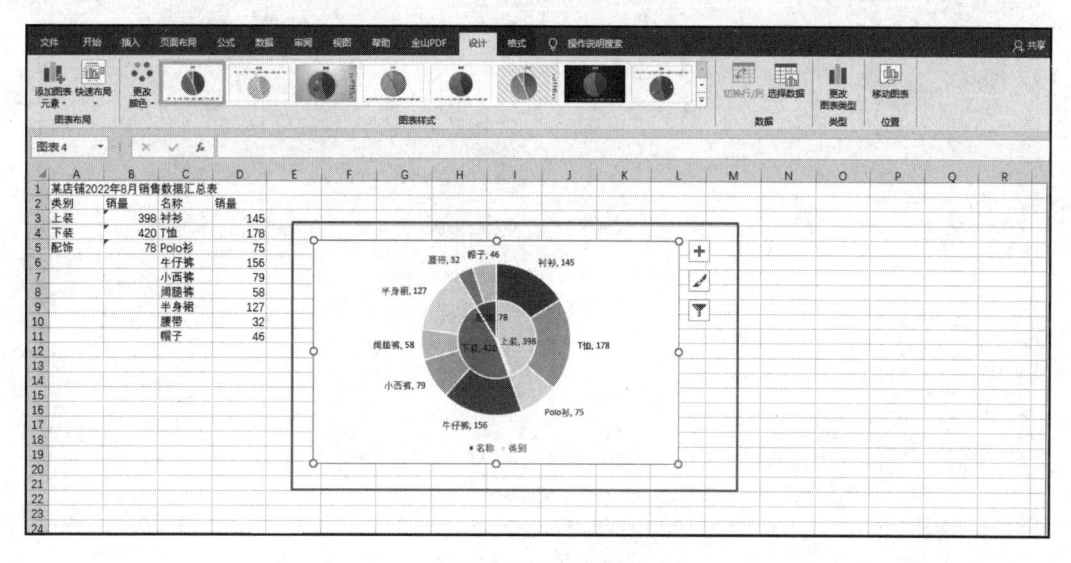

图 9-12　商品销售情况双层饼图

（4）散点图

散点图通常用于显示和比较数值，能够表示因变量随自变量变化的大致趋势，据此可以选择合适的函数对数据点进行拟合。在不考虑时间的情况下比较大量数据点时，可使用散点图。图 9-13 所示为某电商平台统计的不同年龄客户月均网购金额数据，现要求根据所给数据绘制散点图。

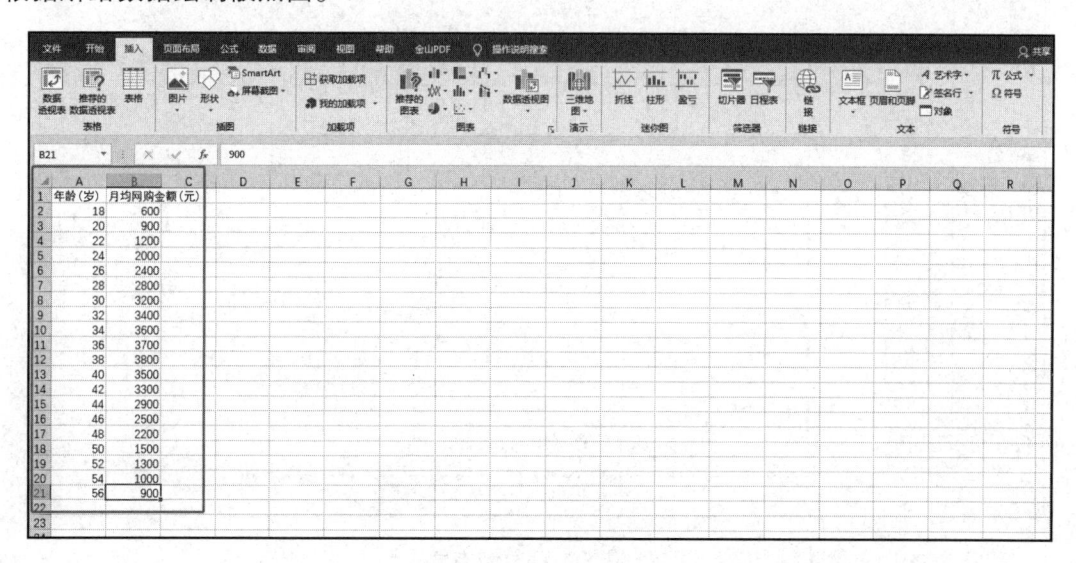

图 9-13　某电商平台统计的不同年龄客户月均网购金额数据

第一步：选中图 9-13 中的所有数据，选择"插入"选项卡，在"图表"组中单击"散点图或气泡图"下拉按钮，选择"带平滑线和数据标记的散点图"图标，如图 9-14 所示。

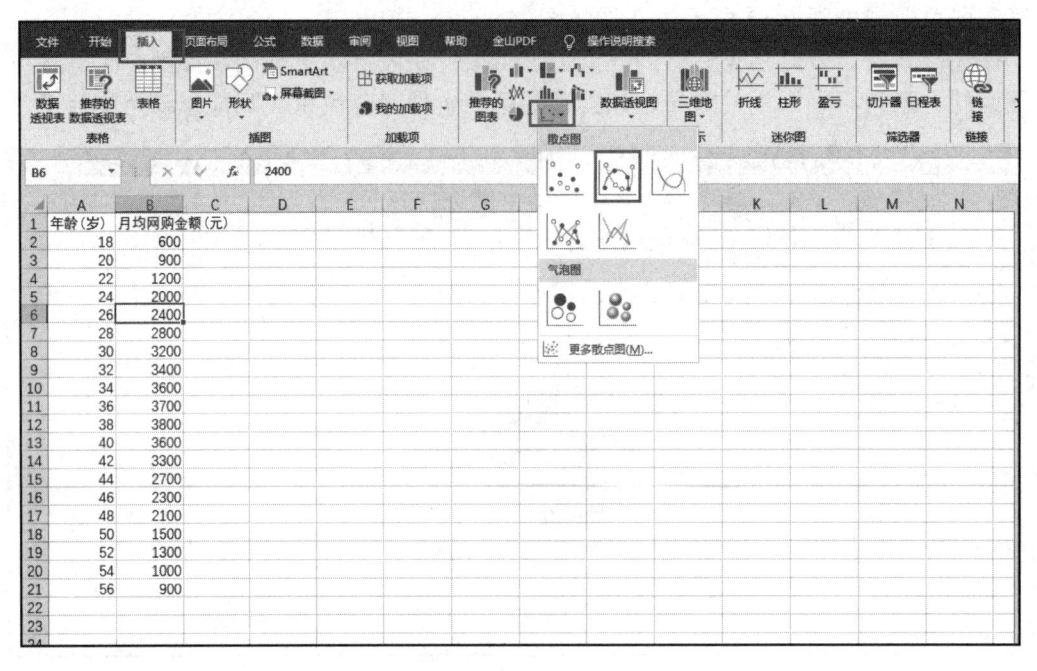

图 9-14　选择图标

第二步：插入散点图，调整图的大小和位置，删除图例，设置图标题，如图 9-15 所示。还可进一步设置图表元素、坐标轴选项等，使图表展示更加清晰明了。

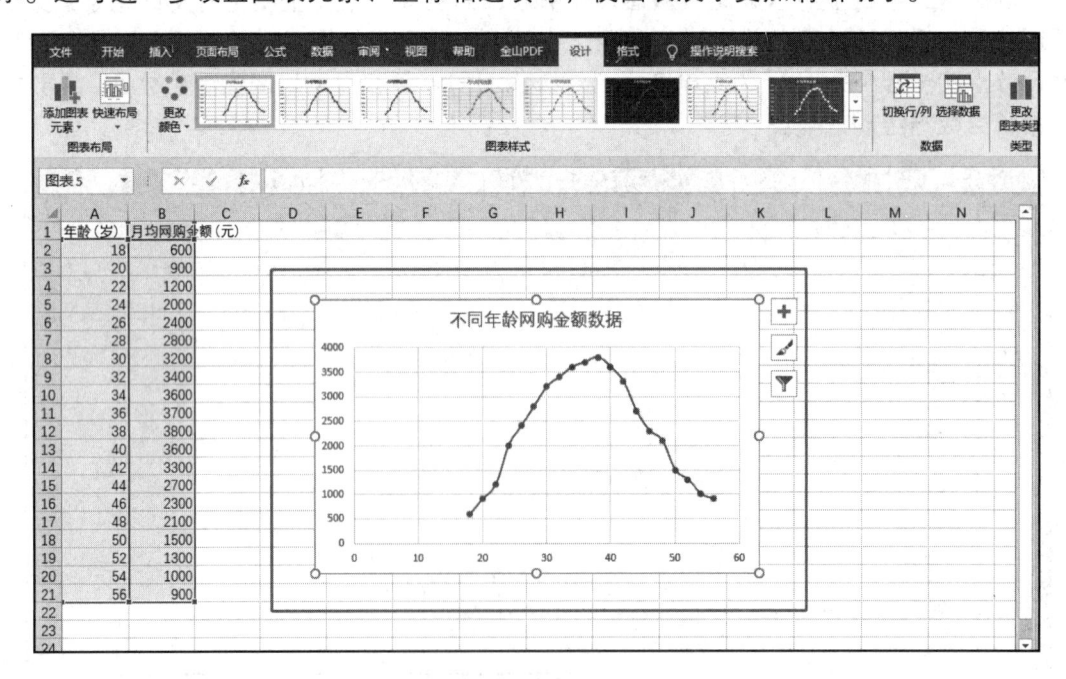

图 9-15　插入散点图

（5）气泡图

气泡图与散点图相似，可用于展示三个变量之间的关系，将一个变量放在横轴，另一个变量放在纵轴，第三个变量则用气泡的大小来表示。图 9-16 所示为某电商平台统计的客户网购年龄分布数据，现要求基于此数据制作气泡图来展示客户的年龄分布。操作步骤如下。

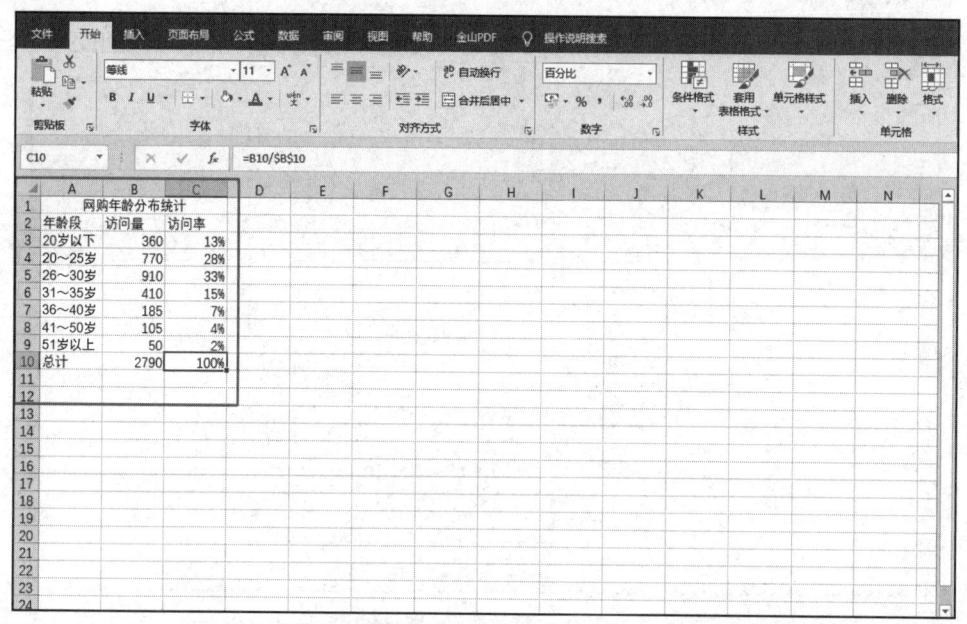

图 9-16　某电商平台统计的客户网购年龄分布数据

第一步：将光标放在任一空白单元格处，选择"插入"选项卡，在"图表"组中单击"散点图或气泡图"下拉按钮，选择"三维气泡图"图标，如图 9-17 所示。

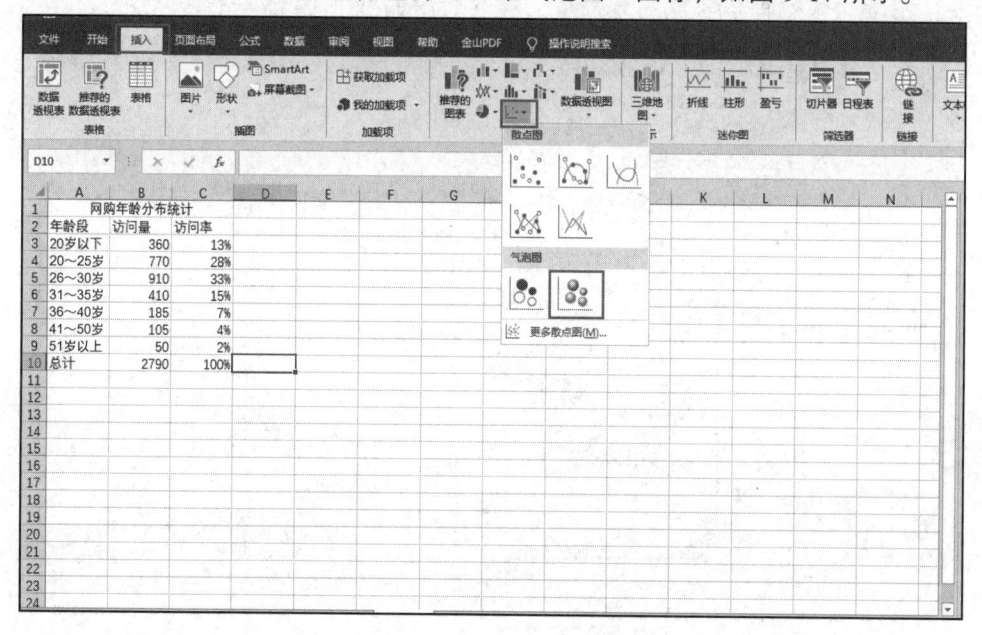

图 9-17　插入气泡图

第二步：在插入的气泡图上单击鼠标右键，在弹出的快捷菜单中选择"选择数据"命令，在弹出的"选择数据源"对话框中，单击"添加"按钮。在弹出的"编辑数据系列"对话框中，设置"系列名称"为 A1 单元格，"X 轴系列值"为 A3:A9 单元格区域，"Y 轴系列值"为 B3:B9 单元格区域，"系列气泡大小"为 C3:C9 单元格区域，然后单击"确定"按钮，如图 9-18 所示。

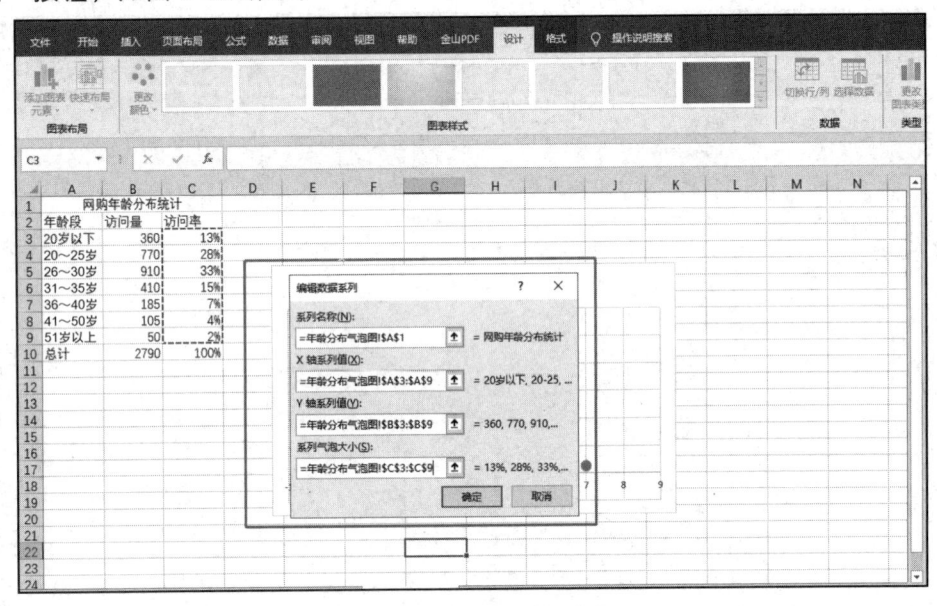

图 9-18 编辑数据系列

第三步：调整气泡图的大小，并删除图例。在数据列上单击鼠标右键，在弹出的快捷菜单中选择"设置数据系列格式"命令，在"设置数据系列格式"窗格，选择"填充"选项卡，选中"依数据点着色"复选框，最终效果如图 9-19 所示。

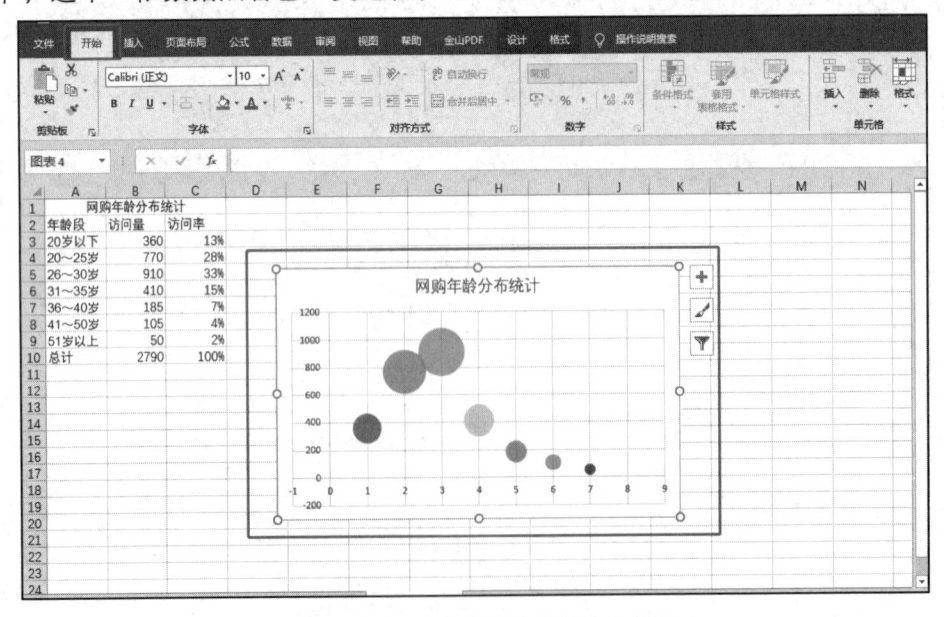

图 9-19 "网购年龄分布统计"气泡图

2. 使用特殊图表和动态图表实现可视化交互

1）业务背景

特殊图表是在基本图表的基础上，通过添加辅助数据，结合基本形状制作的具有生活特征的图表。与基本图表相比，这类图表在表达某些数据时更直观、更清晰，视觉效果也更具美感。本节我们将学习如何使用特殊图表实现数据可视化。

2）具体操作流程

（1）瀑布图

瀑布图因为形似瀑布而得名，具有像瀑布一样自上而下非常流畅的视觉效果。这类图表采用绝对值与相对值相结合的方式，可以很好地阐释单个系列数据从一个值到另一个值的变化过程，形象地说明数据的流动情况。

如果图表中个别数据点的数值同其他数据点相差较大，图表刻度就会自动适应最大数值的数据点，而其他数值较小的数据点就无法在图表中直观地体现出来。此时可使用柱状断层图，忽略中间的数据，使所有数据都能在同一个图表中表现出来。图 9-20 所示为某企业近一年的收支数据，下面将基于此数据制作瀑布图。操作步骤如下。

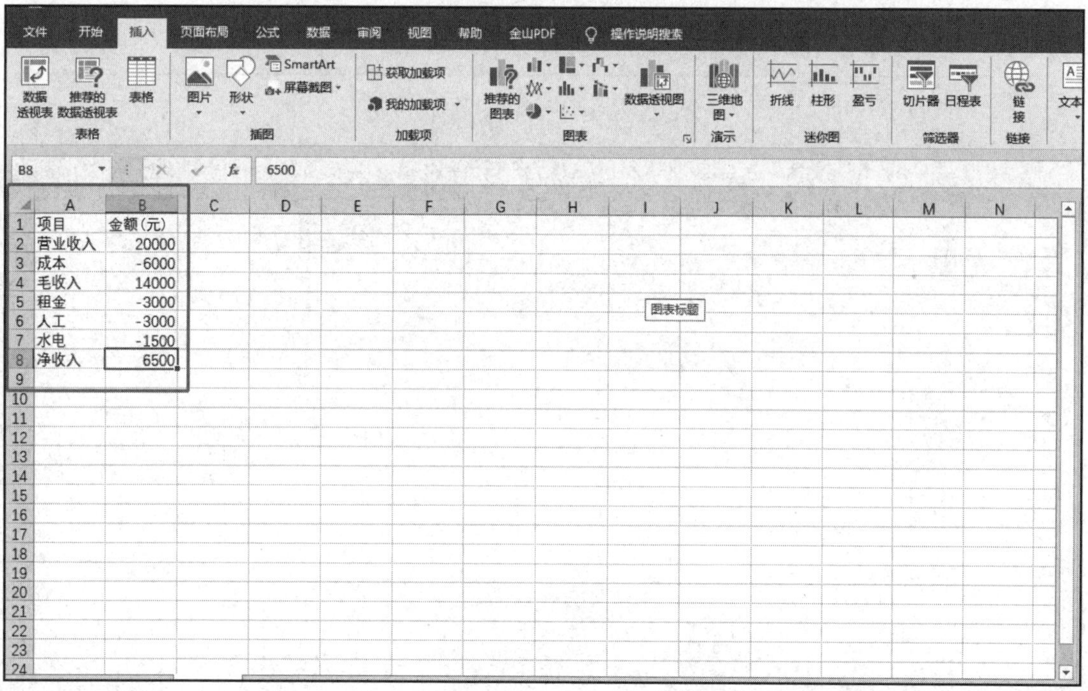

图 9-20　某企业近一年的收支数据

第一步：选中任一单元格，选择"插入"选项卡，在"图表"组中单击"瀑布图"下拉按钮，选择"瀑布图"图标，如图 9-21 所示。

第二步：更改瀑布图的标题为"某企业收支情况"。在瀑布图中选中"毛收入"数据列，单击鼠标右键，在弹出的快捷菜单中选择"设置为汇总"命令，如图 9-22 所示。设置后的瀑布图更便于理解。

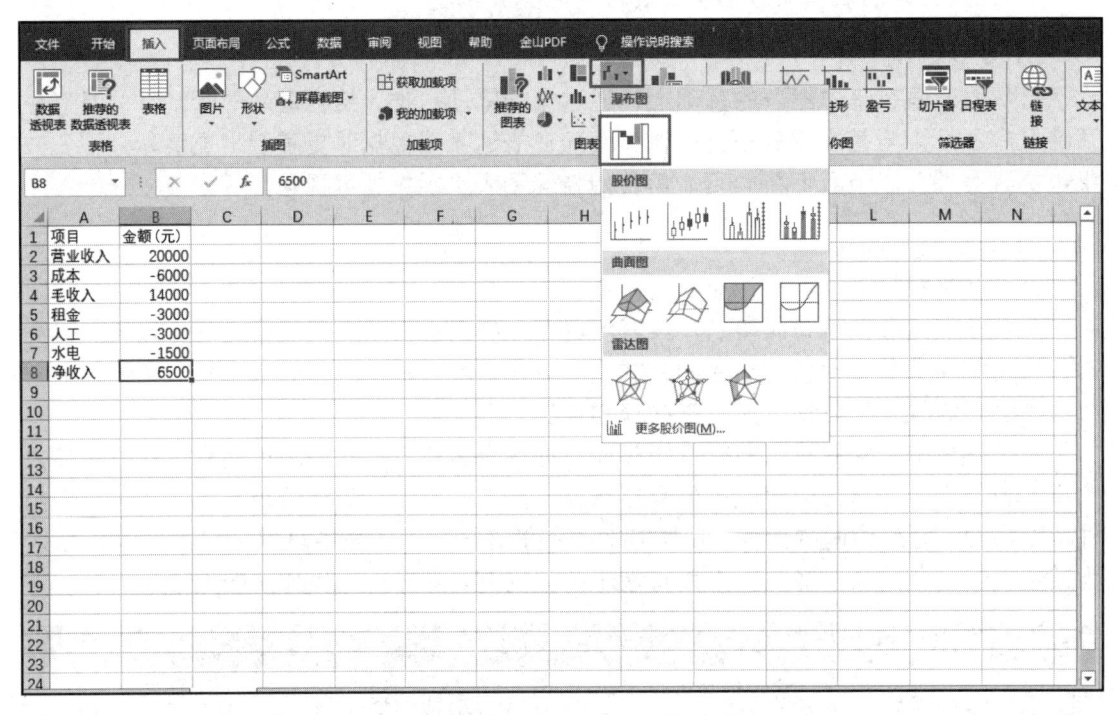

图 9-21 插入瀑布图

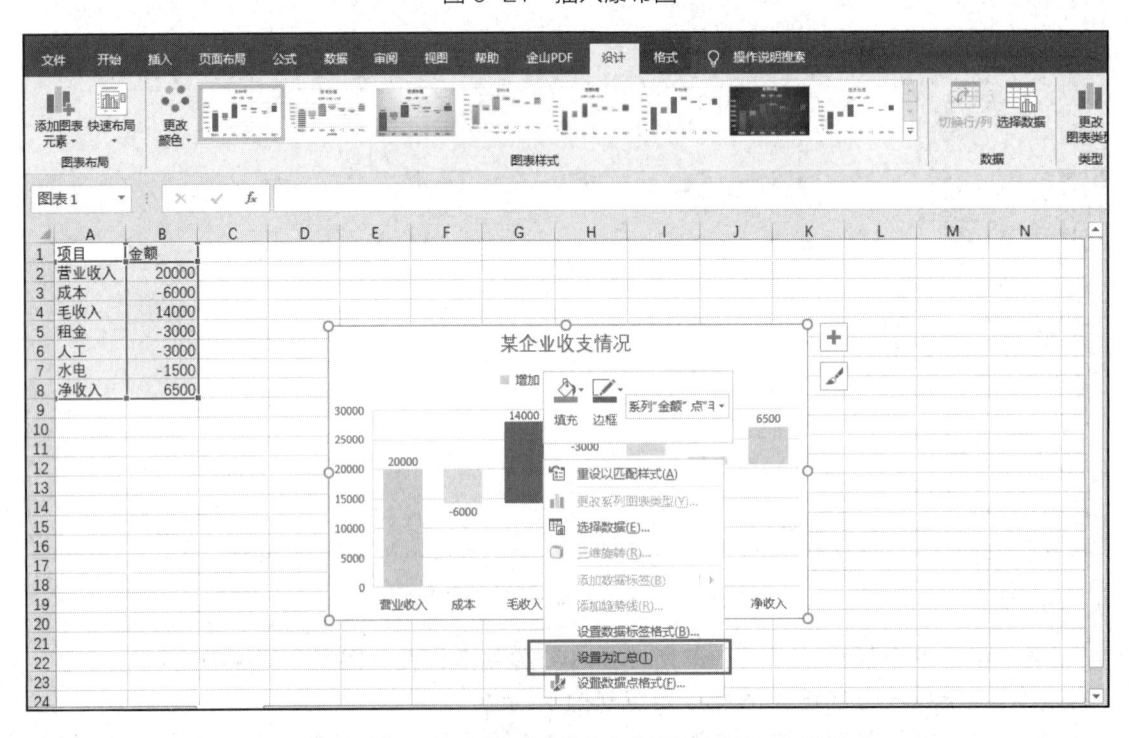

图 9-22 将"毛收入"设置为汇总

第三步：将"净收入"数据列做与第二步相同的处理，得到的最终效果如图 9-23 所示。

图 9-23 "某企业收支情况"瀑布图

（2）旋风图

旋风图能够直观地展示两组数据的对比情况。下面介绍如何利用旋风图清楚地展示不同性别客户在消费时看中的因素，具体操作步骤如下。

第一步：选中 A1:C6 单元格区域，选择"插入"选项卡，在"图表"组中单击"查看所有图表"按钮，在弹出"插入图表"对话框中选择"所有图表"选项卡，单击"组合图"选项，将图表类型设置为"簇状条形图"，其中将"女性"设置为"次坐标轴"，如图 9-24 所示。

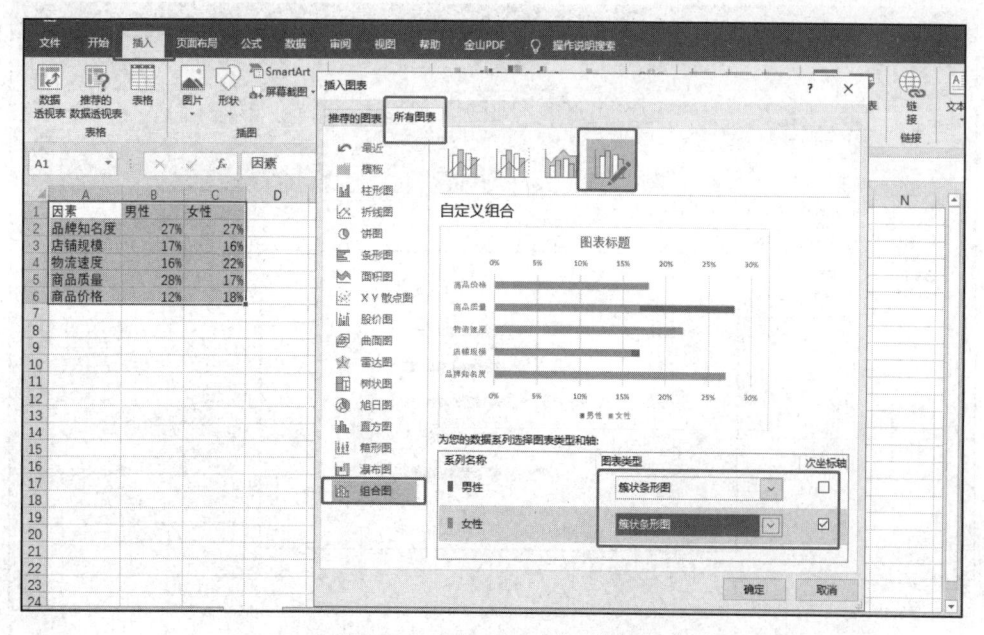

图 9-24 "插入图表"对话框

第二步：双击图表上方的坐标轴，设置最小值和最大值分别为-0.8和0.8，选中"逆序刻度值"复选框。同理设置图表下方的坐标轴的最大值和最小值。单击"坐标轴"标签，在"坐标轴选项"选项卡中将标签位置设置为"低"，完成后的效果如图9-25所示。

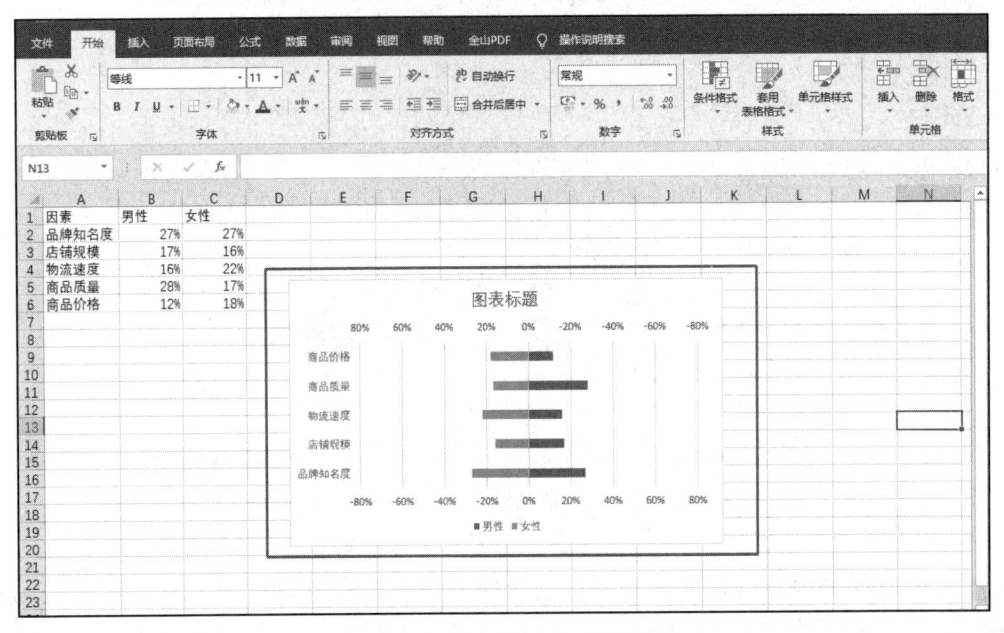

图 9-25 设置坐标轴后的效果

第三步：更改旋风图的标题为"不同性别客户购买行为统计"，单击水平坐标轴，按Delete键将其删除，同理删除网格线等多余元素。设置数据系列的间隙宽度为70%。添加数据标签，并设置图表的颜色、文字格式等，完成后的效果如图9-26所示。

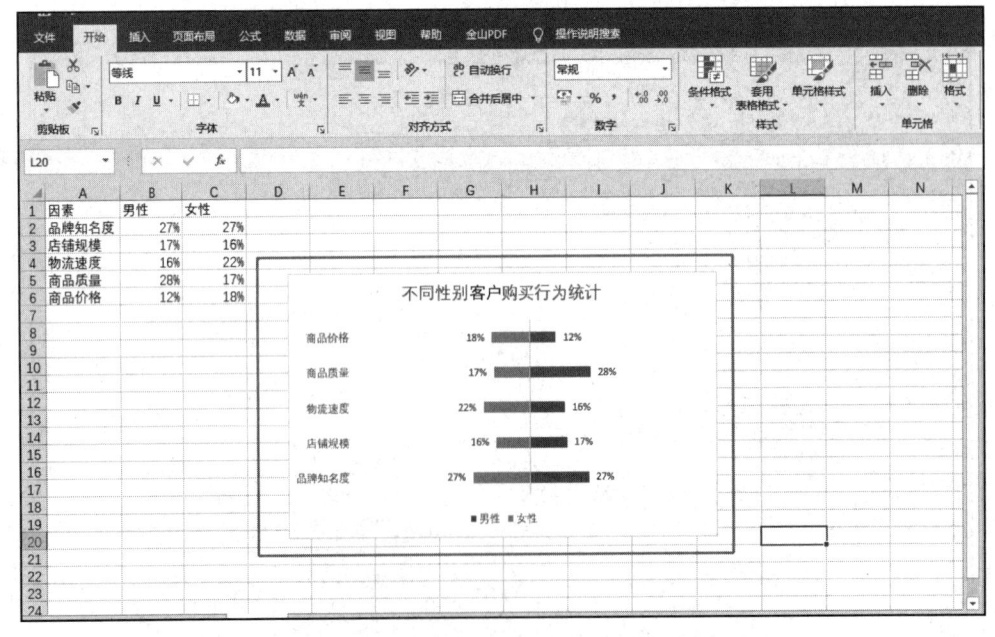

图 9-26 "不同性别客户购买行为统计"旋风图

9.1.2 电商数据可视化报表

报表在 Excel 中使用非常广泛。熟练掌握报表的制作有助于提高工作效率。

1. 数据表的建立

1）输入数据

第一步：在单元格中直接输入数据。新建一个 Excel 工作表（本书使用的版本为 Excel 2016），单击工作表中的任意一个单元格，就可以方便地输入各种类型的数据，如图 9-27 所示。

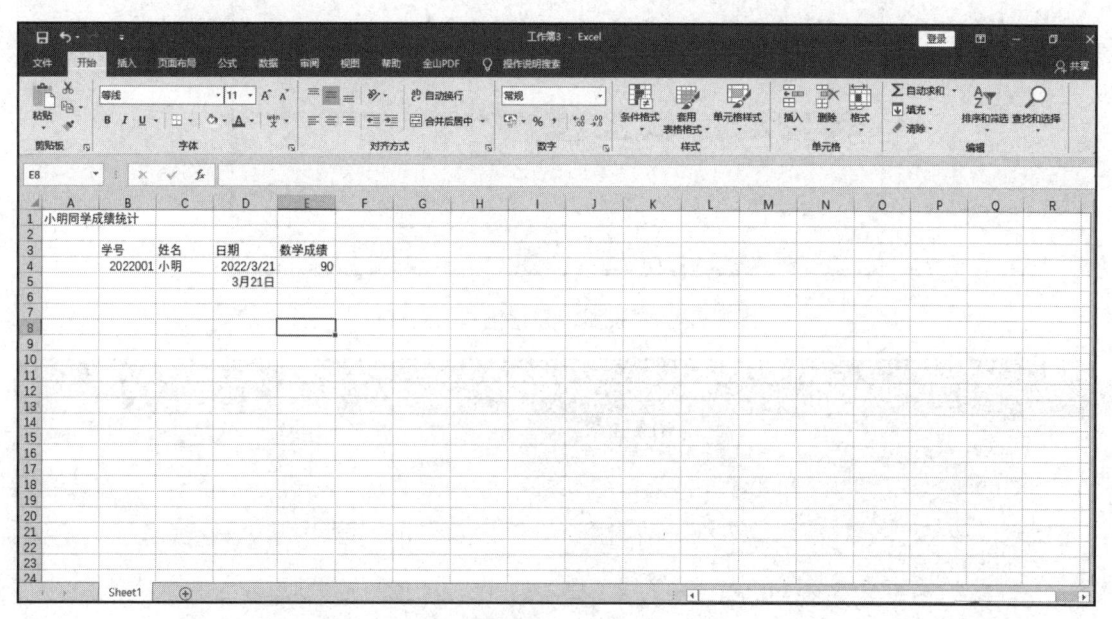

图 9-27　在单元格中输入数据

第二步：设置输入数据的格式。输入数据后，单元格会按照默认的格式显示，如果格式不符合要求，可以在"设置单元格格式"对话框中进行修改。具体步骤为：选中需要修改的单元格，单击鼠标右键，在弹出的快捷菜单中选择"设置单元格格式"命令，打开"设置单元格格式"对话框；也可以选择"开始"选项卡，选择"单元格"组中的"设置单元格格式"选项，打开"设置单元格格式"对话框，如图 9-28 所示。

2）导入外部表格

如果有现成的数据文档，如财务部门统计的 Excel 文档、市场部门统计的客户调查 txt 文档，可以直接将其导入 Excel 数据表中，具体操作步骤如下。

第一步：选择"自文本"导入方式。选择"数据"选项卡，在"获取外部数据"组中选择"自文本"选项，如图 9-29 所示。

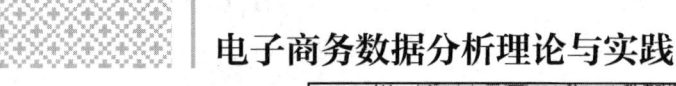

图 9-28 "设置单元格格式"对话框

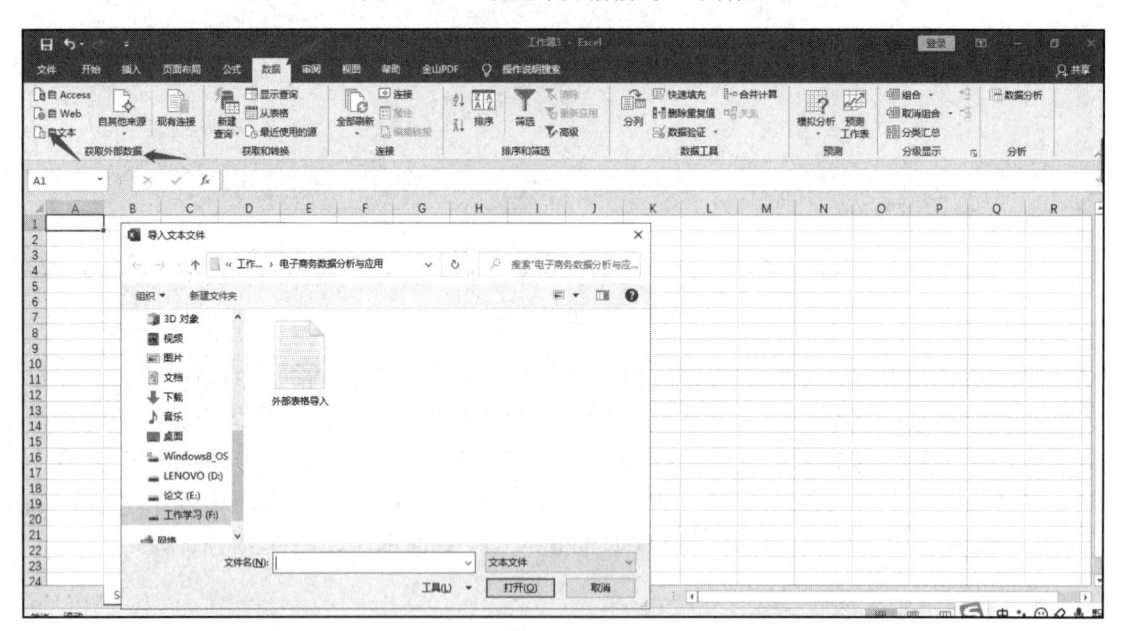

图 9-29 选择"自文本"导入方式

第二步：设置导入向导 1。在弹出的文件夹中选择需要导入的文本文档。在"文本导入向导-第 1 步，共 3 步"对话框中，根据文本特点选择文件类型，这里选中"分隔符号"单选按钮。如果不知道如何选择，可以对照"预览文件"选区，选择能正常显示的文件和类型，然后单击"下一步"按钮，如图 9-30 所示。

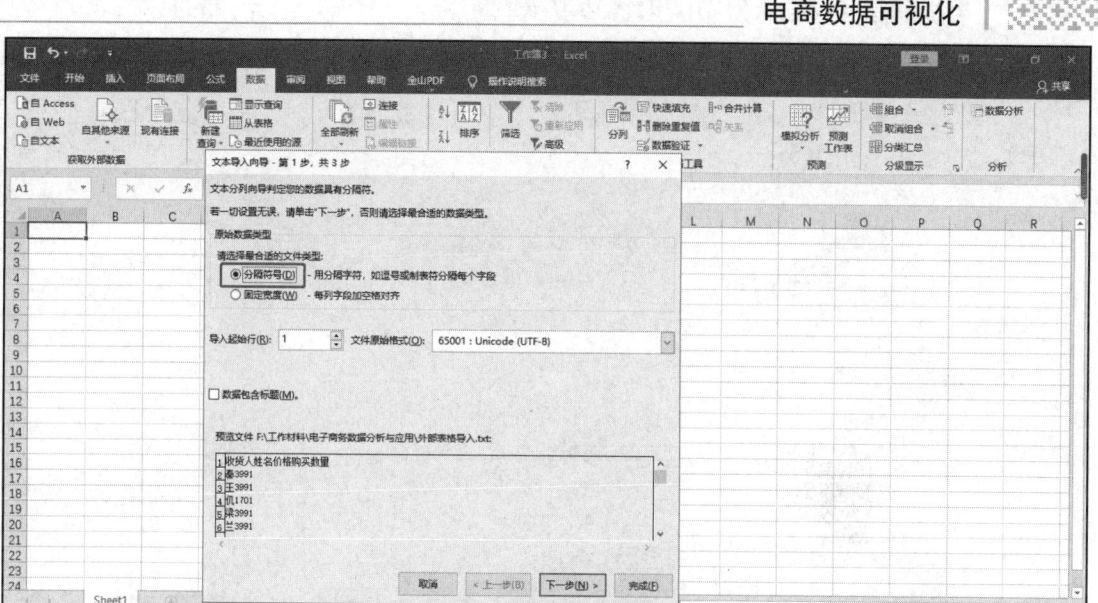

图 9-30　文本导入向导 1

第三步：设置导入向导 2。打开"文本导入向导-第 2 步，共 3 步"对话框，根据文本文档内容选择适合的分隔符号，这里选中"Tab 键"复选框，该符号能让下方的数据预览正常显示。然后单击"下一步"按钮，如图 9-31 所示。

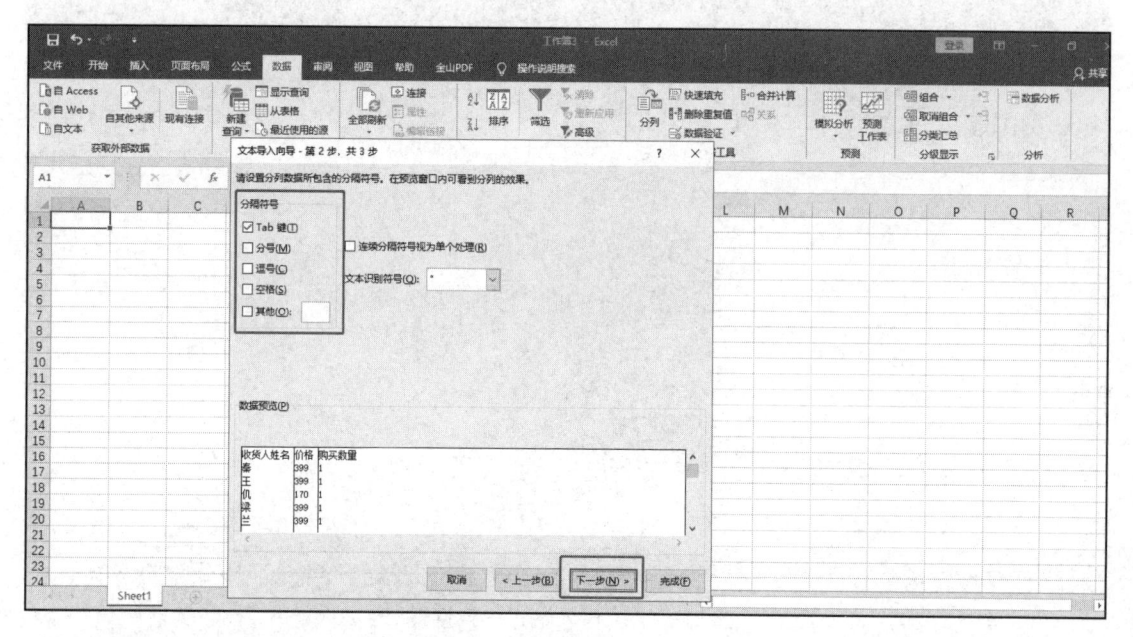

图 9-31　文本导入向导 2

第四步：设置导入向导 3。打开"文本导入向导-第 3 步，共 3 步"对话框，选中"常规"单选按钮，单击"完成"按钮，如图 9-32 所示。

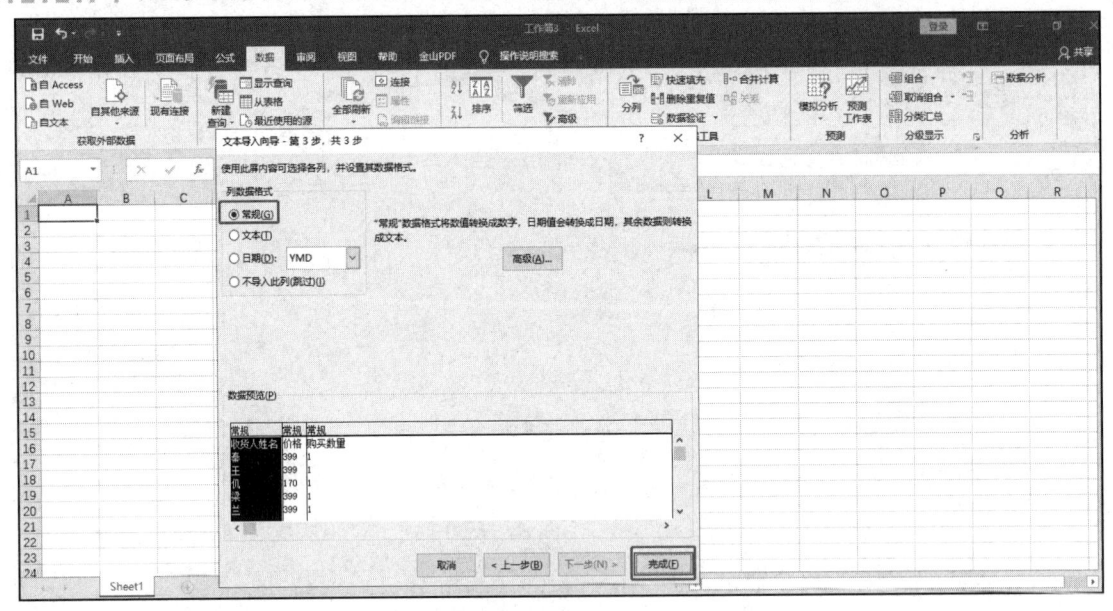

图 9-32　文本导入向导 3

第五步：导入数据。打开"导入数据"对话框，在工作表中选择一个区域作为数据区域，单击"确定"按钮，如图 9-33 所示。

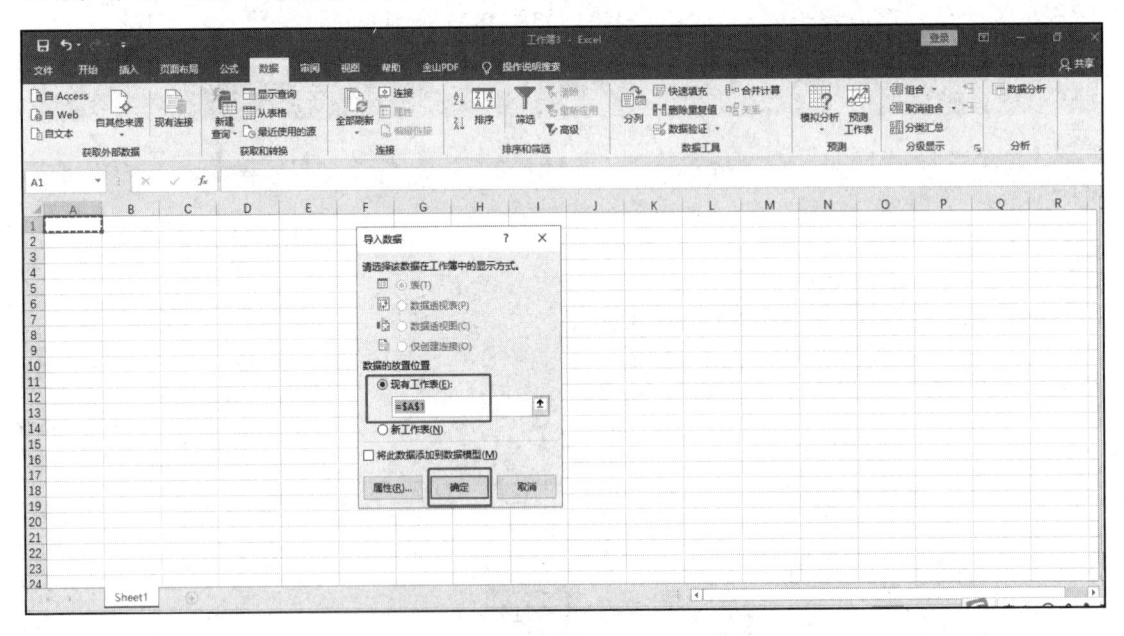

图 9-33　"导入数据"对话框

第六步：完成数据导入，如图 9-34 所示。

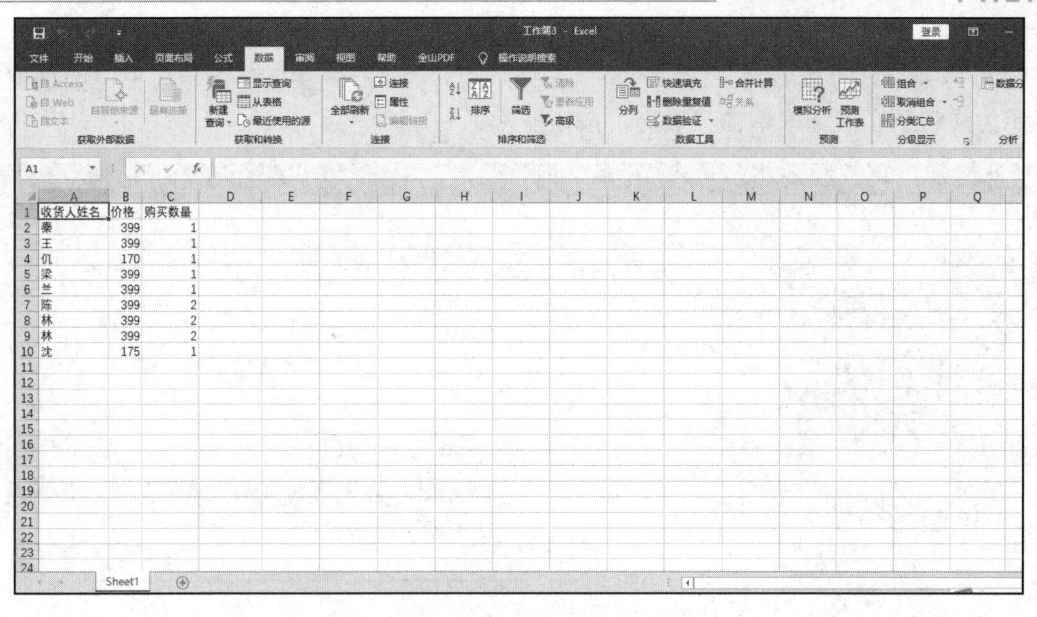

图 9-34　完成数据导入

2. 表格展示

1）数据列突出显示

在客户信息表的"订单状态"一列，大多数订单状态为"卖家已发货，等待买家确认"，而处于"等待买家付款""交易关闭"状态的不多，因此可让这两种订单状态突出显示。操作步骤如下。

第一步：选中"订单状态"列，选择"开始|样式|条件格式|突出显示单元格规则|等于"菜单命令，如图 9-35 所示。

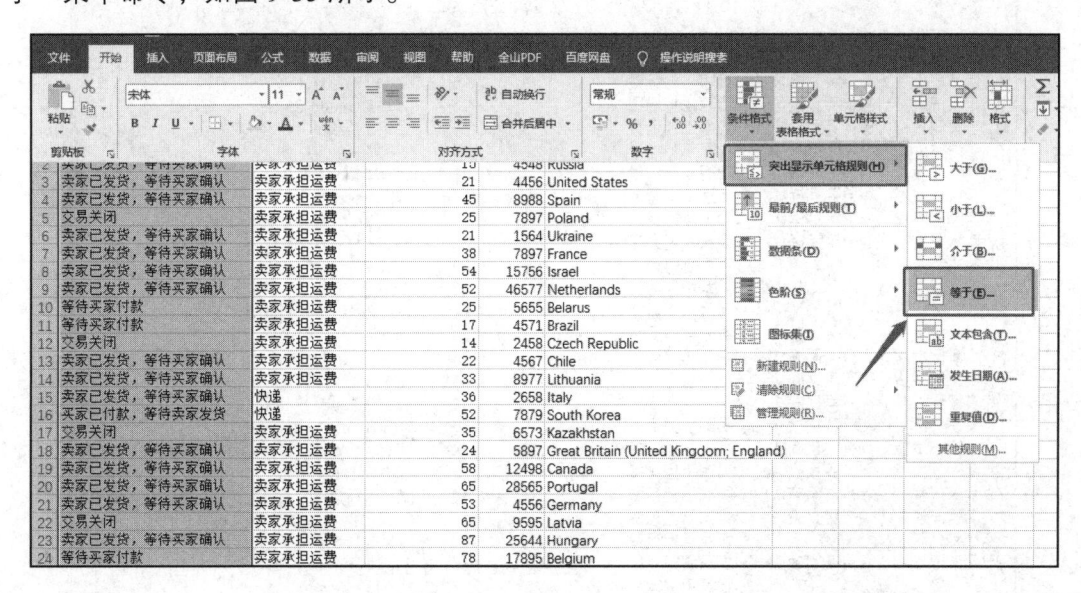

图 9-35　选择菜单命令

第二步：打开"等于"对话框，在"设置为"下拉列表中选择"浅红色填充"选项，如图 9-36 所示。可以看到"订单状态"一列中内容为"交易关闭"的单元格已经被突出显示为浅红色，接下来单击"确定"按钮即可。

图 9-36 设置突出显示规则

第三步：同理，将"订单状态"为"等待买家付款"的单元格设置为黄色。最终得到图 9-37 所示的突出显示效果。

图 9-37 最终的突出显示效果

2）图标集

图标集可用来显示符合某一条件的数据，即将数据根据一定的要求进行分类。

例如，根据图 9-37 中的"总消费金额"列划分客户群体，将总消费金额大于 20 000 元的客户划分为高消费群体，将总消费金额小于 5 000 元的客户划分为低消费群体。操作步骤如下。

第一步：选中"总消费金额"列，选择"开始|样式|条件格式|图标集|其他规则"菜单命令。

第二步：在弹出的"新建格式规则"对话框中选择图标样式，设置图标及规则，如图 9-38 所示，设置完成后单击"确定"按钮。设置效果如图 9-39 所示。

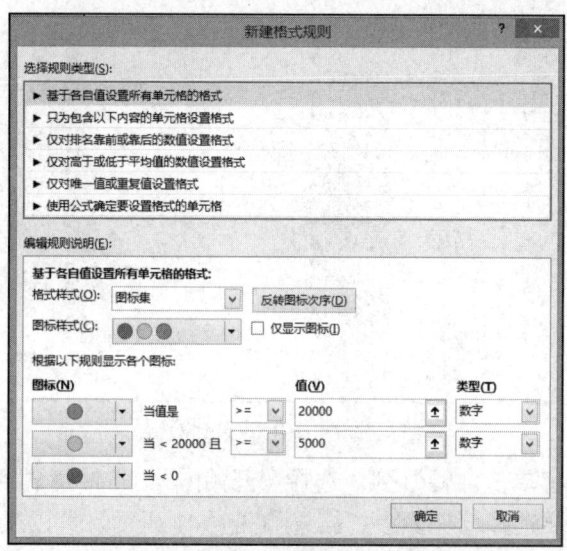

图 9-38 "新建格式规则"对话框

图 9-39 图标集设置效果

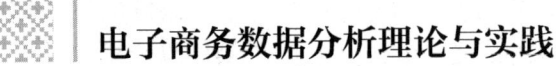

3）数据条

如图 9-40 所示，"客单价增幅"列表示的是本单相对于上一单的客单价增幅，增幅有正负之分，可以使用条件格式中的"数据条"功能清晰地展示客单价的增幅。操作步骤如下。

图 9-40 客单价增幅数据

第一步：选中"客单价增幅"列，选择"开始|样式|条件格式|数据条"菜单命令。

第二步：根据需要选择填充颜色，结果如图 9-41 所示。可以发现"客单价增幅"列根据增幅的正负被分为两部分，并且分别被红色和蓝色数据条填充。

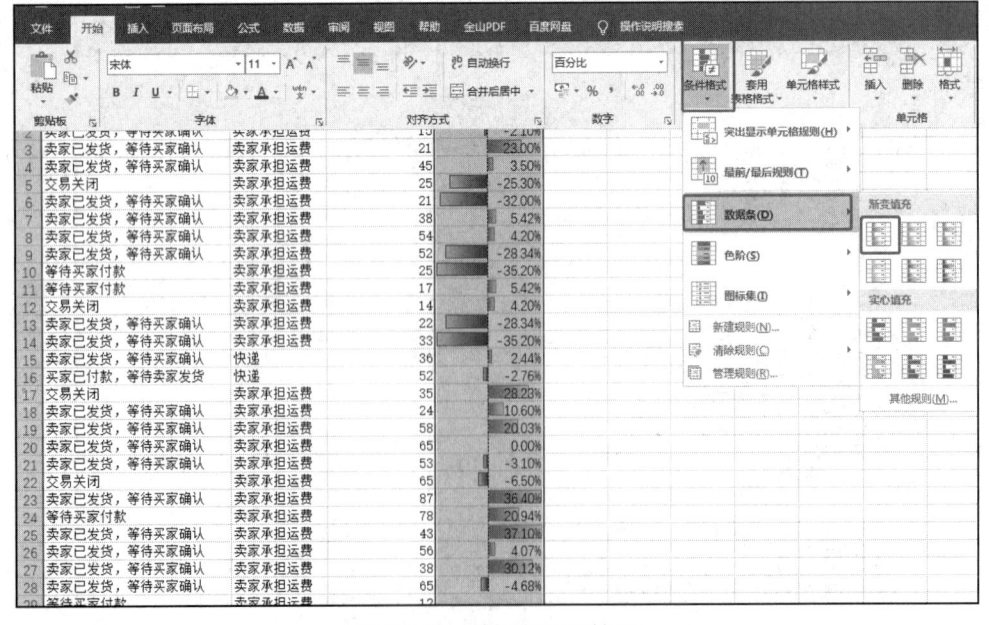

图 9-41 数据条设置结果

4）色阶

在图 9-41 的基础上，使用色阶标注不同消费者在该网站消费的总次数，操作步骤如下。

第一步：选中"网站总消费次数"列，选择"开始|样式|条件格式|色阶"菜单命令。

第二步：根据需要选择填充颜色，结果如图 9-42 所示，默认用红色标注总消费次数较低的数据，用绿色标注总消费次数较高的数据。此外，在选择色阶颜色时，还可以单击"其他规则"选项，在弹出的"新建格式规则"对话框中进行更多设置。

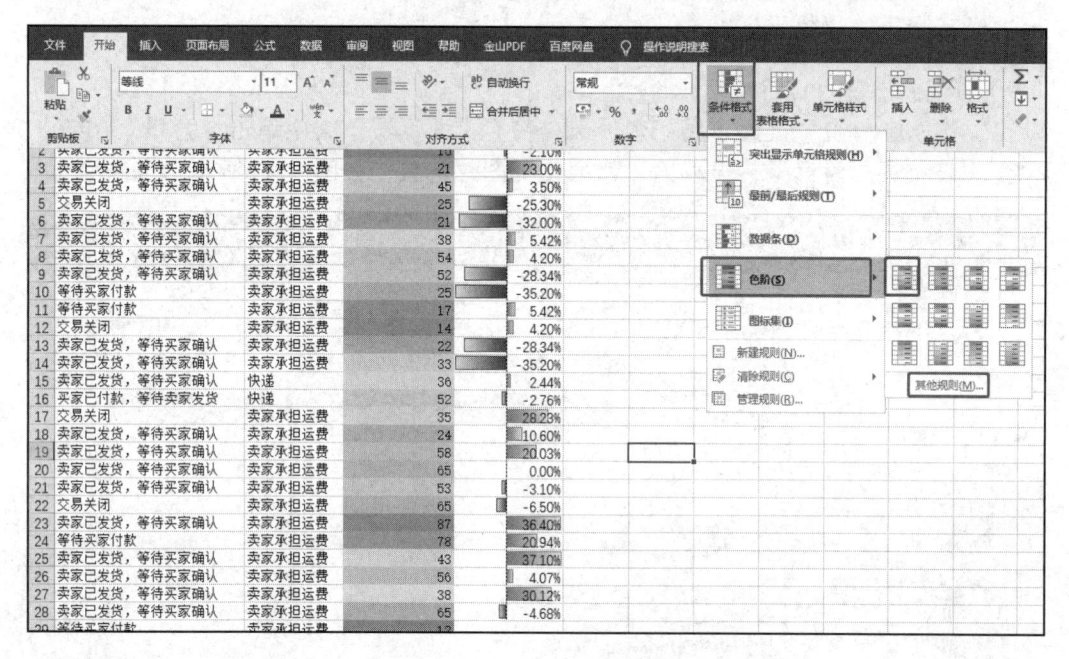

图 9-42　色阶设置结果

3. 报表的美化

1）电商可视化报表美化原则

图表的美化主要包括版式设计和配色设计等，其中版式设计主要包括图表的布局、图表系列的间距、网格线是否存在及网格线的样式等。

（1）少用系统默认颜色，让图表耳目一新

要想制作出让人耳目一新的图表，在制作图表的过程中就要尽量少用系统默认的颜色，因为很多人会因为对系统默认颜色过于熟悉而产生视觉疲劳，建议更改为其他颜色，增强图表的新鲜感和视觉冲击力。

（2）配色方案保持一致性，避免出现过多的颜色

在同一系列图表或演示文档中，一旦选定了图表的配色方案，就应该始终保持一致，给人以统一的感觉，避免出现过多的颜色，过于繁杂的颜色搭配会影响图表信息的表达。

（3）非数据元素可以使用淡灰色，以重点突出数据元素

对于坐标轴、网格线等非数据元素，使用淡灰色即可，过度突出它们会干扰人们对数据元素的阅读和理解。

（4）避免同时使用大红大绿的颜色，色彩格调要高雅

大红大绿的颜色会显得比较刺眼、俗套，不利于数据表达，对色盲或色弱的阅读者来说更是不易区分，因此应当避免同时使用大红大绿的颜色，在色彩搭配上要追求比较高雅的格调。

（5）学习色彩理论与配色方法，提升美学素养

学习简单的色彩理论知识，如色彩的情绪、象征意义、冷暖色调、色相环、互补色等配色方法，也可以找一张配色协调、自然的图片，从中取样并应用到图表中，还可以从商业杂志图表中寻找灵感。

2）设置工作表背景

在工作表中单击"页面布局"选项卡，在"页面设置"组中单击"背景"按钮，打开"工作表背景"对话框，可以给工作表加上图片背景，如图9-43所示。

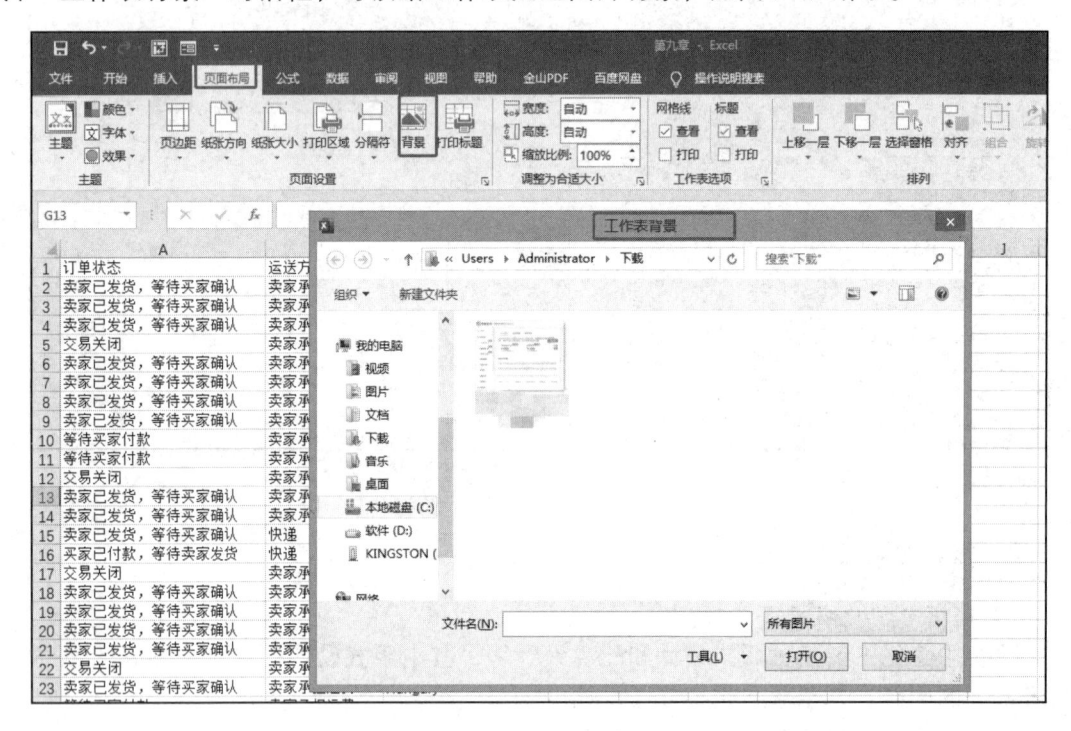

图9-43 "工作表背景"对话框

3）设置工作表标签颜色

选中需要设置标签颜色的工作表表名后单击鼠标右键，在弹出的快捷菜单中选择"工作表标签颜色"命令，在"主题颜色"选项组中选择需要的颜色即可，如图9-44所示。

4）使用透明色制作透视效果

单击工作表中的图表，在弹出的快捷菜单中单击■按钮，可进行图表元素设置，在这里可以删除网格线或添加数据标签等。在页面右侧的"设置数据系列格式"窗格可进行图表区、系列选项、绘图区等不同选项的颜色填充、透明度设置，如图9-45所示。设置透明度后的最终效果如图9-46所示。

第9章
电商数据可视化

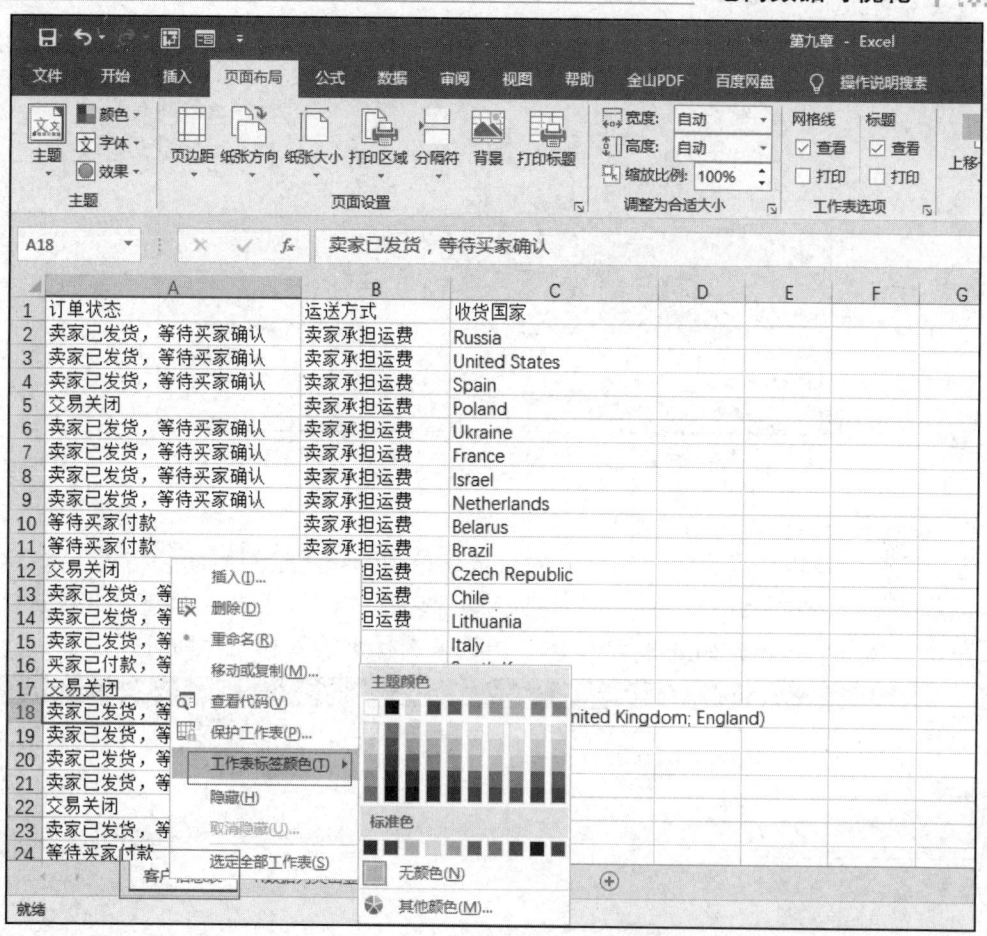

图 9-44　设置工作表标签颜色

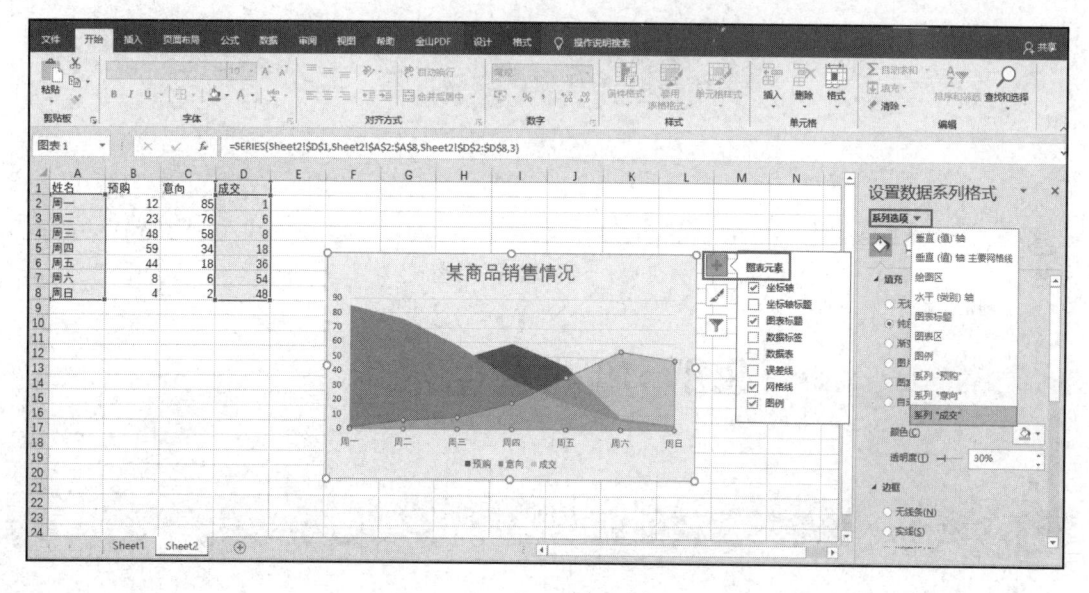

图 9-45　为图表设置透明度

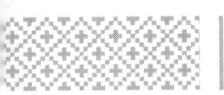

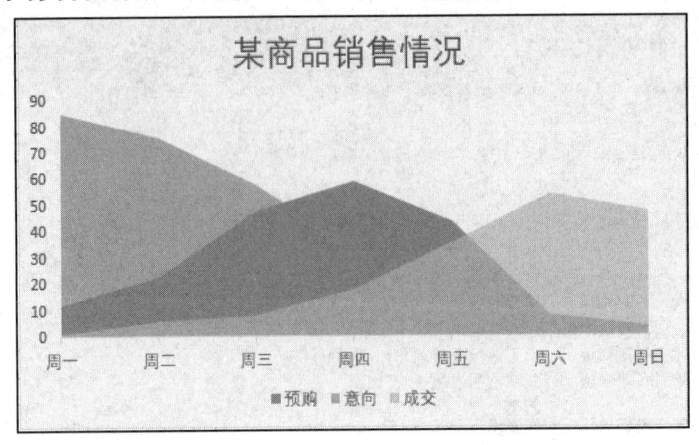

图 9-46　设置透明度后的最终效果

5）在图表绘图区填充相关图片

选中图表，单击鼠标右键，在弹出的快捷菜单中选择"设置绘图区格式"选项，打开"设置绘图区格式"窗格。在"绘图区选项"选区选中"图片或纹理填充"单选按钮，然后单击"插入"按钮，如图 9-47 所示。接下来选择想插入的图片即可。

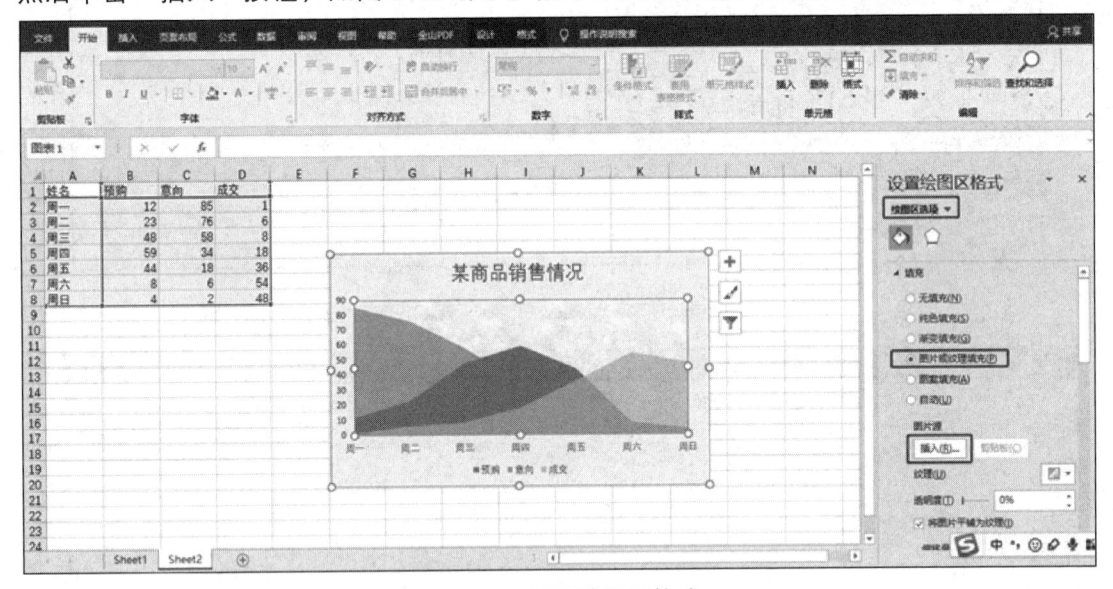

图 9-47　设置绘图区格式

9.2　电商数据报告

9.2.1　电商数据商业报告

电商数据商业报告的内容如下。

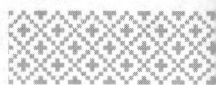

1. 企业简介

企业简介通常是对一个企业或组织的基本情况的简单说明。在电商数据商业报告中撰写企业简介时，通常首先介绍企业的背景，如企业性质和组成方式等。然后从整体上介绍企业的经营范围、企业理念和企业文化。接着概括性地介绍一下企业目前的经营状况。最后指明企业未来的发展方向或现阶段的发展目标。还有比较重要的一点是，要让目标企业确认报告中的公司简介是否正确。

2. 报告目标

通常情况下，在撰写电商数据商业报告时要明确商业报告的目标。首先阐明客户的疑虑，再针对客户的疑虑提出解决办法。

3. 制作流程

该部分描述电商数据商业报告的制作思路，概括该电商数据商业报告写作的步骤及每个步骤所用的方法。

另外，为了向企业呈现出更清晰的商业报告制作流程，还可以将文字内容转换成流程图，如图 9-48 所示。

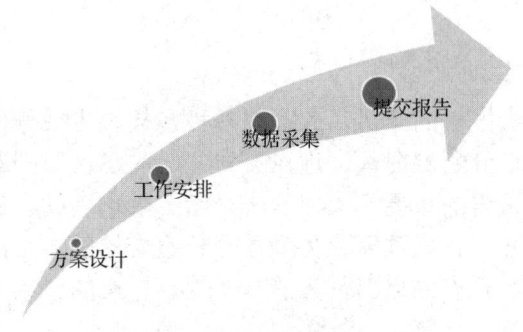

图 9-48　商业报告流程图

4. 数据来源

这部分内容需要向客户说明商业规划中所有数据的来源，并指出为什么要选择这些数据源及数据的收集方法。企业可以使用数据统计工具获得相关数据，如使用分析会员数据的 CRM 软件、分析网店运营的生意参谋软件等。

5. 数据展示

这部分内容需要将商业规划中使用的数据展现出来。例如，某项目介绍了计算机产品相关数据的各种处理方法，如果制作一个关于计算机产品销售网店的商业报告，就可以把该项目中的数据结果展示出来。

6. 数据分析

数据分析主要包括 5 个方面：商品类目成交量、商品类目销售额、商品品牌成交量、商品品牌销售额、销售平台数据。该部分只需根据"数据展示"部分的数据依次进行详细的解释和合理的推测即可。

7. 结论

撰写商业报告结论时，要从企业的诉求出发，为企业提供建议。

9.2.2 电商数据分析报告

1. 业务经营分析报告

业务经营分析报告包括标题、前言、主体和结尾4部分内容。

1）标题

标题应当能高度概括业务经营分析报告的主要内容、对象和作者的基本观点，以指导读者正确理解报告。业务经营分析报告的标题有单标题和双标题两种。

单标题多将分析的对象、内容及时间写在标题上，如《××公司××××年度完成经济计划情况分析》。有的直接在标题中揭示问题、提出建议、展望未来等。双标题的正题往往标出业务经营分析报告的主旨，点出作者的基本观点；副题则说明分析的对象、内容及时间范围等。

2）前言

前言即业务经营分析报告的开头，其写法多种多样，应视具体情况灵活掌握。有的在开头部分简要说明调查分析的时间、地点、对象、内容、范围及方式方法等；有的交代写作目的，说明分析报告的重要意义以利于读者了解作者的写作动机，引导读者把握业务经营分析报告的重心，正确理解业务经营分析报告的基本含义；有的简要介绍业务经营分析报告的主要内容；有的点出作者的基本观点；有的介绍分析对象的基本情况；有的提出问题，引起注意，等等。

3）主体

主体是业务经营分析报告的主要部分。主体需要围绕选题，提出问题，分析问题，解决问题，并且要有情况、有数据、有观点、有分析。主体的结构安排有纵式结构和横式结构两种。

纵式结构按照事物发生、发展的时间顺序或人们认知发展的规律，层层递进，适用于情况明了、内容单一的专项分析报告。横式结构则根据分析对象的性质，将内容划分成几个方面或问题，按照某种逻辑关系——讲述，适用于综合性分析报告。例如，《××省××××年度财务分析报告》的主体部分，可根据分析对象的性质，分成"×××年财务收支基本情况""资金来源与运用分析""成本费用分析""利润分析""问题与建议"5个部分。每部分又分解为若干个小部分，如把"利润分析"部分分解成"存款规模对利润的影响""存贷款利差对利润的影响""贷款收息率对利润的影响"3个小部分，从多个角度分析其财务综合状况。

4）结尾

结尾是业务经营分析报告的结束部分，其主要作用是总结全文、点明主题、得出结论、揭示问题、提出建议、展望未来、鼓舞斗志、加深认识等。但若在前言或主体部分已得出结论、提出建议、展望未来、点明主题，结尾就无须画蛇添足，可灵活处理。

2. 网站运营分析报告

网站运营分析报告的内容包括以下几项。

① 数据整理。

② 按照不同的维度进行数据分析：自己和自己比较；产品内部横向比较；市面上产品的纵向比较；用户体验层面的比较。

③ 给出优化建议。

④ 列出下阶段的工作计划。

3. 网站改版分析报告

网站改版分析报告的内容包括以下几项。

1）建设网站前的市场分析

① 分析相关行业的市场是怎样的，市场有什么特点，是否能够在互联网上开展公司业务。

② 分析市场主要竞争者，包括竞争对手上网情况及其网站规划、功能和作用。

③ 分析公司自身条件、公司概况、市场优势，可以利用网站提升哪些方面的竞争力，建设网站的能力（费用、技术、人力）等。

2）建设网站的目的及功能定位

① 为什么要建设网站，是为了宣传产品、开展电商，还是建设行业性网站？是企业的需要还是市场开拓的延伸？

② 整合公司资源，确定网站功能。根据公司的需要和计划，确定网站的功能，如产品宣传型、网上营销型、客户服务型、电商型、行业门户型等。

③ 根据网站的功能，确定网站应达到的目的和作用。

④ 企业内部网的建设情况和网站的可扩展性。

3）网站技术解决方案

根据网站的功能确定网站技术解决方案。

① 采用自建服务器，还是租用虚拟主机？

② 选择操作系统，分析投入成本、功能、开发、稳定性和安全性等。

③ 采用系统性的解决方案（如 IBM、HP 等公司提供的企业上网方案、电商解决方案），还是自己开发解决方案？

④ 网站安全性措施，防黑、防病毒方案。

⑤ 相关程序开发，如网页程序 ASP、ASP.NET、JSP、PHP、CGI、数据库程序等的开发。

4）网站内容规划

① 根据网站的目的和功能规划网站内容，一般企业网站应包括公司简介、产品介绍、服务内容、价格信息、联系方式、网上订单等基本内容。

② 电商类网站要提供会员注册、详细产品服务信息、信息搜索查询、订单确认、付款、个人信息保密措施、相关帮助等内容。

③ 如果网站栏目比较多，则考虑由专人负责相关内容的规划。注意，网站内容是网站吸引浏览者最重要的因素，无内容或不实用的信息无法吸引访客。可事先对人们希望阅读的信息进行调查，并在网站发布后调查访客对网站内容的满意度，及时调整网站内容。

5）网页设计

① 在美术设计上，一般要与企业整体形象一致。要注意网页色彩、图片的应用及版面规划，保持网页的整体一致性。

② 在新技术的采用上，要考虑主要目标访问群体的地域分布、年龄阶层、网络速度、阅读习惯等。

③ 制订网页改版计划，如每半年或一年进行一次较大规模的改版等。

6）网站维护

① 服务器及相关软硬件的维护，对可能出现的问题进行评估，制定响应时间。

② 数据库维护，有效地利用数据是网站维护的重要内容，因此数据库的维护应受到重视。

③ 内容更新、调整等。

④ 制定相关网站维护的规定，将网站维护制度化、规范化。

7）网站测试

网站发布前要进行细致、周密的测试，以保证访客的正常浏览和使用。主要测试内容如下。

① 服务器的稳定性、安全性。

② 程序及数据库测试。

③ 网页兼容性测试，如浏览器、显示器。

④ 根据需要进行的其他测试。

8）网站发布与推广

① 网站测试后进行发布的公关、广告活动。

② 搜索引擎登记等。

9）网站建设日程表

明确各项任务的开始和完成时间、负责人等。

10）费用明细

明确各项事宜所需费用清单。

以上为网站规划书中应该体现的主要内容，根据不同的需求和建站目的，内容也会相应地增加或减少。在建设网站之初,一定要进行详尽的策划,这样才能达到预期的建站目的。

4. 单品分析报告

对任何一份分析报告来说,开篇的点题和背景介绍都很重要。单品分析报告的主要内容包括如下几部分。

1) 行业概述
① 介绍行业背景(发展情况及发展趋势)。
② 介绍产品对应市场情况(市场规模、用户群体、产品组成及竞争情况、有何新趋势)。

2) 产品概述
① 产品的战略定位与目标。
② 产品的发展历程(针对已有的产品)。
③ 产品的发展规划。

3) 用户需求分析
收集与总结用户需求,如用户有哪些需求,哪些需求还未被满足或未被较好地满足,便于后面提出优化方案。

4) 产品功能分析
介绍产品功能列表、主要业务流程,便于后面对比产品的优缺点。
行业背景和产品都介绍之后,就该通过 SWOT 模型搭建产品分析的核心框架了。

5) 产品优势分析
① 用户体验方面的优势分析。
② 功能设计方面的优势分析(包括横向和纵向两个方面,即功能是否全面,流程是否完善、简便)。
③ 资源、性能方面的优势分析。

6) 产品劣势分析
① 用户体验方面的劣势分析。
② 功能设计方面的劣势分析(包括横向和纵向两个方面,即功能是否全面,流程是否完善、简便)
③ 资源、性能方面的劣势分析。

7) 行业竞争分析
从用户体验、功能设计、资源、性能 4 个方面对行业内同类产品进行横向比较,最后结题并总结。

8) 产品发展建议
通过优劣势及竞争对手分析,自然而然地导出机会分析。例如,哪些优势需要巩固和发扬，如何规划；哪些劣势需要弥补和完善，如何规划；哪些行业机会、新需求可以满足，如何规划。

【拓展实训】某淘宝卖家的商业数据分析报告

【实训目的】

　　学习电商数据报告的相关理论知识；熟练掌握具体店铺商业报告的制作流程；通过教师讲解与实践操作，使学生掌握制作商业报告的步骤，并能撰写商业报告。

【实训内容与要求】

　　第一步：由教师介绍实训目的、方式、要求，调动学生实训的积极性。
　　第二步：对学生进行分组，确定各小组的组长和人员分工，明确小组学习方式，制订小组计划，了解小组要做什么，要达到什么目的。
　　第三步：由教师介绍相关知识及讨论的话题，并在实训平台进行实训。
　　第四步：各小组讨论教师布置的问题并进行平台操作，记录小组成员的发言。
　　第五步：根据小组讨论记录撰写讨论小结。
　　第六步：各组相互评议，教师点评、总结。

【实训成果与检测】

　　成果要求：
　　（1）提交平台操作和案例讨论记录：按 3~5 名学生一组进行分组，各组设组长 1 名、记录员 1 名，每组必须有小组讨论、工作分工的详细记录，作为成绩考核依据。
　　（2）能够在规定的时间内完成相关的讨论，利用小组合作共同撰写文字小结。
　　评价标准：
　　（1）上课时积极与教师配合，积极思考、发言。
　　（2）认真阅读案例，积极参加小组讨论，分析问题时思路开阔。案例分析基本完整，能结合所学理论知识解答问题。
　　（3）小组成员积极参与小组活动，分工合作较好。

【思考与练习】

　　（1）思考可视化分析在数据分析报告制作中的应用。
　　（2）借助可利用的工具，获取某电商平台的数据，并基于此数据绘制多种形式的可视化图表。

参 考 文 献

[1] 韩小良. 一图抵万言：从 Excel 数据到分析结果可视化[M]. 北京：中国水利水电出版社，2019.
[1] 邵贵平. 电商数据分析与应用[M]. 北京：人民邮电出版社，2018.
[2] 张文彤，钟云飞. IBM SPSS 数据分析与挖掘实战案例精粹[M]. 北京：清华大学出版社，2013.
[3] 陈海城. Excel 电商数据分析与应用[M]. 北京：人民邮电出版社，2021.
[4] 陈晴光，龚秀芳，文燕平. 电子商务数据分析：理论、方法、案例[M]. 北京：人民邮电出版社，2020.
[5] 杨伟强，湛玉婕，刘莉萍. 电子商务数据分析：大数据营销 数据化运营 流量转化[M]. 2 版. 北京：人民邮电出版社，2019.
[6] 娄言. 大数据技术概论[M]. 北京：清华大学出版社，2017.

反侵权盗版声明

电子工业出版社依法对本作品享有专有出版权。任何未经权利人书面许可，复制、销售或通过信息网络传播本作品的行为，歪曲、篡改、剽窃本作品的行为，均违反《中华人民共和国著作权法》，其行为人应承担相应的民事责任和行政责任，构成犯罪的，将被依法追究刑事责任。

为了维护市场秩序，保护权利人的合法权益，我社将依法查处和打击侵权盗版的单位和个人。欢迎社会各界人士积极举报侵权盗版行为，本社将奖励举报有功人员，并保证举报人的信息不被泄露。

举报电话：（010）88254396；（010）88258888
传　　真：（010）88254397
E-mail：　dbqq@phei.com.cn
通信地址：北京市海淀区万寿路 173 信箱
　　　　　电子工业出版社总编办公室
邮　　编：100036